传媒集刊

2018

谢清果／主编

Huaxia Communication Studies

华夏传播研究

中华文化立场·全球传播视野

第二辑

中国传媒大学出版社
·北京·

通讯地址：福建省厦门市思明南路 422 号厦门大学传播研究所（新闻传播学院内），《华夏传播研究》编辑部　收

邮　　编：361005

投稿信箱：hxcs2018a@126.com

主办单位: 厦门大学新闻传播学院
厦门大学传播研究所

协办单位:

(美国)国际中华传播学会(CCA)
华夏传播研究会
中国新闻史学会新闻传播思想史研究委员会
中国新闻史学会台湾与东南亚华文新闻传播史研究委员会
全球修辞学会·视听传播学会
中国传媒大学媒体创意研究中心
中盐金坛盐化有限责任公司
两岸关系和平发展协同创新中心
厦门大学国学研究院
四川大学老子研究院
厦门大学道学与传统文化研究中心

"中央高校基本科研业务费专项资金资助"(Supported by the Fundamental Research Funds for the Central Universities)(项目编号:20720171005)

刊首语

2018年9月16日是华夏传播研究历史上具有标志性意义的日子，当天上午10点，在由厦门大学传播研究所、中盐金坛盐化有限责任公司、江苏宏德文化出版基金会联合主办的首届“华夏文明传播与企业家精神培育”研讨会闭幕式上，“华夏文化促进会传播研究专业委员会”（简称“华夏传播研究会”）正式成立了。在研究会的成立仪式上，著名青年学者、华夏文化促进会驻会主席廖彬宇先生宣读了华夏文化促进会《关于同意成立华夏文化促进会传播研究专业委员会的批复》，批复同意以厦门大学传播研究所为依托单位成立专委会的申请，希望新成立的传播研究专委会能够“促进从传播学视角研究中华优秀传统文化，努力从博大精深的文化传播中阐发出独特的中国人的传播智慧，从而从另一角度呈现中华文化的独特魅力，力争打造出与传播学欧洲学派、美洲学派相媲美的传播学‘中华学派’”。人民网、中访网、凤凰网等各大新媒体平台都积极报道了这一盛事。

创会会长谢清果教授介绍了研究会的筹备过程，并代表研究会敦聘著名学者、内地第一部华夏传播研究著作《无形的网络——从传播学的角度看中国的传统文化》的作者、深圳大学传播学院原院长吴予敏教授为荣誉会长，礼聘厦门大学原常务副校长、著名唐史研究专家、“华夏传播研究丛书”主编郑学檬教授为首席顾问，同时礼聘孙旭培、戴元光、黄鸣奋、黄星民、邵培仁、尹韵公、林升栋、林克勤、孟华、陈国明、陈汝东、廖彬宇、管国兴等专家学者为首批学术顾问。谢会长还强调，研究会将秉持“中华文化立场，全球传播视野”的理念，以《华夏传播研究》集刊为会刊，以创办研讨会和工作坊为抓手，以推动出版华夏传播研究论著为重要支点，努力推动华夏传播理论创新。

《华夏传播研究》创刊号2018年上半年如期面世后，得到学界的积极响应。我们邀请了中国传媒大学出版社副社长张毓强博士出席首届“华夏文明传播与企业家精神培育”研讨会，并在中盐金坛盐化有限责任公司良知堂举办的会议开幕式上举行了简短而隆重的新书发布会。我们一致认为,创办一本专门研究中华文化传播智慧的集刊,让传播学说中国话,用中国的概念和学说来阐述华夏文明对沟通智慧的理解与运用,不仅是中国传播学真正确立的需要,也是中国传播学走向世界的需要。中国的传播学研究不仅需要面对中国社会现实问题,而且也需要基于中国五千年的文化传统及其积淀的中国式的交往方式与交往理念来建构具有浓厚历史感、真切的现实感以及明晰的未来感的中国传播理论。因为世界上本没有普适的人文社会科学理论,每个国家、每个民族乃至每个族群都应当积极总结和发扬自身的沟通智慧,力求保持传播共性与个性的必要张力,从而从根本上保障文化传统的延续和文明的创新与发展。

在当代中国正以自信的步伐走向世界舞台的中央的关键时代,中国传播必须发声,也就是要为中国国家形象的世界传播提供传播学方案,为中华民族的和平崛起诠释中国道路、中国方案背后的沟通智慧。这种沟通智慧,我将其提炼概括为"共生交往观"。这正是中国为了世界文明和平共处提供的独特构想。这一构想从《周易》提出的"生生之谓易"出发,落实到社会实践中成为"生生之德",这正是一种人类共生的独特而深刻的交往智慧,一方面传承了中华先人生生不息的精神气质,另一方面培养了对生命的敬畏,养成了让生命如其自然成长的共生情怀,即道并行而不悖的和合智慧。这样的交往智慧无疑是有助于为人类命运共同体的建构提供精神支持与理论资源的。

《华夏传播研究》第二辑,我们策划了"纪念厦门大学传播研究所成立25周年"专栏,邀请以不同方式参与过厦门大学传播研究所辉煌25周年历程的海内外朋友撰文,共同回忆华夏传播研究的过往,同时也展望华夏传播研究的未来,以勉励自己继续前行,也感召同行并肩同行,共同为传播学"中华学派"的早日形成贡献我们的智慧与力量。其他学术论文中既有前辈学者的不懈探索,又有青年才俊的接力求索;既有海内学者的共襄盛举,也有海外学者的遥相呼应。大家深切地感到,这是一个华夏传播研究必将兴起,也能够兴旺的时代,因为中华民族的文化自信正在形成,时代呼唤学者"文章合为时而作",学者自然也积极地融入这个富有创新改革精神的时代,坚守"中华文化立场,全球传播视野"的自主意识,以开放包容的心态,发扬传统,立足当下,展望未来,沟通世界。

相信明天会更美好!

主编

2018年10月23日

目 录

CONTENTS

特 稿

厦门大学传播研究所成立二十五周年纪念专栏

华夏文明传播研究

中华文化传播的学理建构

中华文化海外传播研究

海外华夏传播研究前沿

华夏传播研究学者

年度报告

学术动态

特　稿

《窑头坯歌》:内源性传播和外源性传播的互动效应

The Song of Potterybodies:The Interaction Effect of Inner and Outer Origin Communication

◈ 郑学檬*

Zheng Xuemeng

摘要:《窑头坯歌》讲的是道教的修炼术,它告诫修道者修炼要专心,做到"胎息丹田涌真火"。它用烧制瓷器的过程,比喻内丹修炼的变化莫测。这个比喻,对了解两种来源的信息有启发:一种是基于外部是形而下的物化过程,可视效果强烈,是直观感知,传播的是可视信息,属于外源性传播;一种是基于内心的形而上的感知,重在意会,属于内源性传播。后者源于儒家的"心学""理学"。把握这一点对理解内丹和内丹理论传播极有启发,也有助于理解中国受众与外国受众在接受传播信息时理念上的差异。

Abstract:It is to say that Taoist alchemy includes two ways—the inner and outer cinnabar. For accomplishment, the Taoists must be attentive to refine the cinnabar, as the fire coming from the navel. The author think it is like the way to bake the porcelain. This metaphor can be open idea for alchemy. One process called outer cinnabar, which is outer origin communication. It is direct perception. Another process called inner cinnabar, which is inner origin communication. This thought comes from own thinking, as a matter of fact. This process is Confucian's thought and idea. Therefore, the way that Chinese accept the information is not the same as the foreigner.

关键词:道教修炼术,内丹与内源性传播,外丹与外源性传播

Keywords:Taoist alchemy, inner cinnabar and inner origin communication, outer cinnabar and outer origin communication

《窑头坯歌》讲的是道教的修炼术,告诫修道者修炼要修到"天门顶中破""胎息丹田涌真火"。这也是《窑头坯歌》传播的主旨,实际上反映了内丹修炼方法。只是,作者用烧窑的体验来解说。他列举了洛阳富郑公,"说与金丹如盲聋",不知"潜合造化功";

---

* 厦门大学人文学院历史系教授,厦门大学原常务副校长。

九江张尚书,"不知还丹本无质",只知道吃丹砂,太愚蠢了;三衢赵枢密也修完外体(外丹)后不知怎么办。接着从"坎离并四正",也就是天地、阴阳、刚柔、水火、男女都是相辅相成、变化莫测的道理开讲,坎是虎,离是龙,龙虎反复交会,消长盈虚相匹配,补养元气,使真气充实,肢体强壮。"胎息丹田涌真火,直至天门顶中破。"与此相反的是不信内丹发功,就像陶瓷器坯那样随雨破败,一事无成。

这篇《窑头坯歌》将传播的内在意蕴——胎息丹田涌真火,借助外在的烧窑物化过程表达出来。这是一种意会传播方式,对比、诱导、启发、点题,让受众感受其妙、真、不可思议之境界,具有宗教传播的虔诚的共鸣阀值,这就是所谓传播的叠加效应。笔者在龙泉市一个道观里,见到一个做瓷的道徒,叫叶传应,他住芳野村,专攻南宋黑胎青瓷。他说他初来此学制瓷,几经失败,后来终于在老艺人李怀德孙子的帮助下,攻克含铁量不同的紫金土的温度控制问题。他在烧制时把升温控制好,成功烧成薄胎、厚釉、软胚的黑胎青瓷,客商视之为精品,他因此脱颖而出。他说,起初做瓷只是为了谋生,只想把产品卖出去。许多次失败使他醒悟,好的南宋弟窑黑胎青瓷是令人感到清静的器皿,要提升自己的价值观,融入瓷文化的精神世界。他说青瓷有令人清静入心的意境。这也是受道家思想影响的一种表现。笔者听了他的叙述,感受到他已接近"胎息丹田涌真火,直至天门顶中破"的境界。

从传播源角度看,陶瓷坯遇雨而坏,烧制后坚而完美,是形而下的物化过程,可视效果鲜明,是直观感知;"坎离并四正","胎息丹田",则是形而上的感知,重在意会。前者属外源性感知,由此而传播的是可视信息。受众接受可视信息,其反应是"眼见为实",笃信也,接受度会达到90%以上。后者是内源性感知,传播的是意会信息。受众接受意会信息,其反应复杂,信乎?疑乎?接受度可能只有50%,或更低,会随环境、知识水准各取所需。如内丹的意会解释就很多,正如对儒家经典《尚书》《论语》《孟子》《春秋繁露》的解释一样。只要看看《朱子语录》对儒家的意会,即可知意会信息在受众的脑海里会产生怎样的效果。内源性感知所传播的意会信息在现实生活中具有重要意义。

此外,从传播史的角度讨论中西传播理念上的差异。我们知道,余也鲁先生是宣伟伯的学生,推崇他的传播理念。但他没有全盘西化思想,他在厦门大学发起中国传播史的研究,就是感觉到应从中国的历史和传统出发,去发掘属于中华文明的传播理念。我们讲内源性传播和外源性传播问题时,触及传播源的中国哲学思想,从中可以探索中西受众思维路径的差别,由此探索中国传播史的特点。内源性传播来自中国哲学的心学思维。《孟子·告子章句上》云:"心之官则思,思则得之,不思则不得也。此天之所与我者,先立乎其大者,则其小者弗能夺也。""人有耳目之官不思,故为物所蔽,官精神所在也。"[①]孟子强调心之官则思,而认为耳目之官不能思,所以"为物所蔽",不能明其事物意蕴。大指大体,大体立于心,则具体方向无法改变也。西方人多看实际,尤其是文艺复兴后,实验科学对思维起支配作用,所以受众相信实验证据;与此相反,

① 孟轲.孟子:卷十一告子章句上[M].四部丛刊景宋大字本.

中国受众传统观念相信“理”，而“理”来自思辨，即心之思。朱熹说：“耳目之官不能思，故蔽于物。耳目一物也，外物一物也，以外物而交乎耳目之物，自是被他引去。唯心之官则思，故思则得之，不思则不得，惟在人思不思之间耳。然此物乃天之与我者，所谓大者也。君子当于思处用工，能不妄思是能先立其大者也。立字下得有力。夫然后耳目之官，小者弗能夺也，是安得不为大人哉。”[①]朱熹更明确地区分内外传播源之区别，他认为耳目之官(感受)是外物，它接触的物、接受的感觉是外物；而心思得之，才是天给我的(发自感同身受的本性)，两者不同。这就是古人(包括现代人)信圣人之言、接受威权理念，而不意于外物传达之意的原因。从这一思维特点出发，对理解内丹和内丹理论传播极有启发，也有助于理解中国受众与外国受众在接受传播信息时理念上的差异。

叶传应回忆是由直观感知到意会感知，印证了本文“窑头坯，随雨破，只是未曾经水火。若经水火烧成砖，留向世间住万年。棱角坚完不复坏，扣之声韵堪磨镌。凡水火，尚成功，坚完万物谁能同。修行路上多少人，穷年炼养费精神。不道未曾经水火，无常一旦临君身”的比喻。道家修炼，一如烧制瓷器。瓷坯是经不起雨淋的，雨淋则坏。要加釉面，然后放在窑里烧制，烧成后“棱角坚完不复坏，扣之声韵堪磨镌”，才是成器。炼丹也如此。烧窑一如龙虎相斗，“龙吞虎啖居其中，离合浮沉初复终。剥而复，否而泰，进退往来定交会。弦而望，明而晦，消长盈虚相匹配”。

炼丹原理《抱卜子》记载：丹砂烧之成水银，积变又还成丹砂，故能令人长生。《大洞炼真宝经》也记载：将丹砂修炼伏火后，鼓成白银，名之为一返也；将白银化出砂，令伏火鼓之为黄化银，名之为二返也。这一炼丹、还丹过程为什么要引用龙虎相斗的比喻呢？宋代道士的《龙虎中丹诀》有所发微，意思是说，朱砂中含有水银，阳中有阴，象离卦，“离本于纯阳，阴气贯中”，“离为日为火，始于阳象，而假以阴气”[②]。这是讲内丹修炼是要把纯阳之精像火一样借阴气激发出来，即从丹砂中炼出水银。

黑铅中含银，阴中有阳，象坎卦，“坎，积阴以阳，处中柔顺，不能履重刚之险，故以刚克柔，而履险而曰阳，是以坎为属”，“与离为伏飞”[③]。这是讲阴被阳激发(刚克柔)，相互作用(与离为伏飞)，达到水银变丹砂，即还丹目的，内丹成。所以《龙虎中丹诀》说：“日月为天地之精华，坎离为人身之至药，使坎离交媾日月于玄宫，而成真丹。”

炼丹的外源性传播属于技术性、知识性传播，将其比喻为烧瓷，形象而有说服力。炼内丹的内源性传播，简单地说就是始于阳象，而假以阴气，由纯阳激发出来；积阴以阳，以刚克柔，与离为伏飞，达到新境界。前者传播具有直观性，物我两现；后者传播具有意念性，物我两忘。内丹派以自身为炉，精、气、神为药，吐纳为风，意念为火。《窑头坯歌》里的文字可释读为外丹、内丹修炼法的一种互动效应。

还有一个问题：“老氏自此号婴儿，火候九年都经过。留形住世不知春，忽尔天门顶中破。真人出现大神通，从此天仙可相贺”表达的是什么意思？道家追求长生、成

---

① 朱熹.朱子语类：卷五十九[M].明成化九年陈炜刻本.

② 《京氏易传》卷中。

③ 《京氏易传》卷上。

仙。长生是现实追求,成仙是虚拟追求。道士们相信前者,“真人出现大神通”,故寄希望于修真的“大神通”,内丹正是他们实现这一追求的途径,而且可以凭意念克服惰性,“金碧参同不计年”,达于妙中妙、玄中玄的境界,以致长生不老。在他们的诉求中,成仙则是可贺而不可及的。对传播效果的观察也有类似问题,如何克服受众的惰性是个难题,恐需借鉴内丹修炼的现实追求精神。

附录:

吕岩《窑头坯歌》

窑头坯,随雨破,只是未曾经水火。若经水火烧成砖,留向世间住万年。棱角坚完不复坏,扣之声韵堪磨镌。凡水火,尚成功,坚完万物谁能同。修行路上多少人,穷年炼养费精神。不道未曾经水火,无常一旦临君身。既不悟,终不悔,死了犹来借精髓。主持正念大艰辛,一失人身为异类。君不见洛阳富郑公,说与金丹如盲聋。执迷不悟修真理,焉知潜合造化功。又不见九江张尚书,服药失明神气枯。不知还丹本无质,翻饵金石何太愚。又不见三衢赵枢密,参禅作鬼终不识。修完外体在何边,辩捷语言终不实。窑头坯,随雨破,便似修行这几个。大丈夫,超觉性,了尽空门不为证。伏羲传道至于今,穷理尽性至于命。了命如何是本元,先认坎离并四正。坎离即是真常家,见者超凡须入圣。坎是虎,离是龙,二体本来同一宫。龙吞虎啖居其中,离合浮沉初复终。剥而复,否而泰,进退往来定交会。弦而望,明而晦,消长盈虚相匹配。神仙深入水晶宫,时饮醍醐清更浓。饵之千日功便成,金筋玉骨身已轻。此个景象惟自身,上升早得朝三清。三清圣位我亦有,本来只夺乾坤精。饮凡酒,食羶腥,补养元和冲更盈。自融结,转光明,变作珍珠飞玉京。须臾六年肠不馁,血化白膏体难毁。不食方为真绝粮,真气熏蒸肢体强。既不食,超百忆,口鼻都无凡喘息。真人以踵凡以喉,从此真凡两边立。到此遂成无漏身,胎息丹田涌真火。老氏自此号婴儿,火候九年都经过。留形住世不知春,忽尔天门顶中破。真人出现大神通,从此天仙可相贺。圣贤三教不异门,昧者劳心休恁么。有识自爱生,有形终不灭。叹愚人,空驾说,愚人流荡无则休,落趋循环几时彻。学人学人细寻觅,且须研究古金碧。金碧参同不计年,妙中妙兮玄中玄。(《全唐诗》卷859)

名词解释:

吕岩。晚唐时人,咸通年间举进士,黄巢起义时逃入终南山学道,也叫作吕洞宾,号纯阳子,后世称之为吕祖或纯阳祖师,八仙之一。

洛阳富郑公。宋朝大臣富弼,别称郑国公,字号富郑公。《窑头坯歌》是后人假托吕洞宾之作品,所以有宋人“洛阳富郑公”的内容。

金丹。葛洪《抱朴子·内篇》卷一云:“养性之书,莫不皆以还丹金液为大要者焉。”所以丹又称金丹。

九江张尚书。应是明朝人。唐朝有江州,古浔阳。朱元璋改江州路为九江府。可见作者可能是明人。

还丹。外丹派以水银变丹砂称还丹，内丹派以内功炼到真气不泄，口生甘津，心境自除，情欲不动，百骸无病，而神光暗中自见，双目时若惊雷的境界，即“胎息丹田涌真火，直至天门顶中破”境界为还丹。(《灵宝毕法》卷上)

三衢赵枢密。三衢，衢州有三衢山，州以三衢为名。赵枢密，宋代枢密使，宰相之一，掌兵权，相当于近代国防部长。

修完外体。指修完外丹。

伏羲。伏羲、神农、燧人为中国传说中的三皇。伏羲也是道教所称的青帝，发明占卜八卦，创造文字。

本元。本体，古天文学说之一——“浑天说”即以浑天为本元(《开元占经》)。此指元气或元阳。

坎离并四正。离卦，“离本于纯阳，阴气贯中”，“离为日为火，始于阳象，而假以阴气”(《京氏易传》卷中)。坎卦，“坎，积阴以阳，处中柔顺，不能履重刚之险，故以刚克柔，而履险而曰阳，是以坎为属”，“与离为伏飞”(《京氏易传》卷上)。四隅：乾、坤、艮、巽；四正：坎、离、震、兑。四正寓意水、火、男、女。清之为水，曰坎；浊之为火，曰离。震男、兑女。以上意思是天地、阴阳、刚柔、水火、男女都是相辅相成、变化莫测的。

胎息丹田。《仙经》曰：服丹守一，与天相毕，还精胎息，延寿无极，此皆至道要言也。(《抱朴子内篇》卷3)指用丹田(肚脐)呼吸，如胎儿。实际是一种气功方法。道家内丹派认为胎息可以还精，即日月之精华。

参同。指魏伯阳《周易参同契》。“参”是三的意思，指《周易》、黄老学说和炼丹的炉鼎。“同”即“通”，指上述三事本源相通，是外丹和内丹的理论基础。

厦门大学传播研究所成立二十五周年纪念专栏

山围故国周遭在，浪打空城寂寞回

◈ 黄星民*

退休 5 年后搬进“半家居”新房，近望青山，远眺蓝海，是个可以安心读书的地方。于是，在家务之余，陆陆续续整理起书来。这些书随我几十年，一直没有个好好的家，是善待它们的时候了。整理过程中，找出两份泛黄会议记录。展开读来，抚纸追昔，慷慨中来。刚好清果君嘱我写点文字，纪念厦门大学传播研究所创办 25 年，这两份记录正好用得上。

厦门大学传播研究所创建于 1993 年，其时我尚在芝加哥，具体过程不太清楚。1995 年自称“躲在新闻系读旧闻”的我，应余先生和厦门大学之邀，携儿子从芝加哥回厦门大学。郑学檬副校长、新闻传播系司卓雅书记和郑松锟主任盛情招待我，言谈之间，对该研究所有了进一步具体的了解。厦门大学很重视这个所，林祖庚校长给了该所两个岗位，余也鲁先生的海天基金会给予经费支持，系里后来又给了配有电话的专用办公室。该研究所有较宏大的构想，争取发展成为“中国传统文化中传的研究中心”。研究所由郑学檬副校长亲自负责，郑松锟系主任具体分管，我到校就进了该所，在两位郑先生的指导下负责研究所的具体工作。另一个岗位给一位正在美国留学的老师留着。

眼前的这两份记录，留下了厦门大学传播研究所早期工作的足迹。第一份是 1994 年 11 月 29 日在厦门大学召开“五人碰头会”的会议记录，记录人为厦门大学新闻传播系时任系主任郑松锟，字迹娟秀。第二份是 1997 年 11 月召开的“中国传播学研讨会(1997)”的会议记录，记录人是厦门大学 1994 级广告专业的王五生同学，字迹豪放。关于这两个会议的情况，我在 2005 年《堂堂溪水出前村》① 一文中有较为详细的交代，这里简要复述下。

第一份记录的会议是 1994 年召开的，与会者只有余也鲁、徐佳士、孙旭培、郑学檬

---

* 厦门大学新闻传播学院教授，博士生导师，原常务副院长，研究方向：华夏传播研究。

① 黄星民.堂堂溪水出前村：关于两岸三地合作“华夏传播研究项目”的回顾[M]//海峡两岸文化与传播研究.厦门：厦门大学出版社，2005.

及郑松锟五位先生,是小型碰头会议。中国国情,小会解决大事。余、徐两位先生是施拉姆传播学亚洲传人,各是中国香港、中国台湾传播学的播种者,孙先生是中国社会科学院新闻所所长,两位郑先生是厦门大学主事者,可以说是东亚传播学翘楚的一时之会。这种层次的会议,要决定的当然是重要的事情了。碰头会主要内容是在1993年厦门召开的“首届海峡两岸中国传统文化中传的探索座谈会”的基础上,如何进一步推进中国传统文化中“传”的研究。主要措施有三项:(1)确定《华夏传播论》一书写作计划。该书后来在人民出版社出版(1997),由孙旭培先生主编,28位不同学科的学者共同参加撰写。(2)决定以招标方式组织大陆与港台多学科的研究项目。研究项目联络点设在厦门大学传播研究所。后来通过招标评审方式,确定了“五史六论”研究项目。(3)决定召开第二次大陆与港台华夏传播研究学术研讨会,发起中国传统文化中传探索的第二波冲击。

第二份记录的是厦门大学新闻传播系和传播研究所于1997年11月召开的“中国传播学研讨会(1997)”,这是五人碰头会所做的决定的落实。与会者38人,除了大陆与港台外,还有来自澳大利亚、新加坡和韩国六个国家和地区的学者。会议的主要内容是《华夏传播论》出版报告,以及“五史六论”项目研究中期报告。余也鲁先生做了会议总结,他非常高兴,还把中国传统文化中的传播研究比喻成英国清教徒“五月花”号的探险。他乐观地认为,1993年厦门会议是第一波,有批人登上“五月花”号那样的船,虽粗糙却目的地明确。1997年这次会议是第二波,要在岸边找到几个进口,开始危险而有意义的探索。未来的第三次会议就要上岸找到富饶土地,砌些建筑,造个广场,让这块土地车水马龙、兴旺繁荣起来。这次会议四年之后,2001年“华夏传播研究丛书”由文化艺术出版社出版,我在《春雨断桥人不度,小舟撑出柳阴来》中对此已经做了介绍①。非常可惜的是,由于种种原因,特别是我个人执行不力,这套计划为“五史六论”的丛书只出了三本。其中的甘苦自知,经验教训值得后来人检讨。其实,学问经常在学问外,安静的书桌只是必要的条件之一。我在厦门十几年间,每年胃出血数次,众所周知,朋友见面打招呼都是“胃好些了吗?”而每夜窗下上下坡的车声吵得心烦,多次半夜起来和面塞耳,知道的人就少了。评估那会儿,深夜被保安拦住问道:“你哪个系的?不要命了?”每夜2点多回家,天没有亮又出门了,知道这的就更少了。书桌不存,学问焉附?

毋庸讳言,晚年时余也鲁先生对研究项目很失望。盖因期待越高,失望也就越大。中国传统文化中传的研究是余先生毕生的学术夙愿。这起源很早,1977年施拉姆来香港任传播学讲席时,就与余先生议过此事,并留下这样的文字:“中国人在数千年有纪录(注:原文如此,当为记录)的历史中,和比有记录的历史更悠久的传统中,一定经历了一切人的传通的经验与尝试。”余先生后来也呼应说:“他像我一样深信:从具有这么悠久历史的中国文化中,一定可以找出不少亮光,让我们可以更清楚地认识人类的

① 黄星民.春雨断桥人不度,小舟撑出柳阴来:写在《华夏传播研究丛书》面世之际[J].中华传播学刊,2002(2).

传的行为。”[①]余先生是个有执行力的人，有信任就有行动。余先生召开了四次会议，分别是1978年香港与台北两次会议，1993年与1997年厦门两次会议，团结了一批各学科的人，以厦门大学传播研究所为基地，出资组织“多学科的中国传统文化中传”的大型研究项目。然而，现实却很“骨感”，在去世前不久，他曾颇为沧桑地对来访者这样说：“我帮厦大建立了一个研究所，那个研究所应该做‘中国传’的，他们把‘中国传’列为三大目标之一。结果另外两个目标都搞得很好，就这个目标没有人搞，很可惜啊，很可惜。”[②]见到这段话我心里很沉重，作为后辈的我确实辜负了一个满怀对中华文化热情的前辈的期待，还自称“躲在新闻系里读旧闻”。

现在面对这两份泛黄的会议记录，心怀歉意的我努力找出些文字来告慰余先生。我们努力过，付出过，一直在坚持，也就有了一点点收获。除了孙旭培先生主编的《华夏传播论》和郑学檬先生主编的“华夏传播研究丛书”外，我觉得下面三点可以算是收获。

首先，厦门大学传播研究所明确提出“华夏传播研究”概念。具体过程是这样的：2001年研究项目丛书出版之际，确定丛书的名称颇费周折。作为项目协调人，我从孙旭培先生主编的《华夏传播论》找到灵感，向时任厦门大学新闻传播系主任、研究项目直接领导人陈培爱先生(郑松锟此时已积劳成疾去世)提议，以“华夏传播研究丛书”命名。这一建议得到陈培爱主任认可，便上报郑学檬副校长，也得到批准，最后余先生一锤定音。“华夏传播研究”这一概念的提出，使“中国传统文化中传的研究”这个领域有了一个准确而又简洁的名称，为此，我还专门写了《华夏传播研究刍议》一文加以说明。说它准确，“华夏”两字，字面上就提示研究范围集中于中国传统社会与文化，这样就和“传播学本土化”“传播学中国化”“中国传播学”等有所不同。它们之间既有区别又有联系，“传播学中国化”等研究时间范围不仅包括中国古代，还包括中国近现当代；而华夏传播研究的时间范围只是中国古代。说“华夏传播研究”简洁，比较几次会议的名称就可知。1978年在中国香港与中国台北召开的是“中国文化与传统中传的理念与实际的研讨”会议，1993年在厦门召开的是“首届海峡两岸中国传统文化中传的探索”，“华夏传播研究”更简洁明了，这反映出经二十多年探索，人们对这一领域的认识从模糊到清晰，并不断成熟的过程。

其次，厦门大学传播研究所找到华夏传播研究新入口。1978年中国香港与中国台北的两次会议为这个领域找到了“12个探索的入口”。这一点余先生经常提及，所以知者甚多。厦门大学的项目开展以后，学界对这一领域的认识渐渐深入，又找到了两个重要的新“入口”。其一是“媒介”这一入口，这可以使华夏传播研究与文史类的研究划清界限。我们发现，扣住“传播”两字写出来的文章常常与文史类文章相似，要受传播学界“这是传播学文章吗”的质疑。如果扣住“媒介”来写，文章就能与文史区别开来，容易得到传播学界的肯定。其二是找到思想方法论来梳理传播观念这一入口。古

---

① 余也鲁.代序：中国文化与传统中传的理论与实际的探索[M]//传媒·信息与人.北京：中国展望出版社，1985：X-XI.

② 余也鲁，等.中国传播学研究破冰之旅的回顾——余也鲁教授访问记[J].新闻与传播研究，2012(4).

无传播学,但对信息传播这一在任何社会都很重要的现象,大多数思想家都有所认识,并形成了自己关于信息传播的观念。思想家往往能涵养出自己明确的思想方法,而这些方法也自然地渗透到包括传播观在内的各个方面。用思想方法抽象概括,梳理传播观念就可以完整系统,而且还深刻。在国内,可以从传播学角度与国内文史界对话;在国际上,可以展示具有中国特色的传播观念。媒介入口可以深化“五史”,不一定是断代史,华夏媒介史更有传播学的味道。用方法论梳理传播观可以深化“六论”,把中国儒道释方法论与传播观的关系梳理出来,中国古代观念观的框架就慢慢呈现出来了。但这工作很不容易,厦门大学传播所正在点点滴滴、实实在在地做。

最后,厦门大学传播研究所组织了新的研究梯队。我接手陈培爱老师主持系务后,很快就利用“职权”,把研究所两个岗位用了起来。请进两位文史博士专攻华夏传播,计划一是面向国内,一是面向国外。现在清果君在华夏传播研究上乐此不疲,近几年甚至有点言必称华夏研究,特别重要的是努力创建了《华夏传播研究》《中华文化与传播研究》两本集刊,搭建了华夏传播研究的交流平台,这是余先生对当年规划的突破。在他的带领下,厦门大学对此有兴趣的老师有了成果,特别是他自己和所带的博士生团队专攻这一领域,近年出版发表了不少论文与专著,成了厦门大学传播研究一大亮点。余先生所说的“五月花”号式的探索,第一波是造船起航,从零开始;第二波是找到入口,五史六论;其实第三波正在努力进行,新的华夏传播研究人,他们乘的不一定是欧美的“五月花”号,可以是中国的“六月荷花”号,或“七月兰花”号,或“八月桂花”号,或“九月菊花”号等。只要努力,只要坚持,不是大西洋,而是太平洋的浪潮,拍打的不会是空城,而是前辈们期待的“车水马龙、兴旺繁荣”的中国风新城。

我们从零开始

——厦门大学传播学中国化探索的感悟

◈ 郑学檬*

2018年9月14日至16日的茅山(金坛)"华夏文明传播与企业家精神培育"会议之后,我恢复了若干记忆:25年前,即1993年的"首届海峡两岸中国传统文化中传的探索座谈会"以后,我们在余也鲁先生的带领下,出版了三本"探索性"的"华夏传播研究丛书",就中国传统文化中"传"的内涵、作用各陈其说。我原本是一个唐五代史研究者,由此开始接触中国古史记载里的"传"的资料,并以自己的理解去体会"传"的种种意境和思路。

我的第一个感觉是:"传"即史也。这一点,可以由我和余也鲁先生2001年12月15日的一次促膝长谈证明。当时我刚刚结束台湾"中国文化大学"历史研究所的短期教学任务,过港拜会余先生,在他的办公室——荃湾"海天书楼"里,我们谈了传播学的"中国化"问题,我记得我说了关于古代"烽火台"的故事。甘肃河西走廊有很多烽火台遗址,一般人只知道它是用来报警的,至于具体的报法,则茫然不知。1983年敦煌吐鲁番学会年会在兰州召开,会中有一项活动是和大型民族舞剧(电影)《丝路花雨》编剧、导演座谈,一位与会代表问导演:影片中烽火台的士兵举火把挥舞,表示多少敌人来了?导演说不知道。代表说,唐代《烽式》(关于烽火台的法规)规定:"夜举火,昼施烟。""凡贼入境,马步兵五十人以上,不满五百人,放烽一炬。"500人至3,000人放烽火二炬。士兵举火把挥舞,表示敌人无数。导演闻之惊诧不已。余先生听后呵呵大笑,说这个信息传播误大事了。我们就这样天南地北地谈论古今掌故,交流着中国历史上"传"的故事。就这样,我悟到不但"六经皆史",而且"六经皆传"的道理。从那以后,我执着地认为"传"即史也。

我的第二个感觉,就是传播的"境界"问题。2015至2016年,我不幸患肠梗阻,手术后引发心脏病,经常住院治疗。病床上,我胡思乱想,其中想到一个传播的"境界"问题。1997年11月在厦门大学举行的"中国传播研讨会",曾对华夏传播研究的若干重

---

* 厦门大学人文学院历史系教授,厦门大学原常务副校长。

大问题进行研讨，余先生、徐佳士教授、孙旭培所长等与会，但似无人注意到传播的“境界”问题。我是从王国维的“境界”说、佛教经典《法华经》对“佛与佛乃能究竟诸法相”的解读中得到“境界”的启发。“法相”即“实相”，是一种不可思议的境界。“究竟”是彻底证悟的意思。整句的意思是：只有佛和佛，他们都彻底证悟了诸法相(不可思议的境界)，他们才称为佛(觉悟即般若)。那么，传播的受众，是否可能达到彻底证悟了传的信息所表达的境界呢？这个想法后来反映在了毛章清执笔的《8至14世纪海上丝路跨文化传播的考察》一文中——“东方想象”的意境。

第三个感觉是信息源问题。这就是茅山会议上发表的《〈窑头坯歌〉：内源性传播和外源性传播的互动效应》。这篇文章借道教宣传的内丹和外丹修炼术，来剖析传播理念中的内源性传播思路，并溯源至儒家心学对传播的影响。

总之，“六经皆传”，恐非凿空之论。探索在继续，也许有新的感悟。

致敬华夏传播研究的开拓者

杨立川*

对于厦门大学新闻传播研究团队，我一直抱有一种敬意和亲切感。这不仅是因为我所供职的西北大学新闻传播学院有多位教师曾赴厦门大学学习，我和厦门大学的多位优秀学人是很好的朋友，更是因为厦门大学学人的学术追求非常富有学术方向感和创新精神。就传播学而言，厦门大学华夏传播研究群体以一个团队的姿态出现，长期自觉地致力于有中国特色的传播学研究，不仅精神可嘉，而且硕果累累。

2018 年是厦门大学传播研究所成立 25 周年。上溯 25 年，"首届海峡两岸中国传统文化中传的探索座谈会"在厦门大学召开，会后出版了中国内地第一部华夏传播研究论文集《从零开始》，标志着内地有组织的华夏传播研究正式起步。

25 年来，厦门大学以其传播研究所为依托，有计划地开展华夏传播研究，取得了丰硕的研究成果，例如黄星民、谢清果等教授发表的大量高水平论文。还有 1997 年出版的由孙旭培先生主编的《华夏传播论》一书，该书由 10 余个机构的 28 位作者完成，厦门大学参编的学者，有我十分敬重的陈培爱先生以及毛章清、李展、李国正、郑松锟、徐东升等 6 位学者，厦门大学的学人占了该书作者队伍的五分之一。2002 年，"华夏传播研究丛书"由文化艺术出版社出版，该丛书包括李国正先生所著的《汉字解析与信息传播》、黄鸣奋先生所著的《说服君主——中国古代的讽谏传播》、郑学檬先生编著的《传在史中——中国传统社会传播史料选辑》等，在学术界产生了很大的影响。

厦门大学丰富的华夏传播研究成果使之成为这一研究领域的学术中心，所以一提到这方面的研究，自然就会想到这所地处东南的优秀高校。

说实在话，我对于华夏传播研究的理解早先也曾有些想当然，望文生义。2002 年读了黄星民先生的《华夏传播研究刍议》才对这一领域的研究有了更清楚的了解。

谢清果教授接任研究所所长一职以来，非常重视华夏传播研究，为学生开设有关课程，出版有关论著，积极组织校内外学术力量在华夏传播研究这一领域进行耕耘。

* 西北大学新闻传播学院教授、博士生导师，西北大学中国西部传媒与社会发展研究院院长。

他自己在这方面的研究成就非常突出,也带动大批同仁开展相关研究工作,这使得华夏传播研究成为当下传播学研究至为耀眼的一部分。同时,这种努力也契合了当下学界积极挖掘传统文化和努力建构自身学术话语的追求。

热烈祝贺厦门大学传播研究所成立25周年!

相信传播研究所会对传播学研究作出更大的贡献。

华夏传播研究如何切进中国文化的逻辑

◎ 李　红*

如果承认传播是一种文化现象,它的底层是文化,那么,我们就能够说,华夏传播的命题并不是伪命题。至于华夏传播概念如何界定,那是另一个问题。而紧接着要问的问题是,华夏传播研究该做什么研究。毫无疑问,西方传播学已经建立了某些思想、模式和理论,获得了对传播问题的比较深入的认知。但是,一个未经反思的问题是,西方传播学的理论前提,即其文化语境常常被忽视,从而盲目地认为,西方传播学理论放之四海而皆准。既然文化是一种具有深刻民族性的东西,它并不是放之四海而皆准的,那么传播学研究得出放之四海而皆准的理论便是荒谬的,那种对于西方传播学理论的简单运用也就是削足适履的。粗看似乎很有道理的认识,仔细思量却未能抓住其关键的"文化"这个命门。那么,到底如何抓住这个命门?

首先,得相信有"文化"命门,这就是提出华夏传播的命题,并且以组织化方式(华夏传播研究会)宣示其存在的重要意义。虽然华夏传播研究目前还处于摸着石头过河的阶段,但是只要我们知道是去哪里,无论时间长短,它总会抵达。其实,无论是承认还是不承认,中国文化的独特逻辑总在那里支配着中国人的传播观念与传播实践,这是无法否认的事实。而华夏传播需要做的工作,就是透过传播的逻辑去构想文化的逻辑,并超越普通大众习焉不察的认知方式将其清晰地表述出来。

其次,传播研究中文化的敏感和自觉,总是在跨文化的冲击之下展开的,否则我们便会习焉不察,日用而不知,其隐藏的逻辑也无法显现。这是一个全球化的时代,也是一个世界知识流动的时代,更是一个民族文化自觉的时代,它让我们获得了从他者视角审视自我的机会。据此,华夏传播研究就需要拒斥两种极端心态:一种是封闭的文化中心主义的心态,另一种是文化殖民主义的心态。第一种心态没有看到当今世界是一个多元化的世界,而且社会结构和交往方式与传统社会已经迥然有别,因而,完全用传统文化植入华夏传播研究中显然是不合适的。第二种心态潜意识地秉持着传播学

* 西北师范大学传播学院副教授、研究生导师。

的科学主义范式,认为理论总是有普适性,从而将传播学研究等同于自然科学的研究,由此认为西方理论移植到中国是天经地义的事情。华夏传播研究应该采取的是一种对话姿态,而不仅仅是验证、依附和自说自话。

再次,华夏传播研究的内涵应该被确定在文化的深层结构这个层面。那种仅仅是对传统典籍、历史或者器物的研究,假如不能进入到文化的深层结构,便算不得华夏传播研究,因此,不能用研究对象来界定华夏传播。当然,也不能用研究问题来界定华夏传播研究,因为研究问题只是中外传播学得以比较的起点。没有共同的研究问题,就谈不上所谓的传播学比较研究,那种不处于共同问题域的自说自话的研究是无法积累理论知识的。因而,华夏传播的重要任务,便是在共同问题域的框架下,找到独具文化逻辑的切入路径,并且试着对于西方理论进行某种证伪,因为不具有证伪效力的研究是无意义的。基于中国文化逻辑的华夏文化研究,理应为传播学的研究提供中国智慧,以拓展西方传播理论的视野,填补其盲区,最终进一步夯实传播理论大厦的地基。

又次,中国文化的思维方式,总是推己及人,就近取譬,因而,华夏传播研究必须紧紧抓住"自我"这个根本。中国文化的论证方式,不是从外在的理开始,而是从内在的心开始。因而,中国公共理性是不发达的,外在的公共理性也必须接受内在之"心"的审判。中国文化对于所谓的"事实"也并没有那么坚定的信念,事实考虑过多反而会影响传播的效果,即"人至察则无徒"。因而,外在的"理"与外在的"事"都不是华夏传播研究的根本点。在此,那种理性人的假设并不完全适用,因而"仁""礼""气""势""关系"等便成为华夏传播研究的重要范畴。

最后,就方法论来说,中国文化最重要的任务并不是对于世界的认知、控制与支配,而是通过自我修养获得在世界上的合适位置。如此,才能有效地理解中国人始终采取的"顺""因""凭""趁""通"等传播逻辑,由此才能获得与世界的充分融合。表面上中国文化似乎缺少西方主体中心主义的批判方法和实证的方法,其实其批判旨趣正是针对主体消解的内省。因此,华夏传播研究在方法论上是体认式的,它面向的不是世界,不是他人,而是自我。因而华夏传播研究必须站在传播主体的立场才能把握它的逻辑,而不是简单地站在公共或者客观的立场来评判。这样也才能避免"腐朽""无逻辑""落伍""奴性"等无视中国文化事实的简单批判,并最终实现方法论上的"同情地理解"。

抚今思昔·几番风雨梦中情：追忆与厦门大学传播研究所结缘之一二事

◆ 臧国仁*

前　言

顷接厦门大学新闻传播学院谢清果教授来函，嘱我为文同贺该院传播研究所（以下简称“传播所”）成立二十五周年庆，信中提及“您是当时我们所活动的见证者……劳您写些纪念文字，有点口述史意味”。清果教授近些年先后创办了《中华文化与传播研究》与《华夏传播研究》等学术集刊，勇于任事又敢于创新，其为传播研究贡献心力之情操素为我所敬佩。以下谨敬依其意，略述我如何得与厦门大学“传播所”两次结缘，以资纪念。

第一次生命偶遇—— 1997 年 11 月的“中国传播研讨会”

约是在 1997 年秋天前后，业师徐佳士教授来信要我前往厦门大学参加“中国传播研讨会”并报告“台湾中文传播学研究现状与展望”与“言说分析”（discourse analysis，亦可译为“论述分析”）两个子题，同行者有政治大学新闻系陈世敏教授与台湾师范大学胡幼伟教授。至于为何选定由我等三人赴约或为何由我负责报告此二子题，则因事已久远无从记忆。

简单地说，我自 1991 年起就曾协助政治大学新闻系汪琪教授与郑瑞城教授执行“行政院国家科学委员会”（今之台湾“科技部”）专题计划“传播学门人力资源研究”与“传播学门发展与规划”（其成果分见汪琪、臧国仁，1996，1993，1991；郑瑞城、臧国仁、汪琪，1995），对于子题一（“台湾中文传播学研究现状与展望”）自忖尚能应付，准备起来，资料充分，尚无滞碍。

---

* 台湾政治大学传播学院新闻系退休教授。

至于“言说分析”,当时则属较新社会科学研究方法/理论(参阅 van Dijk,1987,1988),用于新闻传播研究领域不及十年(新作参阅倪炎元,2018)。而我自 1991 年前后加入政治大学新闻系钟蔚文教授领导的“认知与传播”研究团队学习“新闻专家生手的知识结构”(含“新闻框架”概念)以来,多次共同执行专题计划并以“言说分析”方法完成学术论文数篇(成果分见臧国仁、钟蔚文,1997;钟蔚文、臧国仁、陈忆宁、柏松龄、王昭敏,1996),其时也正撰写与此相关之专著(见臧国仁,1999),受命后即以《言说分析对传播与新闻研究的启示与应用》为题分享所得,报告结尾特别提出以下观察:

言说分析的兴起正代表了传播研究者对语言功能的重视。过去传统教科书多认为新闻乃客观呈现真实之物的观点,已受到诠释与社会建构学派的挑战。未来以言说分析的方式或可协助传播研究者深入了解新闻语言如何转换真实,如何凸显真实中的某一特色,以及不同媒体或传播者如何使用不同语言策略描绘社会真实。其后此点成为我近二十年来诸多研究之主轴架构,亦是发展“新闻框架”概念之立论基础,其时能在厦门大学传播所初次分享当也有特殊情缘吧。

犹记得研讨会几篇专题报告均在晚间进行,由余也鲁教授集资捐赠之厦门大学“新闻传播楼”灯火通明,演讲厅里挤满了新闻系与传播所师生。我等竭尽全力地与听众来往互动,盛况令人难忘,二十余年后回想起来仍有热血沸腾之感。

会议其他时间我等聆听由大陆新闻传播学者提出的报告,参与者约有二十余位,分别来自大江南北各大名校。此刻犹能记得者有:武汉大学单波教授,兰州大学戴元光教授,四川省社会科学院林之达教授,中国社会科学院新闻与传播所孙旭培、尹韵公、闵大洪等教授,中国人民大学喻国明教授等,皆为名儒硕彦、饱学之士,其发言宏雅有识,令我眼界大开。孙旭培教授主持分组论坛讨论,不但思维敏捷且才情横溢,对相关议题亦能鞭辟入里,最受瞩目。

研讨会主办方由厦门大学新闻传播系主任陈培爱教授领衔,黄星民教授辅助,厦门大学常务副校长郑学檬特别到场致意并主持开幕式,整个会议则由“香港传理教育先驱”与厦门大学学术顾问余也鲁教授倡议、筹办、赞助,徐佳士教授协办。

两位前辈原都毕业于南京中央政治学校(今之台湾政治大学前身)新闻系第十三期(1947 年),祖籍皆为江西省奉新县,亦曾于 20 世纪 60 年代先后负笈美国斯坦福大学,师承大众传播研究之父 Wilbur Schramm(中文译名分别有“施拉姆”“宣伟伯”“施兰姆”),习得最先进之传播理论知识,而后在中国香港与中国台湾各自开创传播教育经年。此时犹能与厦门大学携手合作筹办研讨会并全程参与,堪称学术佳话,令人称羡。

俟会议结束返台后,我即收到由孙旭培教授主编之《华夏传播论:中国传统文化中的传播》(1997),阅读其所亲撰序言方知此一盛会源自 1993 年 5 月同样在厦门大学新闻传播系召开之“中国传统文化中传的探索”座谈会(余也鲁、郑学檬,1994),与会者(部分与此次重叠)曾经针对“如何开展对中国传统文化中的传播的研究”交换意见以期深入剖析“传播学研究中国化/本土化”之议题,旨在“通过研究中国的传播历史和现状,为传播学的丰富和发展作出贡献,使传播学不至于只是‘西方传播学’,最终创造出集东西方文化精华之大成的传播学”(孙旭培,1997)。

而由其书名《从零开始》(余也鲁、郑学檬,1994)即可推知两位前辈当年筚路蓝缕之雄心与急迫感。如余也鲁在该书《代序》所言,“我深信研究中国的传播理论从历史着手是一个十分有用的途径,其所记录的正是‘关系’与‘演变’,刚好是传学研究所关注的题旨”。也因此,参加座谈会者不乏来自中文与历史领域者,而非全属新闻传播专长。

而我原本懵懂青涩未知研讨会之筹设本意,却因缘巧合地参与了由两位前辈学者开创深耕的“传播学研究中国化/本土化”路径,多年后回顾这段亲身体验,深感荣幸,也始能体会其高瞻远瞩。所幸后继研究者在此基础上持续钻研,业已使其成为两岸传播学者同样关注的研究议题(如刘忠博,2008;胡翼青,2011;邵培仁,1999),至今仍在发展且未能止。由此观之,厦门大学传播所在传播研究于中国大陆生根茁壮的道路上着实扮演了举足轻重的角色,其学术贡献势将长久列于史册。

研讨会后,主办方带领大家前往离厦门约三小时车程之“永定客家土楼”,参观曾被人造卫星误判为“导弹发射井”或“核基地”之古典建筑。我因首次“登陆”,得有机会到此久负盛名之世界文化遗产所在地参访,只能以不胜雀跃形容了。

回返台北前,好客的主办方还赠送了远近驰名之“漳州水仙”球根(茎),成为次年过年的最佳应节盆栽,满室生香了好一阵子,家人皆赞叹不已。

第二次“邂逅”—— 2005 年 6 至 7 月的访问学人经验

近十年后,黄星民教授接任厦门大学新闻传播系副主任工作,随即安排了“广告专业硕士班访问学人”的机会,邀约陈世敏教授、冯建三教授与我三人于暑假在传播所授课,每人约是两周时间且前后与另一位老师重合。

我负责“公共关系”课程,实际所授内容固因时间久远而难考据查知,但大致上沿自我在政大新闻系硕博士班合开多年之“公共关系研究专题”教学大纲,另也借重《新闻框架》(臧国仁,1999)一书“消息来源”章节略加补充。

上课之余,我等曾经踏遍厦门大学校园内外名胜如胡里山炮台、南普陀寺、万石山游乐区等处,或“打的”,或信步所至,从而了解何以厦门大学常被称作全国最美丽的高校,的确名不虚传。只是暑假户外气温实在太高,我等躲在新闻传播楼四楼享受海风吹拂,不亦快哉。

此时上回研讨会所住之“学人会馆”已拆除,并在大南路新盖招待所,出门就是公交车总站,交通便捷。我等除前往市郊集美大学参访外,更搭乘公交车远赴距厦门大学约一小时车程之“同安影视城”,首次见到如北京故宫与天安门广场一般大小的仿古建筑,大开眼界。

我们也曾前往厦门市区景点,被市容之快速发展震慑。如 1997 年研讨会结束前,主办方曾设晚宴于其时厦门市首屈一指之闽南大酒店顶楼旋转餐厅并以自助餐宴客,其餐点与服务均有相当水平。未料八年后重返市区,欲从白鹭洲公园远眺酒店已不可得,乃因附近楼宇群集且高度早已远逾当年,显然厦门市政发展一日千里,建设速度实令人刮目相看。

星民教授也常约我们喝茶夜谈,述说他对新闻传播系/传播所事务之愿景与理想,首要之务当属“成立学院”与“争取设博士点”。厦门大学其时已在文学院设有新闻传播二级博士点,但若要提高学术水平则专设一级博士点恐有必要;成立学院更有积极意义,乃因若非如此,势难与其他著名高校之传播学院平行竞争(可参阅黄星民,2018)。

讨论中我们方知,厦门大学新闻传播系/所之广告专业早在全国名闻遐迩,如前系主任陈培爱教授曾被誉为“中国广告第一人”(见百度百科“陈培爱”词条),这恐与余也鲁教授之睿见有关。根据“百度百科”,有关余也鲁之词条就有以下描述:“1983 年开始招生的厦门大学新闻传播系广告专业,是中国广告教育的开端。余也鲁是发起人,当时就任香港中文大学传播学院主任。尽管中国广告刚刚恢复没多久,余也鲁已经从广告界蓬勃发展的趋势看到人才培养必将成为一大难题。为此,他力主厦门大学拟议成立的新闻系应包含大众传播的研究,并在新闻专业外另设广告专业。”

时至 20 世纪初期,除了维持高水平的广告专业教育外,厦门大学新闻传播领域还需赶上时代潮流且以“学院”规模才能厚实学术底蕴,因而在多次秉烛长谈中,我等鼓励星民教授在争取系内师生共识后尽快勠力促成。

果不其然,厦门大学新闻传播系在 2007 年成功升格为学院,一级学科博士点的设置也于 2011 年完成,自此由“学士”“硕士”“博士”组成的完整新闻传播教育体系建置妥当,学术声誉日隆不在话下。

如今回想与星民教授诸多夜谈的情景,仍历历在目,也对其剑及履及的行政执行能力深感敬佩,毕竟无论升格为“学院”或设置“博士点”均非易事,百年大业教育为本,我等当年有缘参与了其初始发想阶段,如今回想仍感与有荣焉。

返台前,系方安排专车邀我们同赴泉州一日游,参访泉州晚报社与天后宫、开元寺、灵山伊斯兰教圣墓之郑和行香碑、泉州湾古船陈列馆(现泉州海外交通史博物馆)等名胜古迹,乘兴而返。

结　语

诚如近代名作家叶圣陶之语,“以室无窗牖,遂如仍在宵夜”,我且有幸倚窗当轩,早在 20 世纪 90 年代中期即借由厦门大学传播所这扇“窗牖”而得初窥中国大陆新闻传播教育实景,兼而亲闻诸多大儒之宏论大作。如今回顾旧往,格外感念两位前辈老师之提携,只恐自己才疏学浅未曾延续其志。

因而在此离开学术岗位已有数年之时,回忆起二十余年前与厦门大学传播所的结缘过程,心中仍感温馨。在其时之前,我对中国大陆所知有限且多止于教科书所述以及双亲思乡所言,对其新闻教育发展历程更属胸中无数,幸能借由传播所这个窗口接触了几位鸿儒大师,从而开启对大陆新闻教育的关注与兴趣。

另一方面，也因这次机缘而得与众多研究生建立友谊，其后在不同研讨会场常有人趋前问候、交换名片。只是历经二十年，不知当年在场聆听我们报告的同学如今都安在何方，犹能如我记得当年滴欤盛况否。

感谢清果老师邀我写下与厦门大学传播所的互动始末，让我得有机会回顾往事。但此处所记均为个人记忆所及，挂一漏万且疏漏误记在所难免，尚请方家见谅。

参考文献

余也鲁，郑学檬.从零开始：首届海峡两岸中国传统文化中传的探索座谈会论文集[M].厦门：厦门大学出版社，1994.

汪琪，臧国仁.成长与发展中的传播研究——一九九五学门人力资源调查报告[J].新闻学研究，1996(53).

汪琪，臧国仁.台湾地区传播研究初探 [C]//朱立，陈韬文. 传播与社会发展：香港中文大学新闻与传播学系成立廿五周年纪念学术研讨会论文集.香港：香港中文大学新闻与传播学系，1992.

胡翼青. 传播研究本土化路径的迷失——对“西方理论，中国经验”二元框架的历史反思[J]. 现代传播，2011(4).

邵培仁.传播学研究本土化的回顾与前瞻[J].杭州师范学院学报，1999(4).

倪炎元.论述研究与传播议题分析[M].台北：五南图书出版股份有限公司，2018.

孙旭培.华夏传播论：中国传统文化中的传播[M].北京：人民出版社，1997.

陈世敏.徐佳士老师生平事略[EB/OL].(2018-08-02)[2018-08-15]. http://140.119.115.26/bitstream/140.119/115446/2/%E5%BE%90%E4%BD%B3%E5%A3%AB%E6%95%99%E6%8E%88%E7%9A%84%E4%BA%BA%E7%94%9F%E9%A2%A8%E7%AF%84.pdf.

黄星民.厦门大学新闻传播学院：从“三个转变”到“三个新转变”[EB/OL].(2018-08-02)[2018-08-15].https://books.google.com.tw/books? id=eKVCDwAAQBAJ&printsec=frontcover&hl=zh-TW&source=gbs_ge_summary_r&cad=0#v=onepage&q&f=false.

叶至善.叶圣陶集(第二版)[M].南京：江苏出版社，2004.

臧国仁.新闻媒体与消息来源——媒介框架与真实建构之论述[M].台北：三民书局，1999.

臧国仁，钟蔚文.框架概念与公共关系策略——有关运用媒介框架的探析[J].广告学研究，1997(9).

钟蔚文，臧国仁，陈忆宁，柏松龄，王昭敏.台大 A 片事件的多重真实：框架理论的再思[C]//翁秀琪，冯建三.政治大学新闻教育六十周年庆学术研讨会论文集.台北：台湾政治大学，1996.

钟蔚文，臧国仁，陈韵如，等.新闻的框架效果[C]//臧国仁.中文传播研究论述——1993 中文传播研究暨教学研讨会论文汇编.台北：台湾政治大学传播学院研究中心，1995.

刘忠博.传播研究本土化问题的再思考——兼论本土化方法的初探[C].中华传播学会年会，新北：淡江大学，2008.

VAN DIJK T A.News as discourse[M].Hillsdale, NJ: LEA，1988.

VAN DIJK T A.News analysis: case studies of international and international news in the press [M].Hillsdale, NJ: LEA，1987.

从“文化特殊性”反思华夏传播研究

——贺厦门大学传播研究所成立二十五周年

潘祥辉*

厦门大学是华夏传播研究的先锋和重镇。从1993年举办的首届“海峡两岸中国传统文化中传的探索座谈会”算起，至今已历25年。25年来，厦门大学传播研究所在黄星民、谢清果等教授的领衔下，积极开展华夏传播研究，取得非常突出的成果，可喜可贺。尽管如此，总体而言，在传播学研究的版图中，华夏传播研究仍然是较为薄弱的。正如我的导师邵培仁教授在拙著《华夏传播新探——一种跨文化比较研究》一书的序言中所说：

> 我们的传播学研究基本上还是“唯西方马首是瞻”，从理论到议题到关心的研究焦点，都与西方亦步亦趋。很多研究看似“本土的”，其实不过是在验证西方传播学的一些原理，有的研究更是“食洋不化”，以至于削中国之“足”以适西方之“履”的研究在学界也见怪不怪。这些“二十年目睹之怪现状”一直有学者批评，但情况似乎并未改善，反而每况愈下。之所以出现这种情况，我认为，一方面在于传播学本身是“舶来品”，在这一研究领域，西方学界一直处于前沿和引领地位，对于传播研究的话语和范式已经形成了一种路径，中国学者很难摆脱“路径依赖”，要想有所突破，哪怕是思维上的突破，都非常之难；另一方面我觉得和我们学界即我们的研究主体的知识背景有关。①

不管原因如何，华夏传播研究目前还缺少实质性的推进和新的突破是传播学界必须面对的问题。在我看来，我们还是需要回到中国文化本身，从“文化特殊性”中提炼和阐释新的概念、新的理论，以期推进华夏传播研究。吴予敏教授在《“重构中国传播学”的时代场景和学术取向》中曾指出：“从中国文化本位和传统文化的‘创造性转化’

---

* 南京大学新闻传播学院教授，研究方向为媒介史、华夏传播学。

① 邵培仁.一部视野开阔的华夏传播专论——《华夏传播新探》序[J].中国传媒报告，2018(2).

② 吴予敏.“重构中国传播学”的时代场景和学术取向[J].国际新闻界，2018(2).

角度出发的中国传播学，应当从坚持自身文化的主体性出发确定自己的学术位置。”② 对此主张我非常认可，也愿意就此阐发一下我个人的一些心得和看法。

我觉得今天我们做华夏传播研究，要关注的一个核心问题就是，如何在技术革命所导致的“全球一体化”中研究中国文化和传播的特殊性？中国的特殊性在哪儿？其实，我们往后看，就会发现中国与西方越来越雷同，但往前看，就会发现中国越来越特殊。如果我们能用时光机穿越到先秦，和希腊罗马一比就会发现，简直有天壤之别。

以语言文字为例，中文和西方的表音文字差别就非常之大。中文是一种古老的充满神秘色彩的表意文字，这与西方起源于实用的、表音的字母文字截然不同。中国崇拜文字，敬惜字纸，乃至民间符箓咒语大量存在，都与这种文化传统有关。文字在相当大的程度上就是一种文明的表达系统。汉字与中国的思想史、政治史及主流意识形态息息相关。在许慎看来：“盖文字者，经艺之本，王政之始，前人所以垂后，后人所以识古。古曰‘本立而道生’，‘知天下之至啧’而不可乱也。”可见，文字在中国文化中的重要性，显然与西方不同。另外，因为汉字为表意文字，并非单纯的语音记录体系。历史上，汉语和汉字、文字和口语两个系统独立演化，所以西方的“语言中心主义、逻各斯主义”并不适于分析汉语及中国文化。这需要基于中国本土的分析理论和分析框架。陈寅恪曾经说过：“一个汉字就是一部思想史。”的确，我们可以把汉字看作上古中国人的一种精神编码符号、一种文化密码，或者是一种文化镜像。汉字是民族文化的一种记忆系统，表征了民族文化心理与认知。从文化功能来看，它就是一种文化的生产机制与强化机制。

但时过境迁，今天我们已经看不出来汉字原始的表征对象与内涵。如果我们用西方的语言学理论去套汉语，那只能是削足适履。因此，中国传统的“小学”研究的理论和方法就需要我们加以重视。在我看来，中国有自己本土的实证研究的传统，即考据学，或称“小学”，指文字、音韵和训诂之学。我目前正致力于把这个学术传统引入中国的传播学研究，并把这种研究方法命名为“传播考古学”，期待能有所发现和贡献。

实际上，我在《华夏传播新探》一书中，就运用了传播考古学方法来研究中国古代的媒介与传播现象，也算是一种尝试。如我从文字学角度入手写对古代“圣人”的传播学研究①，我对汉语“宣”字的研究②及对“对天发誓”的研究等③，都贯穿了这样一种“考据学”的研究思路。我下一步想要关注的是中国古代的“教化”思想，同样想从对“教”字的考察入手。《说文》：“教，上所施下所效也。从攴从孝。凡教之属皆从教。商代甲骨文‘教’字的形旁‘攴’为手持器械施教形。”可见中国历史上最早的“教”就是带有体罚性质的。“不打不成才”的说法，历史悠久。更有意思的是，上古“教”和“学”两个字一模一样，后世才分化为二字。这意味着一种什么样的传播观念呢？在我看来，就是“施受一体”。“学”的要和“教”的一模一样，不需要也不许便宜行事。这种传播思想大概也是一种“中国特色”。

---

① 潘祥辉.传播之王：中国圣人的一项传播考古学研究[J].国际新闻界，2016(9).

② 潘祥辉.宣之于众：汉语“宣”字的传播思想史研究[J].新闻与传播研究，2018(4).

③ 潘祥辉.“对天发誓”：一种中国本土沟通行为的传播社会学阐释[J].新闻与传播研究，2016(5).

实际上,不只文字,中国的“文化特殊性”还表现在从艺术观念到地理观念、思维方式等方面上,也包括各种各样的传播媒介,例如为什么中国人选择了竹子和龟甲作为书写媒介?为什么在政治与社会沟通中,玉器和青铜器如此重要?古代西方社会为什么没有选择玉器和青铜器作为政治与社会沟通媒介?在西方社会,黄金如此重要,为什么在上古时期中国黄金的地位次于玉器?这些差异和特殊性,我们都要纳入媒介史和传播史的考察视野,以丰富我们的华夏传播研究。

文化特殊性为我们提供了一个重要的研究语境和研究契机。在我看来,一个学者所置身的文化及其体验对学术研究而言是相当重要的。社会学家米尔斯所谓的“社会学的想象力”讲的就是要在个人体验与社会结构之间实现视角的转换,在微观与宏观之间实现有机的桥接。黄旦教授也明确指出:“传播学本土化研究首先要考虑的不是方法或者路径,而是如何获取并理解那些‘感知’或‘实践’的知识。”[①]这一点我深表认同,也深有体会,我的很多研究,其选题和灵感其实就来自对日常生活中的文化的感知。

“越是本土的,越是世界的。”在我看来,华夏传播研究必须立足于本土,贡献自己的“地方性知识”,才可能为全球的传播学研究贡献自己的养分。南京大学新闻传播学院杜骏飞教授在《传播学的成年》(杜课 552 期)一文中曾写道:“在学科的大街上人来人往,但只有知识的贡献才山高水长。”华夏传播的研究也是如此,只有贡献新知,才可能“源远流长”。在厦门大学传播研究所成立 25 周年之际,我愿意就此与诸位同仁共勉!希望厦门大学传播研究所取得更好的成绩,希望华夏传播研究取得新的、更大的进展!

---

① 黄旦.问题的“中国”与中国的“问题”——对于中国大陆传播研究本土化讨论的思考[M]//黄旦,沈国麟.理论与经验——中国传播研究的问题与路径.上海:复旦大学出版社,2013:53.

愿厦门大学中国传播研究再创佳绩

胡幼伟*

厦门大学于1997年举行第二届中国传播研讨会，我有幸受邀，与徐佳士、陈世敏、臧国仁等教授自台赴会，共襄盛举。与会期间，所见所闻，获益良多，印象深刻，爰为之记，以志不忘。

厦门大学在中国传播研究上，目标宏远，精力旺盛。犹记当年在会中得知，厦门大学正在从中国廿五史中，摘出所有跟传播有关的条目，再进行学理分析。此项工作完成后，必将成为中国传播研究之皇皇巨作。本人自年轻时即对中国传播研究深感兴趣，并以《分析论语中的人际传播概念》为题，撰写硕士论文。时至今日，我仍深信，在中国四书五经及诸子百家著作中蕴涵了不少深刻的传播思想，但以个人而言，时间能力皆十分有限，所以，对于厦门大学能倾一校之力，进行中国传播研究，实心向往之，也无比羡慕。

当今港澳台地区及旅居海外之传播学者，多受西方传播思想启蒙，所做研究，也往往跟随西方传播理论框架而再求深化；然不论如何努力，总难以突破西方传播研究现有范畴。因此，中国学者进行中国传播研究，实为突破西方典范，在世界传播研究中开辟另一康庄大道之正确选择。但较为可惜的是，全球华人传播学者对于中国传播研究尚未进行充分沟通，因此也尚未进行有效分工，这其实是厦门大学新闻传播学院可以登高一呼之事，不知厦门大学同仁以为然否？

总之，中国传播研究至为重要，也是全球华人传播学者应该共同关切的研究方向。个人建议，也期待厦门大学以领头羊之角色，整合全球华人学者智慧，借由举行大型研讨会及持续出版学刊等方式，继续引领中国传播研究再创新猷。

* 台湾“中国文化大学”新闻系教授。

我与华夏传播研究

◇ 孙旭培*

值此厦门大学传播研究所成立25周年之际,我想到正是在25年前的5月,我第一次到厦门大学,参加"海峡两岸中国传统文化中传的探索座谈会"。

华夏传播,就是指中国传统文化中的传播。传播学作为一门学科,是从西方传入中国的。以前都是西方怎么讲,中国人就怎么讲。20世纪70年代,港台地区有一部分学者开始研究中国传统文化中的传播。自从有了厦门大学传播研究所组织实施和这次会议的推动,华夏传播研究就逐步在内地展开了。我就是从那次研讨会开始进行华夏传播研究的。

参与华夏传播学术委员会的工作

那次研讨会是由中国香港学者余也鲁、中国台湾学者徐佳士和厦门大学新闻传播学院倡导召开的。来自中国内地、香港和台湾的新闻、传播、文学、历史、哲学、语言、民俗、人类学、经济学等学科的专家,对中国传统文化中的传播的理论与实践进行了首次跨学科的深入研讨。出席学人有余也鲁、徐佳士、郑学檬、孙旭培、乔健、朱增朴、吴予敏、张玉法、黄金贵、高国藩、叶世昌、张学洪、陈亚南、戴元光、李国正、郭锋、周旻、吴伟、陈安全、纪华强、陈培爱等。

1978年,余也鲁担任香港中文大学传播研究中心主任的时候,举办过一次"中国传学研讨会"。第二年,又在台北举办了一次同样的研讨会,从这两次探索中,他们找到了12个入口,即传与创新;政治传通的结构与途径;传与革命;人际传播的特征;说服的理论与实践;环境与传通;符号与传;民间传通途径;传播工具及其影响;中外文化接触中"传"的活动;从语言的浓缩与过滤中找"传"的原则;基本的传的观念的研究。

---

* 中国新闻史学会媒介法规与伦理研究委员会学术顾问,华夏文化促进会传播研究专业委员会学术顾问,中国社科院新闻与传播研究所原所长。

希望通过这些入口，研究历史与传统中的传播，寻找中国传播的理论。

这次在厦门大学召开的研讨会，大体上是从余也鲁教授在港台两地召开的研讨会的基础上总结出的12个入口着手，进行了系统的讨论。与会学人各就本身的专业对传播已做和可做的研究，抒发了意见与看法，并提交了具有一定水平的论文，最终收录在《从零开始》这本论文集中，由厦门大学出版社出版。

1993年的会议上，在香港海天基金会的资助下，华夏传播学术委员会成立，由余也鲁、徐佳士、郑学檬和我担任委员，后又增加了郑松锟教授，再后换为陈培爱教授。委员会选郑学檬负责主编，由厦门大学传播研究所的黄星民老师担任协调人。这次会议还列出了一批断代传播史题目和其他一些专题，作为下一步的研究选题。通过"中国传播研究资助项目"，向国内新闻、传播与文史学者招标，先后两次立项，计五史、六论，共11个项目，并由多个大学的学人分担。至1999年，首批书稿完成。我作为委员之一，参加审阅并提出修改意见。到2001年，第一批"华夏传播研究丛书"由北京文化艺术出版社出版，计有郑学檬编著的《传在史中——中国传统社会传播史料选辑》、黄鸣奋著的《说服君王——中国古代的讽谏传播》和李国正著的《汉字解析与信息传播》。此外，秦志希、徐培汀、高国藩等教授的断代传播史以及一些专题也在撰写。

1997年8月，我带着40本《华夏传播论》到厦门大学，参加了第二届中国传播研讨会，这次研讨会不仅有中国内地、台湾、香港的学者参加，还有来自新加坡、韩国、澳大利亚等国的学者。与会者审议了华夏传播研究项目的中期报告，集中讨论了"中华民族如何迎接信息社会"和"传播学的中国化"两个主题，让华夏传播研究走向深入。

《华夏传播论》的诞生

1993年5月会议的另一收获，是助力了概论性的著作《华夏传播论》的诞生。

这次会议我们都住在国际交流中心，我们相互"串门"。晚上，我到余教授房间，跟他谈到一个想法：我想带领一些学人一起编写一本书，广泛论及中国古代文化中的传播现象，让学界知道中国传统文化中的传播是个十分广泛的研究领域，唤起大家的兴趣，以便吸引更多的人来参加研究。我原以为他可能不会赞成，因为按照西方的学术研究规范，先要有大量的微观的研究，才能搞综合性的、宏观的研究。但他却欣然赞成这样做。

所以，我就在第二天的会议上说出了这个倡议，马上引起了与会者的兴趣，就连不是研究新闻传播的人也跃跃欲试。当即有人表示愿意参加这项工作，我为此很受鼓舞。

回北京后，我就开始拟写《中国传统文化中的传播》(后定名为《华夏传播论》)一书的研究大纲，我以西方传播学已经开拓出的研究领域作参考，着手搭建框架。拟好后，给研究所内熟悉传播学的同事看。考虑到内容多是历史题材的研究，我还寄给方汉奇教授征求意见。最后，我把详细提纲寄给余也鲁教授"定夺"。他看后，为了节省邮路上的时间，把自己的意见用电报传到社科院外事局，由外事局通知我去取。我还记得最重要的一条意见是,希望我在全书的开始部分从岩画说起,这个意见我接受了,“绪论”的第一节就设为“洞穴文化揭示传播的悠久历史”。

这年12月份,我撰写出一份《招标启事》,写明这项研究的目的、目标,附上研究大纲,招标遴选各章节的研究者。《招标启事》刊登在新闻所的《新闻与传播研究》1994年第1期上。《招标启事》发表后,反应热烈。台湾政大《新闻学研究》也登出陈世敏教授的评介文章和本书的框架。由于徐佳士教授的推荐,台湾也有学者参加。经过严格挑选竞标者,最后确定由新闻学、传播学、历史学、语言学、经济学、军事学等学科的27位学人参加。

1994年11月27日下午,我再飞厦门。29日,余也鲁、徐佳士、郑学檬、郑松锟和我共5人开小组会。由我做汇报,大家讨论《华夏传播论》一书的安排。经过讨论,大家同意我提出的作者名单和凡例原则。这次会议还列出了一批断代传播史题目和其他各类专题,作为第二步的研究选题。

凡事想想容易,实际操作起来并不容易。《华夏传播论》全书分6编、共25章,有些题目如环境与传播、社会环境与传播等,论述领域难以明确,参考文献少,靠作者、主编之间不断交换意见,商量修改,不少作者几易其稿,不厌其烦。社会环境与传播的关系在传播学研究中算是一个很有难度的题目。个体与社会环境不断进行信息传播与交流的过程,也就是个体社会化的过程。中国古代社会人文环境的重要特征是宗族聚居和崇尚儒学,而这两点在明清时期的徽州表现得十分突出。于是该章以徽州为例,从徽商的价值取向和行为取向上,考察社会环境影响和制约人们的传播行为的具体过程。徽商们“贾而好儒”,或“由贾入儒”,或“由贾入仕”,“行商取厚利,业儒求名高”。而这些都是与他们所受的家族、学校和社会文化的影响密切相关的。

还有些课题根本就招标不到人选,没办法,我只能自己出马,比如古代政治传播,真是太难了,最后我只好自己找资料自己写;还有科技传播,一位学者只写了科技,却没有传播,最后我也只得与她合作。还有谚语、格言与传播,尽管我发现中国有大量的谚语体现了传播的智慧,反映了传播的规律,但却没有人涉足过。比如“好事不出门,恶事传千里”,说明坏事更容易传播;“百闻不如一见”,说明视觉信息比听来的信息可靠(或者直接信息比间接信息可靠);“先入之见”“先声夺人”“恶人先告状”,说明先获得的信息容易占据传播的主导地位;“言传不如身教”“说一尺不如行一寸”,说明行为是最有说服力的传播。然而,我当时任中国社科院新闻所所长,实在是太忙了,不仅要主持所务,还要外出参加各种会议,为了争取时间,有几次外出参加会议,我随身带着两本谚语或格言的辞典、书籍,只要稍有空闲,就抓紧时间查寻、分类。

在华夏传播研究中,我们不忌讳使用外国学者发明的传播学术语,但我们力图发明有自己独特内涵的、有新义的术语。本人在研究政治传播、科学传播时就是这样做的。我从政治传播研究中概括出一个“信息圈—决策圈”的理论,即历史证明,信息圈与法定的决策圈一致时,政治就清明;信息圈与法定的决策圈不一致时,政治就腐败。从中国古代科学传播得出一个结论:一个社会中,逆向传播难以存在,其科学就难以发展。所谓逆向传播,就是传播跟当时社会的主流观点相左的看法与信息;就科学的某一领域来说，就是传播与这个领域的经典著作或权威性观点不同的意见与信息。

不过，这里虽然有原理，有术语，但只是在全文铺陈较多事实以后得出的感想，并不以它们为全文的中心论点，用规范的研究方法去论证它们，所以它们仍停留在假说阶段，并没有变成人们可以放心引用的原理。

让我高兴的是，这部由海峡两岸27位学人共同完成的著作，终于由人民出版社于1997年10月正式出版了(全书500页)。第一次印刷了1万册，不到3年就销完了。

这本著作揭示了中国几千年文明史中无数的传播事件和现象以及大量的先人谈到的传播观点和原理。著作对其进行研究和总结，对传播学这门学科的世界性的发展作出了贡献，受到了学术界的好评。我为此写的介绍这项研究的长文，在台湾政治大学传播学院的学术刊物《新闻学研究》上发表了。台湾世新大学新闻系教授李茂政来信称赞："拜读之余，无限感佩……对具有中国风格的传播研究，你实在作了很大的贡献。"香港著名传播学教授余也鲁于1997年12月23日给我的信中作高度评价说，"《华夏传播论》是奠基之作"。12年以后，他还发表文章称赞这本书："今天读来，仍充满中国传统智慧的亮光，是部研究中国传播的上佳启蒙书。"此后，这本著作被许多新闻院系列为必读教材。

对中国古代社会传播特点的研究

通过编写《华夏传播论》，我深深地感到，中国古代社会的传播投射了一个长长的影子于现代社会。中国现代传播的许多弊病可以在古代传播中找到。真可谓"观今宜鉴古，无古不成今"。

《华夏传播论》中谈到，中国古代社会呈现金字塔结构，纵向传播十分发达，尤其是从上到下的下行传播；而横向传播往往遭受轻视和抑制，与强劲的纵向传播相比，显得势弱量小。社会横向传播往往处于非正规的、时断时续的、补充性的状态，甚至受到统治者的防范、监视和堵塞，因为统治阶级最害怕民间力量的集结。

于是我写了一篇较长的论文《纵向传播强劲，横向传播薄弱——论我国古代社会信息传播的特点》，来论证这些观点。论文从古代政治、经济、文化、宗教等领域的纵向、横向传播的对比，分析限制横向传播的因素，从封建统治者制定相关制度的思路中分析这些制度对横向传播的抑制性影响。

政治传播中，最为强劲的是皇权至高无上的纵向传播，皇帝和各级官员的政令自上而下传播，往往能便利地进行，畅行无阻。它是由下列原因促成的：皇权至上下的中央官僚制度；严格的户籍制度；国家经营政治、军事信息传递，不经营民间信息传送。经济上，重农抑商严重阻碍横向传播：重农抑商的思想观念源远流长；四民分业定居的规定阻碍横向传播。只有在战争与乱世时期，虽然生产力被破坏，但在一定程度上促进了生产技术与生活方式的传播。文化上，独尊儒术与焚书、修书、科举制、文字狱，都是自上至下地推行官方意识形态，严厉禁止任何非官方文化与思想观念的横向传播。

在总结古代社会传播特点的基础上,论文写了一段"余论:横向传播大发展是现代社会的重要标志",并从三个方面分析现代社会横向传播势强量大的原因:民主政治、市场经济的基本制度促进横向传播大发展;公民社会和公众舆论促进横向传播大发展;网络为横向传播创造了空前优越的条件。可以说,与古代社会传播相比,现代社会传播发生了翻天覆地的变化;反过来说,不发生这些变化,就无法建成现代国家和现代社会。

华夏传播研究虽然不是我的学术主业,但就是这些研究,已经使我看到,华夏传播是一个巨大的富矿待我们开掘。中国古代有无数的传播现象、事件、观点和智慧需要我们去研究和总结,并做到出原理、出术语。华夏传播乃至包括近代、现代在内的中华传播的研究者队伍,将是世界传播学界的一支劲旅,对传播学作出有中国特色的贡献。厦门大学传播研究所是我国最早的华夏传播研究基地,人们翘首期盼着它奉献更多、更亮眼的研究成果。

纪念《华夏传播论》出版廿周年，致敬孙旭培老师

◎李　展*

1994年，我从厦门大学哲学系硕士毕业，经过层层考试，进入新闻传播系，在国际新闻教研室工作。那时，虽然厦门大学的新闻传播系已经建系十年，但"传播学"作为一个全新的学科概念，在中国还没有为人所共知。不要说那些传统上就没有新闻学专业的大学的师生，即使同在厦门大学，包括我在内的很多学生(相信也包括大部分厦门大学教师)，也往往只知道"新闻系"而不知道"传播"这个概念。厦门大学新闻传播系在中国传播学发展史上的重要作用其实更多的是以"后见之明"被大家广泛认识到的，尤其是《中国传播学30年》一书，从学科发展的角度给予肯定，并重申新华社《对外参考》和《文汇报》在1984年对厦门大学新闻传播系的建立给予的赞誉。①

从20世纪50年代传播学在美国成为独立学科到80年代传播学概念被引入我国，东西方在社会科学这个领域的隔绝其实从一个侧面反映了国际关系大局势的变化，即随着"冷战"的逐渐消解，美国成为唯一的超级大国，不但在政治、经济方面具有世界最强的影响力，在文化教育和科学研究方面同样对世界产生了极为重要的影响。传播行为是人类共性的行为，只要有人类社会，就必然有传播沟通，进化生物学认为正是人类合作生存的需要促成了语言的出现，而语言传播使得人类成为独特的类存在，并延续和演化至今，还相继发明了书写、印刷、电子、数字化的传播沟通媒介。②

虽然传播和沟通是人类共性的行为，但是传播学，尤其是大众传播学，作为社会科学的一个独立的研究对象、一个独立的学科，却不是从中国社会本土的实践经验生发出来的，而是由美国社会科学研究者建立的。换句话说，"传播学"三个字前面虽然没有加上"西方"二字，但实际上其研究对象是西方社会生活中从人际沟通到组织沟通再到大众传播的各个层面的制度和实践，这其实是解释和指导西方社会生活的学问。传

---

*　厦门大学新闻传播学院副教授，研究生导师。

①　王怡红，胡冀青.中国传播学30年[M].北京：中国大百科全书出版社，2010.

②　POE M.A history of communications：media and society from the evolution of speech to the Internet [M]. Cambridge：Cambridge University Press，2011.

播学进入我国之初,以译介西方传播学著作为主,这与20世纪80年代初我国改革开放、社会学重建、社会科学与国际接轨的大环境是一致的。难得的是,在这样的大背景下,余也鲁、徐佳士、李瞻、郑学檬、孙旭培等前辈老师已经认识到,不能仅仅引进西方的传播学理论和研究思路,还必须进行传播学研究中国化的努力。

在《中国传播学30年》一书中,孙旭培老师专门写了一个章节,回顾他倡导传播学研究中国化的思考历程和具体主编《华夏传播论》的过程[①]。虽然不同的学者对于传播学中国化的内涵到底是什么有不同的理论视角[②],但是我个人非常赞同以孙旭培老师为代表的倡导传播学中国化的前辈的观点,他们在西方传播学理论影响力最强的时刻提出以中国的社会生活和中国人的传播沟通行为为研究对象,探寻我们自身的传播规律。同时,我也特别感谢孙旭培老师对我撰写的《信息的传递》和《摩尼教传播》给予的指导和帮助。1996年春季我在中国人民大学新闻系进修,有机会与孙旭培老师面谈他对我所写书稿的意见,对我的帮助非常大,也可以说是我后来一定要系统地接受传播学博士教育的一个重要的缘由。

今天看来,我认为《华夏传播论》一书的研究对象和研究意图是非常明确的,就是首先要用现代传播学理论的视角,重新打量和观照我们中国古代的传播实践,包括媒体形态、传播制度、中外文化传播的影响等,但最终目的当然不止于换个视角重新解释历史,而是要通过历史照见现实,反思我国古代传播媒体形态和传播制度如何塑造了我们的文化独特性,或者说社会生活的一般特性,这将大大有助于我们反思中华文化如何在当今世界自处和与其他文化交流。这在20世纪90年代初西方理论影响力非常巨大的时候显得尤其重要;在当下对我们如何建立文化自信,但又不盲目自大也很重要。

孙旭培老师在刚进入21世纪时,提出《华夏传播论》只是一个起点,未来还应深入到更为微观的各个主题继续研讨,尤其是建立原创性理论[③]。经过近30年的发展,当代中国的传播现象研究可以说取得了很大的成绩。但遗憾的是,从通过历史观照现实这个研究视角,《华夏传播论》之后几乎没有特别有影响力的著作,相比西方传播史的研究,比较不足。依我的浅见,擅长古文和历史研究的学者可能难以自觉地转换成传播学视角,而传播学子往往缺乏古文和历史研究功底,这可能是20年来还未有影响力超过《华夏传播论》的著作出现的重要原因。祝愿学院在这个方向上取得更大的研究成果。

---

① 孙旭培.研究对象中国化[M]//王怡红,胡翼青.中国传播学30年.北京:中国大百科全书出版社,2010:562-564.

② 张威.探索与立场:30年中国传播学研究的五次争鸣[M]//王怡红,胡翼青.中国传播学30年.北京:中国大百科全书出版社,2010:469-507.

③ 孙旭培.研究对象中国化[M]//王怡红,胡翼青.中国传播学30年.北京:中国大百科全书出版社,2010:562-564.

华夏文明传播研究

言行之间:华夏传播理论“行胜于言”的传播价值取向

Speeches and Behaviors: The Value Orientation of Chinese Communication Theory is “Actions Speak Louder than Words”

◇ 周伟业*
Zhou Weiye

摘要:与欧美传播学理论将传播活动界定为信息的传递、流动、运动、交换、反馈等视角不同,华夏传播理论在言行之间更加注重行为在传播活动中的价值。“行胜于言”的传播价值取向包含着既重视语言又怀疑语言的辩证智慧,认为行为相对于语言更加真切可信。这一倾向的形成,与华夏文明注重人与人际交往的诚信原则有着密切的关联。“行胜于言”的传播价值取向倡导诚信原则,在当下各种类型的传播活动中仍然有着十分重要的意义,传播者能不能做到诚恳、守信、言行一致、担当责任,是决定传播效果的关键因素。在强调行为重要性的前提下,也不能忽视言说的重要性。既要做得好,也要说得好。

Abstract: Different from the perspective of communication theory in Europe and the United States, which defines communication activity as information transfer, flow, movement exchange and feedback, Chinese communication theory pays more attention to the value of behavior in communication activities between speeches and behaviors. The value orientation of Chinese communication theory is “Actions speak louder than words” ,which contains the dialectical wisdom of attaching importance to language and doubting language, thinking behavior is more authentic than language. The forming of this tendency is closely related to the honesty principle of Chinese civilization focuses on human behavior and interpersonal communication. The communication value orientation of “Actions speak louder than words” advocates the principle of good faith, which is still of great significance in all kinds of communication activities. Whether the communicator can be sincere and trustworthy,and act in accordance with the responsibility is the key factor to determine the communication effect. On the premise of emphasizing the importance of behavior, the importance of

* 博士,中国人民解放军国防大学军事文化学院教授。

speech should not be neglected, which needs do well and also need say well.
关键词:华夏传播价值取向,“行胜于言”,内涵,智慧,原因,当下意义
Keywords: the value orientation of Chinese communication, “Actions speak louder than words”, connotation, wisdom, reason, current significance

与欧美传播学理论将传播活动界定为信息的传递、流动、运动、交换、反馈等视角不同,华夏传播理论在言行之间更加注重行为在传播活动中的价值,笔者将之概括为“行胜于言”的传播价值取向。“行胜于言”的传播价值取向具有哪些内涵,包含哪些智慧,为什么会如此,当下有何意义等这些问题需要我们探索。

一、“行胜于言”的传播价值取向具有哪些内涵

在史学名著《史记》中,司马迁用“桃李不言,下自成蹊”来赞颂李广将军。

> 太史公曰:“《传》曰:‘其身正,不令而行;其身不正,虽令不从。’其李将军之谓也?余睹李将军悛悛(通恂恂)如鄙人,口不能道辞。及死之日,天下知与不知,皆为尽哀。彼其忠实心诚信于士大夫也?谚曰:‘桃李不言,下自成蹊。’此言虽小,可以喻大也。”①

李广将军不善言辞,也不邀功请赏,但是在战场上英勇善战,时时处处身先士卒,爱护将士之心人人皆知,所以深得大家拥戴。李广将军用实际行动赢得了人们的尊重和信任。司马迁对李广将军的评价,其实也代表着华夏传播的一种基本价值取向——“行胜于言”。人们经常说的“空谈误国,实干兴邦”“言必信,行必果”“言传不如身教”“说一尺不如行一寸”“止谤莫如自修”,等等,体现的都是“行胜于言”这个价值倾向。

“行胜于言”,概括起来说,就是在言行之间,行动的重要性超过语言的重要性,两者之间,行为具有优先的评价意义。语言的重要性是第二位的,语言是附属于行为的。“行胜于言”,字面意义并不难理解。它体现出来的是一种务实精神,是一种实践本位。但这种倾向相较于西方文化哲学和传播理论当中的理念至上、逻各斯主义、话语中心主义、信息传播至上等传播理论倾向,具有别样理论风采和文化品格。“行胜于言”这种传播价值倾向集中体现了华夏传播理论的基本特质和核心意义。

二、“行胜于言”的传播价值取向包含哪些智慧

当然,“行胜于言”不是不要语言传播,也不是不重视语言传播,而是在“语言”和“行为”两者之中,更加重视行为的价值。为何做出如此选择和判断呢?因为单纯的言

① 司马迁.史记:卷九,李将军列传[M].中华书局,1959:2878.

说容易流于浮夸，和行为脱节而成为一串没有实际意义的符号，甚至成为误国误民、欺骗人们的假话、大话、空话、套话，成为蒙蔽事实真相的无稽之谈和欺上瞒下的可耻谎言。

华夏传播理论对于传播的媒介和符号——语言，具有辩证的思考和智慧，既重视语言在传播活动中的价值，又对语言的作用保持着否定的态度，主张超越语言，直抵行为。重视语言的理论可以列举出“一言兴邦”“一言丧邦”“言出如山”“一言九鼎”“一诺千金”等。质疑语言的可以列举出“信言不美，美言不信”“巧言令色，鲜矣仁”“只可意会，不可言传”等。

华夏传播重视语言的传播功能，更多的是强调语言背后令人赞叹的责任、诚信、谋划的智慧以及表达的精彩。质疑语言主要是怀疑语言在传播活动中的真实性与可靠性。因为语言可能只是虚假的表象，所以有“察其言观其行”的综合比较与全面判断。语言可能也会“词不达意”，所以有魏晋玄学的“言意之辨”。语言可能阻碍精神的交流、智慧的传达、佛性的修炼，所以才有禅宗的“不立文字”，以心传心，见性成佛。语言可能成为情感表达的障碍，所以有诗家“不着一字，尽得风流”。

这些看上去似乎矛盾的一些表达和思想，实际包含着大量的辩证的智慧。彼得斯认为，人类历史上最为伟大、最为智慧的三个哲人——苏格拉底、耶稣和孔子都拒绝把自己的教诲写成文字，他们认为把活生生的思想写下来是一件徒劳无益的事情，最好的交流是忠实地理解一个人内心怀抱的意义。[①] 美国著名的传播学教授彼得斯先生认为交流只是一个乌托邦式的幻想，他的结论是：“我们对内心生活所知道的一切，我们耳闻目睹和感受的内心生活，都是靠语词、行动或体态形成的，而且所有这些载体在某种重要的意义上都是公共的东西。我们的问题不应该是：我们能够交流吗？而是应该问：我们能够相互爱护，能够公正而宽厚地彼此相待吗？在我们的关系中，人与人的团结显然比很有把握的解释来得重要。”[②]既重视语言又质疑语言的传播理论启发人们从虚假的语言幻象中，从大量的话语阐释中，从无意义的语言陷阱中超越出来，解脱出来，手拉手、心连心，让人们在实际行为和具体活动中，相互理解，相互关爱，形成一个个命运共同体，实现有效的交往、传播和交流，避免传播活动走向虚幻浅表和歪门邪道。

三、为什么华夏传播理论选择“行胜于言”的传播价值取向

在语言和行为之间，华夏传播理论更加看重行为的传播价值，深究起来，这与华夏文明重视人际交往的诚信原则有着较大的关联。

在儒家文化体系中，诚信是做人的基本原则。“人而无信，不知其可也”“修辞立其诚”。诚信的核心要求就是要讲信用、讲诚信，说到做到，做事说话诚实无欺。评价一

---

① 彼得斯.交流的无奈——传播思想史[M].何道宽，译.北京：华夏出版社，2003.

② 彼得斯.交流的无奈——传播思想史[M].何道宽，译.北京：华夏出版社，2003：251-252.

个人或考察一项传播活动,确立了诚信第一、诚信优先的原则,在言行之间,自然会更加注重行为的传播价值和意义。

注重诚信,不仅是修身的原则,也是人际交往的原则。《论语》多次强调人际交往要讲究诚信,“与朋友交,言而有信”“信近于义”(《论语·学而》),“老者安之,朋友信之,少者怀之”(《论语·公治长》)。儒家思想的核心价值——仁、义、礼、智、信,始于仁,归于信,五者之间相互勾连,形成一个整体。往往某一两个方面做不到,其他方面也会受损失,每个方面都能做到,也就成为一个人际和谐、仁义诚信的做人的典范——君子。君子之交,有如清冽的泉水,重情重义,不遮不掩,不躲不藏,始终如一,没有交易,没有出卖,简单明了,清澈透明。

在修身—齐家—治国—平天下这个推演序列之中,个人修养和人际交往的诚信原则也会自然而然地扩展到治理国家的组织传播领域,诚信原则同样适用于国家内部的管理以及国家与国家之间的交往和传播。至诚的精神,甚至可以感动天地,实现天人感应的最高境界——天人合一。

四、“行胜于言”的传播价值取向在当下有何意义

在信息泛滥、真相缺失、媒体公信力严重不足的时代,华夏传播倡导“行胜于言”的传播价值取向以及诚信原则,显得尤为重要。换个角度看,“行胜于言”的传播价值取向也体现了一个十分重要的传播规律。不管是个人,还是团队、公司,在各种传播活动中能不能做到诚恳、守信、言行一致,是决定传播效果的关键性因素。如果做得到,就可以取信于人,天长日久,形成个人的名望、团队的良好形象、公司的声誉。如果做不到,尤其在一些关系到人们的生活与健康、影响人们人身安全的方面,长期不诚实、不守信,说得漂亮、做得差劲,就会产生负面的形象,形成恶劣的声誉。例如,滴滴公司在每次重大危机事件中,都会发出看似十分真诚的致歉信,但乘客安全得不到保障,人们就会质疑这些致歉信本身的诚意,而希望滴滴公司拿出实际行动回应人们的安全诉求。不能从行动上采取根本措施,只会“打太极”,搞推诿,玩公关,最终付出的是信用资本,损害的是形象,影响往往是致命的。

“行胜于言”,强调行为的重要性,但也不能忽视言说的重要性。受传统文化的熏染,传统的中国人在看重做得如何的同时,往往会忽视说得如何。在全球化时代,各种交往互动更加频繁复杂,在做得好的基础上,还要讲好中国故事,传播好中国理念和中国声音。对于每一个单位、团队和个人来说,也负有讲好本单位、本团队和自己的故事的责任。即使是遇到危机事件,也要妥当、诚恳地讲清事情的来龙去脉,对事实负责,对社会负责,对当事人负责,不能置之不理,一味回避,埋头当鸵鸟。

“以女为媒”：古代政治中的女性及其媒介角色研究

Women as a Medium: The Media Role of Women in Ancient Politics

◈ 潘祥辉*
Pan Xianghui

摘要：女性以其特有的媒介属性影响着人类政治活动。作为一种联结机制，“联姻”是古代社会建构联盟关系的最为常见的沟通合作机制，在内政和外交中都被广泛应用。在这种政治沟通模式中，女性充当了一种关键媒介。女性之所以具有建构政治社会网络的媒介功能，在于她可以通过婚姻和生育将两个群体联结起来，形成亲属关系。“以女为媒”的政治联姻是人类历史上的常态，更是中国“宗法政治”的基础。将女性作为一种政治与文化沟通媒介来考察，对于我们理解古代政治社会的运行，具有重要的意义。

Abstract: Using women's marriages to reach political alliances is the most common communication and cooperation mechanism in the construction of the ancient society and establishment of political trust. It has been widely used in the internal affairs and diplomacy. In this kind of political communication mode, women act as a kind of relationship media. The reason why women has the function of constructing the political and social network is that they can connect the two clans through marriage and birth, so that the relationship between two groups can be formed. It is normal in human history that political marriage regards women as media. As a " biological society" composite media, women play an important role in the integration of human race through the integration of genes, condensing relatives, eliminating conflicts and spreading culture. Women influence human politics with their special media attributes.

关键词：以女为媒，秦晋之好，和亲，联姻政治

Keywords: Women as a medium, marriage between Qin and Jin, intermarriage politics, He-qin, political communication

---

* 南京大学新闻传播学院教授，研究方向为媒介史、华夏传播学。

一、问题的提出:古代政治中的“以女为媒”现象

自古以来,婚姻就是一种建立社会关系的重要联结机制。《礼记·昏义》:“婚姻者,合二姓之好。”从“婚”“姻”二字皆从“女”看,女性其实才是婚姻的主角,是婚姻关系中的主要媒介。在汉语中,“媒”字从“女”旁,本身就说明了“媒”的性别属性。历史上的“秦晋之好”,实际上是一种春秋时代的政治传播模式,而这种政治传播的媒介就是女性。从媒介学的角度看,人体本身就是一种媒介。而女性,则更是一种重要而特殊的媒介。不过,关于女性的这种媒介角色及其政治沟通功能的研究在相关研究领域却缺乏应有的关注。

尽管妇女史的研究涉及女性角色的方方面面,但以女为媒的视角却少见。[①] 知名学者杜芳琴在《七十年中国妇女史研究综述》一文中考察了近代以来的妇女史,在她看来,妇女史研究涉及女性的各个维度:

> 就时间线索而言,有母系社会女性中心的妇女英雄史,有父权制社会女性奴隶时代的历史,有迈入妇女解放时代的历史。就妇女的经验、经历层面言,有妇女的社会政治经济活动史、家庭生活史、妇女文化史、妇女解放运动史、妇女自我意识史……就妇女所归属的阶级阶层分野而言,有贵族、平民(农妇、商贾、市民、工人等)、奴婢、娼优等不同层类妇女的历史——这就构成了由各时代不同社会形态中各阶级阶层妇女的全方位的历史——地位贡献史、生活状况史、形象塑造、文化心态、自我意识史等。[②]

在这些研究中,也有不少文献聚焦于女性的政治角色与政治影响,如对妇女与民族国家之间关系的探讨[③],对中国的“女主政治”[④]“后妃政治”[⑤]以及“公主政治”[⑥]的研究等,都涉及女性与政治之间的关系。研究者也关注到了历史上政治婚姻的广泛存在,从先秦政治婚姻的类型、历史影响[⑦],到汉唐的和亲、世族政治婚姻[⑧]等也都有不少

---

① 麦克维.世界妇女史:上、下[M].洪庆明,康凯,译.上海:格致出版社,2012;陈东原.中国妇女生活史[M].北京:商务印书馆,1928;刘士圣.中国古代妇女史[M].青岛:青岛出版社,1991;李贞德,梁其姿.妇女与社会[M].北京:中国大百科全书出版社,2005;邓小南,王政,游鉴明.中国妇女史读本[M].北京:北京大学出版社,2011;李志生.中国古代妇女史研究入门[M].北京:北京大学出版社,2014;陈高华,童芍素.中国妇女通史[M].杭州:杭州出版社,2010-2011.这些著作对妇女史研究的历史和现有成果进行了详尽的梳理。

② 杜芳琴.发现妇女的历史——中国妇女史论集[M].天津:天津社会科学院出版社,1996:2-3.

③ 陈顺馨,戴锦华.妇女、民族与女性主义[M].北京:中央编译出版社,2004.

④ 米莉.女主政治研究的范式转移与未来趋向[J].湖南师范大学社会科学学报,2012(5).

⑤ 焕力.中国后妃政治[M].桂林:广西师范大学出版社,2012.

⑥ 黄旨彦.公主政治:魏晋南北朝政治史的性别考察[M].台北:稻乡出版社,2013.

⑦ 崔明德.先秦政治婚姻初探[J].文史哲,2002(3);刘举,解洪兴.试论春秋族际政治婚姻的类型及其历史作用[J].黑龙江民族丛刊,2012(1).

⑧ 贾艳红.略论唐代的政治婚姻及其作用[J].齐鲁学刊,2003(4).

研究成果。

但必须指出，现有关于女性及其政治角色的研究还不够深入：一方面，受限于历史事实，现有研究大多还是视女性为政治活动中的“配角”，鲜有成果将女性放在政治网络的中心地位予以考察，揭示女性在政治中的独特功能和作用；另一方面，现有研究的视角还较为单一，鲜有人视女性为一种政治媒介，并将之纳入媒介学与媒介史的框架中来讨论。在笔者看来，要考察女性的媒介角色，除了历史学和政治学的视角之外，还需要引入人类学、传播学以及社会生物学等多学科的视角。除性别比较外，从中西方比较分析的视角，对不同文化语境下女性的媒介属性及其政治传播功能进行研究，亦显得十分重要。

基于上述考虑，笔者提出的问题是：“以女为媒”为什么会成为古代世界一种较为普遍的政治沟通模式？为什么是女人（而不是男人）在历史上充当了这样的政治媒介？女性这种媒介又具有什么独特的媒介属性？在人类历史上，“以女为媒”发挥了什么样的作用，产生了怎样的政治社会后果？我们如何从政治传播学与媒介学的视角审视女性作为媒介的政治社会功能？

二、“以女为媒”的政治联姻：类型与功能

在古代社会，婚姻并非单纯的男女两性结合，而是承载了重要的社会政治功能。正如马克斯·韦伯在《经济与社会》中指出的，婚姻制度的社会学含义即包含了结盟功能：

> 在概念上，我们不能将婚姻当作父亲、母亲、子女间单纯基于性与抚育关系的简单组合。作为一种社会组织制度，婚姻只有同婚姻外性关系进行对比才能成立。婚姻意味着获得男女双方氏族的同意，而且，只有婚后所生子孙才能合法地获得父母双方或一方所属的更广泛共同体的认可。以上两点是婚姻和非婚姻的区别。婚姻实际上意味着共同开放的通道。[1]

在这种“开放通道”中，女人实则是联结点和转换枢纽，常常成为政治联姻的媒介。“夫婚姻者，合二姓之好，上以为宗庙，下以为继后世者也。则有受分器之重，居秉圭之位，修先君之好，结大国之援。”（《册府元龟》卷二百四十五）“修先君之好，结大国之援”道出了婚姻的政治沟通属性。在古代社会的政治合作中，“以女为媒”是缔结合约的重要手段。

陈鹏先生在考证中国婚姻史后指出，古代中国的婚姻多为政治婚姻。

> 亘中国婚姻史之全部，自天子至士大夫，其婚姻之缔结，多属政治行为。

---

① 韦伯.经济与社会[M].杭聪，译.北京：北京出版社，2008：82.

稽其形态，约分为四类：曰内政、曰外交、曰朋党、曰仕宦。[①]

事实上，就政治婚姻而言，这四种形态不仅适用于中国，也适用于世界上其他国家。而女性在其中扮演的，其实是一种连接两种政治势力的关系媒介。通过女性的联姻，两个原本没有关系的人或群体建立起了一种亲属关系。政治联盟建立在这样一种亲属关系之上，就有了坚实的信任基础。

从建构这种亲属关系所涉及的政治范围来看，"以女为媒"的联姻可以概括为两种类型：内政型和外交型。具体又可以分为三种模式：君臣之间的联姻、权臣之间的联姻以及外交领域的和亲政治，分述之如下。

（一）君臣之间的"联姻"

古代的君主专制政权广泛地依赖于各种姻亲关系。东汉王符曾一针见血地指出："自春秋之后，战国之制，将相权臣必以亲家。"（王符《潜夫论》）这道出了中国政治的一个重要秘密。实际上，通过女性联姻使君臣关系变成"亲属关系"，使"公天下"变成"家天下"，是古代政治沟通的重要手段。这种做法十分古老，可以追溯到原始社会的部落政治时代。传说中的"尧舜禅让"就伴随着联姻。当时帝尧听闻舜非常孝顺且有才干，"于是尧妻之二女（娥皇和女英），观其德于二女"（《史记・五帝本纪》），最后才选定舜做他的继承人。从上古三代开始，王室同诸侯之间的婚姻就已经具有政治因素。如夏同莘氏、仍氏部族的联姻；殷商与鬼方、有莘氏、苏氏的联姻；周人与姞氏，邰氏，西方羌族大姓姜姓，东方夷族大姓任、姒等的联姻也都是一种以建立联盟为目的的政治婚姻。[②]

殷商是中国最早的上古帝国，在当时通讯与交通都极为落后的条件下，商王朝却建立了一个基于军事分封的集权制度，这与其联姻策略是分不开的。郭静云先生指出：

> 殷商的集权制度之构成，乃是一种组合式的统治方案，一方面既将土地封给王族的亲属（侯）作为军宰，另一方面亦保留本地国君政权之模式，且同时更以联盟和通婚的方式，加强属国与中央的关系，进而合并为一个庞大的帝国。此外，殷商王族也可能与未被其吞并的方国国君联姻，这都是扩展集权国家影响力的步骤和手段。[③]

宋镇豪先生曾以甲骨文为材料，对商代的婚姻形式进行了详细的研究，他指出：

> 商代贵族婚姻，娶和嫁女，有王朝与各地族氏方国间的，有族氏方国与族

---

① 陈鹏.中国婚姻史稿[M].北京：中华书局，1990：30.

② 崔明德.先秦政治婚姻初探[J].文史哲，2002(3).

③ 郭静云.夏商周：从神话到史实[M].上海：上海古籍出版社，2013：184.

氏方国间的，有各家族间的，有以王朝为中介而各族氏、家族或方国间的，等等，形式有单向娶女或嫁女，也有双向互见，体现了多层次、多方位和错综复杂的特征。不同国族间的政治联姻，是当时家族本位的族外婚制高度发展的产物。①

《周易》中所载的"帝乙归妹"的故事，也是一种政治联姻，其目的就在于"附远"。作为外来入侵者的殷商王族通过联盟、婚姻等方式，吸收很多异族成为亲族，突破了宗族之间的封闭性，因此其政权具有一定的开放性。

到周朝，其统治更是依赖于血缘姻亲关系，"同姓为兄弟之国，异姓为甥舅之国"。西周的封建制度，一方面通过各种礼仪制度来约定，另一方面又通过姻亲关系来联结和加固。联姻是周朝统治最为重要的政治手段。王国维先生指出，"同姓不婚之制""女子称姓""嫡长子继承制""封建子弟之制"等都由周人创制。对于"异姓之国"，联姻更是建立和巩固"封建制度"的重要手段：

非宗法之所能统者，以婚媾甥舅之谊通之，于是天下之国，大都王之兄弟甥舅，而诸国之间，亦皆有兄弟甥舅之亲，周人一统之策实存于是。此种制度，固亦由时势之所趋，然手定此者，实惟周公。②

春秋之后的后世君主，也善于利用联姻来强化政治联盟。东汉的刘秀原娶美人阴丽华为妻，后来为了笼络河北真定恭王刘扬势力，又娶刘扬外甥女郭圣通为妻。刘秀登基后，封郭圣通为后。待北方刘姓集团被征服，又废了郭圣通。可见其联姻策略是出于政治考虑。而魏晋南北朝的皇帝常以"尚主"（公主政治）的方式，不但将士族吸纳为皇室姻亲，加强士族对皇权的认同，也以此融入士族社会之中。公主的婚姻经常被皇室视为拉拢不同势力的手段。③ 宋太祖也十分注重政治联姻。在黄袍加身后，他一方面"杯酒释兵权"，解除部下的武装；另一方面也把缔结婚姻当作巩固政权的手段。赵匡胤把三个女儿皆嫁给功臣之子：一个嫁给王审琦之子左卫将军王承衍，一个嫁给石守信之子左卫将军石保吉，一个嫁给魏仁浦之子右卫将军魏咸信。收其兵而嫁其女，双管齐下，赵匡胤有效地巩固了政权。④

与君主下嫁女儿相反，臣下或豪门贵族为了巴结君主，也致力于把自家女儿嫁入皇家与君主联姻，进而获得政治利益。王莽篡汉，就是王氏家族通过嫁女为汉平帝皇后，来实现权力从刘姓之手转到王姓之手的。班固《汉书·平皇后传》载：

孝平王皇后，安汉公太傅大司马莽女也。平帝即位，年九岁，成帝母太皇

---

① 宋镇豪.夏商社会史[M].北京：中国社会科学出版社，1987：163.
② 王国维.殷周制度论[M]//王国维.古史新证.长沙：湖南人民出版社，2010：34-48.
③ 黄旨彦.公主政治：魏晋南北朝政治史的性别考察[M].台北：稻乡出版社，2013：8.
④ 贾志扬.天潢贵胄：宋代宗室史[M].赵冬梅，译.南京：凤凰出版传媒集团，2010.

> 太后称制,而莽秉政。莽欲依霍光故事,以女配帝,太后意不欲也。莽设变诈,令女必入,因以自重,太后不得已而许之……皇后立三月,以礼见高庙。尊父安汉公号曰宰衡,位在诸侯王上。赐公夫人号曰功显君,食邑。封公子安为褒新侯,临为赏都侯。后立岁余,平帝崩。莽立孝宣帝玄孙婴为孺子,莽摄帝位,尊皇后为皇太后。

这种故事在中国宫廷政治中屡见不鲜。东汉末年,曹操为了达到自己篡权的目的,也采取了嫁女联姻策略。建安年间,曹操进三个女儿宪、节、华为汉献帝夫人。接着,他设计毒死伏皇后和她的两个儿子。第二年,就逼着汉献帝立他的女儿曹节为皇后,他自己因此成为汉廷“国舅”。曹操死后,曹丕逼其妹夫汉献帝下禅位诏书,自己顺理成章地接过了汉之政权。

通过嫁女入皇室,贵族就成了“皇亲国戚”,如果自家女儿生下的太子能够继位,外姓贵族就得以分享皇室的权力。“后妃援引外戚,从而导致外戚专政的发生,成为中国封建社会一个常见的政治现象。”①这种“外戚势力”是古代中国宫廷权力更替和博弈的重要影响因素,成为许多朝代的政治弊病。

事实上,不只是中国,这种君臣上下“交为婚姻”的现象在其他文明中也广泛存在。在古代埃及,法老们也注重和贵族联姻,以此巩固统治精英之间的合作。为此,埃及的政治精英们建构了一个庞大的家庭网络,以掌控埃及的军事政治。在动荡时期或中央权力衰弱时期,联姻则更加重要。如在埃及第二十一王朝到二十四王朝,埃及中央权威旁落,为了重新掌控军事指挥官,埃及国王只能依赖联姻来维持与军事将领之间的关系了。②

在古代波斯也有类似现象。希罗多德曾提到,波斯的大流士夺取权力后,七位参与政变的贵族曾约定,国王以后只能从他们七家中选择妻子。不过大流士本人似乎并未遵守这个约定。在他众多的妻子中,有欧塔涅斯(七人之一)和戈布吕亚斯(也是七人之一)的女儿,也有已故埃及法老的女儿,但地位最尊崇的分别是居鲁士的女儿、巴尔狄亚的孙女和居鲁士的侄女。他选择在王室内部通婚,以避免王权旁落。同时,通过与居鲁士女儿的婚姻,他与居鲁士的血统联系了起来。③ 后来的波斯国王也大多效仿他,目的与大流士类似,均为巩固政治联盟。

在古代日本,通过联姻来确立家族之间的“战略性关系”在社会精英和政治精英中也十分普遍。推古天皇时期的日本正处于氏族联合政权的末期,一些氏族头领为了控制天皇政权,也采取了联姻策略。最著名的就是苏我家族。苏我氏的做法就是长期将

---

① 焕力.中国后妃政治[M].桂林:广西师范大学出版社,2012:94.

② 芬纳.统治史(卷一):古代的王权与帝国——从苏美尔到罗马[M].马百亮,王震,译.上海:华东师范大学出版社,2010:90.

③ 黄洋,赵立行,金寿福.世界古代中世纪史[M].上海:复旦大学出版社,2005:183;KUHRT A.The ancient near east[M].London:Routledge,1997:687;BALCER J M.Sparda by the Bitter Sea[M]. Chico: Scholar's Press,1984:153-154.

本家族女性嫁予皇族，通过联姻提高影响力。“在中世和近世，把女儿作为商品，用来交换政治权力和经济优势的做法继续延用。”①

在古代罗马，“以女为媒”的政治联姻同样广泛存在。塞姆在《罗马革命》一书中就认为，罗马共和国政治的关键，是显贵家族通过庇护和婚姻关系构建的网络。不论是尤利乌斯·恺撒还是其继任者奥古斯都·屋大维，都利用女儿来进行政治联姻。如奥古斯都·屋大维的女儿尤莉娅在父亲的政治谋划中就扮演了重要角色，通过“一嫁再嫁”，她帮助父亲先后赢得了马凯鲁斯、阿格里帕和提比略的忠诚，并为奥古斯都生了5个外孙和外孙女。这种做法在罗马贵族中十分普遍。因此不论是“前三巨头联盟”还是“后三巨头联盟”，女性都是一种重要的政治媒介。

在中世纪的西欧，王室之间的联姻则更为普遍，如法国波旁王朝的崛起就离不开政治联姻。路易九世之子克莱蒙伯爵罗贝尔通过和波旁领地的女继承人勃艮第的比阿特丽斯的婚姻，获得了对波旁公国的统治权。他们二人的长子路易在1327年获封为波旁公爵，此次受封被视为波旁王室的起源。英国都铎王朝开创者亨利七世(1485—1509)也是搞婚姻政治的高手，他对于英国的历史影响至深。作为兰开斯特家族的代理人，亨利七世在博思沃斯战役之后立即派人去约克迎来了爱德华四世的女儿伊丽莎白公主，两人于1486年完婚，当年就生了阿瑟王子，后来又生了玛格利特、亨利和玛丽。这一联姻化解了兰开斯特和约克这两个交战多年的家族之间的仇恨，并使其联合起来，开启了统一的都铎王朝时代。②

(二)世家贵族之间的联姻

除了君臣上下，贵族权臣之间也致力于通过女性建立亲属与联盟关系，合纵连横。“连襟政治”在古代社会十分常见。

春秋以降，诸侯贵族均以婚姻互结邻援。《国语·鲁语上》：“夫为四邻之援，结诸侯之信，重之以婚姻，申之以盟誓。”婚姻是当时诸侯间“取信”的重要手段，通过联姻，不同家族成员或政治力量之间的稳定关系得以维系。许倬云在《春秋战国时期的社会流动》一文中曾考证了鲁国公室季氏家族与其他诸侯国公室之间的多重姻亲关系。鲁室娶妻于这些家族，也把女儿嫁给他们。“家族网络充斥于整个中国，封建结构与家族结构在政治上相辅相成。”③到汉代，婚姻政治更加普遍。上至朝廷外交，次如公卿党援，下至闾里豪杰勾结，无不以婚姻为利器。“朝廷以婚姻羁縻夷狄，而贵戚亦以婚姻互相结党，争政权，谋富贵。”④地方大姓土豪武断乡曲、鱼肉邻里，都借婚姻互相勾结，结成一个“官官相护”的大网。这种联姻政治的积弊太多，以致朝廷不得不进行干预。为防止连襟政治，东汉时期还专门出台了所谓的“三互法”，即“婚姻之家及两州人士不得交互为官”(《后汉书· 蔡邕传》，李贤注)，但这种做法实际上很难奏效。

---

① 迪尔.中世和近世日本社会生活[M].刘曙野，符延军，李婷，等译.北京：商务印书馆，2016：124.

② 钱乘旦，许洁明.英国通史[M].上海：上海社会科学院出版社，2012：110.

③ 许倬云.中国古代社会史论：春秋战国时期的社会流动[M].邹水杰，译.桂林：广西师范大学出版社，2006：9.

④ 陈鹏.中国婚姻史稿[M].北京：中华书局，1990：34.

在东汉末年的三国时期,以女为媒的联姻政治更是十分常见。曹操是进行合纵连横的高手,“三国纷争,结盟资援,羁降制敌,多用婚姻”。袁绍死后,两个儿子谭、尚不和,曹操以女许谭挑拨兄弟相斗。袁谭战败袁尚后,曹操则“复绝谭婚”。当孙策崛起江东,曹操无暇东顾时,他也以婚姻来维持联盟。《三国志》载:

> 是时袁绍方强,而策并江东,曹公力未能逞,且欲抚之。乃以弟女配策小弟匡,又为子章取贲女,皆礼辟策弟权、翊。(《三国志·卷四十六·吴书一·孙破虏讨逆传第一》)

而曹操的对手,同样用“以女联姻”的办法来结成联盟以拒曹。袁术为勾结吕布,派人聘吕布之女为儿媳,吕布先是答应了,后来受人离间又反悔了,派人前往袁家追回女儿。随着曹操攻打吕布,吕布又有求于袁术,于是以锦缎缠女儿身,绑在马上,连夜送到袁术处,以示诚意。[①] 孙吴也善于通过“以女为媒”结盟。刘备定荆州时,孙权对其十分惮畏,于是进妹给刘备为夫人。不过后来“嗣以荆州之争,孙刘交恶,权乘备入蜀之际,复迎其妹归,婚遂绝”(《三国志·蜀书》)。

六朝时代,门阀制度盛行,女性成为一种巩固大家族之间政治关系的媒介,如《新唐书·李义府传》中所说:“自魏太和中定望族七姓,七姓子孙迭为婚姻。”当时不仅士族择偶对于男女家的门第极为看重,社会上亦以此来衡量某一氏族的门第,政治上的晋升也以婚姻为考虑条件。士庶不通婚甚至成为一种礼俗。[②] 这种情形当然大不利于社会流动,在政治上也造成了家族政治的坐大。吴晗先生曾经指出:“从四世纪到十世纪大约七百年间,中国的政治约为三十个左右的绅士家族所独占。”[③]毛汉光先生通过绘制六朝士族婚姻的“诸姓婚嫁图”,发现两晋南北朝时期的皇室均是士族婚姻圈的成员,士族之间彼此通婚的对象大多属于同一阶层。[④]

权贵家族彼此之间定期交换女性进行联姻,时间久了,自然就会形成“世袭政治”和“门阀制度”。冯尔康先生指出:士族的社会力量通过其“门第婚”发挥了重要的作用。士族的门第观、婚姻观、地望观念融汇在一起,形成了士族社会的地位观念,这是促使士族社会力量长久发展的重要因素。[⑤] 这种“门第婚”的负面结果就是造成了“上品无寒门,下品无士族”的政治格局。隋唐以后科举制度兴起,士族门阀制度有所削弱,但通过女性进行政治联姻的做法依然存在。如唐代藩镇之间的联姻就十分普遍,它巩固了军事同盟和地方割据,这显然也是唐末藩镇势力壮大的重要影响因素。[⑥] 美国汉学家谭凯(Nicolas Tackett)根据八至九世纪的墓志以及其他历史文本,研究了晚

---

① 任寅虎.中国古代的婚姻[M].北京:商务印书馆,1996:59.
② 瞿同祖.中国法律与中国社会[M].北京:中华书局,2003:183.
③ 吴晗.再论绅权[J].时与文,1948(9).
④ 毛汉光.两晋南北朝士族政治之研究[M].台北:台湾商务印书馆,1966:230-248.
⑤ 冯尔康.中国宗族社会[M].杭州:浙江人民出版社,1994.
⑥ 贾艳红.略论唐代的政治婚姻及其作用[J].齐鲁学刊, 2003:4.

唐时期政治精英之间的婚姻网络。他发现晚唐时期占主导的政治家族不仅集中于两京及其走廊地带，也通过亲属关系相联结，政治精英彼此之间通过内部联姻保持家族的政治地位。[①] 事实上，中国只有到了五代以后，门第婚、和亲、公主出嫁藩镇及藩镇联姻等才逐渐消亡，世家门阀制度因此才趋向衰落。

欧洲贵族之间也十分注重通过联姻来实现政治上的联盟与合作。欧式政治中的“秦晋之好”，其主要媒介也是女性。在古代罗马，贵族女性是一种重要的政治媒介。正如英国历史学家阿德里安·戈兹沃西所指出的：

> 罗马的贵族女性和他们的兄弟一样，受过良好的教育，但不能从政。(她们)被作为巩固或打破政治联盟的工具，被安排嫁人或离婚。[②]

中世纪的欧洲十分注重家族“血统”，贵族之间才能联姻，这种婚姻有多重目的，确保政治的垄断性和世袭是重要的目的之一。正如马克斯·韦伯所指出的，欧洲贵族联姻仅限于社会上的望族，其功能是“服务于凝聚家族在经济上的实力手段，除此而外，也许旨在排除政治接班人的斗争，最后也还在于保持血缘的纯洁”[③]。这种欧洲贵族和王室之间的联姻，在权力继承、国土兼并、外交关系以及“战争与和平”等政治领域发挥了重要的作用，深刻影响了欧洲大陆的政治发展和政治版图。1688 年，英国国王詹姆士二世去世后，英国从荷兰迎进一位信奉新教的君主——奥伦治公爵大威廉出任英国国王，因为这位荷兰国王是英国的女婿，因此具有继承的合法性。而这一继承，导致了英国“光荣革命”的发生，在贵族的逼宫之下，威廉三世于 1689 年签署了《权利法案》，英国形成了分权体制，[④]这对欧洲政治乃至世界政治产生了深远影响。

(三)对外交往中的“和亲政治”

“和亲”即通过联姻来进行对外交往或加强联盟，这是古代国(族)际外交最为常见的手段，女性通常扮演外交联盟中的媒介和纽带的角色。这种“以女为媒”的做法自古代世界有文字记载以来就存在了。

公元前 2051 年，苏美尔的乌尔第三王朝的统治者舒吉尔在亚述地区进行了一系列征战并以胜利告竣。在舒吉尔统治期间，伊朗地区的埃兰人再次成为边境大患，于是他先后让自己的女儿与埃兰的统治者联姻，有效地化解了危机，将苏美尔人的统治区域大大地扩展了。[⑤]

公元前 13 世纪中叶赫梯王国与埃及王国的联姻也是一个极其古老的“化敌为友”的案例。公元前 1246 年，赫梯国王哈图西里三世采取了和亲政策，将自己的一个女儿

---

① 谭凯.中古中国门阀大族的消亡[M].胡耀飞，谢宇荣，译.北京：社会科学文献出版社，2017：137.

② 戈兹沃西.奥古斯都：从革命者到皇帝[M].陆大鹏，译.北京：社会科学文献出版社，2016：63.

③ 韦伯.经济与社会[M].林荣远，译.北京：商务印书馆，1997：408.

④ 陈乐民.欧洲文明十五讲[M].北京：北京大学出版社，2004：159.

⑤ 徐建新，等.世界历史：古代国家的起源和早期发展(第 9 册)[M].南昌：江西人民出版社，2012：44.

嫁给埃及的拉美西斯法老。在埃及卡纳克神庙墙上有一幅雕刻,描绘的就是当时埃及法老迎娶赫梯公主的情景。通过这一“和亲”,两国的争霸战争暂告一个段落。美国历史学家麦克尼尔(William H. McNeill)指出:在人类的第一个“全球化”雏形时代,即公元前1700年至公元前1200年这个以战车和封建帝国为特征的时代,世界各国就通过女性联姻来进行政治沟通了。“国王们彼此交换丰富的礼物,通过联姻建立同盟,还经常用阿卡德楔形文字互通信件。”①

中国的“和亲政治”也历史悠久。“和亲”之名早在先秦就出现了,历代王朝出现了各种各样的和亲方式。② 如果抛开“华夷之辨”,从较为宽泛的标准将“诸侯国”也看作一“国”的话,我们也可以将春秋时期的“秦晋之好”看作是一种“和亲政治”。在春秋战国时代,这种通过婚姻缔结外交联盟的做法十分普遍。诸侯之间纵横捭阖,婚姻自然是重要的媒介和外交手段,甚至西周以来诸侯国间“同姓不婚”的禁忌也被打破,“媵婚”现象大量出现。③ 苏秦倡合纵,秦则联姻燕楚以破之。事实上,不论“秦晋之好”“秦燕之好”还是“秦楚之好”,都不过是秦国的一种政治外交手段而已。其他诸国也争相使用这一外交手段。如楚国,在春秋早期多与周边小国如郧、邓等进行联姻,到了春秋中晚期至战国初期,为谋求争霸则与其他大国如秦、晋等联姻频繁。④《史记·卷四十·楚世家第十》载:“楚顷襄王七年,楚迎妇于秦,秦楚复平。十四年,楚顷襄王与秦昭王好会于宛,结和亲。”孔子所在的鲁国也大兴联姻政治。在历史上,“齐鲁之好”堪称美谈。有学者考证,鲁国曾先后与薛、宋和齐结为世代通婚的婚姻之国,而鲁齐之间的联姻状态持续时间最长。鲁国一方先后有桓公、庄公、僖公、文公、宣公、成公等六位君主娶齐女为夫人,齐国一方先后有僖公、昭公、灵公、景公、悼公娶鲁女为夫人,双方的联姻状态持续长达一百几十年。⑤

而严格意义上的“和亲”,即汉族与外族之间的“华夷和亲”则是汉代才出现的。虽然这种和亲与先秦时期的政治婚姻有很大差别,但显然受到了先秦时期“华戎通婚”的启发和影响。汉初刘邦初平天下,政局不稳,匈奴军队屡次侵扰边境。刘邦不得已采纳了刘敬的“和亲”对策,将公主外嫁单于以缔结友好同盟,开中国对外和亲之先河。从高帝初年到武帝初年间,汉和匈奴共有七次和亲,派遣公主的就有三次。⑥ 武帝之后,虽然对匈奴的政策改为“武力征服”,但和亲的外交手段还是保留了下来。在汉学家狄宇宙(Nicola Di Cosmo)看来,汉代的和亲其实是一种“绥靖主义”政策,旨在确保

---

① 威廉,麦克尼尔.西方的兴起:人类共同体史[M].孙岳,陈志坚,于展,等译.北京:中信出版社,2015:184.

② 有学者认为,按史书所载,中国古代和亲可分为5类:1.中原王朝与少数民族政权之间的联姻;2.割据政权与少数民族政权之间的联姻;3.割据政权之间的联姻;4.少数民族政权之间的联姻;5.南朝和北朝之间的联姻。按联姻的功能及性质划分,则可分为7类:1.安边型;2.结交军事同盟型;3.分化瓦解少数民族政权型;4.借兵及酬恩报德型;5.发展关系型;6.巩固盟好型;7.政治联盟型。参见崔明德,林恩显.论中国古代和亲的类型、特点及其他[J].民族研究,1995(5).

③ 崔明德.先秦政治婚姻初探[J].文史哲,2002(3).

④ 张鸿亮.楚国联姻考述[J].河南科技大学学报,2007(1).

⑤ 王子今,张经.中国妇女通史:先秦卷[M].杭州:杭州出版社,2010:179.

⑥ 张荫麟.中国史纲[M].北京:中国友谊出版公司,2009:140-145.

和平。尽管它并没有一劳永逸地保卫和平的效果，但还是发挥了一定的缓冲作用，[①]也促进了文化交流。

与汉朝相似，唐朝也通过“和亲”来应对北方边疆民族间的紧张关系。《资治通鉴》记载，太宗问群臣：“薛延陀屈强漠北，今御之止有二策，苟非发兵殄灭之，则与之婚姻以抚之耳。二者何从？”在战争与和亲之间，房玄龄力主和亲：“中国新定，兵凶战危，臣以为和亲便。”于是唐太宗采纳了这一建议。据统计，唐朝和突厥、吐谷浑、吐蕃、奚、契丹、宁远、回纥、南诏 8 个族(国)共计和亲 28 次(其中有一次未获成功)，为唐朝的稳定和繁荣起了较大的作用。[②] 中国传统的和亲政治一直延续到清代。在晚清，各国势力介入中国政治，和外国人通婚以建立政治联盟的想法还一度被提及。[③]

这种国际沟通中的“和亲模式”在西方世界也普遍存在。恺撒征高卢时，当时高卢人中有不同的邦国和种族。为了统一高卢，他致力于联络和说服其他邦国。为了说服爱杜依人，他把自己的女儿嫁给了杜诺列克斯——当时执掌爱杜依人国家大权的狄维契阿古斯的弟弟，并和他立下了盟誓。[④] 公元 489 年，东哥特人狄奥多里克在芝诺的支持下，入侵亚平宁半岛，493 年，他成为东罗马帝国在意大利地区的总督。狄奥多里克通过一系列的联姻，与其他一些日耳曼建立的王国组成了联盟。他自己娶了法兰克王国国王克洛维的妹妹，又把自己的妹妹嫁给汪达尔王国的国王，把一个女儿嫁给勃艮第的国王，把另一个女儿嫁给西哥特王国的国王。通过这些举措，他巩固了自己的政治势力，成为西哥特王国的摄政王。

英国都铎王朝开创者的亨利七世(1485—1509)也利用儿女的婚姻来搞国际外交。1491 年，法王查理八世通过与布列坦尼公爵联姻而吞并了布列坦尼公国，亨利七世出兵渡过海峡，包围了法国的布洛涅城，与法王签署了《埃塔普尔条约》。这一条约签订后，亨利七世很快又在 1502 年与苏格兰签订永久和平条约，并在第二年把长女玛格丽特嫁给苏格兰国王詹姆斯四世，制约了苏格兰与法国的传统联盟关系。通过这样的“以女为媒”的婚姻外交，亨利七世巩固了王权，提高了都铎王朝在欧洲的威望。[⑤]

蒙古与俄罗斯在历史上也通过“秦晋之好”来加强双方的外交与内政关系。在蒙古统治俄罗斯的两个半世纪中，俄罗斯宫廷的王侯们争相与成吉思汗家族成员联姻，以此来获得政治上的信任和利益。在苏联时代，蒙古国是苏联的紧密盟友，这种联盟也

---

① 狄宇宙.古代中国与其强邻：东亚历史上游牧力量的兴起[M].贺严，高书文，译.北京：中国社会科学出版社，2010：251.

② 龚荫.唐代和亲政策述论[J].思想战线，2000(1).

③ 为了获得外国政治势力的援助，1912 年后，溥仪小朝廷遗老萌生利用姻亲关系来换取外国势力对复辟的支持的想法。寓居青岛的劳乃宣曾建议溥仪跟德国皇室结亲，以“德皇驸马”的身份取得德国对复辟的支持。由于当时德国败局已经日渐明显，所以劳乃宣的建议被四宫太妃斥为荒唐。但“外国驸马”之梦后来却在日本人那里实现了。20 世纪 30 年代，在日本关东军策划下，溥杰和日本嵯峨实胜侯爵的长女嵯峨浩结婚。日本人企图通过操纵“和亲”来强化对伪满州国的影响力，不过还没等来下一代的“混血皇子”，这个计划就泡汤了。参见刘平，孙昉.溥仪小朝廷的政治史研究[J].吉林大学社会科学学报，2015(2)：95-105.

④ 恺撒.高卢战记[M].任炳湘，译.北京：商务印书馆，1982：8.

⑤ 钱乘旦，许洁明.英国通史[M].上海：上海社会科学院出版社，2012：110-111.

依托于高层之间的通婚。在蒙古国高层领导成员中,娶苏联女子为妻的大有人在。[①]通过这种联姻,两国关系自然更为紧密。近代以来的外蒙古脱离中国独立(1911 年)并在后来倒向苏联,不能说与蒙苏之间的这种联姻政治没有关系。

可以看到,从古代到现代,从东方到西方,人类社会广泛运用女性来构建合作网络和政治同盟。在"秦晋之好"的这种政治沟通模式中,女性充当了一种关系媒介。在笔者看来,女性具有这种联结陌生群体的媒介功能,是因为她们可以通过出嫁和生育将两个陌生(甚至敌对)的男人或男性家族联结起来,形成亲属关系。在费孝通先生看来,亲属关系即"根据生育和婚姻事实所发生的社会关系"[②]。这种关系对于人类社会的合作至关重要。恩格斯指出:"亲属关系在一切蒙昧民族和野蛮民族的社会制度中起着决定作用。"[③]亲属关系是古代建立政治信任的基础,再没有什么媒介比建立亲属关系更值得信任。

在中国政治中,这种亲属关系则更为重要,它是中国宗法政治的基础。"宗法政治"是中国古代政治的鲜明特色。许倬云先生认为,中国古代的族群整合就是依托血缘和姻亲关系,这在世界古代文明中是非常独特的。

在中国找不出像两河流域那种以地缘结合的方式,这种情况在商代以后才有变化。商代的政治单位有两个平行的系统,一种是地区性的邑,一种是亲缘性的族。到了西周,以宗法取胜,邑变成族的附属品。周代选择以血缘来结合人群,这个选择形成中国很大的特色,中国的政团扩大遂以亲缘的团体扩大为方式,反映在词汇上是"天下一家"。[④]

中国的宗法关系虽建立在男权主导的基础上,女性却是宗法关系中极其重要的联结媒介,这一点常常为研究者所忽视。法国著名社会学家和汉学家葛兰言(Marcel Granet)指出:传统中国是一个宗族社会,宗族的基础即血缘和婚姻。

通过不同家庭之间的婚姻交叉和女性的定期交换,一个家族与另一个家族之间互惠互利,休戚与共,这就使得家族外部的影响永久地浸透到了内部生活里。[⑤]

陶希圣先生在《婚姻与家族》一书中也详细论述了古代中国的婚姻制度和家族的产生、发展与变迁关系。在《宗法下之婚姻妇女及父子》一章中,陶希圣指出中国婚姻的目的与形式是服务于宗法制的:"在宗法制度之下,婚姻是两族的事情,而不是两人的事情。这个前提直贯到现代中国社会还是有效的。"[⑥]可见,婚姻关系关联着亲属关

---

① 其中著名的有蒙古政治局委员、部长会议第一副主席迈达尔,政治局候补委员、乌兰巴托市委第一书记阿勒坦格尔勒,政治局候补委员、中央书记、蒙苏友协主席贡布扎布等。而蒙古中层干部夫人是苏联人的更是数不胜数。近现代最著名的俄蒙联姻,莫过于蒙古主席团主席尤睦佳·泽登巴尔与莫斯科卫成司令里奥尼德·费拉托夫中将的女儿安娜斯塔西娅·费拉托娃的联姻,随着泽登巴尔成为蒙古最高领导人,费拉托娃成了蒙古的第一夫人。刘芳.简析古代蒙古族和俄罗斯关系的进程[J].黑龙江民族丛刊,2007(6):91-94.

② 费孝通.乡土中国[M].北京:人民出版社,2008:28.

③ 恩格斯.家庭、私有制和国家的起源[M].中央编译局,译.北京:人民出版社,1972:26.

④ 许倬云.中国古代文化的特质[M].厦门:鹭江出版社,2016:18.

⑤ 葛兰言.中国人的信仰[M].汪润,译.哈尔滨:哈尔滨出版社,2012:4.

⑥ 陶希圣.婚姻与家族[M].上海:上海书店,1992:36.

系，而这一关系很大程度上是以女性的嫁娶为中心建构起来的。

在笔者看来，以亲缘关系和父系权力为基础的宗法政治也决定了女性在政治生活中的独特地位，她以充当“宗法关系”中的媒介为主导性角色，在宫廷政治中如此，在一般的世家或家族联姻中也是如此。美国学者伊沛霞(Patricia Buckley Ebrey)指出：

> 一旦结婚，女人的作用主要在于为丈夫的家庭服务，对于妻子而言，出嫁并不是建立自己的家庭而是加入一个父系的家族体系并移居到他家的居住区。祭祀丈夫家族已逝的祖先，就如同抚养自己的孩子那样照顾丈夫的妾的子女，都是妻子的职责。法律、宗教、伦理、或高或低层次的文化都在塑造一个女人在婚姻中的角色形象，并让这个形象高度固定化。①

的确，对于女人而言，“结婚是一种半外交性的礼仪，对两个异姓家族之间的关系极为关键。而同样极为重要的是经过他们联姻后，两个家族也变得亲密无间起来”②。联姻是两种社会关系与政治资源的结合。娶不同宗族(或族群)的女人，意味着可以与不同的宗族或政治势力拉上关系，形成亲属同盟，累积政治资本。典型例子如魏晋南北朝的“公主政治”，通过公主联姻，“父家”与“夫家”被关联起来。公主作为一种媒介，实际上发挥着“情兼家国”的双重沟通作用，通过关联“妇家”与“夫家”、“家庭”与“国家”两个场域，在政治生活中发挥相当大的影响。③

为了能够最大限度地吸纳不同的政治力量，“一夫多妻”或“多妾”就成为中国婚姻与政治制度设计中的必然选项。中国古代皇帝有所谓“七十二嫔妃”制度。《礼记·昏仪》：“古者天子后立六宫、三夫人、九嫔、二十七世妇、八十一御妻。”“天子八十一御妻之外，更有妾。”(《礼记·曲礼》)中国历代皇帝(以及贵族)都是妻妾成群，一般人都认为这反映了皇帝的荒淫或权势阶层的穷奢极欲，但事实上，这种制度的出现也有其政治层面的现实考虑。联姻政治在古代社会是如此重要，如果没有这种“多妻(多妾)制”，“以女为媒”的政治模式所能发挥的联盟作用必然有限。反观西欧，西欧皇室及贵族长期以来实行一夫一妻制，这就意味着欧洲的政治联姻总体上不如中国广泛。欧洲皇帝由于娶妻少，生育子女的数量就必然有限，与中国皇帝的儿女成群相比，欧洲皇室的“香火”实在不旺，“嫡长子继承制”难以为继。欧洲历史上经常出现皇室“后继无人”的情形，不得已，皇室中的女性因此也可以继承皇位，这是中国女性可望而不可即的。相比欧洲女性，在男权主导的封建礼制与名分的约束下，中国女性在政治生活中更多地只能扮演一种关系媒介的角色，经常联姻(或被联姻)，却很少有机会直接登上政治舞台。

但不论是中国还是欧洲，就“女人媒介”自身而言，出嫁与生育都是至关重要的能力和特性。如果说女性“出嫁”是一种联结社会关系的“横向传播”的话，那么“婚育”则

---

① 伊沛霞.内闱：宋代妇女的婚姻和生活[M].胡志宏，译.南京：江苏人民出版社，2010：1.

② 葛兰言.中国人的信仰[M].汪润，译.哈尔滨：哈尔滨出版社，2012：29-30.

③ 黄旨彦.公主政治：魏晋南北朝政治史的性别考察[M].台北：稻乡出版社，2013：1.

是一种“纵向传播”。女性通过婚育,可以将亲属关系延及下一代,正如政治人类学者亚伯纳·柯恩(Abner Cohen)所指出的:

> 在某一代中所建立的姻亲关系,对他们的下一代就会产生母方和父方的亲戚关系,由婚姻而来的姻亲关系就会变成一种“表亲关系”(cousinhood)。人们通过这种方式紧密地联系在一起,形成一个紧密团结的社群网络。[①]

纵观人类演化史,自古以来这种“婚育”功能只有女性才具有,男性在这个意义上无法成为一种关系媒介。这种差异正是由女性的性别特征或者说生物学特征所决定的。因为女性具有婚育功能,通过生儿育女,女性媒介可以完成“代际传播”。

三、女性作为一种代际媒介及其传播功能

(一)“代际传播”与女性作为媒介的特有属性

从人类传播史的角度看,人本身其实是最原始的媒介。正如法国媒介学者雷吉斯·德布雷所说:“人类的躯体从某种意义上说,是第一个也是最后一个中介。”[②]如果我们把“复制基因信息”也看作一种信息传播的话,显然生儿育女就是最原始的传播。人类只有通过生儿育女,才能不断复制并传递自己的基因。恩格斯指出,根据唯物主义的观点,历史中的决定性因素,归根结底是直接生活的生产和再生产。

生产本身又有两种:一方面是生活资料,即食物、衣服、住房以及为此所必需的工具的生产;另一方面是人类自身的生产,即种族的繁衍。[③]

人类的再生产既具生物学意义,也具社会学意义。事实上,在传播介质有限的情况下,任何信息的、文化的代际传递都是依托于人类自身的“肉身”再生产。从媒介学的角度看,如果我们将人体肉身视为媒介的形式,那么附着于这一肉身之上的精神的、观念的、制度的、关系的等“形而上”层面的信息构成了这一媒介的内容,其形式与内容密不可分。潘光旦先生认为:作为母体的女性,既是生物的,又是社会的。其生物素质和文化素质在一定程度上决定了一个社会和种族的发展水平,文化的盛衰因此就与婚配有着重要的关联。在《文化的生物学》一文中,他指出:社会的进化是由自然选择和文化选择共同决定的。选择所发生的途径有三:一是生产,二是婚姻,三是死亡。女人至关重要。[④] 潘光旦还以希腊文化的兴衰为例,说明了婚姻制度与社会发展的重要关联。

---

① 柯恩.人心深处:从人类学的观点谈现代社会中的权力结构与符号象征[M].宋光宇,译.台北:业强出版社,1986:159-170.

② 雷吉斯,德布雷.媒介学引论[M].刘文玲,译.陈卫星,审译.北京:中国传媒大学出版社,2014:126.

③ 恩格斯.家庭、私有制和国家的起源[M].中央编译局,译.北京:人民出版社,1972:1-2.

④ 潘光旦.文化的生物学[M]//谢中立,编.中国社会学经典读本.北京:北京大学出版社,2007:274.

费孝通先生则将生育制度看作“男女们互相结合成夫妇，生出孩子来，共同把孩子抚育成人”的一套活动。在他看来，生育制度的功能在于“维持社会结构的完整”，是“人类种族绵续的人为保障”，其内容可分为生殖、抚育和继替等三个有机组成部分。“生殖是新生命的造成，抚育是生活的供养”，而继替则是“在抚育作用完成时，上一代的家庭怎样交给下一代的家庭的过程”。[①] 这个过程离不开女性。如果从种族繁衍的角度看，我们就会发现，女性不仅是一种社会媒介，其实也是一种生物媒介。

实际上，任何生物都是通过复制基因来实现“代际传播”，从而延续种群生命的。与男人不同，女人因为有子宫，自然成为复制基因的容器和直接载体。因此从媒介属性看，女性的子宫可以视为人类最为原始的媒介，而且是“融合媒介”：异质基因在子宫中融合成一体。基因的本能是复制自己，再强悍的男性要传播自己的基因，也必须通过女性的身体。在人类的演化过程中，争夺女性子宫这一“基因容器”极大地影响了人类的历史进程。女性也因为具有“子宫媒介”而“身价倍增”。其重要性甚至使得女性一度在人类社会的初始阶段处于社会网络的中心地位。

上古原始社会的氏族即以母系为中心建立的，男性只是社会附属。人们通过母亲来确定血缘关系，分别亲疏。《说文》：“姓，人所生也。”姓字从女，说明人之所由来。《白虎通义 · 号》：“古之时未有三纲、六纪，民人但知其母，不知其父。”在上古时代，子女从母居住，由母抚养，并属于母亲所在的氏族，子女的血统世系也是按照母系计算的。恩格斯把这种只从母亲方面确认世系的情况和由此逐渐发展起来的继承关系叫作“母权制”。作为标记的“姓”也是母权制社会的发明，它是一种识别母系血统的原始代码，通过这套符号媒介，人们能够识别亲疏远近。除了“姓”的符号，在上古，母亲的图腾也成为一个氏族部落的标识，用来区别部落社会及成员的亲疏远近。在涂尔干看来，这种通过母系世袭的图腾制度是人类最早的、最原始的图腾制度。人类社会的分化，人类的宗教、文化、社会观念正是依图腾制度而不断演化出来的，而母系的图腾在人类社会的初始阶段，占据社会组织的中心地位。[②]

在笔者看来，上古这种母权制社会组织的形成其实是很自然的。在缺乏其他社会组织与传播手段的情况下，女性的繁育功能使她成为一种天然的组织媒介，因而处于社会网络的中心。随着父系氏族的出现，原始氏族社会解体。男权社会兴起后，改变了女性作为社会组织与文化传承中心者的地位。尽管如此，女性的繁育功能仍然使其成为一种天然的媒介。她们发挥着联结不同男性家族或社会群体的作用。实际上，不论横向还是纵向关联，两个男性要形成血缘关系（如父子、兄弟、叔侄、甥舅）或拟血缘关系（如翁婿、亲家），都必须以女性为媒。因此，通过对女性做出选择（男选女或女选男），可以人为地改变亲属关系。在政治沟通中，这种缔结合约的方式比其他结盟方式要牢固得多。盖因亲属关系具有更强的生物学基础，它是建立在“基因共享”基础上的。社会生物学家发现，在人类社会群体中，基因共享的成分越多，越容易形成信任

---

① 费孝通.生育制度[M].北京：商务印书馆.1999：23.

② 涂尔干.宗教生活的基本形式[M].渠东，汲喆，译.北京：商务印书馆，2013：249.

与合作。因此亲属关系能够形成一种“强信任”。女性作为一种“生物—社会”媒介,其强大的政治沟通功能即奠基于此。

(二)“种族融合”与女性作为媒介的社会功能

女性作为媒介对人类文明的发展功不可没。从人类发展史的角度看,人类的演化史即基因(DNA)杂交的历史。人类的基因有23对染色体,其中22对常染色体,每一对染色体都有一条来自父系,一条来自母系,两条染色体在一代代遗传过程中对应的部分会发生交换,从而触发混血效应,即遗传学上的重组。正是基因重组塑造了基因的多样性,使人类能够不断适应变化了的环境而存续至今。而所有的“基因重组”的过程都是通过女性的子宫这个“容器”发生的,在今天仍然如此。不仅如此,人类的肉身的再生产往往与人类的种族、文化、制度的传承合而为一。正如哈罗德·伊罗生(Harold R.Isaacs)所指出的:

> 从每个人来到这个世界的那一刻起,他就与其他人共同拥有那一组天性与价值。首先是新生儿的身体(body)。通过双亲的基因,这副躯体得到了族群共有的身体特征——肤色、发质、面部特征,这都是经过漫长的选择过程从上辈那里继承而来的。再加上一出生就置身于族群的语言、文化和宗教习俗中,出生在这个家里,他已经是历史与起源(history and origins)的后裔,并成为继承人。①

可见,基因的传递与融合过程与种族及文化的传递、融合过程往往是同一的。

这一过程自人类诞生以来就从未中断。早在人类社会从采集时代向农业社会过渡的时期,“以女为媒”的种族融合和技术扩散就已经开始了。斯塔夫里阿诺斯在《全球通史》中指出:在距今2,000至10,000年间,随着生产食物的农业方式逐渐替代了采集方式,农业人口和农业社会的范围迎来了快速增长,在这个过程中:

> 农业移民和当地的食物采集者相互通婚,产生出新的杂交人种。此后,随着人口压力的再度累积,新的杂交人种只得又一次向新的地区迁徙,从而再和当地人形成更新的杂交人种。通过这种方式,农业技术和作物就被传播到了很远的地方,而在这一杂交链条末端出现的人种也与其初始人种截然不同。②

早期人类的婚姻制度经历了从血缘内婚制(即血亲之间的联姻)向氏族外婚制的转变。恩格斯曾引摩尔根的话论述了族外婚制的益处:

---

① 伊罗生.群氓之族:群体认同与政治变迁[M].邓伯宸,译.桂林:广西师范大学出版社,2015:80-81.

② 斯塔夫里阿诺斯.全球通史:从史前史到21世纪(上):第7版[M].董书慧,王昶,徐正源,译.北京:北京大学出版社,2005:41.

没有血缘关系的氏族之间的婚姻，创造出在体质上和智力上都更加强壮的人种；两个正在进步的部落混合在一起了，新生的一代的颅骨和脑髓便自然地扩大到综合了两个部落的程度。①

异族婚制使女性成为氏族融合的媒介。但在人类发展的早期阶段，“族外婚”往往伴随着血与火，奠基于对女性的强力支配。正如恩格斯在论述父权制战胜母权制时所指出的：“母权制的被推翻，乃是女性的具有世界历史意义的失败。丈夫在家中也掌握了权柄，而妻子则是被贬低，被奴役，变成丈夫淫欲的奴隶，变成生孩子的简单工具了。”②为了实现“异族交配”，违背女性意志的武力“抢婚”在人类历史上十分普遍。芬兰人类学家韦斯特马克（Westermarck）在《人类婚姻史》中用世界各地的大量实例证明了这种风俗的存在。③ 中国古代社会也存在着抢婚习俗。《礼记·曾子问》云：“嫁女之家三夜不息烛，思相离也；娶妇之家三日不举乐，思嗣亲也。”娶妇在昏时，且“三夜不息烛”，这种礼俗显然与掠夺婚相关。吕思勉说：“外昏（婚）之初，起于劫掠。”从后世保存的哭嫁及抢婚习俗来看，多半如此。④《说文解字》释“娶”：“娶，取妇也。从女从取，取亦声。”“取”这个象形字在甲骨文中为“捕取”之意。可见“娶妇”的确与古老的“劫掠婚”习俗有关。⑤《周易·屯》爻辞：“屯如邅如，乘马班如，匪寇婚媾”（《屯》六二）及“乘马班如，泣血涟如”（《屯》上六）描述的就是抢婚场面。中国一些少数民族至今还残存着“仪式化”的抢婚痕迹。

可见，人类的“基因融合”过程实际上伴随着对女性的争抢，而“抢婚”完全可能引发战争或发展成战争形式。这可能是女性影响历史的主要方式之一。正如福山（Francis Fukuyama）所指出的：

我们不应低估性和俘获女人在造就政治组织方面的重要性，尤其是在通常用女人作为交换中介的分支式社会。这些社会相对狭小，由于缺少非亲女子，其成员往往通过对外侵略来遵循异族通婚的原则。⑥

从历史上看，女性确实往往是战争中的重要资源或战利品。恺撒在《高卢战记》一书中曾11次使用我们现在称之为“communication”（传播）的这个词的拉丁语原形

---

① 恩格斯.家庭、私有制和国家的起源[M].中央编译局，译.北京：人民出版社，1972：44.

② 恩格斯.家庭、私有制和国家的起源[M].中央编译局，译.北京：人民出版社，1972：54.

③ 韦斯特马克.人类婚姻史[M].王亚南，译.上海：上海文艺出版社，1988：85.

④ 何春红.关于抢婚习俗的文化人类学解释[J].黑龙江民族丛刊，2007（1）：133-135.

⑤ 魏山.汉字与古代婚俗[J].丝绸之路，2010(20)：45-46；暴希明.从甲骨文“姓”“娶”“妻”诸字的构形看古代婚姻形态的演进[J].殷都学刊，2010(1)：112-115.

⑥ 福山.政治秩序的起源：从前人类时代到法国大革命[M].毛俊杰，译.桂林：广西师范大学出版社，2012：75.

“communicare”,来描述对所获战利品和敌人妻子的“共享”(share)。[①] 这种“共享”注入了现代“传播”一词的含义之中,它是古代战争的重要动力之一。蒙古帝国的成吉思汗曾宣称:“最大的快乐是……击败你的敌人、追逐他们,剥夺他们的财富,看他们的亲人痛哭流涕,骑他们的马,把他们的妻女拥入怀中。”[②]可见“财富”和“女人”是男性主导战争的重要驱动力。

作为征服者的成吉思汗无疑有过很多女人。据DNA测试,亚洲现存的男性居民中约有8%是成吉思汗的后裔或属他的血统,在蒙古国,这个比例更高。[③] 虽然成吉思汗在占有被征服者的女人这一点上取得了“非凡成就”,但由于女性是个基因混合的“融合媒介”,她们在传播“胜利者”基因的同时,其自身的基因(以及来自她们父系的基因)也被传播了。因此,战败一方的男性即便从肉体上被消灭了,但是他们的基因仍然还在延续,并与胜利者实现了融合。从这一点来看,可以说,在历史上,没有一个民族被真正完全消灭过。罗马人征服了高卢,但其后代仍然有高卢人的血统。与此类似,罗马帝国灭亡后,日耳曼人不仅在文化上,而且也通过“娶女联姻”在基因上与罗马人融合。体质人类学在这方面已提供了充分的证据。这种“以女为媒”的“混血”原理甚至可以上溯到现代人类的发源阶段。据现有研究显示,现代人都是20万年前非洲智人(Homo Sapiens)的后代。大约10万年前,智人与尼安德特人都生活在欧洲,但在生存竞争中,智人最终战胜了尼安德特人,最终后者消亡了。然而,尼安德特人的基因并没有消失。2011年科研人员发布的研究结果显示:非洲大陆以外数十亿人口的基因组中平均携带有约2.5%的尼安德特人基因。[④] 这当然是智人与尼安德特人“异种交配”的结果,这种交配可能建立在自愿的基础上,也可能建立在暴力征服的基础上。但不论如何,一旦与异族的女性结合,生出来的后代就会有异族人一半的基因,无法分离。

进入有史可载的文明社会后,“混种繁衍”成为人类社会融合的最为基本的一个机制。[⑤] 摩尔根在1871年出版的《人类家族的血亲和姻亲制度》中曾对人类各民族的婚姻形态及家庭发展的阶段进行了分类和论述。从中我们可以发现,从原始时代的血婚制到文明时代的专偶制,不论是何种形态的联姻,女性都是孕育新生命、混合不同基因的真正意义上的“传宗接代”的媒介。人类历史上的民族融合实属女性之功。正如梁启超在论述中华民族之形成时所指出的“同族不婚,婚必异族”的制度:

---

① 王怡红.论“communication”的基本含义与理解[M]//黄旦,沈国麟.理论与经验——中国传播研究的问题及路径.上海:复旦大学出版社,2013:11-27.

② CHAMBERS J.The Devil's horsemen:the Mongol invasion of Europe.NY:Atheneum, 1979:6.

③ ZERJAL T.The genetic legacy of the Mongols[J].American journal of human genetics,2003(72):717-721.

④ 2010年底科学家发表的一项关于尼安德特人基因组定序的研究显示,现代中东和欧洲的人类还有1%—4%的尼安德特人DNA。在亚洲这一比例要高一点。科学家对现代中国人的常染色体进行检测,初步估计中国人也携带约4%的尼安德特人类型DNA。转自胡德.被驯化的大脑[M].杨涛,林詹钦,译.北京:机械工业出版社.2015:17.

⑤ 尤瓦尔,赫拉利.人类简史:从动物到上帝[M].林俊宏,译.北京:中信出版社,2014:17.

> 于我民族之发荣，有绝大影响。盖多数异族血统之混合，即大民族所由醇化也。周人厉行此制，于是“百姓”相互间，织成一亲戚之网……此制行三千年，至今不变，我民族所以能蕃殖而健全者，亦食其赐焉。①

可以说，没有女人，就不会有民族融合。美国女性主义学者 Yuval-Davis 指出：“妇女，作为文化意义上的和生物学意义上的民族再生产者和民族价值的传递者，进入了民族领域，这重新界定了民族和族裔的内容和界限。”②考察人类的历史我们确实会发现，女性的婚配和生育，一方面使之成为民族界限的“界定者”，另一方面也使之成为种族与文化融合的中心媒介。

四、女性作为一种流动媒介及其传播功能

（一）“女性媒介”的交换性与流动性

从人类发展演变的历史来看，因为有生殖上的价值，女性在绝大多数的历史时期中，都是一种被交换的媒介。人类学家列维-斯特劳斯在《忧郁的热带》一书中写道：“在所有社会中，交换（communication）至少在三个层面上进行：女性交换、物资与服务交换、讯息交换。”女性交换是最为原始的一种“传播”。在《结构人类学》一书中，列维-斯特劳斯也强调了这一点，他说：“亲属关系规则和婚姻规则有利于确保不同群体之间的女性交换，正如经济规则有利于确保物资和服务的交换，语言规则有利于讯息交换。”③

但就交换规则来看，历史上大部分时间是男性在制定规则，女性其实是被动遵守、被迫服从。因为异族婚是进入文明社会后的历史主流，女性作为一个“基因媒介”，难逃被婚配、被买卖、被劫掠的命运。在战争中，女人常被视为战利品，甚至会变成礼品或玩物被人支配或赠送。④

在男权主导的社会，女人被支配的命运使之注定要“四处漂泊”，四海为家。不论是“外嫁”，还是“被劫掠”“被赠送”，女性始终处于流动之中。这种流动性也因此成为“女性媒介”的重要属性。在笔者看来，千百年来的这种“流动性”使女人的基因中有更少的故土与思乡情结。这一点正如现代女诗人席慕蓉所说：“女人的故乡在远方。”当代女作家格致出过一本书就叫《女人没有故乡》（东方出版社，2013 年），在同名文章中，她写道：

---

① 梁启超.先秦政治思想史[M].长沙：岳麓书社，2010：45-46.

② NIRA Y-D.Women, ethnicity & empowerment[J]. Feminism and psychology，1994，4(1)：179-198.

③ 米耶热.传播思想[M].陈蕴敏，译.南京：江苏人民出版社，2008：24.

④ 如《史记·殷本纪》载：商纣王荒淫无度，“以西伯昌、九侯、鄂侯为三公。九侯有好女，入之纣。九侯女不喜淫，纣怒，杀之，而醢九侯……纣囚西伯羑里。西伯之臣闳夭之徒，求美女奇物善马以献纣，纣乃赦西伯。”通过向纣王贿赂美女，西伯得到了自由。公元前 562 年，郑国向晋国讲和，也采用了“以女为媒”的策略。所赂有女、工、妾共三十人，女乐两队，每队八人。张荫麟.中国史纲[M].北京：中国友谊出版公司，2009：23.

> 女人是没有故乡的。女人是流动的。她停下来不动了,那是她遇到了一块洼地……女人是没有故乡的。其实故乡也不承认女人。我们家的祖坟里,是没有我的位置的。我们家的家谱上,也不会有我的名字。我们家的财产没有我的份额。我回家,我是旦,是客人。客人是必须得走的。这里不是你的家。仅仅是出生地,然后你要离开。①

的确,无论在一个家庭还是一个家族中,女性成人后都必须离开这个家族,离开是一种常态。因此,女人是流动的。作为一种媒介,女性媒介就是一个流动媒介,她不断地在迁徙、移动,女性也因此更少"故土意识",而这种故土情结、领土意识又与"民族主义"心理直接关联。在笔者看来,相比男性而言,女人确实没有那么浓厚的"政治民族主义"。她们的"流动属性"也使她们更容易成为"世界主义者"和"和平主义者"。考察人类历史我们确实可以发现,历史上的女人通过自身的流动,成为沟通不同文化与族群的桥梁和使者。在政治传播中,她们往往成为和平的信使。在融合民族、化解仇恨、消弭战争以及传播文化中都起到了重要作用。

(二)女性作为政治沟通中的"和平使者"

历史上的战争通常由男人发动,最后消弭战争的却往往是女人。"以女为媒"的联姻减少了战争,带来了更多的和平,这是毫无争议的历史事实。不论是中国,还是欧洲,古代各民族之间的战争都是十分频繁的,而"以女人换和平"也是历史上的一种常态。虽然战争、抢婚和强婚使女性处于被支配地位,但只要联姻发生,战争就会得到缓冲,仇恨就会得以缓解。公元前324年,亚历山大率领一支"多国部队"征战东方且大获全胜。为了实现种族融合,亚历山大在俄庇斯城(Opis)大宴群臣。史载大宴的宗教仪式由马其顿人和波斯人共同主祭。亚历山大劝成一万名马其顿士兵娶亚洲妇女为妻,他亲自主婚,希望通过联姻减少对立,实现不同种族的合作。② 在很多情况下,姻亲关系一旦形成,战争也就消弭了。1483年,法国瓦卢瓦王朝的查理八世(1470—1498)继承王位。新国王通过与布列塔尼公国的女继承人安娜结婚,把布列塔尼公国并入了王国的版图。通过联姻而非流血和战争,查理八世完成了其父路易十一"聚合国土"的大业。

在历史上,有时候一个女人就能抵消千军万马的厮杀。这从历史上不同时期、不同类型的"和亲"的效果中能够看出来。尽管中国历代王朝有各种各样的"和亲"方式,但所有的和亲使者和媒介无一例外都是女人。以汉代为例,自公元前198年刘敬与匈奴首次达成和亲协议后,"汉与匈奴之间关系的结构的主要特征是两个帝国统治家族在婚姻方面的联盟。好像有一种默契,任何一方在新的统治者登基之时,一位汉朝公

---

① 格致.女人没有故乡[J].文艺争鸣,2011(3).

② 麦克里兰.西方政治思想史:上册[M].彭淮栋,译.北京:中信出版社,2014:56.

主便要送往匈奴，大概是作为联盟继续的保证”[①]。事实证明，这种和亲政策还是取得了相当显著的效果的。汉代历史上最著名的和亲就是公元前33年(元帝竟宁元年)的昭君出塞。《汉书·匈奴传》载：

> 竟宁元年，单于复入朝，礼赐如初，加衣服锦帛絮，皆倍于黄龙时。单于自言愿婿汉氏以自亲。元帝以后宫良家子王嫱字昭君赐单于。单于欢喜，上书愿保塞上谷以西至敦煌，传之无穷，请罢边塞吏卒，以休天子人民。[②]

昭君出塞发展和巩固了汉与匈奴两族之间的友好关系，自此匈奴和汉朝关系和睦，长达六十多年没有发生战争。历史学者刘静贞指出，汉元帝刘奭(公元前74年—公元前33年)之后的汉匈关系，主要是以昭君为中心而建立的。在汉代的外交政治中，王昭君实际上处于“枢纽地位”。[③] 王昭君可谓名副其实的外交“和平使者”。

唐代是中西方文化交流的高峰期，唐王朝和周边民族的关系也特别好。这种和平景象也与唐朝的和亲政策密切相关。唐朝与周边民族政权和亲的规模与影响都超越了前代。唐代和亲以唐朝公主和蕃为核心，最有名的当属贞观十五年(公元641年)，唐太宗以宗女文成公主嫁吐蕃王松赞干布。作为媒介与和平信使，公主入蕃后须遵依胡俗，负有“和平外交”的政治任务。无论是唐王朝还是边疆民族，都希望通过和亲来实现“和平”这一目的。在这种政治沟通中，公主发挥的作用巨大。历代和亲的效果是明显的，它增进了中原王朝与边疆民族之间的了解和信任，也加强了彼此之间的经济、文化交流，营造了和平环境，推动了民族的融合。唐代诗人陈陶的《陇西行》中言“自从贵主和亲后，一半胡风似汉家”，描述的就是这种和亲带来的文化融合。

(三)女性作为跨文化传播中的“文化信使”

“以女为媒”既是一种婚姻交换，也是一种政治沟通，更是一种文化交流。从古到今，在少数民族和汉族的杂居地带，民族融合往往都是通过通婚这一机制发生的。不论是少数民族的汉化，还是汉族的“夷化”，通婚都是双向互动的民族融合的重要途径。[④]

历史上的北魏孝文帝变法，旨在改变北魏的制度，实施汉化，为了达到这一文化(政治)目的，孝文帝逼着鲜卑贵族和汉族世家大族通婚。为了让胡人接受汉文化，孝文帝大力提倡通过婚姻促进拓跋氏宗室与汉人世族之间的关系发展。他自己娶崔、卢、郑、李、王五姓女为妃，又为自己五个弟弟聘汉人世族女为妻。在孝文帝的大力倡

---

① 费正清.剑桥中国秦汉史：公元前221年至公元220年[M].杨品泉，等译.北京：中国社会科学出版社，1992：365.

② 班固.汉书[M].赵一生，点校.杭州：杭州古籍出版社，2000：1138.

③ 刘静贞.历史记述与历史论述——前后汉书中的王昭君故事辨析[M]//郑钦仁，七秩寿庆论文集编委会.郑钦仁教授七秩寿庆论文集.台北：稻乡出版社，2006：13-28.

④ 廖国强.清代云南少数民族之“汉化”与汉族之“夷化”[J].思想战线，2015(2).

导下,北方汉人门第与虏姓通婚者众,通过"以女为媒",虏姓最终融入了北方的门第社会里,有力地促进了文化融合。[①] 历代政治家都知道,推动"跨种族婚姻"可以更好地实现"跨文化融合"。晚清知识分子陈鼎在他的《校庐抗议别论》中还提出通过"通婚姻"来进行中西沟通以解救迫在眉睫的危亡民族。[②]

通婚促进文化融合,文化融合的推进也需要"以女为媒",两者相辅相成。事实上,从文化传播的角度看,"跨际婚姻"就是最好的"跨文化传播"。通过嫁娶融合,双方的思想观念、生活习俗、语言等得以相互吸收,到第二代子女身上,这种融合就更加显著了。从人类历史的发展来看,没有什么比结成"秦晋之好"更能够促进文化和观念融合,更能化解种族仇恨、实现民族融合的了。直到今天,这一传播策略仍然适用。如在高度多元与分化的美国,多民族杂居,但种族间的通婚从未中断,在笔者看来,这是美国社会融合中最为重要,也最为有效的方式。[③]

"秦晋之好"式的联姻也有利于技术的传播。历史上的一些技术扩散即借助于"和亲"渠道,女性成为技术传播的信使。例如在汉唐的和亲政策中,中原公主所带去的不只是自己的身体,还有先进的中原文化和各种先进技术。如唐代文成公主入藏,就带去了史书、营造与工技学、医学、天文学等众多的科学著作,还有大量的手工艺品、丝织品、纺织技术以及各种农作物种子及栽培技术等。域外民族也深知通过"求婚得女"来获取先进技术。《大唐西域记》一书中记载了有关蚕种历经曲折艰难西传的传说:瞿萨旦那国(即于阗,今新疆和田)未知蚕桑,闻东国有也,命使臣求之。而东国国君秘而不赐,敕令关防,严防泄出。瞿萨旦那国于是卑辞下礼,求婚于东国。东国国王出于怀远之志,答应了其请求。于是:

> 瞿萨旦那王命使迎妇,而诫曰:"尔致辞东国君女,我国素无丝绵桑蚕之种,可以持来,以为裳服。"女闻其言,密求其种,以桑蚕之子,置帽絮中。既至关防,主者遍索,唯王女帽不敢以检,遂入瞿萨旦那国。[④]

可见,蚕桑外传的过程是伴随着嫁女和亲这一行为的。没有女性这一中介,历史上各民族间的技术、文化与制度的交流将大大弱化。

宗教信仰的扩散有时也是通过"秦晋之好"这一传播模式发生的。文成公主入藏和亲就带去了中原的佛教文化,这对于藏传佛教的形成和发展影响巨大。在西欧的中世纪早期,许多信仰基督教的女王通过通婚劝皈(domestic proselytization),使她们的

---

① 梁庚尧.中国社会史[M].北京:东方出版中心,2016:109.

② 孔祥吉.晚清知识分子的悲剧——从陈鼎和他的《校邠庐抗议别论》谈起 [M].历史研究,1996(6):67-77.

③ 与此相反,历史上也有为了阻止民族或文化融合而禁止异族通婚的做法。许多族群对异族通婚都设有严格的禁忌与处罚,以免族群的身体一致性遭到威胁。如有学者推断,印度的种姓制度中之所以会有贱民,可能就是雅利安人(Aryan)对族人与被征服的黑肤色族通婚所做出的制裁。(哈罗德,伊罗生.群氓之族:群体认同与政治变迁[M].邓伯宸,译.桂林:广西师范大学出版社,2015:118.)

④ 王子今.跛足帝国——中国传统交通形态研究[M].兰州:敦煌文艺出版社,1996:29.

丈夫连同他们的王国一起皈依了基督教。[①] 公元988年，拜占庭皇帝将安娜公主嫁给基辅罗斯的弗拉基米尔大公，随着安娜公主的嫁入，弗拉基米尔大公接受了她带来的拜占庭的东正教教义，并命令所有罗斯人抛弃多神教，改信东正教。正是从这一年开始，东正教成了俄罗斯的千年国教。可见联姻中的女性对人类文化史的影响深远。

五、女性作为一种复合媒介及其政治功能

美国女性主义研究者伊瓦-戴维斯和安斯亚斯（Yuval-Davis，Nira & Anthias，Floya）在他们所编的《妇女—民族—国家》一书中提出了妇女介入政治进程的五种方式：作为族群成员生物学上的再生产者/生育者；作为族裔/民族群体边界的再生产者；作为集体意识形态再生产的主要参与者以及集体文化的传播者；作为在族裔/民族范畴的建构、再生产和转换中使用的意识形态话语的焦点和象征；作为民族、经济、政治和军事斗争的参与者。[②] 这五种方式实际上包含了女性作为一种媒介所具有的复合功能。女性也因此可以被看作一种“复合媒介”，她既可以复制和传播基因信息，也可以复制和传播意识形态。但就“政治、经济与军事斗争的参与者”而言，女性要到近代才开始直接与这一角色有关联，并逐渐成为与男性一样重要的政治角色。而在漫长的古代社会，女性则更多是作为一种政治、文化中介与历史进程发生关联。

就政治传播而言，在古代历史上，私人家庭领域才是女性发挥能动性的主要场所。不过，这并不意味着女性与政治的完全隔绝。女性可以通过家庭这一私人领域将影响力延展到公共领域，进而发挥其政治功能。这正是女性作为媒介的一个重要特征：她可以将私人领域和公共领域关联起来。作为两个场域之间的中介，女性对政治的参与和影响，很大程度上是借助于其在私人领域的影响力间接发挥作用的。

一方面，在家庭代际观念的传递中，女性是重要的政治社会化媒介。家庭是一个人最初的社会化机构，而女性在家庭中的作用，即便从最基本的“相夫教子”的功能来看，其影响力也不容小觑。郑雅如在研究中国中古时期的家庭史后认为，尽管父系制度决定母子关系的成立，但母亲可以通过“母教、母权与母子情感”使影响力由内及外。[③] 西方一些学者对女性在政治社会化中的作用也进行了许多实证研究。很多研究都认同母亲在影响子女的政治态度方面是重要的，甚至是决定性的。[④] 例如在基督教兴起之初，“最虔诚和最积极的新信仰的信徒就是女人，这毫不奇怪。而且通过她们对儿童的影响，能够保证比较迅速地传播新的教义”[⑤]。女人的母亲身份使她们自身的信仰很容易传递给下一代子女，这大大扩大了“母系”思想的影响力。由于女人能生

---

① 本内特，霍利斯特.欧洲中世纪史[M].杨宁，李韵，译.上海：上海社会科学院出版社，2007：6.

② NIRA Y-D，FLOYA A(eds).Woman-Nation-State[M].London：Macmillan，1989：7.

③ 郑雅如.中古时期的母子关系——性别与汉唐之间的家庭史研究[M]//李贞德，编.中国史新论——性别史分册.台北：联经出版公司，2009：135-190.

④ 季乃礼.母亲(妻子)在政治社会化中的作用[J].中华女子学院山东分院学报，2009(5)：14-17.

⑤ 麦克尼尔.西方的兴起：人类共同体史[M].孙岳，陈志坚，于展，等译.北京：中信出版社，2015：374.

儿育女,因此女性对历史的影响也往往通过母亲对子女的影响而发生。“生”与“教”就体现了女性的历史影响力,这也是其媒介功能的体现。即便是历史上叱咤风云的人物,也离不开其母亲的影响。中国古代的“孟母三迁”“岳母刺字”反映了女性对其后代的影响,近世的毛泽东、蒋介石也受各自母亲的影响颇深。在西方世界,公元前356年出生在马其顿的亚历山大大帝的母亲奥林匹娅斯,据说个性专横独断又神秘,虽然她被国王腓力二世厌弃,但她对儿子亚历山大的影响却非常大,在亚历山大远征期间,他常常会写信给母亲叙述见闻。可见,女性对政治的影响可以借助于“代际传播”来实现。

另一方面,既然女性可以相夫教子,那么,女性当然也可以通过男人来影响政治,甚至征服世界。在西方,由于中世纪以后女性也能够继承皇位,因此“女皇政治”是一种常态。在中国,尽管宗法传统是男尊女卑,女性只能是政治的配角,但既然是配偶,则还是在一定程度上能够分享男性的权力,尤其是汉代及汉代之后,中国北方社会妇女的地位较高,女性称帝及太后摄政并不鲜见。①

在中国宗法制度下,“孝”的观念使母亲对儿子具有极大的道德权威,这也为女人直接参政或通过左右男人参政提供了条件。古代中国“家国一体”,“家”和“国”在伦理结构上是相通的。因此女性可以利用“孝”这一合法的道德权威来获得自己在宫廷(皇族家庭)当中的权力。② 在宫廷政治中,后妃(太皇太后、皇太后、皇后或妃子)借助其对皇帝的影响参与政治活动在历史上并不罕见。③ 西汉末年王莽得以篡汉正是凭借姑妈王太后(汉成帝之太后,汉哀帝的太皇太后)的影响力。有研究者将中国古代后妃参与政治的方式归纳为“公开参与政治”“不露声色参与政治”“阴谋参与政治”和“被动参与政治”四种类别,④除了第一种是直接参与,其他更多的是间接参与。中国历史上这种女性参与政治的例子从汉高祖的皇后吕后专权,到北魏冯太后的临朝称制、唐代武则天的登基、清代慈禧的听政等不胜枚举。据朱子彦《多维视角下的皇权政治》一书的不完全统计,从战国到清代,垂帘听政或临朝摄政的女性约有三十七人(其中战国3人,西汉2人,东汉6人,西晋1人,东晋2人,北魏2人,唐代2人,宋代9人,辽人4人,元代4人,清代2人。其余西夏及五胡十六国等小王朝的女性,也有多人)。⑤ 而据杜芳琴在《中国历代女主与女主政治略论》一文中的统计,中国历代女性干政有70名之多,其中又以母后和后妃为多,母后干预政治者约计50人之多,执政总年数约500年之久;后妃约18人,干政105年上下。⑥ 不论谁的具体数字精确,在宗法社会中,“女人干政”借助于婚姻是不争的历史事实。

此外,中国历朝历代的“外戚干政”也依附于女性的婚姻与家族。皇帝与外戚的关

---

① 杨联升.中国历史上的女主[M].林维红,译//邓小南,王政,游鉴明.中国妇女史读本.北京:北京大学出版社,2011:1-10.

② 刑义田.天下一家:皇帝、官僚与社会[M].北京:中华书局,2011:166.

③ 张星久.母权与帝制中国的后妃政治[J].武汉大学学报,2003(1).

④ 焕力.中国后妃政治[M].桂林:广西师范大学出版社,2012:15.

⑤ 朱子彦.多维视角下的皇权政治[M].上海:上海人民出版社,2007:255.

⑥ 杜芳琴.发现妇女的历史——中国妇女史论集[M].天津:天津社会科学院出版社,1996:104-105.

联使女性成为政治中的重要中介变量。故司马迁强调说：

> 自古受命帝王及继体守文之君，非独内德茂也，盖亦有外戚之助焉……夫妇之际，人道之大伦也。礼之用，唯婚姻为兢兢。夫乐调而四时和，阴阳之变，万物之统也。可不慎与？①

可见古代女性虽然在制度上受到排斥，但实际上对国政的影响还是无处不在的，②这显然得益于其作为一种"复合媒介"的联结功能。

通常的观点认为，人类的政治史是由男性主导的，女性远离政治。瞿同祖先生就认为："在中国传统社会中，女性没有独立的地位，始终以从属的身份受男性意志及权力的掌握。"③在政治生活中女性的地位更是如此。不过，作为一种政治媒介与复合媒介，女性其实从来就没有置身于政治之外。正如伊瓦-戴维斯所指出的女性与国家紧密关联，"只有理解了私人领域，才能理解公共领域"④。在笔者看来，"以女为媒"的联姻本身就是一种政治沟通机制，女性是其中的媒介。通过联姻，女性有机地将私人领域嵌入公共领域。尽管这个过程中的主导权未必在女性手中，但过程本身却必须通过女性这一复合媒介来进行。也正是在这个意义上，女性的政治传播功能得以奠基和彰显。

六、"以女为媒"与中国特色的宗法政治

通过考察人类历史我们可以发现，政治联姻是人类政治史上的普遍现象，中西方皆然。它既作用于内政，也作用于外交。在这种政治沟通模式中，女性是一个核心媒介。比之于盟誓、契约或其他取信手段，"以女为媒"的联姻奠基于生物学基础，在此基础上形成亲属关系，因而是最为重要、最为牢靠的"取信机制"。联姻网络一旦形成，信任、信息以及资源都沿着这个网络分布和流动，政治合作与联盟就有了较为坚实的基础。

对于外交型联姻而言，联姻形成的亲属关系网增进了不同民族和国家之间的了解和交流，促进了民族融合，在相当程度上减少了战争与冲突。尽管这个过程中女性付出了代价，但她们作为关系与交流媒介，成为和平使者和文化信使。而对于内政型联姻而言，女性与政却并不一定意味着"政治的美好"。政治联姻有时不过是男权政治的一种手段和策略，女性也不过是政治联盟的工具性媒介，其对于政治的影响有利有弊，既可以"美政"，也可能"乱政"。历史上的"家族政治""世袭政治""朋党政治"或"外戚

---

① 司马迁.史记[M].西安：太白文艺出版社，2006：283.

② 姜进.女性与中国政治[J].中国社会导刊，2005(30)：60-61.

③ 瞿同祖.中国法律与中国社会[M].北京：中华书局，2003：112.

④ 伊瓦-戴维斯.性别和民族的理论[M]//秦立彦，译.陈顺馨，戴锦华，编.妇女、民族与女性主义.北京：中央编译出版社，2004：1-3.

政治"等,在相当程度上都是这种政治联姻的副产品。

就中国历史而言,女性是维系宗法制度的基础媒介。"以女为媒"对于维系宗法政治十分关键。实际上,中国古代"家天下"政治的另一面就是以女为媒的联姻政治。考据中国历史上的宫廷政治我们可以发现,中国式"君主专制"并非皇帝一人专制,而是以君臣共治为基础的。君臣之间建立互信的重要机制就是"以女为媒"的政治联姻。联姻有效地化解了君权与相权(及官僚权力)之间的冲突和不信任。如在"君主专制"较为严重的北宋,早期宰相几乎清一色都是皇室姻亲。即便在北宋统治完全巩固之后,皇室成员与朝廷位极人臣的官员后人之间的通婚仍在继续,这种做法也持续至南宋。[①] 联姻使皇帝可以强化其政治联盟,这是维系中国君主专制制度的重要手段。即便是以淡化血缘、"选贤授能"为主要目的的科举制度,也没有摆脱"联姻政治"的影响。实际上,中国官僚政治中的科举制度与联姻制度也是相辅相成的。一些在科举中获得功名的士子有时候一方面会被"授官",另一方面也会被"配婚",成为皇帝或达官贵人的"乘龙快婿"。通过这种"联姻"(或子女间的联姻),皇帝、朝臣与这些未来的政治精英之间就建立起了互惠和信任关系,政治忠诚自然得以延伸。因此,在笔者看来,中国古代的科举制度其实也可以看作一种"选婿制度",它是"以女为媒"式的政治联姻的一种延伸。

可以说,"以女为媒"的联姻是中国官僚政治的重要维系机制与补充机制。联姻是促使官僚体制对"皇权"及其联盟保持政治忠诚的一种重要机制,"一荣俱荣、一损俱损",古代官僚体系下的"官官相护"也变得容易理解:它不仅有制度上的基础,也有血缘和姻亲关系的基础。在马克斯·韦伯看来,官僚体制的一个重要特征就是它是理性的,非人格化的。[②] 作为官僚制的鼻祖,始自秦朝的中国官僚政治便一直持续着。[③] 但与韦伯讲的理性化、法定化、非人格化的西式官僚制不同,皇权体系下的中国官僚制因为存在"以女为媒"的联姻,它显然不是"非人格化"的。在笔者看来,"以女为媒"的政治联姻在中国式官僚政治中运用得远比西方更为普遍,其产生的政治影响也更为广泛。作为君臣权力与统治的重要合法性来源,结成"秦晋之好"构成了中国前现代政治的一种潜规则,这也是中国古代政治的一个重要"秘密"和特色所在。

---

① 柏文莉.权力关系:宋代中国的家族、地位与国家[M].刘云军,译.南京:江苏人民出版社,2015.

② 韦伯.经济与社会:上卷[M].林荣远,译.北京:商务印书馆,1997.

③ 王亚南.中国官僚政治研究[M].北京:商务印书馆,2010.

先秦诸子政治传播观念中的传播致效观*

The Communication Effect View in the Political Communication Concept of the Pre-Qin Philosophers

贾　兵**

Jia Bing

摘要：本文围绕着先秦诸子政治传播观念中的传播致效，考察了诸子对传播致效的认知(包括传者因素和受众因素)、对传播致效意义的认知(包括防曲知之蔽和察情得实)、对传播致效方法的认知(包括把握符号与意义的关系、把握政治传播诸要素的关系、建设良好的制度环境和重视政治信息的自然属性)；认为诸子的相关观念呈现了以下特征：重视传者和受众的好恶心理、需求特征，重视传受双方的主体自觉性，重视政治传播的系统特征和互动特征；涉及了政治传播本身的主体自为性。诸子提出的传播致效观念，均立足于"尊卑"之势，围绕生之义利，反映出诸子一直视政治传播为一种保生的工具。

Abstract: Focusing on the communication effect of the political communication ideas of the pre-Qin philosophers, this paper studies the cognition of the scholars on the effectiveness of communication (includes sender factor and audience factor), cognition of the significance of communication effectiveness (includes avoiding the dangers of lies and getting real information through practice), cognition of effective communication methods (includes grasping the relationship between symbol and meaning, grasping the relationship between the elements of political communication, building a good institutional environment, and attaching importance to the natural attribute of political information). It is believed that the related concepts of philosophers have shown the following features: attach importance to the likes and dislikes of communicators and the needs of communicators, attach importance to the subject consciousness of communicators, attach importance to the systematic characteristics and interactive characteristics of political communication. It involves the subjectivity

* 本文是国家社科项目"网络舆论场与社会舆论场互动的心理机制研究"(14CXW024)的阶段研究成果。

** 上海大学传播学博士，中国科学院心理研究所心理学博士后，现任教于广州大学新闻与传播学院，主要研究方向是传播心理学。

of the political communication itself. The concept of communicative effectiveness raised by philosophers is based on the rank relations arounds the justice and benefit, and reflects that the philosophers have always regarded political communication as a tool for existence.

关键词:先秦诸子,政治传播观念,效果,心理,主体

Keywords:pre-Qin philosophers, the political communication concept, effect, psychology, subject

现代政治传播研究围绕着致效目的,以控制研究和效果研究为中心,提出了影响效果的种种因素及这些因素发挥作用的机制,其中心理态度研究的成果最为突出。先秦诸子追求的政治传播效果主要是“保通”和“察情”,保通着眼于说前防止奸言,察情着眼于说后逆知奸言。诸子提出的传播致效观念,均立足于“尊卑”之势,围绕生之义利,反映了诸子一直视政治传播为一种保生的工具的理念。

一、先秦诸子对传播致效的认知

(一)受众因素

受众的好恶心理、需求特征受到关注。诸子认为,在政治传播过程中,传者应该依据受众的心理需求特征和爱恶价值观来制作传播内容,即受众的主体意识和中心地位得到关注。

庄子认为不同的受众喜欢不同的传播内容,因为其使用信息的目的各异。从其论说可以看出,传播目的和心理需求决定着受众对内容的爱恶和选择;受众凭借明确的主体性需求而拥有了传播过程的主动权,从而在传播致效层面拥有了与传者相当的影响力。

> 枯槁赴渊者之所好,山谷之士之言,“刻意尚行,离世异俗,高论怨诽”,徒以为亢;游居学者之所好,平世之士所好之言,“语仁义忠信,恭俭推让”,徒以为修;尊主强国之人,致功并兼者之所好,朝廷之士之言,“语大功,立大名,礼君臣,正上下”,徒以为治;闲暇者之所好,江海之士避世之人之言,“就薮泽,处闲旷,钓鱼闲处”,徒以无为;养形之人彭祖寿考者之所好,道引之士之言,“吹呴呼吸,吐故纳新,熊经鸟申”,徒以为寿。①

受众的需求之所以如此受重视,一个重要原因是受众的地位。诸子对政治传播的论说,所举事例中,相当一部分是臣对君的说服。受众受关注的政治地位主宰了其心

① 王先谦.庄子集解[M].北京:中华书局,1987:132-134.

理需求在传播中的地位；相当一部分政治传播的目的就是说服人主。因此，作为受众的人主，其价值观和需求不仅影响着传播内容，甚至还影响着传者构成（尤其是传者价值观构成），一旦传者通过依据人主喜恶制作的内容，将作为受众的人主与现实悬置开来，则必然强化了作为人主的受众之前的心理；如此，受众的心理需求与支持、强化这一需求的传者以及传播内容便形成了封闭且完整的恶性循环，真实的信息或异于作为人主的受众需求的信息则会永远被排除在这一传播循环之外，最终的后果是臣塞主蔽，继而亡国。也就是说，打破这一恶性循环的，是作为受众的人主的政治身份崩塌，作为传者的臣子对受众的政治从属关系（利益从属关系）崩塌。

这里的前提是，作为人主的受众，其参与政治传播的目的和需求不是政治，而是源自自骄、自智、轻物等自以为是的狭隘价值观的非政治化期待；作为臣子的传者，其参与政治传播的心理需求也是源自狭隘价值观的非政治化期待，即遵照生物需求而非政治需求和逻辑。

用政治属性的身份来从事满足生物属性的需求和逻辑的政治传播，只要作为其根基的政治机制不失效，必然会破坏掉参与者的政治属性身份，并进而使其生物属性的需求和逻辑失势。政治机制为政治属性服务，要求政治传播在内的一切政治活动必须具备政治自觉性、政治正确性，而政治传播的存在依据即政治信息的通达。

人主好善，则“四海之内皆将轻千里而来告之以善”。[①]

人主不好善，则“拒人于千里之外”，则“谗谄面谀之人至”。[②]

人主之听言不以功用为的，则“说者多棘刺白马之说”。[③]

作为受众的人主如果政治价值观不具备政治正确性，则能胜任政治传播传者角色的人臣会被挡在这一恶性传播圈之外，相应的，善于政治欺骗的谗谄面谀之人会大行其道。这一循环更大的害处是，作为受众的人主一旦被惑饰匿饵类信息悬置于现实之外，其政治属性的主体意识功能会失效或者说被剥夺，即就算作为人主的受众在这一恶性循环开始运作之后有明见、知见诸类需求，其需求也会被忽视，至少，要想受到重视就必须付出重大代价打破这一恶性循环。

人主不明见则“人惑之”，知见则“人饰之”，不知见则“人匿之”，无欲见则“人司之”，有欲见则“人饵之”。[④] 听者无度则人易欺之，“可惶矣，可恐矣，可喜矣”，听者无度源于知之不审。[⑤]“听有门户则臣壅塞”[⑥]，臣塞则主蔽，主蔽则公室卑，“公室卑则忌直言”，[⑦]“亡国之主不可以直言”，因为亡国之主“必自骄，必自智，必轻物”。[⑧]

这并不是说作为人主的受众的身份和需求不被重视了，而恰是因为此时的人主身

---

① 焦循.孟子正义[M].沈文倬，点校.北京：中华书局，1987：861.

② 焦循.孟子正义[M].沈文倬，点校.北京：中华书局，1987：861.

③ 王先慎.韩非子集解[M].钟哲，点校.北京：中华书局，2003：261.

④ 王先慎.韩非子集解[M].钟哲，点校.北京：中华书局，2003：317.

⑤ 许维遹.吕氏春秋集释[M].北京：中华书局，1985：1139.

⑥ 王先慎.韩非子集解[M].钟哲，点校.北京：中华书局，2003：211.

⑦ 王先慎.韩非子集解[M].钟哲，点校.北京：中华书局，2003：292.

⑧ 许维遹.吕氏春秋集释[M].北京：中华书局，1985：981.

份已徒有虚名,受众变成了一个被传者营造的骗局所操纵的人偶。准确地说,是传受双方都放弃了政治属性的身份,变成了被生物属性身份主导的、为满足生物需求而进行传播的人。也就是说,这一需求因被过度重视而成了这一恶性循环的主宰。

诸子针对受众地位的论说,在当代政治传播研究中,有如下成果可以鉴照。

认知一致性指的是个人对某一对象的心理一致状态,一致性理论的基础假设是,个人新接收的信息与个人既有心理状态不一致时,将引发困惑或紧张,这种困惑或紧张将会驱使受众改变或调整自己的行为。一致性理论的基础信念就是人们喜欢追求一致,或至少追求感觉的一致。

海德(Fritz Heider)最早提出一致理论(consistency theory),关注个人在认知结构中对彼此相关的事物形成态度时采用的方式。自骄自智之人主,必然自视甚高,必然认为天下在自己的英明领导下是太平盛世,这里的太平盛世与英明领导被视为彼此相关;否定太平盛世的信息就与之前的关于英明的认知不一致。在海德的理论中,对于这类与之前认知相悖的信息,受众不仅没有内在心理需求作为认知的动力,甚至还基于维持一致的心理需求去抵抗这类信息。纽科姆的对称理论强调人际平衡:人们企图影响别人,借以维持原有的心理状态。作为受众的人主拥有政治地位赋予的绝对权力去影响臣子对天下现实的认知,至少可以影响到臣子表达出来的对现实的认知。奥斯古德在此基础上提出调和理论。费斯廷格(Leon Festinger)提出认知不和谐理论,认为认知的不和谐也会导致心理上的不舒服并促使人减轻这种不和谐感以达到和谐。无论是臣子对人主与所描述事实的认知还是人主对天下与自身能力的认知、对臣子信息与臣子的认知,都可以在认知和谐与否的相关论说中找到相应的心理需求机制。

林之达总结了影响心理的几个因素。① 自尊心,人在传播中有意无意地把满足自尊心的需要作为选择、接纳信息的一大标准,先秦的传播者们创造了许多技巧以应对这一把关标准的检验。上奏天下太平,迎合了作为人主的受众的自尊心,臣子认为只有通过这样的方式,自己的信息才更有机会被人主选中,并相应地选中自己,从而实现自己的政治传播目的。感情,感情是心灵的门户,欲使受众接受信息,就必须迎合受众的感情,在传播的内容中添加动情的材料。"可惶矣,可恐矣,可喜矣",皆是指感情因素在政治传播中被有意识地运用。意向,在传播过程中,与受众的态度、兴趣、立场等意向相违背的信息会被拒绝。也就是说,符合受众心理期待的信息才更有可能被接受,而心理期待又与利害、好恶、个性等价值观和个体素养紧密相关。利害,利益是受众是否采纳信息的一个重要参考因素,因此,纯粹诉求的信息不如那些事关受众利害的信息容易被接受,前者即使被接受,也不如后者的效果好。好恶,在传播过程中,被受众喜欢的信息更易引起受众注意。个性,不同受众有不同的特质与个性,应具体分析应对。比如,"亡国之主不可以直言",因为亡国之主"必自骄,必自智,必轻物"②。

传者的可信度,传者的声名愈得到受众认可,传者的立场与动机愈被受众认可,传

---

① 林之达.传播心理学新探[M].北京:北京大学出版社,2004:188-190.

② 许维遹.吕氏春秋集释[M].北京:中华书局,1985:981.

者的信息则愈易被接受。所以，面对作为传者的欲谋私利的人臣的伪装和欺骗，作为受众的人主先要学会识人察言。韩非子认为奸臣皆欲顺人主之心，以取信幸之势。是以“主所善，臣从而誉之”，人臣与君同舍是人臣之取信幸之道，人主若无“术数”以御，若不“参验以审”，则幸臣必得欺主成私。[①] 孟子认为，在朝者之言不足为信，主张采酌民言，证以实情。

若进一步探究，诸子所言之人臣与诸大夫，指向了一个失去了政治属性的政治团体，诸子所言大多预设了一个有关团体规范的前提或假设。团体规范对团体归属感强烈的受众有巨大影响；当然，这里的团体（群体）归属感与马斯洛的人格需求中的第三层次的需求有所不同，在诸子论说的场景中，在朝者或人臣这个群体对欲言者来说，其吸引力更多来自马斯洛需求层次中的第一和第二层次，即生存和安全的需求。

传播技巧方面。争取相容，即争取受众的心理认同，让受众认为自己的立场与其一致，隐藏控制意图，明理，争取信任。韩非子认识到人性特点“取舍同者则相是”“取舍异者则相非”，是以“主所善，臣从而誉之”“主有所憎，臣因而毁之”。[②] 尊重受众的能力，选择恰当的沟通方式，否则会引发受众的抵触，“挟贵而问，挟贤而问，挟长而问，挟有勋而问，挟故而问”，皆不答。[③] 要重视受众的身份，尤其是重视专业受众、意见领袖的身份影响力。子贡问曰：“乡人皆好之，何如?”子曰：“未可也。”“乡人皆恶之，何如?”子曰：“未可也。不如乡人之善者好之，其不善者恶之。”[④]此一论说在孟子的论述中得到了积极响应。“左右皆曰贤，未可也；诸大夫皆曰贤，未可也；国人皆曰贤，然后察之，见贤焉，然后用之。左右皆曰不可，勿听；诸大夫皆曰不可，勿听；国人皆曰不可，然后察之；见不可焉，然后去之。”[⑤]

诸子关于意见领袖群体的论说，强调了特殊身份在政治传播过程中的特殊影响，这与当代的把关人理论强调的主体意识具有一致性。卢因的把关人理论认为，群体作为一个活体，内部凝聚力是不稳定的，这种凝聚力往往来自于相反力量的结果，应该依据环境来综合考虑人的行为，不能过分强调行动者本身的倾向。环境变量并不仅仅“抑制”心理变量对行为的作用，而心理变量也不仅仅抑制环境变量因素。在每一个事例中，力量的相互作用甚至会完全改变预期的结果。把关人指那些在决定信息的性质和流量方面有一定权力的人或机构，正是这些人或机构决定着什么可以被传播和怎样传播。把关人概念说明，在一个传播系统中，信息总要流经关口，在信息源和受众间有决定信息中转或中止信息传播的把关人。在东周时期，政治传播中的把关人，就上情下达、下情上达这一过程而言，是臣子，因此选贤就极为重要。

信息内容分析。对各种政治信息进行认知、研究、综合、概括、推理等，是鉴别、利用政治信息的前提，主要任务是把握各种政治信息的精髓，透过信息现象抓住其反映

---

① 王先慎.韩非子集解[M].钟哲，点校.北京：中华书局，2003：126-129.

② 王先慎.韩非子集解[M].钟哲，点校.北京：中华书局，2003：126-129.

③ 焦循.孟子正义[M].沈文倬，点校.北京：中华书局，1987：946.

④ 程树德.论语集释[M].程俊英，蒋见元，点校.北京：中华书局，1990：936.

⑤ 焦循.孟子正义[M].沈文倬，点校.北京：中华书局，1987：144.

的事物的本质及趋势,对现有信息进行推理得到有价值的新信息,对现有信息进行综合概括得出新信息。具体方法包括:逻辑推导法、比较分析法、系统分析法、综合分析法、追溯分析法。在诸子看来,作为受众的人主应有“术数”以御朝言,应“参验以审”以避幸臣欺主成私之患。[①]

(二)传者因素

诸子在关注受众的心理因素时,也同样关注传者的心理需求和价值观对传播的影响。

传者因求利而曲意迎合尊势中人。这一论断的前提是,在政治传播中,政治身份的主从性决定传受身份的主从性;作为臣子身份的传者处于政治传播的从属地位,要满足其需求、达到其目的,先要取得作为人主的受众的信任,获得人主受众的授权,进而以受众的名义进行获利行为。

传者的终极目的是获利,即传者进行政治传播的动力是个体主观的心理需求,而不是呈现客观的事实,因此对作为臣子的传者而言,其所进行的政治传播是依据臣子的个体私利而编制的,与基于事实的信息并不一定一致,多数会有所损益,其功能是实现臣子的利益。在此背景下,作为人主的受众应具备相应的主体意识和能力;如果只能在少数群体的臣子之言和多数群体的国人之言中选择,一定要选择代表国家整体利益的国人之言。

诸子也并非否定体现私利或局部利益的信息,而是认为政治信息具有主观性,因此与客观事实会有偏差,应该结合事实进行察验,选择那些经察验确有其据的信息。

孟子认为在朝者之言不足为信,主张采酌民言,证以实情。其言外之意是,人之言皆是为求个人之利,所以多以己利而曲言之实。人皆以己利出言,言皆为己利,言必被人据己利而饰。墨子认为,为害言者必因其私欲,“为其所难者,必得其所欲焉”[②]。“唯利是求”,对内就会不惮诈其民而求小利,对外就会不惮诈其与而求大利,如此必然“上诈其下,下诈其上”[③]。

但是臣子之言又是极难察验的。作为臣子的传者最重视的获利途径是获得作为人主的受众的信任和授权,因此会极尽其所能以窥人主之情、以成迎合之事。臣子曲言之能,可以做到与人主价值观一致、心理需求一致;在人主看来,言同己出,事同己见。若无术数,何以察验!因此,诸子在论说政治传播中,提出了诸多察情之策。

在臣子迎合人主的场景中,若作为人主的受众的心理需求和价值观均具备了政治正确性,其政治传播岂不是一片大好?人主好善,则“四海之内皆将轻千里而来告之以善”[④]。事实上,诸子的相关论说更多的是对追求生物属性的传者进行伪装来欺骗受众的政治传播行为的洞察。

---

① 王先慎.韩非子集解[M].钟哲,点校.北京:中华书局,2003:126-129.

② 吴毓江.墨子校注[M].孙启治,点校.北京:中华书局,1993:1.

③ 王先谦.荀子集解[M].沈啸寰,王星贤,点校.北京:中华书局,1988:205-206.

④ 焦循.孟子正义[M].沈文倬,点校.北京:中华书局,1987:861.

佞人"观上之所欲，而微为之偶，求君逼迩，而阴为之兴；内重爵禄，而外轻之以诬行，下事左右，而面示正公以伪廉；求上采听，而幸以求进；傲禄以求多，辞任以求重；工乎取，鄙乎予；欢乎新，慢乎故；悋乎财，薄乎施；睹贫穷若不识，趋利若不及；外交以自扬，背亲以自厚；积丰义之养，而声吟恤之义；非誉乎情，而言不行身，涉时所议，而好论贤不肖；有之己，不难非之人，无之己，不难求之人；其言强梁而信，其进敏逊而顺"①。

布勒和伯古恩把欺骗和发现欺骗看作交流者之间进行互动的过程。欺骗指的是通过对信息、行为和形象的故意操控，使对方接受一个虚假的信息。一般来说，如果某个说话人实施了欺骗行为，那么他所从事的是一种策略性行为，这种行为歪曲了信息的真实性，本身是一种不全面的、不相关的、不清楚的和不直接的言语行为。如果听者能发现说者使用了上述策略，那么他们就会怀疑自己可能上当。骗子——欺骗性信息的发出者，通常会有某种程度的焦虑感，害怕自己的谎言被戳穿，而接收者也会产生疑心，怀疑自己上当。这些"内在"的想法通常都会通过"外部"的行为表现出来。因此，接收者通常会努力寻找谎言的破绽，而骗子也会努力避免引起怀疑。② 骗子的欺骗策略和作为受众的人主应有的防骗策略，诸子论说得相当充分。

影响人们对欺骗的感知的因素，主要是"偏见""谈话需求"。交流者之间越是彼此了解，越能准确判断彼此的意图；但有时也会恰好相反。韩非子主张作为受众的人主应有"术数"以御说者，应有"参验以审"的技能来避幸臣欺主成私。③ 这些都涉及应对偏见。"真理偏见"会阻碍人们猜疑。如果交流者之间关系好，那么他们基于先前的经验，多少都会倾向于相信对方。这在人臣迎合人主的相关论说中得到了验证。

另一方面，"谎言偏见"则会加重人们对彼此的猜疑，甚至导致误会。"谈话需求"越多、越复杂，越会阻碍对欺骗的感知。这在人臣转移政治传播诉求的论说中得到了验证。诸子认识到政治传播过程中，人臣会通过设计复杂而宏大的谈话需求框架来掩盖真实的传播目的。欺骗动机越是强烈，欺骗他人的欲望就越会盖过对破绽的恐惧；发现欺骗的动机越是强烈，就越会提高警惕。

在设计复杂而宏大的谈话需求框架来掩盖真实的传播目的方面，诸子多是围绕说服的相关因素来论说。

祝基滢认为"说服"旨在"以语言文字改变人的态度与行为"及"引发新的意见"。"说服"旨在通过信息改变态度。"态度"主要是一种既定的或倾向或反对特定事物的方式，一种既成的神智状态，它通过对经验的组织，在个人对知觉到的所有与其相关的对象和情景的反应中发挥一种直接的和有力的影响。④ 影响态度的因素包括信息来源的可信度、恐惧诉求、受众的价值观等。

奥尔波特(Allport)认为态度是经由经验所迅速组织的心理和精神状态。一致性理论认为渴望或追求一致性，是形塑态度与行为的主要动力。柏克认为"人类运用文

---

① 吴则虞.晏子春秋集释[M].北京：中华书局，1982：227.

② 李特约翰.人类传播理论：第七版[M].史安斌，译.北京：清华大学出版社，2004：162-164.

③ 王先慎.韩非子集解[M].钟哲，点校.北京：中华书局，2003：126-129.

④ 赛佛林，坦卡德.传播理论：起源、方法和应用[M].郭镇之，等译.北京：华夏出版社，2000：176.

字以形成他人的态度或运用文字劝诱他人”。“认同”概念是柏克对语义定义的扩充,“认同”概念植根于实质(substance)的观念,从各类的生理物质、职业、朋友、活动、信仰、价值观等领域和实质中,我们形塑自我认同。当我们拥有某些实质时,便和周围的人共享这些实质,即“实质共享”(consubstantial),当两个个体因拥有相同的理念、态度、物质等因素而呈现实质联系时,二者即产生同质性。

除了关注传者的心理需求诸因素,诸子还从传者角度论说了其他一些相关因素。

诸子论述了传者的权威性越高,越易影响受者,“不信愚人易,不信贤人难,不信贤人易,不信圣人难。不信一圣人易,不信千圣人难”[①]。对于传者的专业知识和技巧的作用,也有明确论说。有圣人之知,“多言则文而类,终日议其所以,言之千举万变,其统领一也”;有士君子之知,“少言则径而省,论而法,若佚之以绳”。[②]

正是在这种大背景下,孟子提出了藐视受众可以更好地实现说服目的的主张。尽管这只是针对“下说上”的特定情况而言的,因为正常情况下,“下说上”时会畏上;并不是说孟子主张任何时候都应藐视说服对象。“说大人则藐之,勿视其巍巍然。堂高数仞,榱题数尺,我得志弗为也。食前方丈,侍妾数百人,我得志弗为也。般乐饮酒,驱骋田猎,后车千乘,我得志弗为也。在彼者,皆我所不为也。在我者,皆古之制也。吾何畏彼哉?”[③]

围绕着传播致效,诸子对传者地位的关注,无论是维度复合数量、各维度的深入程度,都值得当代研究者关注。霍夫兰从控制性实验中总结出信息源可靠性的特征:信息传播者的权威程度、专业程度和知名度。一个说服者如果在要说明的问题上具有专业声誉,能对问题保持距离,有超然的态度,就会产生积极的说服效果。祝基滢从传者角度总结了影响效果的几方面因素:地位、可信度(credibility)和吸引力。一般而言,地位高、可信度高、吸引力强的传者,其宣传效果就会好。其中影响传者“吸引力”的要素包括传者的性格、态度、自信程度、教育程度及种族背景等社会学因素。[④] 可以说,当代的诸多研究成果尚没有超越诸子的论说框架。

(三)政治传播的系统性和互动性

听者应察知说者之情,说者亦应察知听者之的。前者强调的是传者影响;后者强调的是受众作用。

韩非不仅重视言对听者的直接作用,还重视通过听者的反应实现的对言者的间接作用。《说难》就是受这种间接作用而写的。“说难”即说者因其语而受困,韩非认为听者在政治信息传播过程中具有自主性,而且对言的直接作用与间接作用都具有决定性影响。但是,说者仍对言的效果拥有调控性影响,即调整言之此名的具体内容,以最大可能影响听者。言者可通过掌握听者心理期待、性格等因素,调整所言之此名,以迎合

---

① 尹喜.关尹子[M].北京:中华书局,1985:63.

② 王先谦.荀子集解[M].沈啸寰,王星贤,点校.北京:中华书局,1988:445-446.

③ 焦循.孟子正义[M].沈文倬,点校.北京:中华书局,1987:1014-1017.

④ 祝基滢.政治传播学[M].台北:三民书局,1983:34-36.

听者之所待。《说难》表现出韩非对政治传播过程已有全面的理解，对其中传者地位、听者地位、内容地位都有相当准确的把握，对心理在传播过程中的作用、传播符号本身的特征亦有洞悉，反映出他对政治传播各因素的系统性特征及互动特征的认知。

说者应该把握听者的心理期待，该迎合的就迎合，所言若不能满足听者的心理期待，则达不到说服效果。韩非在论述影响传播效果的因素时，一方面重视受众的主观需求，一方面重视传者的主观能动性。这体现在对受众价值观念、心理需求的体察与把握上，体现在对内容的框架设置和内容筛选上，体现在对传者心理和形象的管理上，体现在对传播过程的整体把控上。

针对受众的一致性需求，在内容设置上采用单一主题框架。所说“出于为名高者”，就应说之以名，反之，“说之以厚利，则见下节而遇卑贱，必弃远”；所说“出于利厚者”，就应说之以利，反之，“说之以名高，则见无心而远事情，必不收”。

针对受众的复合需求，在内容设置上采取复合主题框架。所说“阴为厚利而显为名高者”，如果仅是“说之以名高”，则“阳收其身而实疏之”；仅“说之以厚利”，则“阴用其言显弃其身”。听者“欲矜以智能”，则说者应“为之举异事之同类者，多为之地；使之资说于我，而佯不知也以资其智”。听者“欲内相存之言”，说者则应“以美名明之，而微见其合于私利”；听者“欲陈危害之事”，说者则应“显其毁诽，而微见其合于私患”，“誉异人与同行者，规异事与同计者”，“有与同污者，则必以大饰其无伤也；有与同败者，则必以明饰其无失”。①

采取复合框架，不仅体现了与单一框架预设一样的受众主体需求的地位，也体现了对政治传播互动性的认知，即传受双方都具备主体意识，都具有自主选择性，政治传播是传受双方主体间的互动，相互迎合或妥协。

该规避的就规避，既要维护受众自尊，更要照顾其感情。听者有过端，则不应“明言礼义以挑其恶”；听者得计而欲自以为功，说者就不应自认其功。在此领域的论说中，更难能可贵的是，韩非子提出在政治说服过程中要注意受众的人格特征。若听者以怨报德，“说行而有功则德忘，说不行而有败则见疑”，则应规避，否则身危。总之，不应强以听者所不能，否则，“与之论大人，则以为间己矣；与之论细人，则以为卖重；论其所爱，则以为借资；论其所憎，则以为尝己也；径省其说，则以为不智而拙之；米盐博辩，则以为多而交之；略事陈意，则曰怯懦而不尽；虑事广肆，则曰草野而倨侮”（《韩子·说难》）。

正确的做法是，“彼有私急”，则说者“因为之饰其美而少其不为”；“其心有高而实不能及”，则说者“为之举其过而见其恶而多其不行”。听者“自多其力”，说者则应“毋以其难概之”；听者“自勇其断”，说者则应“毋以其谪怒之”；听者“自智其计”，说者则应“毋以其败穷之”。总之，只有把握了听者的心理，才能保证“大意无所拂悟，辞言无所系縻”。②

---

① 王先慎.韩非子集解[M].钟哲，点校.北京：中华书局，2003：114，117.

② 王先慎.韩非子集解[M].钟哲，点校.北京：中华书局，2003：114，116-118，191.

韩非子对说服过程的论说,着眼于一个系统、互动的过程。说服是一个双方互动、独立的交互过程。说服者如果明白说服是双方意见交流与需求满足的互动过程,就不会假设被说服者是消极被动的。

说服企图引发受众在态度或行为上特定的改变,此一改变源自受众特定的回应,可能的回应有三种类型:一是学习性的"引导回应",二是"强化回应",三是"改变回应"。"改变回应"是要求受众改变其原有态度,改变其原有行为,或是接受新的态度、行为。多数情况下,人们厌恶改变自己的态度和行为,因此说服者为了实现改变,必须将改变与受众已相信的事物结合起来。在这里已被相信的事物称为"锚"(anchor),用来拴住新的态度或行为,锚代表了已被受众接受,是改变的原点。锚可以是信念、价值观、态度、行为或团体规范。[①] 韩非子所言的"私急"、实不能及之高、自多之力、自勇之断、自智之计,可视为"锚"。

诸子对传受双方互动的论述,既涉及了符号与意义的对应关系、修辞的影响,也涉及了场景对这一对应关系的影响,难能可贵的是,还论述了时间对传播符号表意的影响,这些论说表面上是在谈信息的准确性,实际上为政治传播勾勒了一个系统的互动的架构。

同一个符号,有本义,更有引申义,而引申义的具体指向又取决于传播过程中营造的具体传播场景。韩非子提出,政治传播中应把握言之名实间的本质联系,防止无心之言。语能泄密,因言外之意亦可由言内知之,这是言的特征。"事因密成,语以泄败",未必是有意以言直说,也可能是无意说出了与欲匿之事有联系的信息。说者知所言之事表象与事实间的关系,其所语也必会具有二者之间的联系,即言之此在之名与彼在之实之间的关系。彼显有所出事,而乃以成他,故说者不徒知所出而已矣,又知其所以为。如此,即使说者本想掩饰,若听者有意的话,能凭言之此在之名而知彼在之实,则语泄漏了说者本不想表达的事。规异事而当,知者揣之,据言外之意而得之。[②]

修辞对效果的影响。荀子认为文言是一种能力。人都喜欢赞扬其认为美好的东西,而君子尤甚。因此,赠人之言重于金石珠玉,颂人之言"美于黼黻文章""乐于钟鼓琴瑟"。鄙夫则"好其实,不恤其文",所以"终身不免埤汙佣俗"。他据此认为《易》之"括囊,无咎无誉"为腐儒之论。[③]

荀子还注意到时间对内容失实的影响。荀子在《请成相》中认为"时当乱世","隐讳忌贤,良由奸诈鲜无灾",其最主要原因就是政情不通达,"中不上达,蒙掩耳目塞门户",导致谗夫因私利而诈言,而诈言的危害极大。[④] 荀子在论传言之不足,"文久而灭,节族久而绝"。"传久则论略,近则论详,略则举大,详则举小。"比如,五帝

---

① JOWETT C S,DONNELL V O.宣传与说服[M].陈彦希,等译.台北:韦伯文化国际出版有限公司,2003:27-29.

② 王先慎.韩非子集解[M].钟哲,点校.北京:中华书局,2003:115.

③ 王先谦.荀子集解[M].沈啸寰,王星贤,点校.北京:中华书局,1988:84.

④ 王先谦.荀子集解[M].沈啸寰,王星贤,点校.北京:中华书局,1988:463.

之外无传人，非无贤人也，因久而失传；五帝之中无传政，非无善政也，因久而失传。这会造成“愚者闻其略而不知其详，闻其详而不知其大也”①。

二、追求传播致效的意义

先秦诸子对传播致效的意义从正反两方面进行了论说，其论说均是立足于对人性逐利的认知、对政治关系本质的认知。对政治传播效果的重视，是诸子不厌其烦大谈重视传者、受众及其互动的价值依据。

（一）防曲知之蔽

先秦诸子对传播致效的反面论说具有高屋建瓴的特点。从哲学的高度概括曲知之害，反衬全知之利。曲知生蔽。众蔽之质是以偏概全。以道之一隅而当道，是从于一时之欲，一时之利。失之于全，必生蔽。孔子仁知且不蔽，故学乱术，足以为先王者也。一家得周道，举而用之，不蔽于成积也。故德与周公齐，名与三王并，此不蔽之福也。曲知之人，只见道的一个方面，加上又受物利所趋，必假言求利。“由用谓之道，尽利矣；由俗谓之道，尽嗛矣；由法谓之道，尽数矣；由执谓之道，尽便矣；由辞谓之道，尽论矣；由天谓之道，尽因矣”，此皆道之一隅，一隅不足以举之。“曲知之人，观于道之一隅而未之能识”，“以为足而饰之，内以自乱，外以惑人，上以蔽下，下以蔽上。”②

导致信息之蔽的直接原因是奸臣曲言离实，奸臣当道又源于人主用人不当。用人不当则蔽生，蔽生则系统无以协调，则必亡。乱主不知其臣之意，行而任之以国，小则可致“名卑地削”，大则“国亡身死”。无数以度其臣，必以其众人之口断之，“众之所誉从而悦之，众之所非从而憎之”，但是，众之是非，未必是实，因为人臣可凭权与利，人为左右众之是非之论。不明臣之所言，虽节俭勤劳布衣恶食，国犹自亡也。

在诸子眼里，信息的真假与传播的达雍对国之存亡的影响力甚至大于人主个体行为。这已经涉及政治传播的政治自为性、政治传播的客观实在性，即系统的政治属性的作用超越了任何具体属性的作用。但是诸子的论说依据了当时具体的场景，因此，无论是主观有意为之还是客观呈现，其论说并没有因哲理高度而架空政治传播参与者的主体意识和主体自为的功能，反而凭借寓理于此而使其论说的哲理说服力具备了更广的涵盖面。

在先秦诸子政治传播观念中，言辞既能合于实又可离于实，用贤人则可确保言合于实；言既合于实，听者又或全听或偏听，全听则明，偏听则暗，人主加强自身修养可确保全听。影响致效的主体因素是符号主体“言”和行为主体“人”，然而，言受制于人“如何”言，人受制于利，利取决于政治关系中的“势”；同时，言与人也对政治之势有影响力。言、人、欲、势四者之间是相互制约的关系，在这一关系中，人是主导因素，言是人言，欲是人欲，势是人势，人可以发挥主动性驾驭其他三者，而驾驭凭借是“言”，控制

① 王先谦.荀子集解[M].沈啸寰，王星贤，点校.北京：中华书局，1988：83.

② 王先谦.荀子集解[M].沈啸寰，王星贤，点校.北京：中华书局，1988：391-394.

"欲"就需要"伪",就需要正确看待"势",总之,需要全面了解真实的政治现实。作为政治关系中处于尊势的人主,如果不能全面了解政治现实,则必失其势。

(二)察情得实

人主采取正确的手段就可以全面了解政治现实以保其势,当然这需要相应的政治素质。

韩非提出"重人""智术之士""法术之士"的概念以论说察情保通之必要。"智术之士",必"远见而明察",明察能烛私;能法之士,必"强毅而劲直",劲直而能矫奸;"重人"却"无令而擅为,亏法以利私,耗国以便家,力能得其君",智术之士,明察听用,能烛重人之阴情;能法之士劲直听用,能矫重人之奸行。所以察情保通的方法是用智术能法之士,诸侯用之则举事必应,敌国无讼;百官用之则业进情通;郎中用之则人主左右无匿;学士用之则禄厚礼尊,故学士为之谈也。

韩非立足于人性逐利,认识到了政治传播恶性循环的害处。他认为重人与人主利益相异,人主利在"有能而任官""有劳而爵禄""豪杰使能",重人利在"无能而得事""无功而富贵""朋党用私",面对重人蔽上的手段,即妨碍政治传播正常运行的手段——结交朋党以济私,"持禄养交行私道而不效公忠";曲言曲实以欺骗人主,"险言祸福得失之形,以阿主之好恶","诸用事之人一心同辞,以语其美";枉法擅刑——人主若不能"以功伐决智行""参伍审罪过",而"听左右近习之言",则"大臣太重",则主卑臣尊,"主失势而臣得国"。[①] 韩非看到了信息的真假与传播的达壅对国之存亡的影响力,同时看到了传者的巨大影响力,尽管是反面事例。

察情明言,就会去欺得情,就能有效施政,监督吏治,使其言实论正,最终达治。"参伍明谨施赏刑。显者必得,隐者复显,民反诚。言有节,稽其实,信诞以分赏罚,必上不欺下,皆以情言,明若日。上通利,隐远至,观法不法见不视。耳目既显,吏敬法令莫敢恣。君教出,行有律,吏谨将之无铍滑。下不私请,各以宜舍巧拙。臣谨修,君制变,公察善思论不乱。"[②]这一段论说了三个层面:参与者主体自觉性的功能、信息的功能、传播的互动特征。互动特征的体现之一是政治传播短期效果的强化作用,即及时反馈对传播协调的作用;而有效互动的基础建立在政治传播的政治属性能正常发挥功能的前提下,建立在传受双方对符号意义正确解读的基础上,依据的是察情明言。

察的价值还体现在如何对待察的结果。"察士以为得道则未也。虽然其应物也,辞难穷矣,辞难穷,其为祸福犹未可知。察而以达理明义,则察为福矣。察而以饰非惑愚,则察为祸矣。"[③]古者之贵善御也,以逐暴禁邪也。应以合道的标准来看待所察之实。"大人者,言不必信,行不必果,惟义所在。"[④]大人仗义,有时不以求信为重,是因为义有不得必信,比如,义要求"子为父隐",所以,当子言父事时,不应当以信为重,而

---

① 王先慎.韩非子集解[M].钟哲,点校.北京:中华书局,2003:106-108,112.

② 王先谦.荀子集解[M].沈啸寰,王星贤,点校.北京:中华书局,1988:471-478.

③ 许维遹.吕氏春秋集释[M].北京:中华书局,1985:848.

④ 杨伯竣.孟子译注[M].北京:中华书局,1960:189.

应以义为重;有时不以求果为重,是因为义有不得必果的情况,有不能得果的情况,有不能行其所欲行的情况,比如,义要求“亲在不得以其身许友”。这里并不是否定信与果的重要性,而是在强调,判断言与行,在不同情况下,应侧重不同的标准。总起来说,当其他常规标准与“义”冲突时,应当重义。《吕氏春秋》论说了三个层面:一是传播符号的意义诠释层面,论说了符号与意义的多重对应关系,而且明确论说了场景对这一对应的决定影响力;二是论说了政治传播的完整过程,明确了一个政治传播的完整过程包含了行为反馈阶段,强调了行为反馈是之前所有阶段的意义所在;三是强调了政治传播中的政治属性的意义,这里体现为政治传播的价值观,“大人者,言不必信,行不必果,惟义所在”。

三、传播致效的方法

先秦诸子的政治传播致效观,主张从整体政治属性上、从个体心理需求上把握符号与意义的关系,把握信息与传播者的关系,把握传播者与政治传播环境的关系。

(一)把握符号与意义的关系

就如何把握这一本质联系,诸子主要关注主体心理对认知的影响,提出应摆脱物欲之役,或就对象而论对象,或推此及彼透过乱象抓住本质的关联;但无论哪一种方法,都立足于认知主体的能动性。

荀子认为,虚一而静可致大清明,则不受蔽。“万物莫形而不见,莫见而不论,莫论而失位。坐于室而见四海,处于今而论久远,疏观万物而知其情,参稽治乱而通其度,经纬天地而材官万物,制割大理,而宇宙里矣。”(《荀子·解蔽》)能致大清明,是因为心虚一则不生枝、不外倾于物、不惑于物。心“形之君”,“神明之主”,不受外界所缚,其物虽“襍博”,其情无二,“心容其择,无禁必自见”。其知物顺于物理而“自禁”“自使”“自夺”“自取”“自行”“自止”,“口可劫而使墨云,形可劫而使诎申,心不可劫而使易意”,“是之则受,非之则辞”。①

荀子主张以理度情,即通过把握事物间本质联系,举一反三。人之为人,本质在守分,而最主要的分是礼,即圣王所立之仁义法则,“人道莫不有辨。辨莫大于分,分莫大于礼,礼莫大于圣王”(《荀子·非相》)。考虑到圣王多,时间远,史少俗稀,学习圣王之礼的最现实的方法是“以近知远,以一在万,以微知明”②。圣人能把握异中之同,“类不悖,虽久同理”,操术以察情,以道分是非,能度事物之同异,找出其中规律,故能推此及彼,举一反三。“千人万人之情,一人之情是也;天地始者,今日是也;百王之道,后王是也。君子审后王之道而论于百王之前,若端拜而议。推礼义之统分是非之分,总天下之要,治海内之众,若使一人”③,因此能“以人度人,以情度情,以类度类,以说度功,

① 王先谦.荀子集解[M].沈啸寰,王星贤,点校.北京:中华书局,1988:397-399.

② 王先谦.荀子集解[M].沈啸寰,王星贤,点校.北京:中华书局,1988:79-84.

③ 王先谦.荀子集解[M].沈啸寰,王星贤,点校.北京:中华书局,1988:48-49.

以道观尽”①。“圣人知心术之患，见蔽塞之祸，故无欲无恶，无始无终，无近无远，无博无浅，无古无今，兼陈万物而中悬衡”，从而能把握本质，因此不为表象所乱，“万象之异不足以乱其伦”。②

管子提出旁通观念，“明者察于事”，“于物而旁通于道”，“通乎无上”，“详乎无穷，运乎诸生”，“辩于一言，察于一治，攻于一事者”则“不可以广举”③。

而旁通论的最好体现是他提出的八观之论——“以此八者，观人主之国，而人主毋所匿其”，这是因为洞悉了现象与本质的联系，即在政治属性正常呈现的场景中，现象与本质的对应关系。入国邑“视宫室，观车马衣服”，则可知国风“侈俭”；“课凶饥，计师役，观台榭，量国费”，则可知国力“实虚”；入州里“观习俗，听民之所以化其上”，则可知国之“治乱”；入朝廷“观左右本，求朝之臣，论上下之所贵贱”，则可知国之“强弱”；“置法出令，临众用民，计其威严宽惠”，则可知令是否行于其民；“计敌与，量上意，察国本，观民产之所有余不足”，则可知国之“存亡”。④

鬼谷子提出反覆之法，其关键是把握事物的本质联系，以推理而求知。“古之大化者，乃与无形俱生。反以观往，覆以验来；反以知古，覆以知今；反以知彼，覆以知己。动静虚实之理不合于今，反古而求之。”⑤

把握言之名与实的本质联系，即可据实以察言之名，以得言者之意。“事有反而得覆者，圣人之意也。不可不察。人言者动也，己默者静也。因其言听其辞，言有不合者，反而求之，其应必出。言有象，事有比。其有象比，以观其次。象者象其事，比者比其辞也。以无形求有声，其钓语合事得人实也”，“以象动之，以报其心，见其情，随而牧之。己反往，彼覆来。言有象比，因而定基。重之袭之，反之覆之，万事不失其辞”。⑥

把握言实正反之间的本质统一性，反听以得言者实意。“圣人所诱愚智，事皆不疑。故善反听者乃变鬼神以得其情。其变当也而牧之审也，牧之不审，得情不明。得情不明，定基不审。”“变象比，必有反辞，以还听之。欲闻其声反默。欲张反敛。欲高反下。欲取反与。”找出其正反之因，即得言者之意。“欲开情者，象而比之，以牧其辞。同声相呼，实理同归。或因此，或因彼，或以事上，或以牧下。此听真伪，知同异，得其情诈也。动作言默与此出入。喜怒由此以见其式。皆以先定为之法则。以反求覆，观其所托。”用此法者应做到“己欲平静，以听其辞、察其事、论万物、别雄雌”，如此，“虽非其事”也能“见微知类”。⑦

把握言语与言者之思的本质，是据情度人，是以己度人，因此，欲知人必先知己。“知之始己，自知而后知人也”，“己不先定，牧人不正”，“事用不巧，是谓忘情失道”，“己

① 王先谦.荀子集解[M].沈啸寰，王星贤，点校.北京：中华书局，1988：84.

② 王先谦.荀子集解[M].沈啸寰，王星贤，点校.北京：中华书局，1988：391-394.

③ 黎翔凤.管子校注[M].梁运华，整理.北京：中华书局，200：234.

④ 黎翔凤.管子校注[M].梁运华，整理.北京：中华书局，2004：259-272.

⑤ 许富宏.鬼谷子集校集注[M].北京：中华书局，2010：24.

⑥ 许富宏.鬼谷子集校集注[M].北京：中华书局，2010：29.

⑦ 许富宏.鬼谷子集校集注[M].北京：中华书局，2010：29-35.

审先定以牧人，策而无形容，莫见其门，是谓天神”。[1] 若言是表达其“欲”，则应前后考虑其未示之“恶”；若言表“利”，则应前后考虑其未示之害；然后“兼权之，孰计之”，再对言进行取舍。因听偏言而偏知以致伤全实，是人的通病，“见其可欲也，则不虑其可恶也者；见其可利也，则不顾其可害者也”，则必受偏言者之陷之辱。[2]

不以百官之言为据，而应参考国人之言，相当于舆论，但也仅是参考，即以为关注点，应以所察之实情为据，据之以考核国人之言，断之以实而酌纳之；这是基于对人性逐私利的认知。不以“左右”“大夫”之可为可，不以“左右”“大夫”之不可为不可，应关注“国人”之论，察之以实，然后行之。“国人皆曰贤，然后察之，见贤焉，然后用之”，“国人皆曰可杀，然后察之，见可杀焉，然后杀之”。[3]

在义利取舍中把握说者之心。《论语·卷三·为政上》有：孔子认为“视其所以，观其所由，察其所安”[4]就不会被人言所欺。《史记·魏世家》，李克对文侯曰：“居视其所亲，富视其所与，达视其所举，穷视其所不为，贫视其所不取”，可见这种察隐除蔽的方法在当时很受欢迎。这也反映出诸子时代，有力者为争物逐利而不择手段，周礼之制渐行渐远，民风国气日瘫月堵。孔子既提倡从个体根源上以诚止伪，又要设法解决眼下如何获取真实信息的问题。

诸子对符号与意义的论说，都嵌入了这一前提：传者和受众的主体性、政治属性的自为性，在政治传播中处于主导地位；传者和受众的主体性，是正确解码传播符号的逻辑保障；政治属性的自为性，为符号与意义的对应提供了具体的场景。这一前提的嵌入，展现了诸子对政治传播致效的系统性、互动性框架的把握。

（二）把握政治传播诸要素的体系

先秦诸子的论述呈现出的这一观念，源于其立足于政治传播的整体系统框架，看到了各个要素之间的必然联系，这种认知又是基于对人性及政治关系本质的把握。

韩非认为人主察实之法，重在以彼核此，持全局观念以审视。“远听而近视，以审内外之失，省同异之言，以知朋党之分；偶三五之验，以责陈言之实；执后以应前，按法以治众，众端以参观”，“揆之以地，谋之以天，验之以物，参之以人”，“倒言反事，以尝所疑，则奸情得”。“参言以知其诚，易视以改其泽。执见以得非常，一用以务近习，重言以惧远使，举往以悉其前，即迩以知其内，疏置以知其外。握明以问所暗，诡使以绝黩泄。倒言以尝所疑，论反以得阴奸。设谏以纲独为，举错以观奸动，明说以诱避过，卑适以观直谄，宣闻以通未见，作斗以散朋党，深一以警众心，泄异以易其虑。似类则合其参，陈过则明其固，知辟罪以止威，阴使时循以省衰，渐更以离通比，下约以侵其上，相室，约其廷臣；廷臣，约其官属；兵士，约其军吏；遣使，约其行介；县令，约其辟吏；郎

---

① 许富宏.鬼谷子集校集注[M].北京：中华书局，2010：39.

② 王先谦.荀子集解[M].沈啸寰，王星贤，点校.北京：中华书局，1988：51.

③ 焦循.孟子正义[M].沈文倬，点校.北京：中华书局，1987：143-144.

④ 程树德.论语集释[M].程俊英，蒋见元，点校.北京：中华书局，1990：92.

中,约其左右;后姬,约其宫媛。"[①]

吕子认为,外用"八观六验",内用"六戚四隐",则"人之情伪贪鄙美恶,无所失矣"。"八观六验"是据行以验,"通则观其所礼,贵则观其所进。宽则观其所养,听则观其所行,止则观其所好,习则观其所言,穷则观其所不受,贱则观其所不为。喜之以验其守,乐之以验其僻,怒之以验其节,惧之以验其特,哀之以验其人,苦之以验其志"。"六戚四隐"是据言以验,据父母兄弟妻子之言,据交友、故旧、邑里、门郭之言。[②]

诸子所论,强调行为与心理的联系,强调行为与品行的联系,强调角色与规范的联系,要害在于强调场景对符号与意义对应关系的界定作用,意即,只有在极端的场景下,符号(无论是语言符号还是行为符号)与意义的真实联系甚至必然联系才会如实呈现。通过对具体场景的把握,来把握传者和受众的传播动机,来解读政治信息的本义和引申义,来推动政治传播的有效互动,以体现政治传播思想的整体性、系统性和互动性。

(三)建设良好的制度环境

先秦诸子认为良好的制度环境能禁私心,因为良好的制度环境意味着顺应了政治属性的自为性要求,能正确协调个体间、个体与组织的利益关系,这一观念立足于社会心理对政治传播效果的影响,立足于政治传播环境对政治传播效果的影响。

禁心则能"生功止过",因此说"禁奸之法,太上禁其心,其次禁其言,其次禁其事",而具体做法是以执明法为重,"远仁义去智能,服之以法"。圣主明君治以明法,则"内举不避亲,外举不避仇,是在焉从而举之,非在焉从而罚之",则"贤良遂进而奸邪并退"[③]。

人主以明法制大臣之威,则能禁止其"相爱者比周而相誉,相憎者朋党而相非,非誉交争,则主不惑乱矣"。明法即在任何情况下人主都不以违法为代价行事,"虽有智能不得背法而专制,虽有贤行不得踰功而先劳,虽有忠信不得释法而不禁"。"人臣易言事者,少索资以事诬主",主不察,则臣反以事制主,即诱。人主应察情止诱。察情的关键是使臣实言,使人臣曲言有责,不言亦有责,"言无端末,辩无所验者,此言之责",在重位者"以不言避责"即不言之责。"人主使人臣言者必知其端以责其实,不言者必问其取舍以为之责,则人臣莫敢妄言矣,又不敢默然矣。"[④]

诸子对政治制度的强调,印证了诸子对政治传播中政治属性的自为能力的自觉认知。政治制度是政治属性自为呈现的物质依据、现实载体,规范了政治制度,也就确保了政治传播的政治属性自为,从这一活动客体确保了其主体自律。

---

① 王先慎.韩非子集解[M].钟哲,点校.北京:中华书局,2003:116,436,437.

② 许维遹.吕氏春秋集释 [M].北京:中华书局,1985:165-168.

③ 王先慎.韩非子集释[M].钟哲,点校.北京:中华书局,2003:405.

④ 王先慎.韩非子集释[M].钟哲,点校.北京:中华书局,2003:118-119.

（四）重视政治信息的自然属性

先秦诸子还关注了时间因素对政治传播效果的影响，认为历史性的或即时性的时间因素影响着主体的认知水平和态度倾向，对于这一情况，应该采取顺其自然、等待合适时机的态度，而不应强逆认知能力的规律局限。

管子认为，言，即人为模拟再造一现象，辟之如有物能因雷鼓而动，有物不能，则人摇之使之动，就可达到如自然因雷鼓而动的效果。“辟之若夫雷鼓之动也。夫不能自摇者，夫或搖之，夫或者何？若然者也。”因此，“人言善亦勿听，人言恶亦勿听”，听后应“持而待之”，不要自己妄加评断，而是待其“淑然自清”，“万物归之，美恶乃自见”。[①]这是根据对言的特质的认知而作出的对言的功能的态度。人言既然是人对现象的一种再现，则或有失实可能。这种认识还可能与以下三种认知相关。

对人性的认知。法家韩非子主张人性贪，儒家孟子虽主张人性善，但也认为现实中人性已被物欲所掩，需要通过学习来重新寻找，而荀子更是认为人性恶。诸子对人性的认知大都源自对现实的观察，是当时人人舍天力而用人力求生的一种反映。面对操纵臣民一切的人主，臣很可能为迎合人主而不如实模拟；人臣事君本来就是为利所使，人主之妻儿亦是如此，在众人皆唯利是图的现实中，因利妄言是极可能的，因此，察事的依据不应凭人事，而应待其源自证。

对道的认知。早在诸子时代之初，老子便已准确把握了道之“相互转化”“周流不息”的特征，诸子论政更是纷纷以循道而为自居，每每要源溯政治存在之道、个体立身之道、自然天理之道。因此，其为人处世自觉地以现象之源为本体。

对“势”的诸因素之一“时”的认知。诸子对“势”的认知有一个时间维度，即认为“势”乃一时之势，是会随着时间的发展而变化的，管子、商子、韩非子均明言应立足于“时局”，意即如此。正是有了时间维度，才为尊卑之势位的转化提供了可能，才为个体的努力顺天提供了空间。因此说，对时间维度的把握，一直是先秦诸子文化—心理机制的必然构成。有了以上认知，在察言之真伪方面，自然会出现待时而证于源的主张。

诸子的相关论说，将政治传播的互动从单一的主体互动范畴，包括传受双方的行为互动、观念互动，扩展到了信息客体或说符号客体的时空互动范畴，即主动地、自觉地将符号放在历史上、放在场景里，既关注其个体的自为与自在，又关注其整体的联系与发展。

结　语

本文主要探讨诸子政治传播观念中对信息之“实”的追求，认为这是政治传播的价值所在；以实为价值，正是因为诸子以求共生为目的，要察实，是注意到了传播过程中人性的不利影响。

---

① 黎翔凤.管子校注[M].梁运华，整理.北京：中华书局，2004：799.

在这一求实的认知中，诸子关注了政治传播过程中影响效果的传播者、受传者等主体因素，这一主体因素又主要涉及主体的政治意向、政治信念、政治价值观以及物质欲求等心理要素，同时还关注了政治环境因素、语言信息因素、反馈因素。政治环境因素主要涉及传受双方的政治地位及相应的政治权势，信息因素主要涉及符号特质及内容要素，反馈因素不仅强调主动察情，还揭露了被动泄密的要素。

在现代政治传播研究中，布勒和伯古恩把欺骗和发现欺骗看作交流者之间进行互动的过程。诸子思想来源之一的《周礼》从语言传播中的相关要素着眼，关注辞、色、气、耳、目在政治语言传播中的影响和作用，认为把握住这些要素与传播的本质联系即可逆向获得真实信息。诸子认为其“实”可察，与信道可通，都反映了诸子对政治之势中尊卑的态度，认为尊卑之势及所代表的力具有终极决定作用。

儒、释、道文化的通俗化传播:《三菩提》*

Popular communication of Confucianism, Buddhism and Taoism: *Three Bodhi*

◈ 吉　峰**
Ji Feng

摘要:本文以舞台剧本《三菩提》作为个案,从人物设定、叙事设定和风格设定三个层面,剖析其对中国传统文化中儒、释、道文化内涵的通俗化诠释及其传播技巧,借一个小的侧面,探讨我国传统文化在当代的传播方式与策略。为了文化的有效传播,该剧的文本还运用了现代话语模式,使受众熟悉传播语境,便于理解传播内容。本文通过对文本的解读,剖析因果并阐释中国传统文化传播的另一种范式。

Abstract: Taking the stage script *Three Bodhi* as the case, this paper analyzes its popular interpretation of the cultural connotation of Confucianism, Buddhism and Taoism in Chinese traditional culture and its communication skills from the three aspects of character setting, narrative setting and style setting, and discusses the communication mode and strategy of Chinese traditional culture in the contemporary era from a small perspective. For the effective communication of culture, the text of the play also uses modern discourse mode to familiarize the audience with the communication context and facilitate the understanding of the communication content. Through the interpretation of the text, this paper also analyzes cause and effect and explain another paradigm of Chinese traditional culture communication.

关键词:《三菩提》,儒释道,文化传播

Keywords: *Three Bodhi*, Confucianism, Buddhism and Taoism, cultural transmission

2017年1月25日中共中央办公厅、国务院办公厅印发的《关于实施中华优秀传统文化传承发展工程的意见》中提到,文化是民族的血脉,是人民的精神家园,要"坚持

* 基金项目:2018年度福建省社科研究基地重大项目研究成果(FJ2018JDZ043);2017年度福建省科技厅软科学项目(2017R0092);2018年莆田学院校内科研项目(2018063)研究成果。

** 莆田学院文化与传播学院副教授,博士。研究方向:中国传统文化与文学传播、传媒与文化产业研究。

创造性转化、创新性发展”。如何进行传统文化的“双创”,是当代文化学者们亟待思考和解决的现实问题。十九大报告指出:“深入挖掘中华优秀传统文化蕴含的思想观念、人文精神、道德规范,结合时代要求继承创新,让中华文化展现出永久魅力和时代风采。”[①]就此而论,如何在保证不失传统文化原汁原味的基础之上,降低大众接受传统文化的“门槛”,使得传统文化能够以相对通俗化的方式得到有效演绎,就显得十分重要与必要。

《三菩提》是广西师范大学出版社于 2013 年 10 月出版的一本舞台剧剧本。全剧共分为七幕:“徐甲悟道”“如来真言”“曾参受命”“儒门辩答”“因果悖论”“中心我执”“三三归一”,虚拟了一场若有实无、虚实相生的三菩提大法会。时间背景定格在了公元前 489 年。在华夏大地上,这一年的确是多事之秋。这一年到底发生了哪些事件呢? 以表格形式简要罗列主要事件如表 1。

表 1　公元前 489 年大事计

序号	事　件
1	齐国内乱,国氏与高氏遭到陈氏、鲍氏合力驱逐。
2	孔子绝粮陈、蔡,处境艰难。返回卫国的途中,又受到隐者的规劝与奚落。
3	吴国讨伐陈国,楚国参战救陈国。
4	吴王夫差借齐景公去世之时机攻打齐国,大败齐军。
5	年仅 17 岁的曾子师从孔子。
6	中山国在内忧外患、屡受侵扰后,最终灭亡。
7	孔子受到楚昭王的邀请前去讲学,遭到陈国百姓的反对,被困在南坛湖的小岛之上。
8	孔子与楚国军事家、政治家叶公会面,并得到礼遇和重用。
9	越王勾践在吴国三年奴役期满,回到越国。
10	吴国先后进攻陈、鲁两国,大兴土木,开凿邗沟,作为下一轮军事进攻的基础。
11	晋国灭鲜虞国。

恰如《三菩提》剧本第一幕中徐甲所言:“周天子成了一个摆设,诸侯们疯狂地打打杀杀,争当霸主,无数的百姓随时病死、饿死,到处发生人吃人的惨剧。”[②]当时社会环境的复杂与时政的混乱使得儒、道文化式微,而计划东渡弘法的佛教在印度本土也羁绊重重。儒、释、道三种文化内部的圣贤们内心有着种种无奈与困惑。在此种情况之下,《三菩提》假定了一场旷古烁今的大法会,借助舞台艺术的表现力,通过三圣三贤在观点上的交锋与杂糅,去弊澄明,澄清与理顺很多传统文化问题,便于受众在最短的时间内分疏出儒、释、道文化的精髓所在。

① 习近平.决胜全面建成小康社会夺取新时代中国特色社会主义伟大胜利——在中国共产党第十九次全国代表大会上的报告[M].北京:人民出版社,2017:42.

② 泽英.三菩提[M].桂林:广西师范大学出版社,2013:5.

就文本的构思而言，舞台剧本《三菩提》在人物选择、叙事思想及视角设定、传播语境层面都做了灵心妙运的构思，也为受众提供了新鲜的感官体验。人物方面，避繁就简地设定为儒、释、道的三圣与三贤。叙述思想和视角上，侧重三种文化的彼此认证和阐发。为了让传统文化有效地传播，该剧的文本还运用了现代话语模式，让受众熟悉传播语境，易于理解传播内容。通过对文本的解读，笔者剖析因果并阐释了中国传统文化在当代的一种通俗化传播范式。

一、人物设定：人物聚焦之“三圣”与“三贤”

在构思一场虚拟的三大文化学派大法会之前，首先需要考虑的是对儒、释、道关键文化人物的聚焦，如此，才可以使人物关系明晰，思维脉络清楚，实现画龙点睛的传播效果。儒、释、道三家文化的代表人物纷纭，各家文化中的内部学说又往往多有细微差异。道家学派代表人物有老子、列子、庄子、伊子、张道陵、葛洪、陈抟、邱处机、王常月、陈撄宁、易心莹等。佛家文化分十三宗，①各派的代表人物和学说更是繁芜难计。儒家文化代表人物为孔子、孟子、颜回、曾参、子思等。若是逐一着墨探讨，便会行文冗长、内容繁杂。而《三菩提》剧本采用避繁就简的方式，锁定儒、释、道中最孚众望的三位创始人以及有代表性的三位贤人，分别为：道家文化创始人老子与弟子徐甲、佛家文化创始人释迦牟尼佛与弟子迦叶、儒家文化代表人物孔子与弟子曾参。如此，舞台人物及其关系一目了然。整个叙事过程中，出场人物的锁定降低了受众接收文化信息的模糊性。

前三幕的笔锋透露出三个层次：第一个层次，是儒、释、道文化当时各自的生存环境；第二个层次，是三位创始人及其弟子的悟道境界和德行修为；第三个层次，是三圣、三贤的精神文化心理状态。

在第一个层次中，当时儒、释、道文化各自的生存与拓展环境都不尽如人意。第一幕引出道家遭到其他当世学者的攻讦，他们多是围绕道家清静无为的思想，对其进行曲解与否定。徐甲陈述：“路过郑国时，我遇到一个辩者，自称是邓析的弟子，他大肆攻击您的学说，对别人说，清静就是把自己封闭起来，不跟社会接触，无为就是什么都不干，吃饱了混天黑。”②“是以圣人处无为之事，行不言之教。”③

道家的“无为之事”常被人揪住字面意思而被直白地解读，这也是当代大众不易理解的文化难点。所谓“无为”是不妄为，道家不过是主张顺时而动，遵从自然。道家之人并非只图自身安逸而置世事于不顾，而是身体力行，劝导人们不妄为，不赞同人们为了刻意的“有所作为”而违背自然之道强行为之。第五幕，孔子对老子说：“夫子以这种

① 佛家文化分十三宗指的是三论宗、涅盘宗、地论宗、摄论宗、天台宗（法华宗）、净土宗、律宗、禅宗、法相宗（唯识宗，慈恩宗）、华严宗（贤首宗）、成实宗、俱舍宗、密宗（真言宗）。

② 泽英.三菩提[M].桂林：广西师范大学出版社，2013：7.

③ 朱谦之.老子校释[M].北京：中华书局，1984：10.

方式展示正道,教化人们立身安命。”[①]尽管道家这样展示正道的方式在效果上仍有争议,譬如释印顺就认为:“老、庄的哲学非常深彻,然而反造作地回复自然,返归于朴的理想,始终是不可能的。熟练人情的处世哲学,说来入情入理,而不免缺乏强毅直往的精神。独善的隐遁生活,不能给予社会积极的利益。”[②]但是道家文化提供了一种文化精神标度,只是现实与理想之间,始终存在不小的鸿沟。

第二幕中透露了佛教的释迦牟尼和弟子们经受着其哥哥提婆达多的数次追杀以及琉璃王的践踏屠杀,寄希望于向东土传播三藏佛法,让莲花香漫大千世界。在两汉之际,佛教正式传播到了中国内地。在此之前,佛教在印度的发展并不顺利。之所以还能够有所拓展,主要是因为下层人士的支持。阴法鲁等分析佛教当时在印度的状态时曾言:“由释迦牟尼创立的佛教僧团得到了当时位于印度西北部的摩揭陀国、桥萨罗国等国的国王和工商业主的支持,因为主张在宗教信仰方面‘四姓平等’,从而也得到农民、手工业者和从事低贱职业的劳动者的支持,发展迅速。”[③]

第三幕中表现出了儒家正被学术式微、礼崩乐坏的世道混乱之态所困扰。从孔子自身所处的情状概想可知,恰如剧本中孔子所言:“直到五十岁才步入仕途,五十五岁离开鲁国官场,开始周游列国,希望能遇到一位明君,提倡儒学,推行仁政。可惜碌碌八年,都苦于没有碰到这样的机会,简直如同‘丧家之犬’,甚至有几次差点被杀掉。”[④]唐开元十三年,李隆基到山东曲阜祭拜孔子时感叹:“夫子和为者? 栖栖一代中。”孔老夫子一生劳苦奔波,究竟有何所求呢? 对于这个问题,孔子自己曾有过表述。《论语·宪问》有言:“微生亩谓孔子曰:‘丘何为是栖栖者与? 无乃为佞乎?’孔子曰:‘非敢为佞也,疾固也。’”[⑤]孔子在忙碌奔波中传播儒家思想,并非为了卖弄口才与学识,而是无法忍受社会上那些顽固不通的人。生前的不遇对比身后被无限拔高,更让人唏嘘。法国作家法朗士说:“生为一个伟大的人物,实在是种大不幸。在活着时,他备受苦痛,而死后,又被不相干的人作弄,最终使自己变成与己毫无相干的人。”

在第五幕中,释迦牟尼神游前进世界,看到孔子灭度六百年后的情景。他说:“我此刻来到一座华丽的宫殿,宫殿里香烟缭绕,正中搭了一座神坛,神坛上供着一个巨大的黄金牌位,一大群峨冠博带的人整齐地排成队列,毕恭毕敬地跪在牌位前磕头祭拜。”[⑥]生前虽寂寥,但是,身后这般名声烜赫,被如此推崇备至是否就是孔子内心所愿呢?《三菩提》中,作者让孔子直接表态。孔子认为被后世所欺,后患无穷。这里有个前提,就是儒学在后世真是由于学术本身而达至无上崇高的地位。如果是孔子的学说被后人切实地践行,倒也符合孔子真心所愿。但事实却远非如此,释印顺在论及两汉时期儒家思想践行的情况时说:“谨慎、老成、廉洁、忠实的儒者,在帝王心目中,一天天

① 泽英.三菩提[M].桂林:广西师范大学出版社,2013:67.
② 释印顺.我之宗教观[M].北京:中华书局,2011:120.
③ 阴法鲁,许树安,刘玉才.中国古代文化史[M].北京:北京大学出版社,2008:462.
④ 泽英.三菩提[M].桂林:广西师范大学出版社,2013:38.
⑤ 杨伯峻.论语译注[M].北京:中华书局,2006:176.
⑥ 泽英.三菩提[M].桂林:广西师范大学出版社,2013:70.

被重视起来。然而两汉的儒者，与孔子的非宗教精神并不相合。他们神化了孔子，以为孔子预为汉家立法；五经的纬书也出来了；符谶也被尊重。论休征、天人合一的董仲舒，是代表者。取得政治权威的儒者，一般是宗教化的，虽然宗教的见解并不高明。这样的儒者，王莽是其中一个。他模仿周公，实行禅让、复古，但终因拘泥古制，不达治道而完全失败。从此以后，儒家的理想政治，再也不曾尝试过。"①

第二个层次中，依托形象的比喻及故事，分别阐述了儒、释、道三位创始人及其弟子们的悟道境界和德行修为。第一幕，"徐甲悟道"。历史文献中对于徐甲的观照并不多，晋朝葛洪在《神仙传》中记载了徐甲是老子的佣人，追随多年却未获报酬，后经老子点化，化为白骨而得道。谭嗣同曾言："徐甲傥容心忏悔，愿身成骨骨成灰。"剧本通过师徒二人的对话，构建出了一条明晰的道家文化理论框架。以"天地不仁，以万物为刍狗。圣人不仁，以百姓为刍狗"②的阐述为切入点，引出"无为"的道学核心精神。

如何解释这个看似玄妙的哲学概念呢？剧本代入了一个老子故意在日光下点亮蜡烛读书的场景，目的在于阐发日光下的烛火没有存在的必要，而老子这样做，便是违背了自然之道的刻意之举。老子之举在于帮助徐甲理解"无为"的文化深意，即"道常无为而无不为"③。所谓"无为"，即要顺应自然，不能反其道而行之。遵照老子之命，徐甲从集市归来，沿途数了 3,241 步。老子此举的目的是引出另一个道学命题——"心志如一，不忘根本"。剧本借徐甲之口，对于"道"和"德"两个文化理论概念做了一番精妙的阐释："比如我，您的徒儿徐甲，我的血肉之躯，这种特定的存在形式，就是'德'；而支配我生命活动的精、气、神，一种内在的、因果性的原动力，便是'道'。"④值得一提的是，对于世间所谓"白骨真人""紫气东来"的两个传说，剧本则用祛魅⑤式手法，规避了道学文化的神秘化与世俗化，将其还原为质朴素雅的文化状态，对于中国传统文化在内容上的传播，起到了正本清源的作用。

第二幕，"如来真言"。迦叶三个扮相增强了剧本戏剧化的表现，他分别以乞丐、流浪汉、病人的角色，与释迦牟尼佛对谈，揭示了人生苦之根源："人生有八苦，只为贪嗔痴，灭掉无明火，正道不偏离。"⑥最后，释迦牟尼点出佛法传播要义："传法不外乎摆正自己，敬爱众生，告诫世人，成就大欢喜心。"⑦

第三幕，"曾参受命"。孔子与曾参的对谈中先是道出了儒学的渊薮——周公之礼，申明是周公的礼乐文化确立了儒学的基本理论体系："忠孝做人，礼乐治国。"⑧剧本紧接着从鲁哀公打猎途遇麒麟并将其杀死之事作为重点，叹世局之混乱，感慨儒学

① 释印顺.我之宗教观[M].北京：中华书局，2011：24-25.

② 老子.老子[M].饶尚宽，译注.北京：中华书局，2006：13.

③ 老子.老子[M].饶尚宽，译注.北京：中华书局，2006：91.

④ 泽英.三菩提[M].桂林：广西师范大学出版社，2013：10

⑤ 此处的"祛魅"是从马克斯·韦伯所提出的"世界的祛魅"思想中引申而来的。"祛"，即为除去的意思。"魅"，指事物所具有的神秘性、神圣性、魅惑性。

⑥ 泽英.三菩提[M].桂林：广西师范大学出版社，2013：22.

⑦ 泽英.三菩提[M].桂林：广西师范大学出版社，2013：29，30.

⑧ 泽英.三菩提[M].桂林：广西师范大学出版社，2013：34.

之式微。然而,在传播儒学的现实窘境之下,剧本借曾参口中大雁飞行秩序为喻,宣扬儒学圣贤的终极精神文化心理状态。剧本中言:“听说大雁的飞行队伍中,领头的是经验丰富的老雁,它认得路线,不会迷失方向,接下来的几只是体力强壮的雄雁,它们扇动有力的翅膀激起一股向上翻卷的气流,托住队伍中间的雌雁和小雁,最后面的是善于搏斗的雄雁,一旦遇上敌害,断后的雄雁就会扑上去抵挡,掩护整个飞行队伍逃离。”①此处,雁行秩序便道出了儒家在传承儒学过程中不忘初心的意志趋向。同时,也创立了一个儒家文化精神统观之下的人类终极大关怀的境界。接下来,立足于孝道,并推出“忠、仁、义”三种儒学思想,最后导出曾参心中的儒学文化核心——中庸②。

第三个层次中,表现了三圣、三贤的精神文化心理状态。在《三菩提》中,三位圣人虽然面对现实的诸多传播困境,但仍不忘初心,对弟子们寄予厚望。佛教传入中国面临着文化的适应性问题,这也是迦叶的心中困惑,他担心不能完成弘法的使命。释迦牟尼则宽慰他说:“虽然说佛法无边,但大道归一。如今你既然已经悟得正法,只要把你自身的佛性大而化之,自然会在东土开花结果。”③孔子一生致力于将周公传承下来的儒学思想体系推广发扬,却在实践环节屡屡不得志。然而,其信念不灭。他说:“儒者无适无莫,我周游列国,为的就是坚守大道,确立一个大同社会的盛世精神教化中心!”④老子则对现实的诸多困扰和诋毁淡然处之,他对徐甲说:“刚强者居下,柔弱者居上,牙齿虽然坚硬,却容易脱落,舌头虽然柔软,但永保平安,何必跟人家争执呢?他说他的,你走你的,可道之道,都不是大道。”⑤

综上,对儒、释、道关键文化人物的聚焦,为更好地阐释清楚中国传统文化中这三家文化核心以及人物的精神风貌奠定了很好的叙述基础。

二、叙事设定:儒、释、道文化互为印证

《三菩提》在叙事思想、叙事视角层面也自为佳构,下面将分别给予阐释。

在叙事思想上,可谓颇具特色。《三菩提》有意制造了一个文化幻象,以公元前489年为特定的时间背景,形成历史上的三位圣者同台论法的契机。在这场貌似波澜不惊的三菩提大法会上,83岁的老子、76岁的释迦牟尼佛以及63岁的孔子共同揭示了儒、释、道三种文化的会通与互为印证的内在关联。剧本采用的是“群像戏”⑥的传

---

① 泽英.三菩提[M].桂林:广西师范大学出版社,2013:40.

② 关于中庸思想,曾参的弟子子思在《中庸》中有详备的阐述。宋代理学家朱熹更是对其倍加推崇,认为中庸之道是为人和修身与规范道德的至上标准。徐儒宗将“中庸”二字归纳为:“‘中’,就是适度、正确、合宜而含有真理之意,体现了处理事物的正确性;所谓‘庸’,就是平凡、普遍并含有运用之意,体现了适用于一切事物的普遍性。”(陈晓芬,徐儒宗.论语·大学·中庸[M].北京:中华书局,2011:285.)

③ 泽英.三菩提[M].桂林:广西师范大学出版社,2013:19.

④ 泽英.三菩提[M].桂林:广西师范大学出版社,2013:83-84.

⑤ 泽英.三菩提[M].桂林:广西师范大学出版社,2013:7.

⑥ 所谓“群像戏”的含义为:“一般指有多个主角或没有绝对主角的戏剧,但它绝对是承载主流意识形态内涵的最佳路径。”(叶志良.戏剧与影视的文化阐释[M].北京:清华大学出版社,2014:235.)

播手法，兼顾多个主角脉络的塑造与呈现。这种手法比较容易凸显出人物的多面性，常见于影视剧之中。2007 年 1 月 26 日在美国上映的犯罪惊悚电影《五路追杀令》，就是采用“群像戏”手法拍摄的，讲的是迥然不同的人物与事件，通过某种特定环境的作用交汇于一处，表现其本质层面上的某些关联。整部剧本里既有吸引人的角色，又有好的故事结构。

《三菩提》也是运用了这种“群像戏”手法铺陈文本，既便于更深入地刻画人物形象，又使历史文化的厚度赫然可观。从第四幕至第七幕，涉及了大量的儒、释、道文化印证的文本言辞。第四幕“儒门辩答”，孔子通过三幅画像回应迦叶和徐甲关于儒、释、道如何印证的提问。在孔子反复追问和启发下，三家学派的弟子在孔子身上分别看到了儒性、佛性和道性，三种文化属性兼具造就了孔子的“元神”。三位贤人从孔子的站像、坐像和卧像之中渐渐参悟。曾参从老师的站像中见其儒家性情，曾参言及孔子儒性所见诸之处：“恩师仁义忠孝，敬天爱人，是继周公之后的大儒。”迦叶以佛学家的视角，从孔子坐像中察觉其佛性，所谓：“夫子慈悲觉悟，建功立德，佛性大乘。”徐甲以道学思想为视角，从孔子的卧像中发现其身上蕴含的道性，徐甲言：“上善若水，利而不争，夫子道德高深。”①由此，也体现出儒、释、道殊途同归。

对于同一事物，站在不同的哲学思维起点，会得到不同的解读文本。在该剧本的第七幕“三三归一”之中，三位圣人分别从自己的学术立场对太极图进行了参详。虽说是讲法不一，但却又互相成为文化印证，可谓剧本中的精彩之处。剧本中曰：“宇宙一合相，诸色是诸空。生与灭互化，增在减之中。”（释迦）“天理一大同，人性守中庸。聚散形和气，善始即善终。”（孔子）“太极一为本，阴阳自在通。有中无还在，无中有不穷。”（老子）②

剧本对于这种思想的建构虽然立足于儒家的立场，却并非仅仅为了确立儒学思想的独特三性，而是侧重于强调儒、释、道在文化层面的会通。这与儒学家方东美的学术思想暗合。方东美认为儒学思想并非能代表一切中国传统思想，三家文化思想虽各具个性，但又有通性。该剧本的第五幕“因果悖论”中，通过论证“太阳哪一天普照大地”这个终极问题，对三家文化起点不同却又殊途同归的特性给予阐发。儒家注重人伦，强调善本；道家倡导道气，自在气定，揭示正道，怀柔万方；佛家凸显佛根，身担苦乐，以慈悲心，使人彻悟。还有一件有趣的事，过去在中国的直隶、福建一些地方，建有三教庙，内设儒、释、道三位代表人物加以供奉。主殿上的三位主神的位置一般中间是释迦牟尼佛或是老子，旁边是孔子。这从另一个侧面说明，在民间，儒、释、道三种文化是有着某种共通的内在联系的，或者说三种文化的融通有民间群众基础。

《三菩提》中，释迦牟尼说：“是法平等，无有高下，儒和道的智慧种子绽放的何曾不是莲花。”③此处言明儒、释、道文化是可以相互验证的，有融汇一处的基础。统观历

---

① 泽英.三菩提[M].桂林：广西师范大学出版社，2013：56-57.

② 泽英.三菩提[M].桂林：广西师范大学出版社，2013：102-103.

③ 泽英.三菩提[M].桂林：广西师范大学出版社，2013：97.

史,佛教在两汉之际传入我国以后,总体上,都是以融合为主流。儒、释、道三家渐渐融汇为一个整体。阴法鲁等曾总结其原因,他们认为:“中国先秦文化中涉及哲学深层的思考是比较薄弱的,而佛教的‘缘起说’等则是一套比较成熟的本体论思想。尽管佛学属于唯心主义哲学体系,但它却有助于弥补中国文化的不足。佛教与中国传统文化的接触、磨合,到了两晋时期,越来越受到玄学家们的重视,他们从印度大乘佛教的‘一切皆空’‘万法唯识’等思想中汲取营养来阐述玄学。虽然道家的‘无’与佛家的‘空’并不相同,但双方都愿意借此靠拢。为了适应中国人的文化需求,佛教也主动淡化那些中国人难以接受的说教,而强调双方共同或相通之处,例如佛教就把儒家提倡的‘仁’‘义’‘礼’‘智’‘信’等‘五常’说成是佛教宣扬的‘菩萨行’。”①

对于儒、释、道三家文化相互印证,有学者从学理层面进行论证。李苏平、何成轩就认为在心性、生死、宇观、伦理这些方面,三家都有互为融合的文化思想成分。尤其是在“和合”②的层面上,道家的“三合”、儒家的“因缘”、道家的“阴阳”皆有内在的融合性。③ 2010年9月18日,在四川省都江堰青城山举行的“中华之道——儒释道巅峰论坛”上,道家的任法融道长、佛家的传印长老、儒家的杜维明教授都用一个“道”字将儒、释、道三家文化精神一以贯之,三种学派作为中国传统文化的主体,都以“和”通达古今。“儒、释、道都注重身心的修炼;‘仁’(恻隐、同情、慈悲)是内在道德性;‘礼’是社会和谐的基础。尤其从郭店出土的楚简中‘仁’的书写,是‘身’与‘心’二字的叠加。这使我们理解,儒家的‘求仁’、佛教的‘修心’与道教的‘修道’,本意是想通的。”④任法融道长则从道学的“德”字延伸开来,兼论其所谓“德”,其实与儒家的“仁”以及佛家的“善”同属一层含义。传印长老从“善恶”入手,指出儒、释、道三家意旨相辅。

在第四届佛教论坛上,星云大师曾以眉毛在五官中的作用为例,提出无用即为大用,这本身就体现了道家的文化思想。顺印法师以儒、佛两种文化论及其共通之处,他讲道:“儒与佛的圣者,都建立于修身——自立成就的立场。所不同的,儒者囿于人格的尽善,而佛法有进一步解开死死生生的死结而到达以无漏慧为本质的圣境。”又言:“仁义等道德,是人类文化中的重要部分。虽在不同的思想中,见解不一,而离恶向善,离邪向正,始终是人类的共同理想。”⑤儒、道两家看似对立,却有着统一与互补的基础。“在中国文化发展史上,儒家和道家以对立统一、矛盾互补的模式,在中国的历史发展和社会进步中起着十分重要的作用。儒家崇阳,道家尚阴;儒家积极入世,道家超然世俗;儒家主动贵有,道家主静贵无;儒家强调道德教化,道家强调自然无为,它们又互为补充,达成社会进取与个人追求的均势与平衡。儒家和道家这种对立统一、矛盾

---

① 阴法鲁,许树安,刘玉才.中国古代文化史[M].北京:北京大学出版社,2008:425-426.

② 此处所谓“和合”,即指:“自然、社会、人际、心灵、文明中诸多元素、要素相互冲突、融合,即在冲突、融合的动态过程中各元素、要素和合为新结构方式、新事物、新生命的总和。”(李苏平,何成轩.东亚与和合:儒释道的一种诠释[M].南昌:百花洲文艺出版社,2005:1-2.)

③ 此处论述详见于:李苏平,何成轩.东亚与和合:儒释道的一种诠释[M].南昌:百花洲文艺出版社,2005:7-10.

④ 叶小文,任法融,传印,杜维明.儒释道三家的当代对话——“中华之道儒释道巅峰论坛”纪实[J].中央社会主义学院学报,2010(6):8.

⑤ 释顺印.我之宗教观[M].北京:中华书局,2011:97,117.

互补的模式，促使其在中国思想史上形成了融合发展的趋势。”[①]

以上是学理层面的学术论述，而回过头来再论《三菩提》剧本，则是运用更加具象、简洁的通俗化言说方式，强化了传统文化的传播实践效果。

从叙事视角的维度来看，第五幕以“三界”“十方”[②]恢弘的创新视角，统观儒学流变及其在后世之境遇。三位圣人在舞台上调整站位，戏剧化地游荡于不同的时间和世界维度，去观察儒学走势。释迦牟尼跳跃至前进世界，看到了孔子灭度六百年后的儒学独尊，引致百家被废。老子进入了退行世界，感叹后世“盗用古人，欺骗当世”[③]。孔子留在当下世界，对于后世将其推举至“大成至圣先师孔素王”颇觉懊恼。剧本中孔子直言：“我孔丘怀三畏之心，倡仁义之道，当世非难，后世架空，如此悖乱，始料所不及也。”[④]如此视角纵贯时空，目光宏远。此外，从当下世界、退行世界和前进世界视角去阐释，也便于理解三家文化之间的内在关联。儒、释、道并非是对立的学术文化，而是致力于从不同着眼点而建构起来的哲学思想。儒学关注当下，以“礼乐”为依据，以“仁义”为圭臬，积极晋身仕途，谋求在正统之下的建功立业。道学本性恬淡无为，重视的是退行世界里人们自身内心思想的体悟和检视，追求的是以无为的心态去处理无不为的事物。相比之下，佛学侧重前进世界，关注的东西是对当下世界无止境的超越。

总之，《三菩提》的三种中国传统文化互为印证式的阐述思路与叙事设定，便于受众更好地接受与理解，也便于解释清楚彼此的理论特色。

三、风格设定：话语表象的驱旧求新

对于当代人而言，传统经典本身在语言风格上和受众是有一定距离感的，正因为如此，才会导致后世读者对其有着不同的诠释。《论语》之中的某些文字，在今天的不同版本中就存在不少迥异的解读。譬如《论语·学而篇》中的“贤贤易色”，在中华书局2011年版的《论语·大学·中庸》中，解读为：“尊崇贤者而改变喜好女色之心。”[⑤]在陈祖范的《经咫》与宋翔凤的《朴学斋札记》中，他们都认为这句话应该是指一种人物关系。杨伯峻的《论语译注》就明确表示这几个字和后面承接的话都是就人物关系而言的。后面讲：“事父母，能竭其力；事君，能致其身；与朋友交，言而有信。虽曰未学，吾必谓之学矣。”[⑥]能与父母、君主、朋友并列相谈的，一定是重要的关系。杨伯峻将“贤贤易色”理解为：“对妻子，重品德，不重容貌。”[⑦]再如道家经典中，更是充满难读难懂的语句。木心有言：“曾经有一位外国学者，F.卡普拉（Fritjof Capra），记不得哪国了，

---

① 张恩普.儒道融合与中国古代文论[M].长春：吉林人民出版社，2007：2.

② 所谓“三界”，是指书中提到的“当下世界、退行世界和前进世界”；“十方”，是指在前面提到的“三界”之中所存在的无限虚空的部分。

③ 泽英.三菩提[M].桂林：广西师范大学出版社，2013：71.

④ 泽英.三菩提[M].桂林：广西师范大学出版社，2013：73.

⑤ 陈晓芬，徐儒宗.论语·大学·中庸[M].北京：中华书局，2011：285.

⑥ 杨伯峻.论语译注[M].北京：中华书局，2006：5.

⑦ 杨伯峻.论语译注[M].北京：中华书局，2006：5.

他在一本《物理学之道》(*The Tao of Physics*)中说:'《道德经》就是以一种令人费解的、似乎不合逻辑的风格写成的,它充满了迷人的矛盾。'"①

佛教文化的语言对于当代大多数受众而言,其实也不易理解,需要大量背景知识作为阅读基础。《心经》曰:"是故,空中无色,无受、想、行、识;无眼、耳、鼻、舌、身、意;无色、声、香、味、触、法,无眼界,乃至无意识界;无无明,亦无无明尽,乃至无老死,亦无老死尽;无苦、集、灭、道,无智亦无得。"②理解清楚这段话,至少需要搞清楚佛教中的"六根""六尘""四圣谛""八正道"这些基础的佛学知识。

传统文化在当代的传播,可以从传播语言的风格进行考量。"使用语言,以某种方式来表达思想被称作风格。"③亚里士多德在《修辞术》中曾探讨过演讲中应该运用的语言风格策略,对如今确立传统文化在当代传播的语言风格也有启发意义。"为了解决用词生僻和用词过于普通之间的矛盾,亚里士多德建议使用隐喻(metaphor),即有助于让不清楚的事物更加容易理解的表现方法。"④亚里士多德所谈及的隐喻,就是指用一种比较通俗的比喻去阐释所言说的内容。《三菩提》剧本以现代传播语境作为阐扬儒、释、道文化思想的语言表述为起点。叶诚生认为:"实际上,历史本文建构的想象与虚构不仅仅体现在对'过去'的描述中,而且常常见之于对现实与未来图景的解说与认定之中,当然,经典建构的话语实践正可视为某种'历史'想象。"⑤用现代语言风格范式表述经典,不失活泼与谐趣,或可作为对传统文化传播的一种大胆的尝试。

第六幕,"中心我执"。以东西方教化是否存在中心为引子展开讨论。所谓"中心",在儒家眼中,执着坚守"礼乐仁义"即为教化的中心。而在道家和佛家看来,所有的教化"中心"其实也是若有似无,其境况千变万化。儒家坚持以"礼乐仁义"作为教化的中心,然而,这个中心在佛家眼中却是若有似无。因为,人性中既有善本,也具有恶本。此消彼长之下,儒家的这个中心也只能莫衷一是。而在道家的老子眼里,"礼乐仁义"本就是代表了对大道的偏离。恰如《道德经》中有言:"大道废,有仁义;智慧出,有大伪;六亲不和,有孝慈;国家昏乱,有忠臣。"⑥剧本为了使这种玄妙的思想得到更加形象化、现代化的爬梳和解读,在第六幕结尾设置了一个儒、释、道三位圣人参悟"卐"(佛教宇宙之舞的符号)的桥段。老子认为,这个文化符号即代表了万事万物存在中心,却也可以说没有中心。他说:"大千世界,自在旋转,宇宙万象,各有中心。"⑦孔子手捻与"卐"符号形近的四叶小风轮也强调中心,无论风轮转动或是不转动,他看到的那个"中心"其实还在。这也是暗喻了他所代表的儒家所倡导和坚持的教化中心即"礼乐仁义"会一直延续,只要中心坚持,在传承儒学的路途上便仍旧不改初心。接下来看一段该剧本的文本设计:

---

① 陈丹青.文学回忆录[M].桂林:广西师范大学出版社,2013:186.

② 陈秋平,尚荣.金刚经·心经·坛经[M].北京:中华书局,2016:137.

③ 韦斯特.传播理论导引:分析与应用[M].特纳,刘海龙,译.北京:中国人民大学出版社,2007:348.

④ 韦斯特.传播理论导引:分析与应用[M].特纳,刘海龙,译.北京:中国人民大学出版社,2007:348.

⑤ 叶诚生.经典建构的现代性语境及其反思[J].小说评论,2013(1):60.

⑥ 老子.老子[M].饶尚宽,译注.北京:中华书局,2006:45.

⑦ 泽英.三菩提[M].桂林:广西师范大学出版社,2013:90.

老子："我的孔子，请你把这间屋子的中心点找出来。"

孔子(收起风轮)："好的。"

孔子走动几步，选好一个点，站定。

孔子："这个点是屋子的中心吗？"

老子、释迦(点头)："不错！"

孔子："二位，我成了这个世界的中心了！"

老子(微笑，拉着释迦)："尊者，咱俩走吧！"

释迦(会心一笑)："好的，我们把世界的中心留给孔仁者，让他坚持去吧！"

孔子(故作惊慌)："不可不可，坚持这个中心，我就走不出这间屋子了！"

老子、释迦(同声)："中心我执，我执中心，放下放下！"

孔子(走了几步，拉着老子、释迦)："放下了，这就走吧！"[①]

这部分文本很明显使用的是现代人的语言风格表述模式，言辞间不乏诙谐、调侃。"国学文本自有其'耐咀嚼性'，一部经典，非阅读数遍、数十遍不能参透其中精华，每一次阅读都有不同的体会。在反复阅读的过程中，国学文本的意义被无限延伸。这个过程需要人亲自阅读，并慢慢领悟古人在字里行间的意图。国学文本自身不会讲话，原典对大多数人而言又存在阅读障碍。"[②]在第七幕"三三归一"中，释迦和孔子分别以口语化的现代语言讲述了两个小故事。释迦讲的是一只屎壳郎在紫竹林中推动粪球礼佛听法的故事，众人皆见到的是污垢，而佛祖则见其佛性。剧本中言："大众一阵震撼，但其中一个弟子厌恶地责骂屎壳郎，你这来自恶道的蠢虫，竟敢用肮脏的粪球玷污我庄严佛土，还不速速避开！屎壳郎一动不动地仰望着我。我对大众解说，万物皆有佛性，屎壳郎既生觉悟之心，前来礼佛听法，便是一场大功德——在屎壳郎眼里，美玉和泥土没什么差别，而粪球却是最好的礼物，它用自己最喜爱的粪球作为进献之礼，原本出自一片至诚，它已经参悟到了阿耨多罗三藐三菩提大法。"[③]在话语表象层面，用现代口语般朴质素纯的语言讲述，佛门子弟口中之言与现代普通人无异，便于受众对文本信息进行解译。孔子讲的乌龟降临人间的故事，采用的语言也是如此，此处不再赘引。

实际上，对传统文化进行时代风格的转化与传播已经开始了一些有效的尝试。2017 年 6 月由江苏凤凰文艺出版社出版的《半小时漫画中国史》，以有趣的段子和手绘为辅，梳理东周至楚汉时期的历史脉络，语言轻松，易读易懂；同年 6 月，由长江文艺出版社出版发行的《权利脸谱》，依托漫画的形式，采用不正经却很靠谱的语言风格，串联起 20 位皇帝的故事，反映了中国古代皇权更迭的游戏规则。此外，作家林欣浩先后

① 泽英.三菩提[M].桂林：广西师范大学出版社，2013：91-92.

② 徐维玮，吉峰.娱乐化时代下的国学传播探析[J].四川戏剧，2015(10)：23.

③ 泽英.三菩提[M].桂林：广西师范大学出版社，2013：97-98.

出版了《哲学家们都干了些什么?》《哇,历史原来可以这样学》《佛祖都说了些什么?》。这些作品都在语言风格上追求话语表象的时代感。譬如林欣浩在《哲学家们都干了些什么?》中,对比差不多处于同一历史时期的马其顿与秦国时,是这样表述秦始皇与亚历山大大帝的:“秦始皇是个很有争议的人。但秦始皇办了一件伟大的事,就是统一了中国。但秦始皇是怎么做到的呢? 都给我用同样的度量衡,不用的,杀! 都给我写同样的文字,不写的,杀! 只能留官方规定的书,非官方的,烧! 秦始皇敏锐地发现,国家统一的关键在于文化的统一。虽然他的手段残暴,但是他成功了。然而亚历山大没这么做。王国维说:‘可爱者不可信,可信者不可爱。’我们说,可爱的皇帝没有能耐,有能耐的皇帝不可爱。秦始皇属于后者,亚历山大属于前者。所以雅典的哲学家们可以松一口气了。”①该书不拘泥于教材或是一般学术读物在语言风格上的刻板与严肃,用貌似不严肃的语言认真讲述着严肃的内容。又如,在言及亚里士多德时,他说:“亚里士多德是柏拉图的学生,但是观点和柏拉图相悖,为此,亚里士多德还说了一句名言:‘吾爱吾师,吾更爱真理。’你可以把这句话理解成亚里士多德对真理的浓浓爱意。但你也可以理解成:‘有理就说理,别拿辈分压我!’”②

2017年1月,中共中央办公厅、国务院办公厅印发《关于实施中华优秀传统文化传承发展工程的意见》,要求文艺创作要“善于从中华文化资源宝库中提炼题材、获取灵感、汲取养分”。2012年12月9日,武汉电视台的《问津国学》开播,每期节目时长30分钟,总体上和央视2001年7月9日开播的《百家讲坛》并无二致。节目以专家讲授以及与现场观众交流互动为主,运用图画、影视资料、动画模拟等方式,努力提升节目的趣味性。娱乐赋予严肃的传统文化市场价值,大众传媒在奇观的营造过程中重新给中国传统文化找到了一个和现代人对接的平台,降低了学习传统文化的“门坎”,是一种较为有效地通俗化传播传统文化的尝试。传统文化的“富矿”需要深挖,央视自2018年2月16日起连续播出策划筹备历时一年多的原创娱乐节目《经典咏流传》。该节目将音乐与文学结合在一起,开辟通俗化传播传统文化的蹊径,拉升了电视娱乐节目的文化均值。新老明星助阵加盟,《三字经》《明日歌》《登鹳雀楼》《将进酒》《墨梅》《木兰诗》等经典都被转换成现代的表达风格,引发媒介传播奇观。“每期节目约有6首诗词改编,每首作品由主持人撒贝宁先吟诗词原篇,再邀经典传唱人现场用流行音乐传唱演绎,接着分享创作过程和内容感触,然后进入‘鉴赏时刻’,由北京师范大学文学院教授康震,中国音乐学院院长王黎光和来自我国台湾、香港的艺人庾澄庆、曾宝仪组成的鉴赏团,为观众解读经典背后的文化内涵,中间还会穿插邀请和作品本身关系匪浅的特别人物。”③通俗演绎之下的传统文化,在价值观、文化认同、情感体验方面拉近了与受众的距离。

将过去完成时态的文化样式转换创新为现在进行时态的文化样式,仍需更多实践。舞台剧本《三菩提》堪称中国传统文化通俗读物中的用心之作。微信公众平台“壹

① 林欣浩.哲学家们都干了些什么?[M].北京:北京联合出版公司,2015:19-20.

② 林欣浩.哲学家们都干了些什么?[M].北京:北京联合出版公司,2015:152.

③ 鲁娜.原创综艺:深挖传统文化这座“富矿”[N].中国文化报,2018-03-03.

学者”于 2015 年 9 月 16 日将此书作为“一生必读的十本哲学经典”之一，向读者进行推荐。得体有效地通俗演绎传统文化，一方面推动了静默无言的经典在当代的绽放，另一方面，也让充斥着娱乐喧嚣的大众文化产品变得更具人文意蕴。恰如陈龙所言：“过去在农业化时代养成的品位、深思的慢节奏文化接受习惯，那种对叙事方式的期待以及对故事逻辑性的追求已经不重要了，重要的是要热闹、好看、有趣。因此，对奇观文化就不能循着经典的路线去寻找答案。”[①]中国传统文化在当代仍具有价值导向的作用，能够帮助重建人文精神。这种通俗化传播演绎，应当有别于西方国家，确立自己本土的传播特色。鲍震培认为：“中国的通俗文化并非等同于西方流行文化，其中固然有很多西方的、现代的东西，但也有从中国传统文化、主导文化、民间文化乃至高雅文化中吸取的重要养分，它渗透着中国人的传统观念，有很深的中国文化的积淀。要在多元化中拥抱传统，找到我们的根，找到润泽我们心灵的光亮。”[②]

2013 年 4 月，北京联合出版公司出版《晓说》，该书依托于 2012 年 3 月份优酷视频脱口秀节目《晓说》，其中《千年科举那些事儿》《高晓松炮轰：汉人无音乐都怪老祖宗》《梦回青楼 爱与自由的温柔乡》《揭秘史上最牛太监 郑和七下西洋 开启大航海时代》《镖局 最后的江湖》，都是将传统文化以驱旧求新的话语风格表达出来。特别出彩的是书中的点评，绝不逊色于正文。张发财点评《千年科举那些事儿》这部分时，谈到唐朝商人地位低的状况，文中写道：“封建社会最受歧视的是商人，皇上认为他们不劳而获只凭一张嘴忽悠。这群人又整天东奔西窜不好管理，掐半拉眼珠子看不上他们。曾有法律规定：商人不能参加科举，不能与官员往来(官员也别去集市见他们)，不能得到土地——这些都是能容忍的，最不能接受的是商人不许骑马。想骑怎么办？只能《江南 style》。”[③]

要而言之，通过以上对《三菩提》剧本在人物选择、叙事设定、传播语言风格维度的文本分析，我们了解到该剧本点出了儒、释、道三家文化的诸多核心文化观点。常言道“三点定一面”，“三”是数学界具有最基本的规定性和稳定性的数字。而在中国文化中，却又具备更加多元的文化寓意。三种文化通过内在的关联性以及差异性，构建了中国文化的根基。本文的着眼点在于从该剧本的文本演绎进行分析，该剧本的文本构建和言说方式或可作为一种如何在现代社会传播中国传统文化的较为活泼的尝试，期望能对现代传播语境中的中国传统文化当代传播范式的拓展多一点启发。

---

① 陈龙.传媒文化研究[M].北京：中国人民大学出版社，2009：165.

② 鲍震培.试论传统文化对通俗文艺的价值引领[J].中国文艺评论，2017(1)：55.

③ 高晓松.晓说 2[M].北京：北京联合出版公司，2013：32.

中华文化传播的学理建构

我国古代格言中传播的共同体观念

The Concept of the Community Spreading by Ancient Chinese Maxims

黄鸣奋*
Huang Mingfen

摘要：所谓"共同体"，是指生物在互动过程中所形成的具备类似性质和需要的群体。宋代潘自牧在所编《记纂渊海》一书中设置类目"事同一体"，收录了有关社会共同体的格言。它们揭示了我国古代社会系统的层级构成、社会机制的支撑基点、社会危机的应对观念。这些格言凝聚了我国古代处理社会矛盾的智慧，值得研究与借鉴。

Abstract: The so-called "community" refers to a group with similar nature and needs formed by organisms in the process of interaction. In the Song Dynasty, Pan Zimu set up the category "Things of the Same Body" in the book *Ji Zuan Yuan Hai*, which included the maxims of the social community. They reveal the hierarchical structure of the ancient social system in China, the supporting base of social mechanisms and the reacting concept of social crisis. These maxims condense the wisdom of dealing with the social contradictions in ancient China. These maxims are worthy studying and drawing lessons from which.

关键词：格言，社会层级，社会角色，社会危机，共同体

Keywords: maxim, social hierarchy, social role, social crisis, community

宋代潘自牧在所编《记纂渊海》中设置类目"事同一体"，指的是看似分散的不同对象具备类似的性质，组成统一的整体。所收录的格言与事例在今天看来都涉及共同体范畴。"共同体"(community)在生态学中指的是某个地区的一切生物所组成的群落，它们之间存在互利共生、竞争、寄生、捕食等多种关系。"社会群落"是借鉴生态学理论观察社会现象而设立的一个范畴，指的是某个社会空间中一切人口所组成的共同体，它们之间同样存在包括繁衍、统治、对抗、合作等多种关系。"社会群落"之所以形成，

---

* 厦门大学人文学院中文系退休教授，主要研究中国古典文论、新媒体艺术理论等领域。

前提是“人以群分”。如果将世界上的人都视为同类,那么,充其量只能说是“种群”;只有注意到人类实际上是划分为诸多共同体的,才能谈论“群落”问题。从生物学的角度看,物种若不同,即使可婚配,仍无法生育。地球上的各色人等都可能通过婚配繁衍后代,因此,他们属于同一物种。换言之,人类只能有一个祖先,即人类起源是一元而非多元的,世界上的人确实都是同类。从社会学的角度看,人们之间存在不同意义上的鸿沟,这些鸿沟显著地阻碍了彼此的沟通和交往。与此同时,社会成员又因为各种需要而分工并相互协作,从而组成不同意义上的群体。所谓“社会群落”正是由此而产生的。这一范畴包括两个相反相成的概念:一是社会化,使人成为具备同一性的存在物,这种同一性包含血缘、伦理等多个层面;二是群落化,使人成为具备异质性的存在物,这种异质性可以按政治、经济、文化等标准予以区分。下文从三种角度对它加以考察:一是族类繁衍所形成的社会系统,二是角色设置所建构的社会体制,三是危机爆发所呼唤的社会治理。

一、我国古代社会系统的层级构成

族类繁衍(即物种生产)是人类社会赖以存在的基础和前提。物种生产过程中同一性与异质性的矛盾主要表现在:人类一方面必须尽力维护人之所以为人的血统纯正性,反对可能危及上述状况的各种行为,例如从古已有之的人兽交媾到当今的基因工程越轨;另一方面必须设法防止血缘过近的亲属间通婚,以免将双方生理上的缺陷遗传给后代。前者导致人类群体朝求同发展,后者导致人类群体朝求异发展。在原始社会向文明社会转变的过程中,随着阶级、阶层、国家的形成,上述同一性和异质性的矛盾进一步扩张,出现了两种不同的社会系统:一种是以血缘关系为原点的差序格局,其代表形式是家国;另一种是以陌生人关系为原点的团体格局,其代表形式是城邦。我国古代社会系统的特征,主要通过家国表现出来。

(一)家国——“率土之滨,莫非王土”

原始社会中,社会组织形态主要是和物种生产客观要求相适应的血缘群体。不论是原始族群、氏族,还是部落或部落联盟,都是由血缘群体发展而来,和家庭有着千丝万缕的关系。广义家庭泛指家族(人类进化的不同阶段所出现的以血缘为纽带的利益集团),狭义家庭是指由一夫一妻制构成的社会单元。

在历史上,随着人类物质生产的发展,出现了不同的阶级,以及体现统治阶级意志、作为暴力机关、按照地域管理其成员的国家。汉语“国家”一词在英语中有三个对应:一是 country,侧重疆土或人口;二是 nation,侧重民族,即在历史、文化、语言、宗教、行为、生物特征等方面有其特征的社会群体;三是 state,侧重政体、政府,或者组成国家的“州”。不论在哪种意义上,国家和家庭都有所区别:(1)国家是阶级矛盾不可调和的产物(虽然它承担着社会管理的某些公共职能),家庭则是族类繁衍不能孤立进行的产物。家庭的历史比国家长得多,国家的规模比家庭大得多。(2)国家(除非是互联网兴起之后所谓的“虚拟国家”)必须有领土(兼及领海、领空),但拥有土地并非家庭的必然要求(某些家庭可能有土地,在文明社会中其所有权来自国家的认可)。(3)国家按地区划分其国民,家庭则按血缘来划分其辈分。(4)国家拥有强力机关做后盾,家庭一般没有类似机构。(5)国家更多地运用法律调节社会关系,家庭更多运用情感调节社会关系。伦理道德对于它们来说都是不可或缺的社会规范。

我国古代思想家、政治家对于家、国之别很少关注,对于二者的一致性却津津乐道。家、国一体是我国古代社会的重要特征。家国是以世袭制为特征的国家形态,我国夏、商、周三个王朝都属于这种类型。之前所存在的是禅让制,即由部落联盟民主推选首领,见于《尚书》。若有关记载属实的话,随之而来的问题是:看起来相当合理的禅让制为什么被世袭制所取代?从历史记载看,这似乎和大禹个人的作用有关。他治水得法,又屡败三苗,树立了崇高的个人威望,也使夏后氏成为部族联盟首领。按史书的说法,“禹子启贤,天下属意焉。及禹崩,虽授益,益之佐禹日浅,天下未洽。故诸侯皆去益而朝启,曰‘吾君帝禹之子也’。于是启遂即天子之位,是为夏后帝启。”[①]益是一个很能干的人,曾协助大禹治水、攻打三苗,但估计在威望和手段方面仍不及启,因此在政治斗争中失败。从“事同一体”的角度看,启、益之争并不是单纯的个人矛盾,他们身边都有一批追随者。这些人拥有既得利益。如果实行禅让,那么随着权柄的转移,必然产生利益的重新分配,这是抱团结伙的人所不愿意看到的。尧、舜、禹之间为什么能够实现禅让?很大程度上是因为当时的管理真的只是服务,并没有多少权力寻租以自肥的空间。到大禹所处的时代,经济有了发展,部落领袖们也追求起个人享受来,情况就大不一样了。启、益之争发展成为残酷的战争,后来主张维护禅让传统的有扈氏又与启所率领的军队大战,但终究未能阻止世袭制的确立。启以“今予发惟恭行天之罚”[②]自命,试图在精神气势中压倒对方、比禅让制所诉诸的部落联盟表决更胜一筹,这为君权神授论开了先河。

作为术语,“家国”一词早就出现。《逸周书·皇门》有言:“是人斯乃谗贼媢嫉,以不利于厥家国。”[③]在我国古代,“国”和“家”的关系是整个社会系统最重要的关系之一。下述现象是值得注意的:(1)君主将整个治域当成自己的家庭,这就是所谓“家天下”,与禅让制所代表的“公天下”相对而言。用人唯亲成为社会系统建构最重要的原则。(2)儒家将家庭作为社会治理的必要环节,所谓“修身齐家治国平天下”。(3)家庭关系被当成理解社会治理的参照系。例如,汉顺帝阳嘉二年(133),东汉李固应诏对策称:“今与陛下共理天下者,外则公卿尚书,内则常侍黄门,譬犹一门之内,一家之事,安则共其福庆,危则通其祸败。刺史、二千石,外统职事,内受法则。夫表曲者景必邪,源清者流必洁,犹叩树本,百枝皆动也。”[④]

---

① 司马迁.史记:卷二夏本纪第二[M].清乾隆武英殿刻本:48.

② 孔安国.尚书:卷三甘誓第二[M].四部丛刊景明翻宋本:33.

③ 孔晁.逸周书:汲冢周书卷第五[M].四部丛刊景明嘉靖二十二年本:29.

④ 范晔.后汉书:卷六十三李杜列传第五十三李固传[M].百衲本景宋绍熙刻本:842.

(二)家臣——"我家臣也,不敢知国"

家国所体现的"家天下"原则具体化为宗法制。这种制度源于原始社会末期的父系家长制,强调嫡长子在权力继承上具备优先权。它和王位世袭制结合,构建了一套相当严密的社会系统。以西周为例,位于权力顶峰的是作为天之元子的周王,他是天下无与伦比的大宗。周王的嫡长子(宗子)是王位继承者,称为"世子";其他儿子是庶子(小宗),或被分封在地方当诸侯,或在中央担任卿、大夫。诸侯、卿、大夫分别是自己那一支系的大宗,其嫡长子可继承其职禄;庶子为小宗,再分封。按照上述原则层层推演,周王朝真成了"好大一个家",掌权的都是"咱家人"。当然,事情没有那么简单。至少有几个因素还必须考虑:(1)王朝建立不只是同族人的贡献,异姓的功臣宿将也应给点好处。为了证明本朝统治渊源有自,褒封神农、尧、舜、禹及商汤的后代也有必要。(2)社会系统并非一成不变。经过几代变迁,必然有些人没落,有些人腾达,由此产生权力再分配。(3)每个历史时期掌权者以及相应社会集团之间的矛盾斗争普遍存在,因此,有人叛逆,有人归附,不断重组。到了春秋时期,家臣的作用突出了。

家臣是春秋时期各国卿大夫的臣属的总称,包括作为总管的宰,以及其下的小官们。担任家臣的主要是士。士虽然和卿大夫属于同一血统,但不具备贵族身份。家臣的职位由卿大夫任命,不能世袭。他们效忠于卿大夫家族。《左传·昭公二十五年》有如下记载:"叔孙氏之司马鬷戾言于其众曰:'若之何?'莫对。又曰:'我家臣也,不敢知国。''凡有季氏与无,于我孰利?'皆曰:'无季氏,是无叔孙氏也。'鬷戾曰:'然则,救诸。'师徒以往,陷西北隅以入。"[①]公元前517年,鲁昭公讨伐季孙氏。当时,在鲁国掌握实权的是卿家贵族季孙氏、叔孙氏、孟孙氏,因为都是鲁桓公的后代,并称"三桓"。叔孙氏这一支感到自己也受到威胁,其家臣司马鬷就鼓动其部众援救季孙氏,所陈述的理由在当时是很经典的,即作为家臣,凡事以卿大夫家族的利害关系为准绳,至于国事则属于不敢考虑之列("不敢知国",委婉地表明并非效忠于国君)。叔孙氏一出手,孟孙氏也进攻昭公,昭公只好逃亡。

卿大夫和家臣们居住在城邑之中。诸侯要削弱他们的势力,不能不从清除其根据地入手。因此,后来孔子向鲁定公建议:"臣无藏甲,大夫毋百雉之城。"(臣子不得私藏武器,大夫不能拥有周长三百丈的城邑)。事见《史记·孔子世家》。当时,家臣与卿大夫也存在矛盾,甚至据邑以叛乱。因此,孔子的弟子仲由担任季孙氏的主管时,就建议毁掉三家私邑,即所谓"堕三都"。事情进行得并不顺利。虽然叔孙氏先毁了郈城,但季孙氏毁费城之举激起家臣公山不狃、叔孙辄的反抗,打了一仗才得以推进。至于孟孙氏的成城,主管是公敛处父。他认为这个私邑是孟孙氏的依托,没有它也就没有孟孙氏,让孟孙氏假装不知道,自己坚持不毁城("且成,孟氏之保障,无成是无孟氏也。子伪不知,我将弗堕")。后来鲁定公亲自率兵包围成城,仍然没有成功。[②]

---

① 左丘明.春秋左传正义:卷五十一昭公二十五年[M].清阮刻十三经注疏本:1128.

② 左丘明.春秋左传正义:卷五十六定公十三年[M].清阮刻十三经注疏本:1230.

家臣被认为是后世官僚制度的前身。如今“官僚”在修辞学意义上有贬义，但在历史上却曾代表某种社会进步。家臣具备专业化的特点，主要从事管理活动，本身是特定社会制度的产物，又为维护特定社会制度尽责。他们看重制度赋予自身的权力，甚至为谋求更大的权力而不遗余力。他们内部具备严格的等级划分，其行为具备非人格化的特征。他们拥有丰富的社会管理经验，往往作为国家机器的实体而延续。家臣还不是严格意义上的官僚，因为他们的任职还有血统上的考虑。但这些人的职位已经不能世袭，这一点和官僚是相同的。家臣和官僚最重要的区别在于：家臣效忠主人，官僚效忠国家（在家国体制下也效忠皇上）。

（三）公族——“公室之枝叶也”

在春秋战国时期，诸侯国君主被尊称为“公”，君主的儿子称为“公子”，国君的家庭成员相应为“公室”，与国君同族的人则是“公族”或“群公子”。“公族”又指掌管君主和贵族内部事务的大臣（西周始置）。该职务从与国君同族的人中选任，后称为“公族大夫”。从总体上看，公、公子、公室、公族组成了以血缘关系为基础的命运共同体。不过，他们内部围绕权力所进行的斗争是相当残酷的。例如，《左传》庄公二十五年记载：“冬，晋侯围聚，尽杀群公子。”晋献公为了防止其旁系宗族发难，在聚这个地方（今属山西绛县）将他们杀光。宋昭公也曾想将群公子干掉，但当时担任司马的乐豫反对。根据《左传》文公七年所载：“昭公将去群公子。乐豫曰：‘不可。公族，公室之枝叶也，若去之。则本根无所庇荫矣。葛藟犹能庇其本根，故君子以为比，况国君乎？此谚所谓‘庇焉而纵寻斧焉’者也，必不可。君其图之。亲之以德，皆股肱也，谁敢携贰？若之何去之？’不听。穆、襄之族率国人以攻公，杀公孙固、公孙郑于公宫。六卿和公室。”[①]乐豫认为公族好比是公室的枝叶，若除掉族人，那么，树干、树根就暴露出来了。像葛藟这样的藤类植物都能以枝叶遮盖、保护其茎其根，因此《诗经·王风·葛藟》的作者拿它做比方，说明对得到兄弟关怀的渴望。国君也应当这样看问题啊！这就是俗话所说的“给予荫庇，却被放任砍伐”，那是绝对不可以的。希望国君好好想一想。倘若国君能够用德行来使他们归附，那么，公族都将成为骨干力量，谁敢有二心呢？怎能想要杀掉他们呢？宋昭公不听他的话。宋穆公、宋襄公的子孙（即群公子）得知消息，抢先动手，率领国人进攻宋昭公，杀了他的两个亲信。六卿出面调解，矛盾才得以缓和。

秦朝一统天下之后，皇帝的儿子称为“皇子”，其家庭成员相应为“皇室”，其近亲则是“皇族”，远亲仍可称为“公族”。国家应当通过什么样的制度来治理？当时有过严重分歧，主要是围绕地方行政机构的性质展开争论。丞相王绾等人力主沿用周代以来封国建藩的做法，分封诸皇子到各地为王，这样可以有效管控原先属于六国的地区。廷尉李斯则提出以郡县制取代分封制，以强化皇权、促进统一。秦始皇采纳了李斯的建议。秦王朝被推翻之后，汉朝权衡利弊，兼行分封制与郡县制，使之相互牵制。有关公族的重要性，西汉刘向说过和乐豫类似的话。刘向是刘邦异母弟、楚元王刘交的四世

---

① 左丘明.春秋左传正义：卷第十九上文公七年[M].清阮刻十三经注疏本：427.

孙,曾在汉宣帝时任谏大夫、汉元帝时任宗正、汉成帝时任光禄大夫,官至中垒校尉。根据《汉书》的记载,“(刘)向每召见,数言:‘公族者国之枝叶,枝叶落则本根无所庇荫;方今同姓疏远,母党专政,禄去公室,权在外家,非所以强汉宗、卑私门、保守社稷、安固后嗣也。’向自见得信于上,故常显讼宗室,讥刺王氏及在位大臣,其言多痛切,发于至诚。上数欲用向为九卿,辄不为王氏居位者及丞相御史所持,故终不迁。居列大夫官前后三十余年,年七十二卒。卒后十三岁而王氏代汉”①。刘向是公族的一员,希望得到皇帝的信任和亲近,这是可以理解的。他关于外戚威胁的看法也有一定的预见性。果然,正是王莽(孝元皇后王政君之侄)以新朝终结了西汉的运数。魏正始四年(243)十一月,曹冏将所著《六代论》献给执政的大将军曹爽。他回顾夏、商、周、秦、汉、魏六代兴亡之事,指出朝廷大权可能旁落外姓的危险,质疑郡县制,将重用宗室作为对策。

从社会系统的角度看,郡县制与分封制存在重大区别。如果说分封制的本质是基于血缘关系的世卿世禄的话,那么,郡县制的本质是基于地域关系的中央授权。对于二者的利弊,唐代柳宗元有精辟的论述。他指出:“夫天下之道,理安斯得人者也。使贤者居上,不肖者居下,而后可以理安。今夫封建者,继世而理;继世而理者,上果贤乎,下果不肖乎?则生人之理乱未可知也。将欲利其社稷以一其人之视听,则又有世大夫世食禄邑,以尽其封略,圣贤生于其时,亦无以立于天下,封建者为之也。”他已经看到知人善任是社会治理的关键。让贤能之人处于上位,差劲之人处于下位,社会才能治理得顺当。如今分封建国的制度是一代接一代地治理下去,居于上位的人真的是贤能吗?居于下位的人真的差劲吗?这样,社会是治是乱就很难说了。若想推行对国家有利的政策、统一人们的思想,却又有世袭的大夫一代接一代从其封地获得俸禄,尽占诸侯国之领地,即使圣贤生当其时,也没有立身之地,原因就在于分封制。柳宗元因此赞成郡县制。他相信:“今国家尽制郡邑,连置守宰,其不可变也固矣。善制兵,谨择守,则理平矣。”这就是说,只要彻底推行这一制度,不断任命郡县长官,形势就不会逆转。若能妥善控制军队、慎重挑选地方官,就能使社会趋于安定。

分封制尊崇天之元子,郡县制依托中央集权,它们都属于君主制范畴。除此之外,社会系统是否还存在其他组织形式呢?答案是肯定的。民主制的特点是按照彼此平等、少数服从多数的原则共同管理国家事务。共和制的特点在于国家元首并非世袭君主。二者存在一致之处:如果国家元首由民主选举产生,这种政体就是民主共和制。为什么我国在从原始社会迈入文明社会的转折期选择了君主制,而非民主制、共和制或民主共和制呢?这可能和当时治水的任务有密切关系。《庄子·天下篇》:“昔者,禹之湮洪水、决江河而通四夷九州也,名山三百。”②虽然上文所说的数字未必很准确,但禹确实在相当大的范围内疏通了水道。这需要高度集权的制度作为保证。尽管大禹取得了治水的胜利,人们却对洪水肆虐的危害记忆犹新,这是他们倾向于选择强势君主的重要原因。

① 班固.汉书:卷三十六楚元王传第六[M].清乾隆武英殿刻本:618.

② 庄周.庄子:卷十杂篇天下第三十三[M].四部丛刊景明世德堂刊本:228.

二、我国古代社会体制的支撑基点

角色设置源于物种生产过程中的性别分工。物质生产的内在需要使角色设置得以进行。不论是基于性别、年龄、资源等因素的自然分工，还是基于劳动过程岗位划分和分工协作的社会分工，都是角色设置的根据。随着精神生产的相对独立，角色设置获得了进一步发展。不论是脑力劳动者的专业化，还是管理职能的专门化，都作为角色设置的依据起到了作用。现代社会完整的体制就是以物种生产、物质生产和精神生产为支柱，在角色设置不断自我更新的过程中形成的。

(一)社会机能相辅相成——“君之卿佐，是谓股肱”

《后汉书》记载，东汉桓帝时，刘陶上疏陈事称：“臣闻人非天地无以为生，天地非人无以为灵。书曰：‘惟天地，万物父母；惟人，万物之灵也。’是故帝非人不立，人非帝不宁。夫天之与帝，帝之与人，犹头之与足相须而行也。”[①]在他看来，天和帝之间、帝和人之间的关系，都好比头和脚，互相依存而行动一致。动物体(特别是人体)器官之间的协调一致，成为社会机能相辅相成的譬喻。

社会机能如何做到像生物体那样彼此协调呢？倘若说族类繁衍造就一个个具体的社会成员的话，那么，角色设置造就一个个具体的社会位置。二者的适配成为任何一种社会形态都必须面对的问题。据《左传》鲁襄公三十一年(542)记载：“子皮欲使尹何为邑。子产曰：‘少，未知可否？’子皮曰：‘愿，吾爱之，不吾叛也。使夫往而学焉，夫亦愈知治矣。’子产曰：‘不可。人之爱人，求利之也。今吾子爱人则以政，犹未能操刀而使割也，其伤实多。子之爱人，伤之而已，其谁敢求爱于子？子于郑国，栋也，栋折榱崩，侨将厌焉，敢不尽言？子有美锦，不使人学制焉。大官、大邑，身之所庇也，而使学者制焉，其为美锦，不亦多乎？侨闻学而后入政，未闻以政学者也。若果行此，必有所害。譬如田猎，射御贯则能获禽，若未尝登车射御，则败绩厌覆是惧，何暇思获？’”[②]郑国大夫子皮想让他的年轻家臣尹何管理其封邑。子产(即公孙侨，亦为郑国大夫)不赞成，认为尹何年纪太小。子皮说明自己任用他的理由：“做人谨慎老实。我喜爱他，他不会背叛我。让他去试试，就会知道该如何管理。”子产说：“不行。一个人喜爱另一个人，就想方设法做对他有利的事情。如今，您喜爱人就将政事委托给他，就好比对方还不会用刀就让他去割东西，他很可能因此受伤。如果你喜爱别人，结果却是伤害了他，那么，还有谁希望获得您的喜爱？您对于郑国来说是栋梁，栋梁一断，屋椽就崩塌，我将被压在下面，怎么敢不将心里的话都说出来？您有美丽的绸缎，不会让人拿它学习做衣裳。大官、大邑都是身家性命所赖以寄托的，让初学者去试手，其风险不比裁剪美丽的绸缎更大吗？我听说学得本事后从政，没有听说拿政事做练习的。果真这样做，

---

① 范晔.后汉书：卷五十七杜栾刘李刘谢列传第四十七[M].百衲本景宋绍熙刻本：739.

② 左丘明.春秋左传正义：卷四十襄公三十一年[M].清阮刻十三经注疏本：883.

必定会产生不利影响。拿打猎做比方吧,熟习射箭驾车才能打到飞鸟,如果还没有上车张弓,就害怕失利、翻车、被压,怎么会有时间思考如何打猎物?”子皮认为子产说得很有道理,体现了他的耿耿忠心,于是将政事委托给他。子产因此能够治理郑国。在这一事例中,子皮最初考虑问题的角度在角色选配中是很常见的,归纳起来就是三条:一是对方老实听话;二是自己看得顺眼;三是始终忠心耿耿。子产说服他改变看法,主要从如下角度切入:一是喜爱人就必须替他着想;二是要想当大官、治大邑,必须做好必要准备;三是“学而后入政”可以降低风险。还好子皮没有搬出“人家可以在干中学”之类理由来反驳(可能是尹何实在太嫩了),而且体会到子产良言出于忠心,子产因此得以在郑国施展才能。

角色选配不仅要解决某个社会位置的人才适配问题,而且要能实现不同角色之间的合理搭配,让扮演这些角色的人能够真正做到相辅相成。《左传》昭公九年(前533年)晋国膳宰屠蒯谏晋平公的一番话可以为例。“晋荀盈如齐逆女,还,六月,卒于戏阳。殡于绛,未葬。晋侯饮酒,乐。膳宰屠蒯趋入,请佐公使尊,许之。而遂酌以饮工,曰:‘女为君耳,将司聪也。辰在子卯,谓之疾日。君彻宴乐,学人舍业,为疾故也。君之卿佐,是谓股肱。股肱或亏,何痛如之?女弗闻而乐,是不聪也。’又饮外嬖嬖叔曰:‘女为君目,将司明也。服以旌礼,礼以行事,事有其物,物有其容。今君之容,非其物也,而女不见。是不明也。’亦自饮也,曰:‘味以行气,气以实志,志以定言,言以出令。臣实司味,二御失官,而君弗命,臣之罪也。’公说,彻酒。初,公欲废知氏而立其外嬖,为是悛而止。秋八月,使荀跞佐下军以说焉。”[①]荀盈(姬姓,智氏,一作知氏)是晋国六卿之一,到齐国去接齐女(事因不详,估计是奉派而往),不料回来后死在戏阳(今山东省烟台市龙口),停棺于绛地,尚未安葬。晋平公照常饮酒作乐,没有一点悲伤的表示。主管膳食的屠蒯觉得不妥,主动借斟酒的机会进谏。他先说乐工有不对的地方,不该在忌日奏乐,又说宠臣嬖叔也有疏失的地方,不该对国君表情失当视而不见,然后又自罚一杯,说自己是厨工之长,对今天这场不恰当的酒宴也有责任。晋平公听了之后不仅没有生气,反而为屠蒯的进言感到高兴,于是撤了酒宴。晋平公本来想废掉荀盈一支的继承权而立其宠臣,因听了这番话而改变想法,不久派荀盈的儿子荀跞(当时才十余岁)辅佐下军,以表明自己的意思。上述事例至少有三层值得注意:(1)“君之卿佐,是谓股肱。股肱或亏,何痛如之?”大臣是国君的手足,这个说法来自《尚书·夏书》的一段话:“帝曰:臣作朕股肱耳目。予欲左右有民,汝翼。”[②]大臣遇到不幸,国君应当痛心才是。(2)屠蒯认为乐工是国君的耳朵,宠臣是国君的眼睛,他们都应当对国君耳聪目明负起责任。自己的职责是调和口味,也应通过提供合理饮食让国君的气、志、言、令合宜。(3)不论乐工、宠臣或晋平公,看来都认可屠蒯所说的道理。事实上,一个主办饮食的小官就有这样的见解和献言的勇气,应当是晋国的幸事。俗话说:“一个好汉三个帮。”国事何尝不是这样呢?

---

① 左丘明.春秋左传正义:卷四十五昭公九年[M].清阮刻十三经注疏本:988.

② 孔安国.尚书注疏:卷五[M].清嘉庆二十年南昌府学重刊宋本十三经注疏本:115.

我国古代社会角色选配面临着家国所固有的血缘和政体之间的尖锐矛盾。血缘所要求的是任人唯亲，政体所要求的是任人唯贤。任人唯亲导致的问题很多，外戚擅权是其中之一。东汉桓帝时，外戚、大将军梁冀专权乱政，任人唯亲，骄暴不悛，朝野共愤。梁冀过去的部下朱穆担心他衅积招祸，奏书规劝说："古之明君，必有辅德之臣，规谏之官，下至器物，铭书成败，以防遗失。故君有正道，臣有正路，从之如升堂，违之如赴壑。今明将军地有申伯之尊，位为群公之首，一日行善，天下归仁，终朝为恶，四海倾覆。""夫将相大臣，均体元首，共舆而驰，同舟而济，舆倾舟覆，患实共之。岂可以去明即昧，履危自安，主孤时困，而莫之恤乎！宜时易宰守非其人者，减省第宅园池之费，拒绝郡国诸所奉送。内以自明，外解人惑，使挟奸之吏无所依托，司察之臣得尽耳目。"① 梁冀不听，终致灭族。外戚干政是君主制的痼疾之一，在皇帝未成年时特别明显，因为那时是太后或皇后垂帘听政。她们的丈夫（即"先帝"）去哪里了？原因之一是纵欲于嫔妃导致早逝。本来或许是为了生育后代、保证皇位传承而这样做，但到头来却往往使后嗣体质孱弱、寿命不长。先帝英年辞世，幼帝需要母后扶持，母后又诉诸亲戚的力量，结果是外戚与朝臣的矛盾加剧。

家国体制下诞生的特殊角色之一是宦官。后宫需要人手，这些人必须相当干练，能够为皇室提供优质服务，又不会妨碍皇族的繁衍。能够满足上述条件者是阉人。这些人出于种种原因而净身入宫，本身是很不幸的。虽然朝廷通常禁止他们干政，但他们有介入皇室事务的条件，也就有攫取权力的可能。早在东汉时期，就出现了宦官大规模当政的现象，并逐渐酿成与外戚的冲突。这类问题在后世屡次出现，以至于王夫之在《尚书引义·舜典四》中说："宦寺之恶，甚于士人，惟其无廉隅之惜、子孙之虑耳。故灭汉亡唐，而惘不畏死，原其始，犹夫人之子而非奸宄之徒也，然且以不恤而倾人之国，又况其以窃以淫而在傍在侧也乎！" ②

（二）社会经济相互依赖——"百姓足，君孰与不足"

我国古代哲人早就懂得社会分工与角色设置之间的关系。以孟子为例，曾经有个叫许行的人主张"贤者与民并耕而食，饔飧而治"，吸引了一批信徒。孟子不同意他的观点，认为不可能一边种田一边治理天下。"有大人之事，有小人之事。且一人之身，而百工之所为备，如必自为而后用之，是率天下而路也。故曰，或劳心，或劳力；劳心者治人，劳力者治于人；治于人者食人，治人者食于人；天下之通义也。"③许行所依据的是有关神农时代的社会追忆，孟子所立足的则是战国时代的社会现实。从分工的角度看，远古时代的自然经济早就解体，体脑分工早就实行。因此，孟子的见解比许行更符合实际。他从特定角度揭示了不同角色之间在社会经济活动中相互依赖的关系，从事脑力活动者负责社会管理，从事体力活动者接受社会管理。接受社会管理者提供生活资料，负责社会管理者消费生活资料。上述情况已经成为当时的普遍现象。

---

① 范晔.后汉书：卷四十三朱乐何列传第三十三朱穆传[M].百衲本景宋绍熙刻本：582.

② 王夫之.尚书引义：卷一[M].清道光守遗经书屋刻本：14.

③ 孟轲.孟子：卷五滕文公章句上[M].四部丛刊景宋大字本：41.

尽管如此,问题的另一面是:“治人者”并不因为自己“食于人”而对提供生活资料的“治于人者”心存感激或敬畏,而是将社会分工赋予自己的管理权力转变为索求无度的工具,从而引发尖锐的社会矛盾。《论语》中有这样的对话:“哀公问于有若曰:‘年饥,用不足,如之何?’有若对曰:‘盍彻乎?’曰:‘二,吾犹不足,如之何其彻也?’对曰:‘百姓足,君孰与不足?百姓不足,君孰与足?’”①鲁哀公因为国家遭到饥荒、朝廷财用紧张而问计于孔子的弟子有若。有若建议他只抽 1/10 的田税(即彻法)。哀公说:“现在抽 2/10 我都觉得不够,怎么能实行彻法呢?”有若一语道破:“如果老百姓的用度足够,您怎么会不足呢?如果老百姓捉襟见肘,您又怎么会丰裕呢?”上述对话表明:整个国家的经济是一体化的。在遇到荒年时,如果统治者只想到朝廷没钱用而提高税收比例、加重百姓负担,其结果只能是加剧社会矛盾。与此相反,如果降低税收比例、减轻百姓负担,反倒有可能改善整个国家的经济状况,朝廷也就有钱可用了。竭泽而渔、杀鸡取卵,不会有好结果。

在有若回答鲁哀公的咨询之前,楚国人伍举已经发表过类似见解。当时,他陪同楚灵王一道登上章华台。这是耗费举国之力、营造数年之久的离宫,到楚灵王六年(公元前 535 年)才建好。楚灵王洋洋得意地感叹道:“台美夫!”伍举很不以为然。他指出:“夫美也者,上下、内外、小大、远近皆无害焉,故曰美。若于目观则美,缩于财用则匮,是聚民利以自封而瘠民也,胡美之为?夫君国者,将民之与处;民实瘠矣,君安得肥?……夫为台榭,将以教民利也,不知其以匮之也。若君谓此台美而为之正,楚其殆矣!”②所谓“美”,应当以对方方面面都没有妨害为前提。如果用眼睛看起来美,却是重赋厚敛才建起来的,那是搜刮民脂民膏,富了自己、穷了百姓,还谈什么美呢?当国君的人要和百姓共处,百姓如果确实瘦下去,国君又怎么会胖起来呢?建造楼台,是为让百姓得到好处,没听说是为了让百姓匮乏的。如果您认为这座高台很美、事情干得对,楚国可就危险了!

在有若之后,荀子也有相关阐述。他说:“下贫则上贫,下富则上富。故田野县鄙者,财之本也;垣窌仓廪者,财之末也;百姓时和、事业得叙者,货之源也;等赋府库者,货之流也。故明主必谨养其和,节其流,开其源,而时斟酌焉,潢然使天下必有余而上不忧不足。如是则上下俱富,交无所藏之,是知国计之极也。”③下层贫穷,上层也就贫穷;下层富裕,上层也就富裕。因此,田野与乡村是财富之本,官府的货仓与粮仓只是财富之末。百姓顺应时令、劳作有序,这是货物源泉;按照比例征收来的政府库存,只是货物支流。因此,圣明的君主必须体谅百姓,开源节流,慎重行事,财货充裕,上下俱富,这是最懂治国大计的做法。

社会经济生活中不同角色在经济上相互依赖的现象不只见于君臣、君民之间,也见于家庭内部。《通典》有这样的记载:“鲁哀公问政于孔子,对曰:‘政有使民富且寿。’哀公曰:‘何谓也?’孔子曰:‘薄赋敛则民富,无事则远罪,远罪则民寿。’公曰:‘若是,则

---

① 何晏,集解.论语:卷六颜渊第十二[M].四部丛刊景日本正平本:29.

② 韦昭.国语韦氏解:卷十七楚语上[M].士礼居丛书景宋本:166.

③ 荀况.荀子:卷六富国篇第十[M].清抱经堂丛书本:70.

寡人贫矣。'孔子曰:'诗云:"凯悌君子,民之父母。"未见其子富而父母贫者也。'"孔子建议减轻税收、让百姓富起来,哀公却担心这样一来自己就穷了。孔子引用《诗经·大雅·泂酌》,说明君子为人和蔼可亲,好比是百姓的父母,并说自己没见过孩子富裕而父母贫穷的情况,言外之意是百姓富裕起来,君主就会富裕。儒家关于经济共同体的思想,由此可见一斑。这种共同体的基础是家国一体化。孔子援引家庭关系来说明君民关系,目的是启发鲁哀公由近及远加以推理,这正是所谓"事同一体"的奥妙所在。当然,上述两种关系其实存在许多不同。例如,父母为抚养年幼的子女投入甚多,子女有能力之后理应赡养父母,这在经济上可说是顺理成章的事情。君民之间并不存在这样的抚养或赡养的关系。

(三)社会关系盘根错节——"大臣不顺,国之耻也"

在家国体制中,社会角色之间的交互错综复杂,往往不单纯是亲戚关系或工作关系。皇帝既是国家元首,又是头号家长;大臣既是行政官员,又是皇亲国戚(即使不是,许多人仍希望攀缘);老百姓则被视为"子民",兼有民众和孩子两重身份。人与人之间的纽带,正是如此盘根错节。这样的体制看起来对人们很有约束力,但仍然无法预防社会冲突的产生,官官相护、政令不行的现象广泛存在。鲁襄公十七年(556),宋国右师(六卿之长)华阅死了。他的弟弟华臣认为华阅之子皋比势力弱小,想要吞并其家室,因此派人杀了他的总管华吴。凶手一共六个人,案发现场是城门旁边、左师(六卿之一)向戌的屋后。向戌目睹惨案发生,战战兢兢地说:"我老头子可没罪啊!"杀手说:"皋比私自与吴国交往。"于是将皋比的妻子抓了起来,要对方拿出大玉璧赎回人质。宋平公知道此事后说:"华臣不仅施暴于其宗室,而且破坏了宋国的政令。一定驱逐他!"向戌却说:"华臣也是卿佐。大臣之间闹矛盾,是国家的耻辱。不如将这件事掩盖起来。"宋平公因此作罢。向戌惧怕华臣,给自己准备了短鞭,每次经过华臣家门口,都帮助御者策马,好快点过去。后来国人追赶疯狗,疯狗进了华臣家,国人跟着追进去,华臣以为是冲着自己而来,吓得逃到陈国去。《左传》的记载是这样的:"宋华阅卒。华臣弱皋比之室,使贼杀其宰华吴。贼六人以铍杀诸卢门合左师之后。左师惧曰:'老夫无罪。'贼曰:'皋比私有讨于吴。'遂幽其妻,曰:'畀余而大璧!'宋公闻之,曰:'臣也,不唯其宗室是暴,大乱宋国之政,必逐之!'左师曰:'臣也,亦卿也。大臣不顺,国之耻也。不如盖之。'乃舍之。左师为己短策,苟过华臣之门,必骋。十一月甲午,国人逐瘈狗,瘈狗入于华臣氏,国人从之。华臣惧,遂奔陈。"①这件事既显示出当时像华臣这样的强族的横行不法,又显示出向戌这样的大臣的姑息养奸。

家国体制即使在战场上也显示出其影响。例如,鲁成公二年(前589),晋军打败齐军,齐顷公只好派上卿宾媚人献礼求和。但晋人不答应,提出在齐人看来非常苛刻的条件,其中之一是让齐顷公的母亲萧同叔子去当人质。宾媚人据理驳斥,说:"萧同叔子不是别人,是我国国君的母亲。若就齐、晋两国相应地位而言,那么也就是晋国国

① 左丘明.春秋左传正义:卷三十三襄公十七年[M].清阮刻十三经注疏本:745.

君的母亲。周王朝以孝治天下,你们到处宣传这样的主张,但却一定要让我国国君的母亲去当人质,这将周王的号令置于何地呢?而且,将母亲作为人质,这是以不孝当成命令。《诗经》说:‘孝子的孝顺无穷无尽,永远给予和你一样的人。’如果晋国以不孝来号令诸侯,那恐怕不符合道德原则吧?”[①]齐人为之理塞。又如,楚汉之争时,项羽在彭城之战中大获全胜,并且出乎意料地俘获了刘邦的父亲太公、妻子吕雉和门客审食其,从此将他们置于自己的军营中。“及相持成皋时,彭越数反梁地,绝楚粮食,项王患之。为高俎,置太公其上,告汉王曰:‘今不急下,吾烹太公。’汉王曰:‘吾与项羽俱北面受命怀王,曰约为兄弟,吾翁即若翁,必欲烹而翁,则幸分我一杯羹。’项王怒,欲杀之。项伯曰:‘天下事未可知,且为天下者不顾家,虽杀之无益,只益祸耳。’项王从之。”[②]这是我国历史上很有名的事情。项王因自己的军队快要断粮,情急之下,拿刘邦的父亲来要挟刘备,说你不退兵我就煮了你老爸。不料刘邦比他还无赖,居然说:“我与你当年都接受义帝楚怀王的号令,并且称兄道弟,由此看来,我老爸就是你老爸。你一定要煮了你老爸,那就分我一杯羹好了。”项羽一听火了,想将太公杀掉。项伯说:“世事将来如何,还不知道。而且,将天下当成自己抱负的人是不会在乎家人的,将太公杀掉,也没有什么好处,只会引来更多祸乱。”项羽这才作罢。上述二例都和战场有关。齐、晋虽然交战,但名义上还尊崇周王室;楚、汉虽然对阵,但观念上还记挂着楚怀王。齐使搬出“孝”来,因是周王室所宣示,晋人也没话说;刘邦举出“义”来(“约为兄弟”),项羽只能发无名火。所谓“事同一体”,在这里表现为对立双方在一定程度上仍然受共同的伦理观念制约。晋人虽然打了胜仗,但要敌方国母当人质,在道理上说不过去;项羽虽然抓了太公,但要拿他当人质要挟刘邦,有损西楚霸王在当年义军中的名誉。

隋末王世充打着“中兴隋室”的旗号攻城略地,并召集依附于自己的文武百官讨论接受禅让的事情,遭到一些人的反对。其中,外兵曹参军戴胄说:“君臣犹父子也,休戚同之。明公莫若竭忠徇国,则家国俱安矣。”他试图从家国一体的角度说服王世充不要篡位,“世充诡辞称善而遣之”[③]。这是地道的假纳谏,暴露出家国一体论的根本局限:父子关系是血缘性、先天性的,并不会因为环境的变动而变动;君臣关系则是政体性的、后天的,完全可能因为环境的改变而改变。想要用家国一体论来劝说王世充这样的野心家“竭忠徇国”,是不可能奏效的。

当然,这不是说君主绝对不可能纳谏。根据司马光有关唐太宗的记载,“上神采英毅,群臣进见者,皆失举措;上知之,每见人奏事,必假以辞色,冀闻规谏。尝谓公卿曰:‘人欲自见其形,必资明镜;君欲自知其过,必待忠臣。苟其君愎谏自贤,其臣阿谀顺旨,君既失国,臣岂能独全!如虞世基等谄事炀帝以保富贵,炀帝既弑,世基等亦诛。公辈宜用此为戒,事有得失,毋惜尽言!’”[④]唐太宗英气过人,常常使大臣们在他面前显得拘束。他知道这一点,因此若有人想进奏,他一定和颜悦色,希望能够听到别人的

① 左丘明.春秋左传正义:卷二十五成公二年[M].清阮刻十三经注疏本:562.

② 司马迁.史记:卷七项羽本纪第七[M].清乾隆武英殿刻本:170.

③ 司马光.资治通鉴:资治通鉴卷第一百八十七唐纪三[M].四部丛刊景宋刻本:2056.

④ 司马光.资治通鉴:资治通鉴卷第一百九十二唐纪八[M].四部丛刊景宋刻本:2121-2122.

规劝。他曾经对大臣们说:“人们靠明镜才能见到自己长什么模样,君主靠忠臣才知道自己犯了什么错误。如果君主刚愎自用、拒谏饰非,其臣下阿谀逢迎、唯唯诺诺,君主丢了政权,臣下难道还能平安无事吗?!像虞世基等人一味谄媚隋炀帝以保全个人富贵,结果炀帝被杀,虞世基等也没有好下场。你们应当以此为戒,对于事情的得失务必说得透彻,言无不尽!”唐太宗是个明白人,他知道如何定位君臣之间的关系。隋朝灭亡的历史教训无疑是使之警醒的前车之鉴。

上述分析表明:家国体制曾经在我国古代社会生活中发挥举足轻重的作用,留下了许多发人深省的历史经验。它所致力于建构的是相对稳定的社会共同体,社会机能的相辅相成、社会经济的相互依赖、社会关系的盘根错节,都是其稳定性的基础。下文所要探讨的则是由社会命运彼此交织而形成的情境性共同体(简称“命运共同体”)。

三、我国古代社会危机的应对观念

在社会群落中,不同个体和群体都有自身的发展轨迹。它们或者相互平行,或者相互交织。家国体制试图将它们组织成错落有致的有机整体,社会命运则导致它们伴随历史风云而起伏跌宕、聚合不定。社会危机是各种社会集团、社会势力彼此冲突的结果,作为社会治理的对立面而存在,它引导我们思考社会屏障的相互依存、社会命运的共同应对、社会秩序的乱后重建等问题。这些问题都和当事人的主体意识相关。

(一)社会屏障的相互依存——“唇亡齿寒”

周王朝通过分封制所建立的家国体制,到周幽王在位时面临着严重危机。事情的起因本是王室的家事,但演化成为国难。原来,周幽王宠爱褒姒,立之为后,并立她所生的伯服为太子,将原先的正室申后和太子宜臼废掉。申后之父申侯勾结犬戎攻破镐京(前 771 年)。周幽王和伯服被杀于骊山之下,褒姒被犬戎掳走,西周灭亡。申、鲁、许等诸侯国拥立姬宜臼(周幽王姬宫涅之子,认申后为母亲)继位,是为周平王。他为避开犬戎的压迫,在公元前 770 年迁都洛邑,史称东周。平王由申侯牵头拥立,一登基就背负弑父(虽然是间接的)罪名,在诸侯中树立不起威信。加上面临犬戎威胁、自然灾害严重而国势衰微,不仅难以号令诸侯,而且无力自保。在这样的背景下,群雄纷争,战乱频仍。各诸侯国弱肉强食,各自争霸,结合成许多情境性的命运共同体。

虞国、虢国都位于今山西平陆县,彼此相邻。鲁僖公二年(前 658),晋献公向虞国借道以攻打虢国。鲁僖公五年(前 655),晋献公再度向虞国借道。虞国国君想要答应,主要理由有两条:一是虞国和晋国是本家,对方不会害他(“晋,吾宗也,岂害我哉?”);二是虞国祭祀很丰盛,神灵一定保佑(“吾享祀丰絜,神必据我”)。虞国大夫宫之奇认为这两条都靠不住。他对国君说:“虢,虞之表也。虢亡,虞必从之。晋不可启,寇不可玩。一之谓甚,其可再乎?谚所谓‘辅车相依,唇亡齿寒’者,其虞、虢之谓也。”他认识到虢国是虞国的外围,如果虢国灭亡,虞国的末日也就到了。我们不可以激励晋国的野心,不可以疏忽敌人的入侵。借道一次已经算是很过分了,还可以有第二次吗?谚语所说的“车厢和车辆本身相互依存,如果没了嘴唇,牙齿便会感到寒冷”,指的就是虞国和虢国的情况。宫之奇的进谏没有被采纳,然而事情的发展果然如其所料。[①] 上述事例中,虞君和宫之奇的认同意识是迥然有别的。前者倾向于晋国,后者倾向于虢国。虞君在认同上的错误导致了国家的灭亡,宫之奇在认同上的明智虽然无法力挽狂澜,但为自己逃命赢得了时间。

“唇亡齿寒”一词是对“命运共同体”的形象说明,多次被后人所运用。例如,鲁哀公八年(前487),吴王夫差应以往邾国茅夷鸿的请求,准备攻打鲁国。《左传》有如下记载:“吴为邾故,将伐鲁,问于叔孙辄。叔孙辄对曰:‘鲁有名而无情,伐之,必得志焉。’退而告公山不狃。公山不狃曰:‘非礼也。君子违,不适仇国。未臣而有伐之,奔命焉,死之可也。所托也则隐。且夫人之行也,不以所恶废乡。今子以小恶而欲覆宗国,不亦难乎?若使子率,子必辞,王将使我。’子张疾之。王问于子泄,对曰:‘鲁虽无与立,必有与毙;诸侯将救之,未可以得志焉。晋与齐、楚辅之,是四仇也。夫鲁,齐、晋之唇,唇亡齿寒,君所知也。不救何为?’”[②]这一记载至少有两点值得注意:一是叔孙辄(即子张)、公山不狃(即子泄)原先都是鲁臣,后来卷入政争,被时任大司寇的孔子派兵击败,才辗转逃到吴国。叔孙辄看来对鲁国仍有一肚子气,支持吴国攻打鲁国。他退朝后将此事告诉公山不狃,遭到否定。公山不狃认为:“君子逃亡,不到敌对的国家去。我们对鲁国未尽臣节,而又劝吴国去攻打它,为吴国效力,这样不如去死。如果吴国要我们这样做,我们应当避开。而且,人虽然离开鲁国,不能因为个人怨恨而加害于乡里。如今你因为自己的小怨恨而要颠覆自己的宗国,不犯难吗?若让你带兵,你一定推辞,吴王就会派我去。”由此看来,叔孙辄与公山不狃在对待父母之邦的态度上存在明显差异,虽然前者后来有可能自悔失言。二是子泄用“唇亡齿寒”说明当时鲁国、齐国、晋国之间的关系,认为楚国也会救鲁国之难,言外之意是这几家将联合攻吴。公山不狃这番话未能打消夫差的进攻计划,他自己也果然被迫去带兵。不过,“四仇”联手的现象亦未发生。此战以言和告终。上述事例再度显示了当事人主体意识的差异:叔孙辄对自己在鲁国所遭受的挫折耿耿于怀;公山不狃虽然和他有类似遭遇,但仍怀有故国之情。

(二)社会命运的共同意识——“若同舟而济”

《太公六韬》有言:“若同舟而济,济则皆同其利,败则皆同其害。”春秋时邓析对此理做了比较详细的阐述。他说:“死生自命,贫富自时。怨夭折者,不知命也。怨贫贱者,不知时也。故临难不惧,知天命也。贫穷无慑,达时序也。凶饥之岁,父死于室、子死于户而不相怨者,无所顾也。同舟渡海,中流遇风,救患若一,所忧同也。张罗而畋,唱和不差者,其利等也。”[③]这就是说:生死由天命决定,贫富由时运决定,如果因为早逝就心存不满,那是不知天命;如果因为没钱就大发牢骚,那是不知时运。因此,大难

---

① 左丘明.春秋左传正义:卷十二僖公五年[M].清阮刻十三经注疏本:286.

② 左丘明.春秋左传正义:卷五十八哀公八年[M].清阮刻十三经注疏本:1268.

③ 邓析.邓析子:无厚篇[M].四部丛刊景明本:1.

当头而英勇无畏，是了解天命的表现；家徒四壁而毫不害怕，是通达时运的缘故。碰上荒年，虽然亲人惨死而不相互埋怨，知道没什么好顾念。一起乘船航行，在海中遇到大风，获救和罹难的机会是一样的，所担心的事情也彼此相同。张网打猎，配合吆喝，他们的利益有一致之处。在这样的情况下，原先彼此分离的人们很可能形成某种共同意识。下述事例可以为证。

鲁僖公三十年(前 630)，晋文公、秦穆公的军队包围郑国，原因是郑国不仅在晋文公即位前流亡过境时对他不礼貌，而且曾经将自己的军队交给楚国来攻打晋国(指城濮之战)。危难之际，郑国大夫佚之狐向郑文公推荐烛之武，说要让他去见秦穆公，一定能解围。郑文公接受建议去请，但烛之武托老推辞。郑文公说："吾不能早用子，今急而求子，是寡人之过也。然郑亡，子亦有不利焉！"[①]最后这句话讲清了国家存亡与臣子命运之间的利害关系，烛之武因此转变态度，深夜出城，向秦穆公说明打垮郑国只会有利于晋国的扩张，对秦国没好处。于是秦穆公决定退兵，晋文公独力难支，跟着撤军。若据冯梦龙历史小说《东周列国志》的追溯，烛之武当时已经 70 岁了，虽然有勇有谋，而且是三朝老臣，但不过当个小小的养马官，堪称怀才不遇，因此开始不想接受郑文公之托。尽管如此，当他意识到自己的命运和郑国密切相关时，就慨然成行。

《易经》说："投戈散地，则六亲不能相保。同舟而济，则吴越何患乎异心？故苟识其情，不忧乖远。苟明其趣，不烦强武。"[②]打了败仗，竞相奔逃，那么，即使是至亲之人，都无法相互保护。同乘一条船过河，那么，即使来自彼此对立的国家，也无须顾虑存在不同心思。因此，如果能够了解人们的情感，就无须担忧离心离德。如果能够明白人们的意趣，就不必施加强制。汉代孔鲋举出下述事例予以说明："韩与魏有隙。子顺谓韩王曰：'昭厘侯、一世之明君也；申不害，一世之贤相也。韩与魏，敌侔之国。而厘侯执圭见梁君者，非好卑而恶尊、虑过而计失也。与严敌为邻，而动有灭亡之变。独劲不能支二难，故降心以相从，屈已以求存也。申不害虑事而言，忠臣也。昭厘侯听而行之，明君也。今韩弱于始之韩，魏弱于始之魏，秦强于始之秦。而背先人之旧好，以区区之众，居二敌之间，非良策也。齐楚远而难恃，秦魏呼吸而至。舍近而求远，是以虚名自累而不免近敌之困者也。为王计者，莫如除小忿全大好也。吴越之人，同舟济江。中流遇风波，其相救如左右手者，所患同也。今不恤所同之患，是不如吴越之舟人也。'韩王曰：'善。'"[③]上文中的韩王是指昭厘侯之子，战国时期韩国第一位称王的君主韩康，即韩宣惠王。梁国指当时魏国，因为魏惠王已将都城由安邑迁到大梁(现开封)。韩国与魏国势均力敌("敌侔")，但昭厘侯在位时听从名相申不害的计策，对魏国比较恭敬，为的是共同抗击强秦。其后，韩国与魏国发生矛盾。子顺劝韩宣惠王贯彻以往的国策。如果只是因为小矛盾而忘记了所面临的共同威胁，那还不如虽然在战场上敌对，却在同舟渡江遇风浪时彼此相救的吴、越之人。韩王认为子顺说得对。事实上，他称王本身就是对秦国君主嬴驷公然称王(前 325)的反制。由公孙衍倡导，魏国、

---

① 左丘明.春秋左传正义：卷十七僖公三十年[M].清阮刻十三经注疏本：382-383.

② 王弼.周易：卷十明爻通变[M].四部丛刊景明翻宋本：81.

③ 孔鲋.孔丛子：卷五论势第十六[M].四部丛刊景明翻宋本：31-32.

韩国、赵国、燕国及中山国发起“五国相王”活动（前 323 年），彼此承认王的称号，组成合纵抗秦联盟。不过，这一联盟在与秦国的对抗中失败瓦解。韩宣惠王转而实施依附于秦国的连横战略。“合纵”还是“连横”？这本质上是与哪些国家结成“命运共同体”的问题。它困扰着战国时期的诸多国君、诸多谋士。主张合纵的公孙衍、宣扬连横的张仪因此成名。他们之间的角力不仅牵涉到个人命运，而且和列国纷争的大势息息相关。最后的结果是众所周知的，秦国一统天下。

（三）社会秩序的乱后重建——“一事不牢，则俱受其败”

秦朝暴政导致农民起义，义军首领陈涉高呼：“王侯将相宁有种乎！”①这是对既有统治秩序及其精神支柱的勇敢挑战。他所建立的张楚政权虽然失败，但秦朝很快被推翻。汉高祖登基之后，采用分封制和郡县制相结合的方法，致力于重建家国一体的社会秩序，为此不惜下狠手。三大名将韩信、彭越、英布均为开国立下汗马功劳，但都被刘邦以谋反的罪名诛灭。据《史记·黥布列传》记载，“上召诸将问曰：‘布反，为之奈何？’皆曰：‘发兵击之，坑竖子耳，何能为乎！’汝阴侯滕公召故楚令尹问之。令尹曰：‘是故当反。’滕公曰：‘上裂地而王之，疏爵而贵之，南面而立万乘之主，其反何也？’令尹曰：‘往年杀彭越，前年杀韩信，此三人者，同功一体之人也。自疑祸及身，故反耳。’”②这些名将的功绩和地位相同，他们之所以谋反，原因固然未必完全一样，个人的失落感、皇上的猜忌心等都可能起作用。除西汉之外，开国皇帝大肆诛杀功臣的朝代还有明朝。这两个朝代都是由多支起义军经过混战而建立政权，在开国皇帝身后均出现严重宗室内乱。皇帝以布衣造反起家，生怕别人也如法炮制，皇室没有可用以维系臣民之心的“高贵”血统，功臣没有坚定不移的效忠君上的伦理信念，可能都是原因。

尽管经历了改朝换代的洗礼，但家国一体所蕴含的内在矛盾并没有根本消除。官场如同雷区，一步踩错就可能抱憾终生。试举一例说明。西汉灌夫字仲孺，有军功，尚游侠，虽然犯法免官，但仍横行长安，与魏其侯窦婴交好。丞相田蚡（即武安侯）娶夫人时，灌夫与宴，因敬酒时主人不肯尽饮而生气，又遇到临汝侯灌贤、卫尉程不识只顾讲悄悄话，没有离席起立而发火。田蚡提醒他说：“程、李俱东西宫卫尉，今众辱程将军，仲孺独不为李将军地乎？”夫曰：“今日斩头陷胸，何知程、李乎？！”看来田蚡动怒，灌夫仍不肯为使酒骂座而道歉。田蚡因此来真格的，治他的罪。窦婴出面救他，事情闹到汉武帝那儿。汉武帝派人调查，发现灌夫确有劣迹、窦婴言有不实，于是均予处决。③敬酒敬出乱子来只是表面现象，涉事之人本来就有错综复杂的矛盾，正好说明旧时官场中经常存在许多“命运共同体”，灌夫与窦婴就是最明显的。二人本是失势时的惺惺相惜，他们手下各有一帮人，那是“共同体之下的共同体”。田蚡劝架时特别点明程不识和李广的关系，似乎这两个人在他眼里也是“命运共同体”。这有点根据——李广时任未央卫尉，程不识则为长乐卫尉，他们都是名将，都曾当过太守。田蚡自己是孝景王

① 司马迁.史记:卷四十八陈涉世家第十八[M].清乾隆武英殿刻本:635.

② 司马迁.史记:卷九十一黥布列传第三十一[M].清乾隆武英殿刻本:930.

③ 司马迁.史记:卷一百七魏其武安侯列传第四十七[M].清乾隆武英殿刻本:1038.

皇后的胞弟，被他打倒的窦婴则是汉文帝皇后窦氏的侄子。这些外戚各有各的“命运共同体”，但又都围绕着皇室这个最大的“命运共同体”。

作为成语，“同舟共济”屡被后人使用。例如，汉宣帝仿效武帝的故事，宫室车马盛于昭帝，外戚许、史、王氏贵宠。谏大夫王吉因此上疏言其得失，文中有“同舟涉海，一事不牢，则俱受其败。虽仆御之贱，亦不可忽也”的说法，堪称警语。但宣帝以其言迂阔不从。[①] 至于情境性命运共同体，显然不如家国性命运共同体那样稳定，是随着功利关系的变动而变动的。东晋太元十年(385)，后燕慕容垂率军包围前秦苻坚之子苻丕所把守的邺城(今属河北省临漳县)，但在晋将刘牢之带领的救兵抵达后败退。刘牢之、苻坚的兵马紧追不舍。慕容垂曰：“秦晋瓦合，相待为强，一胜则俱豪，一失则俱溃，非同心也。今两军相继，势既未合，宜急击之。”刘牢之的军队连追二百里，到达五桥泽(位于今河北临漳县)，因争抢后燕的辎重而散乱。慕容垂看准机会杀回马枪，将晋军打得大败。上例中的“瓦合”可用以概括情境性命运共同体的特征，即没有在意识上形成一个整体(“非同心也”)。

上文所分析的族类繁衍、角色设置和主体意识分别从不同角度揭示了社会群落的生态特征。活跃于社会群落的主角是人，人在自然意义上是由族类繁衍造就的个体，在社会意义上是占有一定位置的角色，在心理意义上是具备能动性的主体。社会系统由众多族类的繁衍形成，社会体制由众多角色的设置构成，社会危机由众多主体的意识共同应对。它们都受制于具体的历史条件。上文有关家国的分析可以证明这一点。随着时代的发展，社会共同体已经从家国、现代意义上的国家发展到各种意义上的国际组织，以至于“人类命运共同体”。虽然历史条件发生了重大变化，但我国古代格言中所包含的智慧依然值得借鉴，“唇亡齿寒”“同舟共济”等就是如此。

---

① 葛洪.涉史随笔：王吉言谨择左右所使[M].清知不足斋丛书本：6.

人文精神:中国媒介批评的理论之魂

Humanistic Spirit: The Soul of China's Media Criticism Theory

◈ 郝　雨*
Hao Yu

摘要:建设中国体系的媒介批评学,首先要找到能够统领这一体系的理论气脉。而在全球化的大背景下,在高科技新媒体的媒介环境当中,尤其是在市场经济的大氛围笼罩之内,这种可称之为现代媒介批评理论之魂的精神命脉,就应该是贯穿于中国文化发展中的"人文精神"。就我们媒介批评理论而言,自然面临着两大任务。第一是在社会中重新树立"人",即在当下物质化与泛媒介化的社会中,如何在这种状况下引导人们在广泛接收媒介信息时能保持应有的独立而不至于成为一代又一代的"媒介依赖病患者",从而实现人的更加全面自由的发展。第二是给予媒体必要的报道视角和理论支持来帮助我们在整个社会中树立人文精神,让全社会都能尊重"人"、关注"人"。因此,如何形成一套符合中国特色而又能继承发扬中国传统人文主义精神的理论便成了目前理论建设方面的当务之急。事实上,我国传统文化在人文主义的提出和发展方面并没有太落人后,但是对于中国传统文化有关人文主义的传统这块巨大富矿的开采利用还是远远不够的。因此如何正确开掘其丰富资源并与现代社会结合,同时广泛吸收人类文明成果必将成为我国媒介批评理论建设的重大任务。

Abstract: Prior to the construction of China's system of media criticism, a governing theoretical skeleton is necessarily to be found. In the context of globalization, and with high-tech environment of new media and market economy in particular, the spiritual lifeline that can be deemed as the soul of modern media criticism theory should be the "humanistic spirit" that running through the development of Chinese culture. Media criticism theory confronted two tasks. The first one is the reestablishment of "human" in society. That means in the current materialized and pan-media society, how to guide people to keep their due independence while widely exposed to media without becoming "media dependent patients" one generation after another so

---

* 原名郝一民,上海大学教授,博士生导师。

as to realize a more comprehensive and free development as a human being. Second, the affordance of necessary report perspectives and theories to media to help them build humanistic spirit in society so that the whole society can respect and pay attention to "human". Therefore, how to develop a set of theories that not only conforms to Chinese characteristic but also inherits the traditional humanistic spirit of China has become the top priority in theoretical construction. In fact, Chinese culture does not fall far behind in the proposal and development of humanism, yet it is far to enough in the exploitation of classical tradition of humanism which is a huge rich deposit in Chinese culture. Inevitably, how to properly excavate this rich resource and combine it with modern society, and meanwhile widely absorb the achievements of human civilization will become an important task in the construction of media criticism theory in China.

关键词：媒介批评学，理论体系，人文精神，灵魂

Keywords: media criticism, theoretical system, humanistic spirit, soul

媒介批评起源于西方，但是，西方传播学界却一直没有对媒介批评概念作出专门的、正宗的学术性界定和解释[①]；西方的媒介批评实践极为发达，但是他们却没有建立起一套统一的、通行的、系统整体的媒介批评学理论体系。因而在西方的媒介批评实践中，虽然出现了众多的批评流派，但是，各个派别不仅没有统一的理论标准，而且其批评方法也并不具有一以贯之的、普遍适用的、各派相通的具有统领性的理论之魂。而从另一个角度和层次来看，媒介批评理论体系属于基础理论，但是，它又具有较强的应用性，是要直接应用于媒介批评的实践当中的。这样的理论体系也就特别要求有一个最基本的理论支撑点，以决定批评的理论立场、根本意图以及批评标准等重大原则问题。所以，我们的中国媒介批评学既然要有意识地建设完整的媒介批评学体系，首先就要找到能够统领这一体系的理论气脉。如今，在全球化的大背景下，在高科技新媒体的媒介环境当中，尤其是在市场经济的大氛围笼罩之内，这种可称之为现代媒介批评理论之魂的精神命脉，就应该是贯穿于中国文化发展中的"人文精神"。

一、"人文精神"的真正"精神"

人文精神作为思想观念和理论主张，应该说，原本是东西方共同存在的。人类文明诞生之初，就有智者先贤提出重视人性、弘扬人文的观点，例如西方智者运动的代表普罗塔哥拉提出的"人是万物的尺度"、苏格拉底提出的"认识你自己"，而在中国先秦诸子时期，百家争鸣、百花齐放，儒家、道家、墨家等都提出过重视人的观点。之后，东

① 在约翰·费斯克等编撰的《关键概念》一书中，甚至没有收入"媒介批评"这样的概念。费斯克.关键概念[M].北京：新华出版社，2004.

西方人文主义沿着各自的轨道发展,不仅西方人文主义发展脉络较为清晰,在中国,人文主义思想其实也贯穿于整个中华文化之中,而所谓"贯穿于中国文化发展中的人文精神",虽然在具体内涵和意义上与西方"人文主义"或"人本主义"等概念并不完全相同,但在本质上还是能够互相联通的。

(一)人文精神新解

从字面上看,人文主义又译作人本主义、人道主义。广义上,人文主义就是关注人,尤其是关注人的精神生活;尊重人的价值,特别是尊重人作为精神存在的价值。狭义上则一般指文艺复兴时期的一种思潮,即反对神学、神性,重视人性、理性,追求现世的幸福而不是将希望寄托于宗教来世。就西方人文主义历史而言,一般将其发展分三个阶段:古希腊思想家对"人"的重视为其萌芽阶段,文艺复兴和宗教改革为其发展阶段,而启蒙运动则是其成熟阶段。

具体说来,西方人文精神最早在古希腊、古罗马萌芽,是以强调、重视人的文化教养而表现出来的。公元前5世纪古希腊城邦政治和社会经济发展迅速,并开始强调人文教育,以图培养出一批有教养、有才能的人。其间出现了苏格拉底、柏拉图、亚里士多德等思想巨人和一些开创性的学说,在其影响下西方人文主义奏响了第一乐章,即西方人文主义思想的滥觞——智者运动。14—17世纪的文艺复兴和宗教改革运动则让西方人文主义发展走上了快车道,由于中世纪宗教束缚人性,阻碍资本主义发展,在教廷统治的高压下,一部分文艺先驱借助古希腊、古罗马文化来反对宗教文化,以追求思想解放和身心自由,这便是文艺复兴运动,其后西方又出现了以反对罗马天主教会神权统治为主的宗教改革运动。通过这两次运动,西方人文主义获得了极大进步。到17、18世纪,以伏尔泰、孟德斯鸠、卢梭、康德为旗手的启蒙运动高扬理性自由的启蒙大旗,破除了宗教思想和封建迷信,促进了"人"的解放和思想自由,真正使自由平等观念深入人心,并最终使人文主义思想发展进入完备阶段。

在我国,从字面上来看,"人文"二字最早出现于古籍《易传·贲》当中的一则彖辞,"小利以攸往,天文也;文明以止,人文也;观乎天文,以察时变,观乎人文,以化成天下"。此处"人文"二字,指的是诗书礼乐等文化教育。而《后汉书·公孙瓒传》中"舍诸天运,征乎人文"的"人文"指的是人事。由此可见我国古代"人文"二字更多的是与封建伦理道德和封建统治相关。事实上,我国的人文传统由来已久,特别是在思想活跃的早期,像春秋战国时代的百家争鸣局面,其时诸子思想普遍闪烁着人文主义的光辉,这至今仍是中国思想文化的一座高峰。例如孔子的思想就极富人文主义色彩,他的学说中的很多命题都是立足于人,从对人的尊重和爱出发的。还有道家对于生命与自由的崇尚等,其他诸子思想的人文主义思想也是不一而足,可见人文主义在我国很早就已经产生并有了相当程度的发展。

作为本文核心思想和中心话语的"人文精神",如果单一地或者孤立地将其当作一个普通语汇来看,在当下的话语环境中已经成了一个颇有些时髦的用语。可以说,无论是在学术领域还是在现实生活当中,"人文精神"已被用得太多甚至太泛了。王晓明在一次关于“人文精神”的学术报告中说，十几年前当人文精神的讨论在全国产生了重大影响的时候，在一家酒店的开张庆典上，一位经理致辞时也是大讲“发扬人文精神”。[①]商品化社会中以赚钱为目的的商家都想和“人文精神”攀亲，而且似乎谁都可以用“人文精神”来装点自己的门面。这不能不说是“人文精神”在一定程度上的异化。2013年初，有媒体报道黑龙江伊春上访女子陈庆霞被关太平间三年。伊春市带岭区宣传部公开回应此事，竟然称是对信访人员的“人文关怀”。这样歪曲人文精神的真实精神的行为，简直令人发指。

因而，我们这里对人文精神的讨论，就是要真正站在思想文化的角度，尽量还原人文精神的真实精神，而且其前提是在传媒市场化的进程当中，深入研究我们的媒体应该如何坚守人文精神，如何能够与完全追逐利润的商业行为明确地划出一条界线，以及如何能够真正在全社会成为人文精神的发扬光大者。这才是我们的“媒介批评与人文精神”研究的基本学术意图。

“人文精神”的字面解释，就是“以人为本”的“文化”精神。就其基本内涵而言，说得更通俗明白一些，就是指“人的精神”。而所谓“人的精神”，又起码应该包括两个层面(即双重意义)：其一是强调“人”的精神；其二则是强调人的“精神”。所谓“人文”，当然是要坚持把“人”放在第一位。而“人文”二字的现代组合，其义第一讲的是“人”，第二讲的是“文”。这并不是简单地拆解字面，望文生义。[②] 这恰恰是对“人文精神”这一内涵极其复杂丰富的概念做最细微的考辨与阐释的必要环节。以往，人们解释人文精神，一般只是单一地将其理解为“以人为本”，而忽略了精神坚守这一点。其实，人文精神本身就是一种需要坚守的“精神”，本身就是属于精神范畴的“文”的一面。“以人为本”之“人”要成为完整和健全的“人”，就不能丧失精神性。因而，我们要大力提倡的新闻媒介以及作为媒介批评理论命脉的人文精神，自然首先要从精神上高举“人”的旗帜，更实际地关注实实在在的个体生命，并更细微、更彻底地关怀每一个普通人，坚持人文至上精神。

所谓人文至上精神，归根结底，就是首先突出和强调社会个体至上的精神，而又要真正在“以人为本”的原则基础上，让个体“人”成为社会“文”的中心，让“文”永远服从和服务于“人”，而不是要“人”绝对屈从和受制于“文”。另一方面，当我们把社会个人放在至高位置上的时候，又必须注意把个人作为整体的人。也就是说，每一个个人，不仅是有着社会共同利益和要求的个人，而且是有着独立欲望和需求的个人；不仅是需要他为社会负责的人，而且是需要社会为他负责的人；不仅是要以社会共性来加以规范和约束的人，而且是需要承认其自身个性和独特性的人；不仅是肉体的人，而且更是精神的人；不仅有现实物质的需求，而且有终极向往的需求。

人类社会正是由这样的一个个活生生的个体而构成的，所以我们的社会才显得丰富多彩，波澜壮阔，生机勃勃。

---

① 郝雨.当代传媒与人文精神[M].北京：中央文献出版社，2004：12.

② “人文”一词在中国传统经典中原是与“天文”一词对举为文的，最早见于《周易·彖传》。《贲卦·彖传》曰：“刚柔交错，天文也；文明以止，人文也。观乎天文，以察时变；观乎人文，以化成天下。”这里“天文”指的是自然界的运行法则，“人文”则是指人类社会的运行法则。因此，“人”与“文”二字，本身就各有其独立含义。

(二)我国传统文化中的人文精神

以上我们所理解的,以及所要倡导和发扬的人文精神,尤其是我们要将其作为中国媒介批评学理论之魂的人文精神,当然不是无源之水、无本之木,它实际上正是植根于中国传统文化中的,有着极其深厚的文化土壤的“人文精神”。然而,中国传统文化的结构之中到底有没有“人文精神”的内涵?其“人文精神”的真实意义又和现代的人文精神以及西方的人文精神有着怎样的异同?尤其是,这样的人文精神对于当下中国的文化发展和思想建设有着怎样的价值和意义?近年来学界对于这样的问题存在巨大的分歧。而以往人们对于我国传统人文精神的认定,又多从字面考证切入,很难抓住我国古代思想家们的思想原意和根本精神。本章中笔者力图综合考察诸子时代各大先哲的基本思想主张,从中把握各家思想体系蕴含和贯穿着的人文精神的原始意义。而对于其后的历史嬗变,也就是“五四”新文化运动以后对于传统文化“吃人”本质的全面否定和批判,笔者也尽量寻找和描述了一些脉络。而所谓中国传统文化中的“人文精神”,不仅远可以追索至中国文化孕育和发生的源头,近也至少可以推溯到殷末周初。而且中国传统文化中的“人文精神”,其内涵也是相当丰富复杂且有较多的演进变化的。

1.“人”的精神的核心应该是“人最贵”

肯定人在世间的最高价值,肯定人在世界上的主动的以及能动的主体地位,当然是人文精神的构成核心。在中国漫长的文化发展历史典籍中,很早就有表现“人”是天地万物中最灵、最贵者的思想。如《尚书·泰誓》中说:“惟天地,万物之母;惟人,万物之灵。”①《孝经》中则借孔子的名义说:“天地之性,人为贵。”②这句话中的“性”字,即“生”的意思。宋人邢昺解释说:“性,生也。言天地之所生,惟人最贵也。”其实,在《孝经》面世之前,荀子就已提出了人最为天下贵的观点了。他说:“水火有气而无生,草木有生而无知,禽兽有知而无义,人有气有生有知,亦且有义,故最为天下贵也。”③荀子用比较的方法,层层递进地说明了为什么天地万物中人最为贵的道理。其后,在《礼记·礼运》篇中,他又进一步对人之所以异于万物并高于万物的道理作了理论上的说明。如说:“故人者,其天地之德,阴阳之交,鬼神之会,五行之秀气也。”“故人者,天地之心也,五行之端也,食味、别声、被色而生者也。”④汉儒董仲舒继承荀子思想,亦极言人与天地并为万物之根本。如说:“天地人,万物之本也。天生之,地养之,人成之。”⑤“人下长万物,上参天地。”⑥等等。荀子、《中庸》和董仲舒等的论述中,应当说都蕴涵着这样一层意思,即在天、地、人三者中,也就是在整个自然万物之中,人是处于能够掌

---

① 孔颖达.尚书正义:卷十一泰誓上[M]//十三经注疏(上册).北京:中华书局,1980:180.

② 孝经注疏:卷五圣治章第九[M]//十三经注疏(下册).北京:中华书局,1980:2553.

③ 荀子·王制[M]//诸子集成(第二册).北京:中华书局,1954:104.

④ 孔颖达.礼记正义:卷二十二[M]//十三经注疏(上册).北京:中华书局,1980:1423-1424.

⑤ 春秋繁露:卷六立元神[M]//二十二子.上海:上海古籍出版社,1986:781.

⑥ 春秋繁露:卷十七天地阴阳[M]//二十二子.上海:上海古籍出版社,1986:808.

管万物而且是世界主控者的地位的。从生养人与万物来讲，当然天地是其根本，然而从治理人与万物来讲，则人是能动的，具有主体性，操有主动权。就这方面说，人在天地万物之中可说是处于核心的地位。这样的思想与西方文艺复兴时期呼喊出的“人是世界之花，万物的灵长”本质是相通的。中国传统文化的人文精神把人作为世间最贵者，其一是极其注重人的自我提升与超越，注重人的伦理精神和艺术精神的养成等。其二则是强调“达则兼济天下”。而且，在儒家看来，在解决“人与自然”“人与人”“人自我身心内外”的种种矛盾时，“人”也是关键。因为，只有人才可以“为天地立心，为生民立命，为往圣继绝学，为万世开太平”。

2.“人”的精神的基本立场是从“个人”出发

其实，从深层次上来看，我国的儒家文化与西方文明之间的确有着极大的差异，但并不是在所有问题上都是决然对立、不可调和的，有人就曾经发现两者之间其实有一个交叠的价值空间，那就是对“人”的问题的关注。众所周知，18 世纪欧洲的启蒙运动，高扬人本主义去冲破中世纪神本文化的牢笼，然而诚如当时那些主要思想家所言，他们所倡导的人本主义，正是从中国儒、道哲学的人文精神中得到了极大的启发和鼓舞。① 西方社会自文艺复兴之后对人本主义的追求无须多言，我们在此需要强调的是儒家文化对于人的思考。在传统解读中，儒家文化似乎站在个人的对立面而崇尚集体主义的思维模式。对于儒家文化作这样的解读，所得出的结论自然无法与自西方而来的现代化理念并行不悖。然而孔子之所谓“修身齐家治国平天下”的理念恰恰说明，孔子对于社会问题的探讨是从个体的人开始的。个体的人作为社会构成的最基本单位，不单构成了社会本身，也构成了社会的诸种问题。因此，社会问题的解决最终也必须依赖人的问题的解决，必须关注人的复杂与多样而非将“人”视作生物意义上的抽象个体。“身心合一”(内外)将会为调节自我身心内外的矛盾提供某些有意义的思想资源。“身心合一”是说肉体生命与精神生命之间存在着一种相即不离的和谐关系。儒家认为达到“身心合一”要靠“修身”。《郭店楚简 · 性自命出》中说：“闻道反己，修身者也。”意思是说，知道了做人的道理，就应该反求诸己，这就是“修身”。② 所以《大学》认为，“修身”“齐家”“治国”“平天下”，“自天子以至庶人，壹是皆以修身为本，其本乱而末治者否矣”。如果一个社会有了良好的制度，再加之有道德修养的人来管理这个社会，社会上的人都能“以修身为本”，那么这个社会也许就可以成为一个“和谐的社会”，世界就可以成为一个“和谐的世界”了。③孔子面对自己身处的那个“礼崩乐坏”的时代，所提出的解决问题的思路开始于个人品行的修养乃至复归于“礼”这样一个在孔子看来符合自身价值认同的社会规范。当西方遭遇发展中的精神危机，而儒家文化圈内的国家则面临如何调和个体价值与集体价值之间种种冲突之时，孔子在两千年前所提出

---

① 朱谦之.中国哲学对于欧洲的影响[M].福州：福建人民出版社，1985.

② 1993 年 10 月，在湖北省荆门市郭店村发掘出竹简，共 804 枚，为竹质墨迹。其中有字简 730 枚，共计 1.3 万多个汉字。其中两种是道家学派的著作，其余多为儒家学派的著作。

③ “新轴心时代”或将到来 汤一介：论儒学的复兴[EB/OL].(2010-01-19)[2013-04-29].http://book.ifeng.com/special/fuguruxue/list/201001/0119_9265_1517501_2.shtml.

的由个人延展至集体的思考模式就有了可供探讨的空间。尤其是从另一个方面来看,通过"修身"达到"治国""平天下"的目标,其实不也正是个人价值的最高实现吗?需要指出的是,即使文明之间存在着不可调和的矛盾与冲突,构成文明的核心要件也一定是人,所以人的问题也理所当然地成为不同文明的核心话题。西方世界强调自由、平等、博爱,儒家文化强调"修身齐家治国平天下"的理想,无论其路径为何,最终的指向一定是生活中的一个个具体的人,文明的发展必然要以尊重人存在的价值,保证人作为一个超越生物学意义上的存在的尊严为前提条件。因此,对于"人"的关注、对于其存在价值的尊重,足以成为不同文明普遍的价值认同。

20世纪以来,许多学者在比较中西文化的差异时,认为西方人重视个体,而我们中国传统思想则强调群体。但是,如果把眼光回溯到源头,看看儒家在开始时是怎么说的,就会发现问题并没有那么单纯。以人们最熟悉的一段孔子的说法来看:"吾十有五而志于学,三十而立,四十而不惑,五十而知天命,六十而耳顺,七十而从心所欲不逾矩。"[①]以往人们认为这主要讲了孔子七十岁以后的精神境界,是他在晚年回顾他一生的精神生活的过程,概括了他认为的这个过程的几个主要阶段。其实,细读起来,这些话的字里行间不都渗透着强烈的自我肯定意识吗?而且"不惑""知天命""耳顺",尤其是"从心所欲"这样的表述,不都充满着对于个体自由的向往和追求吗?孔子还说:"仁远乎哉?我欲仁,斯仁至矣!"在孔子心中,仁是德行极致的表现,但其实践契机全在于"我"的决定。更扼要的说法是:"三军可夺帅也,匹夫不可夺志也。"匹夫是指作为个人的平凡百姓,一个人,内心打定了主意,有了完全属于自己的"志",就谁也奈何不了。尽管我只是一个人,只是一个渺小的,或者微不足道的"个体",这样的自我意识、个人意识还不够强吗?还有一句在今天看来更加自我和自信的话,就是:"自反而缩,虽千万人,吾往矣!"只要反省自己,肯定自己有理,那么即使有千万人反对我,我照样向前走去!这样强烈的自我和自信,怎么能说儒家思想完全否定自我呢?当然,汉代以后的儒家学者,配合政治需要而推广群体意识,固然是历史事实,但是孔孟思想中最早已经展现了鲜明的自我意识,也是不可否认的事实。[②]

3.热爱生命与崇尚自由、平等

人文精神强调"人"的精神,其实归根结底就集中在几个关键词,即生命、自由、尊严。中国传统文化中最重要的"天人合一"思想,内涵极其复杂,而其中一个很重要的意义,就是强调人要顺应自然,以获得更加圆满的自然生命。尤其在庄子的思想当中,"尊生""养生"更是其哲学思想的重要构成。这样的思想在他的许多篇章中都有论述,如"阴阳和静,鬼神不扰,四时得节,万物不伤,群生不夭……莫之为而常自然。"(《庄子·缮性》)他珍爱一切鲜活的生命,认为那都是造物者的伟大创造,其内篇《养生主》,更是人人熟知的养生之道。

---

① 金良年.论语译注[M].上海:上海书店出版社,2001:8.

② 傅佩荣.国学给我们的启示[EB/OL].(2011-12-04)[2013-04-23].http://blog.sina.cn/dpool/blog/ArtRead.php?nid=4a57bcc90102e0pw&oid=sina&vt=3&page=4.

其实，对于生命和身体的看重，在《老子》中就有非常深刻的阐发，《道德经》第四十四章说道：

名与身孰亲？身与货孰多？
得与亡孰病？甚爱必大费，多藏必厚亡。
故知足不辱，知止不殆，可以长久。

这里，显然是把人的身体看得最为重要。在与名利和物质的对比中，大大肯定了身体的价值，并提出：一旦颠倒了这种关系，就可能带来危险和惨重的损失。

《吕氏春秋》中也有这样的说法："天下轻于身，而士以身为人。以身为人者，如此其重也，而人不知，以奚道相得？贤主必自知士，故士尽力竭智，直言交争，而不辞其患。"这段论述的前提就是人的身体、生命重于天下。

即使在人们最熟知的《孟子》关于"生"和"义"的论述中，也并不完全是"重义轻生"。不妨仔细理解孟子的这段话："鱼，我所欲也；熊掌，亦我所欲也。二者不可得兼，舍鱼而取熊掌者也。生，亦我所欲也；义，亦我所欲也。二者不可得兼，舍生而取义者也。生亦我所欲，所欲有甚于生者，故不为苟得也；死亦我所恶，所恶有甚于死者，故患有所不辟也。如使人之所欲莫甚于生，则凡可以得生者何不用也？使人之所恶莫甚于死者，则凡可以辟患者何不为也？由是则生而有不用也，由是则可以辟患而有不为也，是故所欲有甚于生者，所恶有甚于死者。非独贤者有是心也，人皆有之，贤者能勿丧耳。"孟子没有从一开始就把生命看得无关紧要，而是在无可奈何的情况下，不得不如此而已。

至于庄子的自由观，则以《逍遥游》为代表。有人说，庄子的哲学本质上是人生哲学，拯救人生是其哲学的出发点和归宿。这突出地表现在庄子对于人生困境的追溯，对人的自由境界——"逍遥"状态的刻画上。而庄子的所谓自由就是与"道"合一，"与宇宙精神往来"。自由境界是庄子哲学的最高的价值追求。也有人认为，中国的天人合一是有分的合一，所以主体性和自由本来就是天人合一的内在尺度。天人之际的问题本身就默认了天人之间存在着差别和对立。相信人本身的力量，相信主体能够把握客体，是中国哲学的固有精神。

关于平等观念，自五四新文化运动以来，我国传统文化最受诟病的就是严格的等级制度与尊卑观念。然而，无论如何，我们还是不应该回避历史真实，即就原生状态而言，古代儒家并没有现代人的平等观念，没有像现代人那样用"平等"去规范和改变现实生活中的诸多不平等现象。因此，对古代儒家而言，人有两重性：一方面，在天性和成就德性的可能性上，人是平等的；另一方面，现实生活中的不平等也是必然的和合理的。正如"劳心者治人，劳力者治于人"，或者"上智下愚不移"一样，"君子"和"小人"的区分表示政治的不平等几乎是天经地义的。但是面对人们对儒家纲常不平等实质的批评，有学者也提出了一个很有趣的问题：三纲五常中是否有某种类型的平等关系存在？譬如师生和朋友关系。其中有一条"四海之内皆兄弟"值得注意，抽象地讲，它非常接近我们现代人的观念，以至于张艺谋把它打到了北京奥运会的开幕式上。它虽然不是直接说朋友，但是此处的“兄弟”当然不是指家族关系，而是指亲密的朋友关系。尤其在孟子那里，朋友一伦与其他伦理关系是联结在一起的，“获于上有道，不信于友弗获于上矣。信于友有道，事亲弗悦，弗信于友矣”（《孟子·离娄上》）。当然最后最重要的是要“反身而诚”。《万章下》中有特别的友道。万章问曰：“敢问友。”孟子曰：“不挟长，不挟贵，不挟兄弟而友。友也者，友其德也，不可以有挟也。孟献子，百乘之家也，有友五人焉：乐正裘，牧仲，其三人，则予忘之矣。献子之与此五人者友也，无献子之家者也。此五人者，亦有献子之家，则不与之友矣。非惟百乘之家为然也，虽小国之君亦有之。”这一段，大约是把不同地位的人之间的朋友关系平等化了。同时又说，朋友的关系是道德的关系，不参与政治活动，不改变社会地位的分化状况。所以，传统文化之中还是具有一定程度的平等思想的。甚至，我们从孔子的“苛政猛于虎”的感叹中，不也能感受到他的政治批判精神和深潜在他内心的关心平民、渴望平等的意识吗？

4.人的“精神”强调“精神”，亦不否定和排斥物质

“义”与“利”是一对古老的哲学概念，义利关系更是中国经济伦理思想史上一个长期争论的话题。先秦儒家在义利关系上的基本倾向是“重义轻利”，但也绝不否定功利、扼杀人性。《论语》中有“子曰：‘君子喻于义，小人喻于利。’子曰：‘一箪食，一瓢饮，在陋巷，人不堪其忧，回也不改其乐。贤哉回也！’”在我国传统文化的思想观念当中，所谓义，用孟子的话来解释就是“义，人之正路也”。展开来理解，“义”就是指一种精神，一种人生准则，或者就是一种超越物质利益的信仰和良知。而关于利，则主要包含各种实际的、物质的利益以及人们的切身欲望。儒家倡导重义轻利，但也并不否定、压制、贬斥对利的正当追求，而是强调义与利之间的相互制衡和统一。儒家认为，人人都有追求富贵的欲望。孔子曾说：“富与贵，是人之所欲也，贫与贱，是人之所恶也。”并且他还说：“富而可求也，虽执鞭之士，吾亦为之。”《论语·乡党》记载孔子生活起居时，描述他“食不厌精，脍不厌细”，可以看出孔子是毫不掩饰自己求富、恶贫的观点的，并且孔子认为按照自己付出的劳动获取合理的报酬亦是极为正当的行为：“事君，大言入则望大利，小言入则望小利。故君子不以小言受大禄，不以大言受小禄。”孔子在授徒讲学时，也收取一定的费用，如果一切为义而不图利，则是无法生存的。集先秦儒学之大成的荀子，在利欲问题上更为现实：“饥而欲食，寒而欲暖，劳而欲息，好利而恶害，是人之所生而有也。”衣食住行是人生所必需，也是任何人都无法回避的问题，故追求富贵和利益是人之本性。对于民众，儒家认为应该首先保证他们关于物质利益的需求，使之“仰足以事父母，俯足以畜妻子，乐岁终身饱，凶年免于死亡”，并且儒家坚信“有恒产者有恒心”。见利思义、重义轻利，是先秦儒家义利思想的一个重要特色。因此，在肯定人们追求利欲合理性的同时，孔子也特别强调义对利的统帅作用，即牟利必须符合道义的要求，应当见利思义、见得思义。所以孔子说：“富与贵，是人之所欲也，不以其道得之，不处也。”孔子还说，“不义而富且贵，于我如浮云”。提倡通过正当的途径和手段去谋求利益。在义与利发生矛盾时，孔子提出“君子义以为上”，否则“放于利而行，多怨”。故见利思义是一个具有普遍指导意义的命题。由此可知，先秦儒家虽然肯

定人们追求物质利益的合理性，但并不把这种追求看作是绝对的、无条件的，而是要求任何谋取物质利益的行为都必须置于“义”的前提之下，并严格遵循这一原则。一切不合乎义的“利”，都绝对不允许。虽然“利”为人生之必需，但在义与利孰轻孰重的问题上，孔子坚持重义轻利，“君子谋道不谋食”就是这种思想的真实体现。孟子则更加强调贵义贱利、义高于利的观点：“王何必曰利，亦有仁义而已矣。”孟子将“富贵不能淫，贫贱不能移，威武不能屈”看作是大丈夫必备的德行，是最高的精神追求，他甚至把舍生取义当作人生的最高目标，是故“先义后利者荣，先利后义者辱。荣者常通，辱者常穷”。更重要的是，先秦儒家的义利思想是同他们对于人的本性的认识密切相连的，人性论是先秦儒家义利观的哲学依据。孔子首开儒家义利思想之端，最直接的言论就是：“性相近也，习相远也。”即承认人的天性。孟子的人性思想较之孔子有着更为丰富的内涵，他认为人生来便具有四端：“恻隐之心，仁之端也；富贵之心，义之端也；辞让之心，礼之端也；是非之心，智之端也。人之有四端也，犹其有四体也。”孟子认为仁、义、礼、智是人与生俱来的一种理性判断。也就是说，人性首先表现为一种理性能力。同样，先秦儒家也将追求利欲作为人性的基本规定之一。孔子不仅肯定利欲的存在，而且将其视作君子“五美”的内在要素之一，他认为，君子应做到“惠而不费，劳而不怨，欲而不贪，泰而不骄，威而不猛”，将欲与惠、劳、泰、威相提并论。儒家认为，在人的本性之中，对于义的精神需求是较之物质利欲的更高层次的需求，虽然这种需求不可能脱离物质之利的基础，但崇尚义、追求义是人区别于动物的重要标志。孟子也说：“人之有道也。饱食、暖衣、追居而无数，则近于禽兽。”因此追求义就成为人的至高无上的尊严。由此可知，对于利欲的肯定，表明先秦儒家对于人的欲望的本性的尊重；而对于仁义的执着，则更加体现了先秦儒家对于人之理性价值的追求。正是在这个意义上，他们高扬道义，强调仁义的崇高性，在仁义与利欲发生矛盾和对立时，主张先义后利、尚义轻利、以义制利，甚至不惜舍生取义，把仁、义、礼、智作为最高标准来要求所有的社会主体，并以此为终极关怀。①

5.落到社会实践就是“以民为本”“以人为本”

“民贵君轻”是中国古代最精彩的思想命题之一。当然，其核心理念实际上是强调，在政治权力本原的意义上，民众比君主更重要。但是，无论如何，能够把“民”的地位看得很重，并以之为“本”，多少还是具有比较初级的人文思想的要素。也有人曾经认为，“民贵君轻”的思想，关注的不是君王的威严，而是民众的意志；不是统治者的权

① 也有人认为，孔子提出的义与利是对立的、矛盾的，强调和主张要贵义贱利。墨子的说法则与儒家不同，他认为：义，利也(《墨子·经说上》)。而到了西汉董仲舒却对上述原儒的义利观作了概括，提出“正其谊不谋其利，明其道不计其功”的观点，强调道义和功利难以并存和共生。他的这个论述对后儒的影响极大。所以，宋儒就义利问题所展开的争论是非常激烈的，二程、朱熹等坚执董仲舒的观点，认为道义和功利是互相排斥的：大凡出义则入利，出利则入义。天下事，唯义利而已(二程语录)。而到了永康学派和永嘉学派的陈亮、叶适则认为道义和功利并不矛盾，功利体现在道义之中，离开功利的标准无所谓道义。叶适说：“古人以利与人，而不自居其功，故道义光明。既无功利，则道义乃无用之虚语耳。”(《习学记言》)再后来清初的颜习斋更是认为义利不能偏废，应该并重，他反对董仲舒的义利观，把董的话重新格义为：正其谊以谋其利，明其道而计其功(《四书正误》)。在这里，颜元颠覆和修正了传统儒学崇义贬利的单向意涵，高扬“外王”治平下的功利和业绩，而从根本上否定和背弃了“内圣”之学崇尚心性，脱离实际事务的无益空谈。

益,而是民众的命运。[①] 早在先秦时代,儒、道、墨、法等重要学派就普遍认同这个命题,其中法家的理论贡献尤为突出。慎子的“立天子以为天下”和商鞅的“为天下位天下”就是孟子“民贵君轻”的理论先导。其实,《尚书》中就有“民惟邦本,本固邦宁”的名言;齐国著名政治家管仲更是提出“夫霸王之所始也,以人为本,本治则国固,本乱则国危”;《老子》主张“爱民治国”,“圣人无常心,以百姓为心”;孔子则从心性和社会两个层面,对民本思想进行了深刻的阐述,提出了“仁者爱人”的伦理原则和“为政以德”、博施于民的政治主张。孟子继承并发展了孔子的思想,提出了以“民贵君轻”为核心内容的“仁政”学说,成为先秦时期民本主义思潮的高峰。在心性层面上,他提出“仁义礼智根于心”,认为人的道德行为的根源在于人心,从而深化和拓展了“仁”的观念,强化和突出了儒家自我反思、自我修养、自我完善的道德实践方法,这是他“仁政”学说的理论依据。在先秦众多思想家中,孟子用“民为贵,社稷次之,君为轻”这句名言,鲜明地提出了关于民众、国家、君王之间关系的主张,成为我国民本主义思想中最具代表性的观点。其一,“民贵君轻”思想突出了“民”的重要性。孔子讲“仁”,重视的是人的生命。孟子在此基础上更进一步,他关注的是人的生存状态和权利。孟子说:“民事不可缓也。”他尖锐地揭露和批判了苛政给人民带来的苦难,呼吁统治者要“救民于水火之中”,“博施于民而能济众”,要求统治者克制私欲,实行“仁政”,慎刑罚,薄赋敛,广施恩泽以让人民安居乐业。其二,“民贵君轻”思想要求统治者进行自我道德约束。孟子说:“惟仁者宜在高位,不仁而在高位,是播其恶于众也。”他认为,具有“仁”的道德修养,是天子、国君必须具备的品质。强调统治者应以“不忍”之“仁”设身处地为民着想,忧民之忧,乐民之乐。这就把民本思想升华到一个自觉的政治道德境界。其三,“民贵君轻”思想提出了不同社会地位的人之间双向的义务关系。在“君”与“民”的关系上,孟子强调君王要“乐以天下、忧以天下”。他认为,作为一国之主而不能“与民同乐”是不对的,“乐民之乐者,民亦乐其乐;忧民之忧者,民亦忧其忧”。这些含有民主色彩的观点,是中华民族走向文明的历程中迸发出的极为宝贵的思想火花。令人痛惜的是,在秦以后两千多年的封建社会中,君权愈益强化,到了宋代,“理学家”们甚至提出所谓“君要臣死,臣不得不死”的愚忠思想,民主的思想火花也就被熄灭了。[②]

(三)我国传统人文精神的历史境遇

当然,人文精神在我国的文化发展史上并非一直处于最核心的地位,甚至并非属于我国文化的最基本的精神。在漫长的文化思想发展演进过程中,我们的传统文化对人的理解与阐释出现过巨大变化与变异。这主要有三个方面的原因。

1.在认识论上,过于强调或者单纯偏重人与动物的区别

中国传统文化尤其是历代圣贤在对人的肯定中,最初的思维依据就是把人与动物

---

① 贾陆英.构建和谐社会与民本主义思想[EB/OL].(2013-04-29)[2014-04-03].http://club.topsage.com/thread-787704-1-1.html.

② 楼宇烈.论中国传统文化的人文精神[EB/OL].(2012-03-16)[2013-04-29].http://www.guoxue.com/discord/louyl/061.htm.

做比较,从而极端推重人“高贵”的一面。前面我们所引荀子论人“最为天下贵”的文字,就是把天下万物分为四大层次和类别:最底层是无生命的水火,其次是有生命而无识知的草木,再次是有生命也有识知的禽兽,最高一层就是不仅有生有知且更有义的人。这样的思维方式和论述过程对于人的自我肯定显然是非常顺畅也是非常通俗易懂的。因此在中国传统文化中,绝大部分的圣贤都按照这样的思路区别人与动物,高度肯定人。对此,荀子有更进一步的论述,他说:“人之所以为人者,何已也?曰:以其有辨也。饥而欲食,寒而欲暖,劳而欲息,好利而恶害,是人之所生而有也,是无待而然者也,是禹桀之所同也。然则,人之所以为人者,非特以二足而无毛也,以其有辨也。今夫猩猩形笑亦二足而毛也,然而君子啜其羹、食其胾。故人之所以为人者,非特以其二足而无毛也,以其有辨也。夫禽兽有父子而无父子之亲,有牝牡而无男女之别。故人道莫不有辨,辨莫大于分,分莫大于礼,礼莫大于圣王。”[①]《礼记·曲礼》发挥这一思想,亦强调人当以礼来自别于禽兽。如说:“鹦鹉能言,不离飞鸟;猩猩能言,不离禽兽。今人而无礼,虽能言,不亦禽兽之心乎?夫唯禽兽无礼,故父子聚麀。是故圣人作,为礼以教人。使人以有礼,知自别于禽兽。”[②]宋儒吕大临阐发《曲礼》这段话的思想时说:“夫人之血气嗜欲,视听食息,与禽兽异者几希,特禽兽之言与人异尔,然猩猩、鹦鹉抑或能之。是则所以贵于万物者,盖有理义存焉。圣人因理义之同,制为之礼,然后父子有亲,君臣有义,男女有别,人道之所以立,而与天地参也。纵恣怠敖,灭天理而穷人欲,将与马牛犬彘之无辨,是果于自暴自弃而不齿于人类者乎!”[③]然而,过于强调“义”“礼”而贬低动物性,导致人无限度地压抑自己的自然属性,最终从理论上提出“存天理灭人欲”,因而不仅遭到历史上不少思想家的批评,更受到近现代民主革命时代思想家的激烈批判,斥其为压制人性、无视人性。

其实,理学家之谈天理人欲原本源于《乐记》,而程朱等所谈之天理人欲关系,正是在以上人与动物区别的思维惯性上,对于《乐记》所论之天理人欲进行了最大限度的篡改。《乐记》所论曰:“人生而静,天之性也;感于物而动,性之欲也。物至知知,然后好恶形焉。好恶无节于内,知诱于外,不能反躬,天理灭矣。夫物之感人无穷,而人之好恶无节,则是物至而人化物也。人化物也者,灭天理而穷人欲者也。于是有悖逆诈伪之心,有淫佚作乱之事。是故强者胁弱,众者暴寡,知者诈愚,勇者苦怯,疾病不养,老幼孤独不得其所,此大乱之道也。是故先王之制礼乐,人为之节。”[④]对照陆九渊所引本节之文,我们可以看到陆氏引文中略去了“好恶无节于内,知诱于外”一句,然而这一句恰好是《乐记》本节所论旨趣之关键所在。《乐记》并未否定人感于物而动的性之欲,它只是否定好恶无节于内,知诱于外,且又不能反躬的人。这样的人,在《乐记》中就是在无穷的物欲面前,不能自我节制,而被物支配了的人,亦即所谓“物至而人化物也”。人为物所支配,为了穷其人欲,那就有可能置一切伦理原则于不顾,而做出种种背离伦

① 荀子·非相[M]//诸子集成(第二册).北京:中华书局,1954:50.
② 孔颖达.礼记正义:卷一[M]//十三经注疏(上册).北京:中华书局,1980:1231.
③ 孙希旦.礼记集解(上):卷一[M].北京:中华书局,1989:11.
④ 孔颖达.礼记正义:卷三十七[M]//十三经注疏(上册).北京:中华书局,1980:1529.

理的事来。为此,《乐记》才特别强调了"制礼乐,人为之节"的重要性和必要性。而《乐记》的这一思想基本上源于荀子。荀子论述礼的起源,肯定了"人生而有欲,欲而不得,则不能无求"。但同时他又指出,如果"求而无度量分界",那就会造成社会的争乱。因此,需要制定礼义来节制之,以达到"养人之欲,给人之求"的理想。《乐记》主张的是"节欲",而荀子除了讲"节欲"外,还提出了"养欲""导欲""御欲"①等一系列命题。由此可见,如果说在程朱理学的"存天理灭人欲"命题中具有禁欲主义意味的话,那么在《乐记》和荀子那里并无此意。因此,"人"的思想理论问题就这么一步步走向了非人化的主张。

2.在社会关系上,过于强调人伦秩序

中国传统文化一向被称为道德文化、伦理文化,而其注重并强调人的心性道德修养,最根本的是认为人"最为天下贵",而人之所以"最贵",就是因为其不仅有生有知,而且更有义。按照通常的理解,这里的"义",是指遵循一定伦理原则的行为规范,也就是荀子所说的:"仁者爱人,义者循理。"②"夫义者,所以限禁人为恶与奸者也。……夫义者,内节于人而外节于万物者也。"③当然,这种对于伦理秩序的极端看重和强调,也是有着哲学意义以及社会发展层面上的道理的。从根本上说,人类生存在这个世界上,就需要有秩序。而且,越是高度现代化的文明的社会,其秩序越是需要高度规范和严密。一个无序的世界,或者一个严重失序的社会,人类是根本无法生存于其中的,或者起码是得不到生活的基本保障的。于是,亿万年来,自从地球上留下了人类的足迹,世世代代的具有智慧的人就不断地为自己也为子孙万代建立生存的秩序。尤其是中国这样一个历史漫长且疆域广大的国家,从文化上对于秩序的建立更是源远流长。而在文化秩序方面,所谓"义",以及伦理纲常,就是中国文化秩序最核心的内容。这种文化秩序也是人类建立的全部秩序当中最牢固、最稳定也最有长久性的一种秩序。它无处不在,对人的制约力也最大、最普遍。可以说,每个生活在社会之中的人,首先就生活在文化秩序之中。文化秩序对于社会中的每个人而言无处不在。在我国历代的圣哲先贤看来,这就是人类与其他万物,特别是与动物(禽兽)的根本区别之所在。孔子在回答子游问孝时曾说:"今之孝者,是谓能养。至于犬马,皆能有养;不敬,何以别乎?"④而明儒薛瑄则说得更加明确:"人之所以异于禽兽者,伦理而已。何谓伦?父子、君臣、夫妇、长幼、朋友五者之伦序是也。何谓理?即父子有亲、君臣有义、夫妇有别、长幼有序、朋友有信五者之天理也。于伦理明而且尽,始得称为人之名。苟伦理一失,虽具人之形,其实与禽兽何异哉!盖禽兽所知者,不过渴饮饥食、雌雄牝牡之欲而已,其于伦理则蠢然无知也。故其于饮食雌雄牝牡之欲既足,则飞鸣踯躅、群游旅宿,一无所为。若人,但知饮食男女之欲,而不能尽父子、君臣、夫妇、长幼、朋友之伦理,即

① 荀子·荣辱[M]//诸子集成(第二册).北京:中华书局,1954:42.

② 荀子·议兵[M]//诸子集成(第二册).北京:中华书局,1954:185.

③ 荀子·强国[M]//诸子集成(第二册).北京:中华书局,1954:203-204.

④ 论语·为政[M]// 四书章句集注.北京:中华书局,1983:56.

暖衣饱食，终日嬉戏游荡，与禽兽无别矣。”①从以上的论述中，我们可以看到，我国历代思想家们一致强调，明于伦理是人与禽兽区别的根本标志；进而更认为，但求物欲上的满足，则将使人丧失人格而沦为禽兽。所以，关于人的伦理与物欲的关系问题，一直是中国传统文化和哲学中最重要的主题之一。这也就是为什么中国传统文化，尤其是儒家文化，把人格的确立（以区别于禽兽）和提升（以区别于一般人）放在第一位，而且把伦理观念、道德规范的教育和养成看作一切教育之基础的根源所在。

然而，也正是对于伦理秩序的格外强调，造成了中国人在行为规范方面越来越严格和绝对强制化，甚至逐步成为无形的枷锁。

3.在思想体制上，出于专制统治的需要

专制制度是权力组织形式的一种。权力组织形式一般有两种：一种是民主，一种是专制。一个人或一部分统治者掌握一方或一国的全部权力就是专制。在封建社会，中央集权往往导致权力集中在皇帝一人手上，形成君主专制。在政治运行中，尽量用专制皇帝的个人人格取代臣僚的独立人格，用皇帝的是非取代臣僚的是非，用皇帝的利益取代国家的利益，将皇帝的意志作为政策、法律的核心。因此，专制主义的权力体制不仅统治人的身体，管制人的经济利益，而且统治人的思想，统治人的精神与心灵。封建制度的思想观念通常以“君上大权”为骨架，融入一些有利于统治阶级的思想汇集而成，最典型的是中国的“儒家思想”。如前文所述，在秦以后两千多年的封建社会中，君权愈益强化，到了宋代，“理学家”们提出所谓“君要臣死，臣不得不死”，把那些本应该合理坚持的思想变成了后世的“吃人”礼教。

（四）我国现代人文精神的觉醒与重建

在我国，从理性上对于个体“人”的充分张扬和认可，应该是自鲁迅开始的。在1907年，鲁迅连续撰写了《人之历史》《科学史教篇》《文化偏至论》《摩罗诗力说》等文。这些文章在内容与题材上虽然相距很远，却也能透露出青年鲁迅基本成形的思想面貌，而其中最核心的东西，就是对于人的关注，对于人的发展与进步的倾心向往。《人之历史》以解释黑格尔（鲁迅译为海克尔）的人类各族发生学为主，介绍了达尔文的生物进化学说及其发展的历史。当时的鲁迅站在唯物主义的立场上，批判所谓上帝创造人类的观点，鲁迅肯定“进化论之成，自破神造说始”，这就使鲁迅整个的思想发展牢牢奠定在人的基础之上。

《文化偏至论》是最能体现鲁迅早期思想的代表性作品。《文化偏至论》分析了西方资本主义文化发展的历史特点及其存在的偏颇之处，系统表达了鲁迅当时的社会政治观点和文化思想。其基本的核心就是要“生存两间，角逐列国”，“其首在立人，人立而后凡事举；若其道术，乃必尊个性而张精神”。在此，鲁迅已把“立人”放在了一切之“首”的地位，他认为：“人既发扬踔立矣，则邦国亦以兴起。”“立人”在鲁迅思想中成了最核心的东西，他的一切主张和行为，包括文化传播活动，也全部以此作为出发点。为

① 文清公薛先生文集：卷十二戒子书[M]//薛瑄全集（上册）.太原：山西人民出版社，1990：661.

了“立人”,他主张要在社会上提倡“尊个性而张精神”,更具体地说,就是“掊物质而张灵明,任个人而排众数”[①]。由此看来,鲁迅从来都是把人的“个性”和“精神”同等看待的。他尤其把“精神(灵明)”看作是“物质”的对立物,因而主张“掊物质而张灵明”。这应该说是我国对人文精神双重内涵的最早认定。到鲁迅文学创作的高潮时期,他用一个个活灵活现的人物形象,呼唤国人“人”的意识觉醒,对那些在封建文化的吞噬之下,肉体和精神都极度麻木和萎缩的人,鲁迅用他的小说“揭出病苦,以引起疗救的注意”。鲁迅终其一生所奋斗的,就是通过改造国民性,使得国人从精神到人格都能顶天立地地站立起来。

如今,在鲁迅“立人”思想已经提出一百余年之后的21世纪,我们对于人文精神的张扬,我们提出的“人文精神是新闻永恒的至上精神”[②],当然也应以鲁迅的“立人”思想作为思想依据。在传媒市场化的现实进程当中,对于一个高速发展的社会,尤其是对于一个直接建立在高科技基础上、经济高速运行的商品化物质化社会,媒体一旦缺乏必要的人文意识,一旦远离了真正意义上的人文精神,人类精神的危机就随时可能爆发。技术理性和物质欲望的极度膨胀,会使人在精神上越来越感到无家可归。人文精神的普遍缺失,更使得个体感到被技术和物质所充塞着的社会完全遗忘和遗弃。而在金钱高于一切的情景中,人的生命从根本上失去了最高价值。在花花绿绿、喧嚣浮躁、急功近利的社会氛围中,人就会越来越丧失人的自然本性,就会在物质化的社会中完全迷失。这也许就是当年马克思以及后来的法兰克福学派所说的“异化”结局。

至于对“精神”的坚守和敬畏,实际上主要是针对社会的物质化的一种抵抗和反叛。当初,西方世界的工业化飞速发展,面对西方人文精神传统的萎缩和工具理性逐渐远离人文关怀的终极目标的现状,20世纪上半叶,西方世界的有识之士不断发出呼吁。伟大的科学家爱因斯坦在不同场合多次忧心忡忡地告诫人们,只懂得应用科学本身是不够的,“关心人本身,应当始终成为一切技术上奋斗的主要目标”。1937年他在一封信中指出:“我们切莫忘记,仅凭知识和技巧并不能给人类的生活带来幸福和尊严。人类完全有理由把高尚的道德标准和价值观的宣道士置于客观真理的发现者之上。”[③]这是智者之言,闪烁着充满人文精神的优秀科学家的远见卓识,更表现出一位以科学探索为职志的思想深邃的人文主义者对人类前途的深切关注和高度责任感。随着时间的推移,人类将越来越清楚地意识到,人文精神和科学精神的和谐统一、珠联璧合,将是人类自救的必由之路。所以,在科学技术高速发展、物质财富高速积累的过程中,对于人文精神的弘扬,是任何时代都不能轻视的,而我们的媒体,应该说更是担负着不可推卸的历史性责任。那么,我们的媒介批评,当然就要时时考察和监督媒介有没有以及在什么样的程度上发挥和张扬了人文精神。这就是我们的媒介批评最根本和最核心的理论起点。

---

① 郝雨.中国现代文化的发生与传播[M].上海:上海大学出版社,2002:6,75-80.

② 郝雨.人文精神:21世纪媒介之魂[M]// 郝雨.媒介批评与理论原创.上海:上海三联书店,2009:6,141.

③ 杜卡斯,霍夫曼.爱因斯坦谈人生[M].高志凯,译.北京:世界知识出版社,1984:61.

二、人文精神作为媒介之魂

新闻传播虽然号称社会航船上的瞭望者，担负着对全社会进行舆论监督的根本职责，但是，新闻媒体的使命究竟完成得如何？新闻产品的质量是否完全合格？新闻传播各个环节的运行是否符合规律？具体新闻个案中的意义是否能够全面准确而又深透地被理解和解读？这就是媒介批评所要介入和解决的一般性的问题。而在我们的研究视野中，媒介批评更重要的责任，还是对于新闻传媒体现和贯彻人文精神状况的理性化追问。一方面要从新闻作品的特殊解读入手，考察整个新闻传播内含的人文价值意义；另一方面也要直接关注和监控各个媒体中传播者的人文思想水准和内在素养。尤其是在市场化媒体竞争的大背景下，人文精神主导下的媒介批评无疑具有更为特别的意义。而在现代世界倡导和张扬人文精神，最首要的当然就是对于人的异化的抵抗。所以，在本节中，我们不能不对马克思等人的异化理论做一个比较完整的回顾和阐述。

（一）我国当代人文精神的理论基点

党的十六届三中全会提出“坚持以人为本，树立全面、协调、可持续的发展观，促进经济社会和人的全面发展”。科学发展观作为与时俱进的马克思主义发展观，是新时代科学精神与人文精神的高度融合与完美统一，是人类发展理论和发展观的重大突破与创新，也是中国现代化建设过程中引领未来发展的思想基础。科学发展观是中国共产党把马克思主义普遍原理与当代中国具体国情以及时代特征相结合所产生的最新理论成果。党的十七大报告就科学发展观的理论内涵、根本要求和精神实质进一步作了全面论述：“科学发展观，第一要义是发展，核心是以人为本，基本要求是全面协调可持续，根本方法是统筹兼顾。”[①]2015 年 10 月 26 日至 29 日，党的十八届五中全会在北京召开。全会强调，必须坚持以人民为中心的发展思想，把增进人民福祉、促进人的全面发展作为发展的出发点和落脚点，发展人民民主，维护社会公平正义，保障人民平等参与、平等发展权利，充分调动人民积极性、主动性、创造性。同年 11 月 23 日，习近平总书记在主持中央政治局第二十八次集体学习时指出，坚持以人民为中心的发展思想，这是马克思主义政治经济学的根本立场。因此，把“以人为本”和“以人民为中心”作为人文精神的核心内涵，既是新时代科学精神和人文精神的完美融合，又是对于马克思主义人文精神的继承和发扬。

早在 1844 年的《经济学哲学手稿》中，马克思就提出了“物的异化”与人的“自我异化”命题。马克思指出：在对象化的劳动中，劳动结果表现为对人的本质力量的积极确证；而在异化劳动中，劳动结果表现为对人的本质力量的否定和消解。马克思还论述

---

① 胡锦涛.高举中国特色社会主义伟大旗帜，为争取全面建设小康社会新胜利而奋斗[M]//中国共产党全国代表大会.中国共产党第十七次全国代表大会文件汇编.北京：人民出版社，2007：14.

了劳动异化的四种形式或规定,即“劳动产品的异化”“劳动活动本身的异化”“人的本质的异化”与“人与人的异化”。卢卡奇的“物化理论”则更深入地剖析了发达工业社会中人的异化与物化。他的贡献在于将物化同近现代社会的理性化进程结合起来,从理性特别是技术理性对人的主体性发展的负面效应视角揭示现代社会的物化现象,并且深刻地指出这种“物化”正在内化,从而成为“物化意识”——这是对异化更深层的揭示。法兰克福学派无论从理论建构还是现实解读方面都极大地发展了马克思的“异化理论”和卢卡奇的“物化理论”。在法兰克福学派眼中,一切束缚人和统治人的异化力量或物化力量都是他们批判的对象:“我们自己创造出的物和环境在多大程度上变成了我们的主人,这是马克思所未能预见到的;可是没有什么比下述事实更加突出地证明了他的预见了,在今天全人类都成为他自己创造出的政治制度的囚犯,心惊胆跳的人类正焦急地盼望知道是否能从自己所创造的物的力量中拯救出来……”①

这些先哲们以人本主义的精神以及超人的眼光与气度,通过从理论上对异化力量进行较深层次的揭露和批判,昭示人们应更加积极地追求人的自由、发展以及社会的全面进步。

但是,在今天,社会在诸多因素的合力作用下,物质化进程突飞猛进,谁都担心落后就要挨打,谁都在迫不及待地将自己的物质实力做大做强,异化现象也因此而更加突出,这已经成了全球性的普遍现象和严重现实问题。到 20 世纪以后,在具体的表现形式上,异化对人的统治和压抑已极为明显地从政治压迫与经济剥削转向各种普遍的、异己的文化力量对人的自由的束缚。特别是随着技术革命带来的大众传播的全面繁荣,媒介在某种意义上扮演着“异化”的帮凶,甚至直接成为现代世界侵害与剥夺人的原始本性与自然属性的主要力量和角色。由于人们越来越多地借助媒介来了解外界,媒介营造的“拟态环境”成为一种实质意义上的新的异化力量,“媒介真实”代替了“社会真实”,生存在“媒介环境”中的当代人,变得远离“真实”的世界、“真实”的生活,也逐渐丧失了批判精神与超越维度。因而,我们要进一步张扬人文精神,就要找到媒介“扬弃异化”的突破口。

(二)物质化与泛媒介化包围下的“人”的处境

随着人类文明的不断发展,人类社会正在进入一个物质文明高度发达、精神文明不断提高的发展阶段。就我国而言,改革开放三十年来我国经济发展突飞猛进。但也应看到物质文明的高速发展本身就是利弊共存的,一方面物质的极大丰富提高了人们的生活水平,为人们的自由全面发展创造了条件。同时,物质文明的发展进步伴随着科技文化的日新月异,正在深刻地改变着人们的生活。特别是通信技术的发展与多媒体技术的进步,正在使媒介与人的联系日益紧密,手机、平板电脑等移动终端的渐趋普及更是极大便利了人们的生活,愉悦了人们的身心,提高了人们获取信息的能力。另

---

① 复旦大学哲学系现代西方哲学研究室．西方学者论:1844 年经济学—哲学手稿[M].上海:复旦大学出版社,1983.

一方面，物质化的负面影响也是不容忽视的，第一，物质的极大丰富与满足并不意味着人们幸福感的增加，因为不断产生的物质需求往往意味着旧的欲望尚未满足，新的欲望又会产生。例如消费主义的盛行，它导致人们深陷物欲的泥淖不能自拔，虽然人们能在疯狂购物中获得心理的暂时满足，但随之而来的新的消费欲望又刺激着人们购买新的甚至无用的商品，这种周而复始的重复往往让“人”最终迷失在物欲的喧嚣中而很难独立。第二，媒介技术的发展所带来的泛媒介化正在对人形成合围之势，使人们日益丧失独立思考能力和行动能力。

总的来说，置身现代世界，人们无时无刻无处不在遭受着媒体的狂轰滥炸，包括视觉的、听觉的。媒体的种类也越来越多，报纸、杂志、网络、手机短信、有线电视、卫星电视，还有正快速发展起来的数字媒介。人们每天看电视或接触新媒体的时间越来越多，人们都在变成“沙发里的土豆”。每天 24 小时的新闻频道、深更半夜的 NBA 实况转播或奥斯卡颁奖，声流和视流像洪水猛兽，正在毫不留情地把我们的注意力淹没，也侵占了人的整个身心。沉溺于第一时间、现场直播的媒体画面和声音里，媒体正在对人类发动一场无时无刻无处不在的超限战。人类生活在这样一个无止无休的媒体时代，已经逐渐失去恬静、质朴的田园般的生活。在这样的大背景下，媒体不仅是信息，也是人类生存的直接现实环境：超大冲击力的人造画面、铺天盖地的机器化的音响、五颜六色的诱惑性的广告，像空气一样充斥着每个空间和角落。媒体不仅全面侵占着人们的日常时间，覆盖着人们的视觉和听觉，而且在很大程度上掌控着人们的思想和言语。浅薄的电子媒体正在占据人类文明的中心，原本处于世界主宰地位的人类正在被自己所创造的电子技术一“网”打尽。面对这样的局面和形势，我们不能不追问，这些由高科技媒体迅猛发展所带来的信息“洪水”，对公众的日常生活究竟有多少实实在在的意义？今天的媒体带给读者的东西是他们生活需要的，还是大量的信息垃圾，或者干脆就是强加给人们的多余之物？新闻是让人处于中心位置，报道人性化的新闻故事，关注人的精神状况，还是只传递宣传信息、提供娱乐或财经信息？诚然，随着市场经济和科学技术的迅猛发展，新闻在人们生活中的作用越来越大，而身处物质化与泛媒介化的社会中，就个体的“人”而言，我们的思想行为以及生活方式却在被悄悄地异化着，社会也因此发生了变化。

首先，时间被无意义耗费，或者说无价值批量消费。对物质的盲目追求和媒介的无孔不入占用并浪费人们大量时间，随着商品经济发展，现代社会价值观正在逐渐转变为以金钱为衡量标准，而在工具理性的指导下，只要能获得足够的金钱就是成功。因此，身处现代社会围城中，人们加班加点地拼命工作以求获得更多的物质报偿和心理满足。同时，媒介的无孔不入也让人渐渐把大把时间花费在上面。在工作中，由于现代化的公司制度，工作细分程度高，绝大多数工作都是通过单个人在格子间里利用电脑、电话完成，人们不得不长时间浸泡在媒介中以满足所需。在下班消遣时，人们也习惯通过电脑、电视来打发时间，利用这些媒介，人们可以长时间地坐在椅子上了解天下大事或者与远方亲朋沟通，又或者看电影、看电视连续剧度过睡前的夜晚。甚至在零碎时间，人们也习惯于浸泡在媒介中，例如早上餐桌前习惯性地边吃饭边阅读早报或看电视新闻,或是在上下班的公交、地铁上手拿一份报纸或端着手机看资讯、刷微博。而且随着手机、平板电脑等便携多媒体终端的普及,媒介正在无孔不入地侵入人们的生活,挤占人们有限的时间,以至于很多人得了诸如"手机强迫症""微博焦虑症""网络依赖病"等媒介现代病。

时间的大量被占用导致人们对自己的时间丧失支配权。这特别体现在人们本可以利用一段时间去从事一些更有意义的活动,例如运动、社交等,但是人们却因为打开电脑开始聊天或者看到电视上正在播放一段有趣视频而停住了脚步。而且现代人的一大特征就是忙碌,其实主要是因为对物质的盲目追求和媒介的无孔不入让人没有时间去从事自己真正想做、真正应该做的事情,因此重拾时间支配权是让"人"能重新立于社会的必要条件。

其次,人们的精力被媒体诱惑、牵制和控制,导致所谓"微博控""电脑控"等。在信息饱和甚至爆炸的情况下,人类大脑正被各种浅薄信息填满,变得麻木迟钝。这些垃圾化信息由于盈利需要,被生产和制作得具有较强的诱惑力,使得消费者和广大受众经常对之欲罢不能、爱不释手,其大量精力就在不知不觉间被消耗。而一个人在有限时间里所能接收的信息量是有限的,但是在信息时代,各种碎片化信息铺天盖地、俯拾皆是,甚至强行掠夺人的注意。无论是商家还是媒体,都竭尽所能地想把内容以最快速度植入目标受众脑中,例如公车上的车载广告、楼宇电视、街边繁华的霓虹灯广告都是某种形式的视觉污染。要得到被受众迅速知悉的效果,传播内容必须是快餐化的而且非常浅显明了并且声色俱备。事实上,生活于其中虽然永远有内容可接收,但是长此以往人会变得孤独、落寞,容易迷失在商业信息的滚滚洪流中而丧失自我。

当面对如此浩瀚的精神产品汪洋时,人们有限的时间精力远不足以去进行全面的筛选与甄别,所以这自然成为内容传播者的任务。但是客观上不同媒体生产者所提供的信息又是极为类似的,甚至可以互相替代。比如,我们选择在早上通过报纸阅读新闻与选择在当天晚上看《新闻联播》获知新闻本质上是没有什么不同的,区别也许只在于这是第几遍获知同一条资讯而已。但人们在每一次接收信息时,都会付出相应的时间和精力,特别是一些垃圾信息的重复出现往往对人造成某种侵扰,而且对碎片化的大量重复信息的接收也会对人的身心造成不良影响,使人逐渐丧失恬淡的心境和质朴的生活体验。

最后,丧失主观能动性和行动能力。商家、媒体在占据人类大量时间、精力的情况下,正在通过浅薄的内容将人类培养成一群习惯接受、习惯转发、乐于围观却懒于输出、懒于思考的"乌合之众"。如今,理性的思考早已抵不过汹涌的围观跟风,而亲身去经历也远不如通过媒体、意见领袖的转播更真实,因为毕竟个人的观察能力有限,有时候即使亲身经历,所获得的信息也不如记者们深入调查后得出的结论全面、确凿,于是"书生不出门,便知天下事"成了现代人最生动的写照。例如,当面对重大新闻,如奥运会、日食等自然人类奇观时,人们更倾向于通过电视、网络直播或转播来了解。实地参与由于需要各种付出而远不如在饭桌前、电视旁慵懒地获得更实在、轻松。久而久之,通过媒体的镜头观察这个世界对人们来说竟变得习以为常。

这种主观能动性的丧失其实更多地表现在对重大新闻的评价理解上，因为这类新闻最引人关注，以至于各路人士都纷纷表态并产生了意见市场。由于人们常常会自觉地接受一些自己一贯认可的意见领袖或新闻媒体的观点，并且会主动地复述、引用然后评论、传播，这就在无形中让人们习惯于依赖这些加工好的意见，自己的观点则在随声附和中消失不见。虽然表面上看起来人们很主动地参与事件进展，其实只是在被动地受引导与附和评论而已，理性的思辨与自我意识也自然被忽略。于是，浏览了就等于知道了，评论了就等于参与了，主动地亲身体验与思考也就自然被湮灭无形。

另外，过多的媒介接触也直接导致了人与自然世界的疏离，如今网虫、网瘾、宅男、宅女早就不是什么新闻，媒介的无孔不入让人们对媒介日益依赖，过度的沉溺其中让人变得对现实世界缺乏应有的接触和感知，长此以往会导致人与自然的疏离并且丧失敏锐的感知和探索能力。

以上是从个人层面分析当下人的异化，当然人是社会关系的总和，而且作为基本社会单元的个人最终构成了社会这个有机体。随着物质化与泛媒介化包围下“人”的异化，我们的社会也正在被悄悄地改变着，而在社会层面突出表现为当下社会人文精神的缺失。

人们在花费大量时间、精力获取知识、新闻等精神产品时，本身在被潜移默化地改造着，并逐渐变成缺乏耐心与理解力的文化消费者。由于异化的双向性，媒体在把大众培养成一群乐于接受、欲壑难填的信息接收者的同时，本身也在“被异化”中乐于提供一些更具刺激性、更加肤浅、更易懂的内容，那些不费力气的视听满足渐渐成为受众喜欢的媒体内容，八卦娱乐、血腥刺激都是媒体百试不爽的“灵丹妙药”。久而久之，双方的口味都变得越来越重。于是在没有亲身体验的情况下，人们就对一些很严肃的事情习以为常甚至无动于衷，例如在色彩绚丽的纸上、在光影错乱的屏幕上、在商家的不当炒作中，生命的逝去只是一则新闻，鲜血淋漓更是娱乐消遣中必要的“佐餐”。人们甚至早就习惯轻慢地面对媒体上的死亡事件，在现实中，特别是在面对别人的困苦、求援时则往往显得非常冷酷。而实际上正是因为传播者对信息的报道让受众作出了不当解读，在这种人人自危的社会风气下，避免被无辜伤害的防范心理才致使人做出一些看似没有人性的举动。

我们不妨先看一下近年来发生的几个实例，其中之一就是当年轰动全国的孙志刚案。这位刚刚大学毕业走出校门、走进社会的大学生，就因为上街时没带身份证件，即被收容人员强行收容，并无辜地被殴打致死。媒体自然很快报道了这一案件，那些草菅人命的执法者和凶手也得到了应有的惩罚。这一事件在一定程度上推动了我国法制方面的改革和完善。但是，孙志刚之死绝不仅仅由法制的不够健全和完善所致，还与我们社会人文主义的丧失密切相关。而孙志刚案的发生，只能说是近年来经济利益压倒“人”的最典型的一个事件，但令人遗憾的是，类似的事件还在不断发生着。用王元化先生反复强调的一句话来说，就是人文精神的缺失、人的素质低下，才是孙志刚案的最根本的原因。我们的媒体为什么不能从这样的深度来启发人们的思考呢？媒体很多时候对于类似的问题都只看到很表面的东西，或者只是对一些不公正现象就事论事地“头痛医头、脚痛医脚”,而对其中隐藏的精神问题和文化问题则往往浅尝辄止或者完全失语,这不是需要我们深刻反思的吗?

如果说孙志刚案只是特定社会背景下的特殊事件,那么佛山小悦悦事件则将普罗大众人性冷漠的一面暴露无遗。2011 年 10 月 13 日,佛山两岁女童小悦悦被两辆车三次碾压,后来经过的 18 名路人见死不救,虽然最终在拾荒者陈贤妹的帮助下,小悦悦被送往医院,但由于受伤过重她还是离我们而去了。很难想象面对天真弱小的孩童置身危难时,路人们居然漠然走过了,那些绕道而行的步伐不仅像小悦悦的生命一样渐行渐远,也深刻地提醒我们当前社会人文主义缺失的现状是多么严峻。虽然事后有证据学家通过对现场的光线、地形等情况的分析试图证明受伤倒地的孩子确实难以被看见,但 18 个人不可能都没有看到的事实在那段视频上是非常明显的。其后,随着媒体的跟进报道与积极反思,我们也确实看到积极倡导关怀、引领反思的舆论占据了上风,然而令人咋舌的是网易从 2011 年 10 月 18 日至 2011 年 12 月 31 日多达 48,252 人次的匿名投票调查[①]结果显示,仍有 45.5%的人选择了“为避免被嫁祸而选择视而不见”,只有 4.1%的投票是选择“抱起孩子赶紧救治”。这是全社会从上到下地指责见死不救后,在反思人性缺失之后的结果,居然仍然有这么高比例的人仍在延续着冷漠,令人震惊之余也反映出当下人文精神缺失现状之严峻。

而事实上,这种罔顾人伦的事件仍在不断发生着,例如 2012 年 3 月 12 日,安徽省涡阳县一名女高中生在放学途中遭遇歹徒袭击并受伤昏迷,当地派出所民警接警并到达现场后,不仅没有及时救助和展开调查,反而认为她是一个“憨子”(即傻子),在简单的检查后将其作为“流浪女尸”交由当地民政部门处理,最终民政部门将该女子拉到太和县境内遗弃。虽然最后该女子被救起并经全力抢救,脱离生命危险,但该县派出所、民政部门的行为实在让人震惊。总之,这些宝贵的生命所换来的就只是一个法律文件或相关规定的废除和重新出台吗?或者更进一步说,那些不顾别人生命的人们,他们仅仅是缺乏法治观念,或者仅仅是执行了不合理的法律条文吗?从根本上看,那些漠视生命的人心中无“人”,才是最深层的原因。心中无“人”,才使得他们完全无视人的生命的宝贵;心中无“人”,才使得他们更不懂得人的尊严和权利的不可侵犯;心中无“人”,也才在我们的历史上酿成了诸多类似的人间悲剧。

总之,在探讨物质化与泛媒介化包围下“人”的生存状态时,我们可以清晰地看到个人的思维与行为方式正在被异化,而整个社会也正在向着偏离“人文”的轨道下行。这表现在两个方面:具体到个人(特别是弱势群体)而言,生命、自由、尊严得不到应有的重视与保障;就社会而言,泯灭人性的事件日益增多,而忽视人性(特别是他人生命)的思想也日趋泛滥。虽然各方面矫正之力不断,但如果认不准“人文主义缺失”这个病灶而选择“头痛医头、脚痛医脚”的传统方式,那么类似事件还是会继续发生的。所以,

---

① 网易·女人.如果小悦悦被碾时你就是其中一位路人,你会怎么做?[EB/OL].(2011-11-12)[2017-12-10]. http://vote.lady.163.com/vote2/showVote.do? voteId=10307#result.

如何从物质化与媒介化牢笼中让人重拾自由、主动;如何在社会中重新树立人文主义,使"人"能高高耸立于社会中,就是当下的一大重任。

而就我们媒介批评理论而言,自然面临着两大任务。第一,在社会中重新树立"人"。即如何在当下物质化与泛媒介化的社会中,引导人们在广泛接收媒介信息时保持应有的独立而不至于成为一代又一代的"沙发上的土豆""媒介依赖病患者",从而实现人的更加全面自由的发展。第二,为媒体提供理论支持,促使媒体选择恰当的报道视角来帮助人们在整个社会中树立人文精神,让全社会都能尊重"人"、关注"人"。而如何形成一套既符合中国特色又能继承发扬中国传统人文主义精神的理论便成了目前理论建设方面的当务之急。因为旧有的媒介批评理论一方面生搬西方批判理论,在实际应用中由于政治体制、社会环境、文化习俗的不同往往水土不服;另一方面,片面强调本土的批判理论,在文化上没有接续,渊源不够,显得生疏浅陋。而事实上,我们在从理论上和传统文化上对人文主义的尊重和弘扬方面是从来没有中断过的,虽然五四以来对传统文化"吃人"本质早已形成共识,人文主义在中国先天不足、后天"缺钙"也成为普遍认识。但事实上,我国传统文化在关于人文主义的提出和发展方面并没有太落人后,而对于中国传统文化有关人文主义的经典传统这块巨大富矿的开采利用还远远不够。因此如何正确开掘其丰富资源并与现代社会结合,同时广泛吸收人类文明成果必将成为我国媒介批评理论建设的重大任务。这不啻为当下很多深层次社会问题开下一剂辨证施治的中西医结合良药,这药定能让我们的社会肌体更加健康,让人文主义旗帜飘扬。同时,这也是让人能真正摆脱物欲,重拾人本价值,并且从泛媒介包围的"围城"中突围的理论方向。总之,如何让"人"在信息汪洋中站立起来,如何让人文精神成为媒体的根本精神,是整个21世纪必须攻克的一个思想理论阵地。

三、媒介批评的根本理论立场及准则

理论是人类智慧的结晶,理论是人类思想的成果;理论是人类在实践活动中认识世界、改造世界的科学总结,理论是人类精神放射的光芒。媒介批评既然是一种高度理论化的对媒介现象和媒介行为等各方面的认识与鉴别,当然就需要理论的指导和规范,尤其是需要一种最高精神的引领。在较早发展和成熟起来的影视批评界,就有人曾经这样指出:"作为一门次生性学科,批评对于理论的依赖是难于避免的。批评要进行判断,判断就要有标准,而理论正是现有的最具有科学性、准确性的标准。"[①]毫无疑问,任何媒介形式的批评都是需要以理论或经验作为判断的标准的。对于所有媒介的活动及产品进行认识、总结、解读、鉴别等,科学的、理论的眼光都是最基本的规则。所以,我们的媒介批评学体系的建设,首先就必须找到这样的理论之魂。

---

① 周安华.现代影视批评艺术[M].北京:中国广播电视出版社,1999:79.

(一)理论的立场准则意义

理论从人们的社会实践经验而来,又是人们社会实践以及进一步认识世界、改造世界的向导和指南。而理论对于实践者以及再认识事物的指导意义,不仅在于能够提供正确认识事物和有效行动的方法、途径,帮助人们更加科学准确地认识和改造世界;而且能够帮助人们树立正确的世界观、价值观和人生观。在人们的所有认识与实践活动当中,只有树立了正确的世界观、价值观和人生观,才能在认识事物的过程中站在正确的立场上,遵循正确的价值准则。有了这样的最基本的前提,人们对于事物的认识、解释以及需要做出的行为,才能符合客观规律,顺应事物发展趋势和潮流,才能更有效地达到预期的目标。

对于我们的中国化媒介批评而言,我们的基本理论立场就是人文精神,我们的基本价值准则就是以人为本。这也就要求我们的批评者深刻理解人文精神的全部意义和内涵,从而在高度物质化的时代,更好、更有力地让我们的媒体为张扬人文精神发挥作用。

有了这样的基本的理论立场,我们在解读某些新闻事件和新闻报道时,才能有更深层次的理解。如 2012 年 3 月 23 日,广西南宁,一对大学生情侣发生口角后,女生赌气跳入可利江,男生奋不顾身也跳入江中救女友。路过市民见状纷纷下水营救。结果,女生被救出,男生却不幸身亡。在派出所,女生说知道男友不会游泳,当时下水只是想吓唬他,考验他是否真的在乎自己。当晚 21 时许,经过消防队员近 5 个小时的搜救,才将其男友的尸体打捞上岸。对于这样的一条新闻,人们阅读后,往往更多的是指责女生行为的荒唐,造成这么重大的不可挽回的悲剧。其实,我们在人文精神的视野下,是否还应该看到,我们的一些年轻人经常将这种对生命具有直接危害的行为作为对爱情的考验,常常要用对方的生命作为检验的砝码,那么,爱情难道一定要对方用生命来维护吗?"生命诚可贵,爱情价更高。若为自由故,两者皆可抛。"如果在非常规的情况下,的确需要如此。但是,如果只是为了一种所谓的"考验",值得对方去付出生命吗?这样的爱情是否已经变得太过自私,太偏离爱情的本义了呢?人文精神立场的媒介批评把这样的含义揭示出来,就有助于人们更懂得珍惜爱情、珍惜生命。

在坚持理论立场方面,西方一些媒介批评学派可作为我们的范例,如文化研究学派。按照西方文化研究学派的理念,媒介批评一定要坚持知识分子的立场,做社会流行现象的批判者。而何为知识分子立场?《时代周刊》(*Time*)的时代论坛曾经就知识分子的概念进行理论性的讨论,文中认为,在真正的知识分子的立场上,我们的媒介批评就绝不能是人云亦云,更不能靠大帽子压人,也不能完全用流行的观念去进行媒介批评。如《三湘都市报》2003 年 12 月 10 日在头版刊出了《大教授遗书求救》一稿。稿件中说:湖南某大学一位 85 岁的退休教授,是新中国成立时的"海归",堪称我国土木专业的"开山鼻祖",他设计修建了很多房子,自己的住房却破旧不堪,其妻儿受"文革"影响一直没有落实工作。在 2002 年和 2003 年,因为给儿子和自己治病,他欠下了12万元债务。他去世前,就自己的困难和要求写下一纸遗书,希望得到有关部门的援助。有批评者就对此作了如下批评:该报道只是说教授遗书求救,不讲老教授所在学校予以救助的事实,报道中极尽渲染,正题之外,引题是"妻子、儿子,每月只要190元活命钱",副题是"学术泰斗、知名人士,欠债12万,很穷"。社会主义国家的优越性,改革开放的成就,尊重知识、尊重人才等,几乎被一笔带过了,该报道的负面影响较为明显。[①] 这样的批评就是在大扣帽子。

所以,批评的立场问题极为重要,而在西方的文化研究学派看来,知识分子的批评立场更为可贵。当然,我们的中国媒介批评学派,其基本理论立场应该是人文精神。这也是我们中国媒介批评学的核心精神。我们的媒介批评必须坚持这样的基本立场。

(二)理论的深度透视力

把真理性的认识系统化,使其按内在逻辑构成一定的科学,即为科学理论,它能够揭示社会发展以及世界万物的内在规律,甚至预见事物发展的未来,帮助人们把握社会发展的方向和历史进程;从科学理论的性质和功能来看,它不仅能够预见事物发展的方向,而且对于事物本质的认识具有较强的穿透力。事物直接展示在人们眼前的,往往只是表面现象,其背后还隐藏或者隐含着更为复杂的意义或内容。要认识这些具有根本性质的方面,就需要借助理论的眼光,需要透过现象看本质。新闻是对于最新事实的报道,一般是呈现事物最基本的面貌,更多关注的是事物现象的本身。尤其是当报道者出于时效性或者认识能力的原因,未能及时反映出事物的深层或本质的方面时,我们的媒介批评就更加需要承担起揭示的责任。

在此,我们以异化批判理论实施媒介批评所达到的深刻性为例,阐述媒介批评理论的重要意义。

依据马克思在1844年的《经济学哲学手稿》中对劳动异化的四种规定性,即"劳动产品的异化""劳动活动本身的异化""人的本质的异化"与"人与人的异化",媒介异化也可以分为"媒介产品的异化""媒介活动本身的异化""媒介组织与媒介从业者的异化""媒介组织与其他参照物之间的异化"。这些都可以是媒介批判的主要理论依据和视角。正是因为有了这样的理论依据和视角,对于媒介本质的批判,才更加显得入木三分。

首先看媒介产品的异化。

媒介产品通常是指媒介制造出来供人们消费的文化产品。媒介产品的异化,指媒介产品在传者制造过程中或受者使用过程中,背离了初衷、偏离了方向或走向了对立面的状况与情形。媒介产品,即新闻作品。通常人们对于新闻的要求是"真实地报道周围正在发生的事情",从而使得人们能够"真实"地认识这个世界或世界的最新变化。而事实上,我们的新闻往往因为各种各样的原因发生事实"变异",有的

---

① 彭博,彭菊华.2003年社会弱势群体报道透视[J].当代传播,2004:3.

是传者在制造过程中,为了追求新闻的“新奇性”而有意制造的;有的是受众在解读过程中,由于受到不同的受传情境及心境的影响,自身对新闻的理解出现偏差。媒介产品的这种异化情形是不可避免的,因为新闻永远只能摹写现实。在这一过程中,“传者—传播渠道—受者—环境”都直接影响着“新闻”(信息)本身的建构与解构模式,可以说其中任何一个因素都有可能改变“新闻(信息)”本身的走向,这其间就存在着新闻(信息)走向异化的可能。其他媒介产品也具有相同的规律,比如媒介娱乐产品、媒介教育产品等,媒介在提供一种娱乐形式、灌输一种教育宗旨时,也剥夺了另一种娱乐途径,削弱了另一类教育主张。而这种“剥夺”与“削弱”并不总是接近合理。

其次看媒介活动本身的异化。

刘建明教授在其专著《媒介批评通论》中曾将媒介批评定义为“对新闻作品及新闻活动的评价”。从中我们可以看出,媒介活动是媒介批判的一个基本范畴。媒介活动,粗略地定义为媒介从事的各类活动,具体来讲,主要是指身兼“经济效益”与“社会效益”二重使命的媒介所从事的“经济活动”及“社会活动(主要是宣传工作)”。媒介活动的异化,就是指媒介在从事“经济活动”以及“社会活动(主要是宣传工作)”过程中,由于自身及外界原因,使这些活动脱离了最初的目的,成为一种否定、消极甚至是破坏性的负面力量。较常见的媒介经济活动的异化有,具有企业属性与市场要求的媒介组织进行“经济活动”时,在经济利益的驱动下一味地向市场屈服,致使媒介应承担的社会责任因过分“亲近”市场利益而受到削弱,从而使媒介陷入世俗化的境遇。媒介社会活动(这里主要是指宣传报道)异化较突出的有“宣传报道的泛意识形态化”及“宣传模式的齐一化处理”等,即在传播过程中,一味地在意识形态上做文章,一味地阻挡多元信息输入,采取“单面灌输”的宣传模式等,这往往使受众更容易产生逆反心理,从而对媒介的宣传“充耳不闻”,甚至故意曲解而产生误读。媒介的宣传效果因此大打折扣,媒介活动也因此走向了异化的彼岸。

再次看媒介组织与媒介从业者的异化。

依照哈贝马斯的理想,应当有一个“公共领域”作为公众表达民声民意的场所,但是这一“公共领域”在当今却面临着新的结构转型。对此,哈贝马斯指出:“媒介最初的功能都局限于新闻交流与新闻监督。但是,报刊一旦从新闻报道发展成为思想传播时,当个体文人的新闻写作相互产生竞争时,一种新的因素——广义上的政治因素——就与原来的经济因素结合起来了。对于这样一个发展大势,毕希尔用这样一段话加以概括:“报纸从纯粹发布消息的机制变成公众舆论的载体和主导,变成政党相互斗争的工具。这就引起报纸行业内部组织的变化……对于报纸发行人来说,这意味着他从一个贩卖消息的商人变成了一个公众舆论的掮客。”①

从中我们可以看出,媒介组织在这一转变过程中,已越来越严重地背离媒介最初的功能。它在与政治及市场的妥协与同流过程中,不断走向异化,这种异化过程有时

① 哈贝马斯.公共领域的结构转型[M].北京:学林出版社,1999:219.

甚至影响了媒介发布真实消息的原生功能。

媒介从业者的异化，表现在他们背离“把关人”的传统职责，或为经济利益，或为政治目的，在新闻的选择取舍时背离新闻标准与新闻价值。比较典型的是“有偿新闻”现象：在这一过程中，公众对事实的知晓权被剥夺，新闻的价值让位于新闻的使用价值，由此形成了恶性循环，媒介从业者的信用及“把关人”的权威感在这一过程中逐渐丧失。此外，媒介从业者的异化还表现在媒介人员“角色扮演”的错位上，最为典型的就是媒介人的“光环效应”，即“一些知名主持人因职业原因，长期在万众注目之下，从而很容易产生一种高高在上的角色错位”。这里，媒介职业本身成为媒介人的一种异化力量，媒介从业者在这种异化状态下，最容易迷失自我，失去应有的批判精神与警醒意识。

最后还可以看媒介与其他参照背景之间的异化。

文化力量、政治力量、经济力量、技术力量等共同构成了媒介的参照背景。媒介与参照背景之间的异化表现在多个方面，这里仅举两例。

一例为“大众文化”与“大众媒体”之间的异化。大众文化与大众媒体之间是一种共生关系——大众文化为大众媒体提供了丰富的传播内容；与此同时，大众媒体为大众文化的传播提供了便利条件。但是，它们二者的共生关系如果处理不当，就会走向异化：一方面，大众媒体为了取悦受众、取悦市场，大量地传播媚俗文化，迎合受众喜好，从而导致大众文化品质不断降低；另一方面，长此以往，这种“低品质”大众文化的大量传播直接影响和制约着受众的品位与旨趣，进而影响和制约着大众媒体品质的提高。

另一例为媒体的“越权”行为，最常见的莫过于“媒体执法者”现象。当今社会，随着大众传播日益发达，社会各方对大众媒体的依赖逐渐加强。媒体获得了往日不曾有的巨大“权力”——与“司法”“立法”“执法”三种权力并列，被称为“第四权力”。其实，如果按照媒体权力的最初规定，这一权力应该主要集中在“监测环境”，作为第三方，促进公共信息的顺畅流动及社会意义的共同分享等方面。媒体并没有“裁判是非”“公论对错”，甚至“现身执法”的权力。但是，这种“越权行为”正在成长为新的异化力量，不但对于媒体自身、其他社会组织，甚至对于整个社会而言，都是一种负面的、否定的因素。媒体在实现“执法”功能方面参与颇多，造成了人们对于媒体角色的“变形”期待——此时，媒体在公众眼中已是直接左右事件的权力机构了。这种现象客观上催生了公众打官司首选媒体而不是法院的不合理状况，越来越多的案件“缠”上媒体，媒体因自己的“越权”行为，将承担许多不必要的负荷。媒体的这种“越权行为”一方面打破了公众对于媒体的“正常期待”，另一方面也影响了其他社会组织功能的正常实现。在任何一个运转正常的社会，社会组织都应该“自行其职”，媒体“越权”行为除了破坏社会的合理分工及整体运行，更为重要的是，这种“越权”使得媒体自身角色混乱，社会含义模糊，媒体的社会定位及存在意义因此受到质疑与挑战。

实质上，异化理论为媒介批判提供了一种系统的思维与立体的视角，媒介批判因此得以脱离平面化的"意识形态判断"及单纯性"文本解读"的境遇。此外,异化理论还为媒介批判提供了批判方向:媒介批判的目的就是要找到媒介在当今社会中的异化表现,从异化现象出发,找寻"扬弃异化"的方法与途径。所以,媒介批判就以一种"批判的眼光"加"关怀的胸襟",在批判与超越中使人们逐渐摆脱被自己的创造物"奴役"的状况,从而实现社会个体与社会整体的自由发展与全面进步。[①]

(三)理论的方向指导意义

科学理论是人脑对客观事物及其规律的正确反映,以及按其内在逻辑组成的一定体系,对于人们的实践活动有巨大的指导作用。这是因为科学理论是从客观实际中来,由实践产生,又在客观实际中得到证明。它经历了实践的检验,正确地反映了客观事物的本质及其规律性,所以我们说科学理论对实践具有指导作用,在正确理论指导下的实践有可能取得成功,在错误理论指导下的实践会导致失败。当然,实践是检验理论是否正确的唯一标准,只有经过实践检验的理论和经受得住长期实践检验的理论,才是真正正确的理论,但不能因此而否认用理论检验实践的必要性。因为我们要判断某种实践活动是合理的还是不合理的,是正确的还是错误的,是自觉的还是盲目的。如果能在事前对实践活动的目的、方法、步骤以及可能产生的后果从理论上加以审视、论证和预测,在思维中加以预演,则可能减少失误,避免不必要的损失。即使是对实践后果的检验,也要辅以理论上的判断。没有理论上的判断,是无法断定实践活动是否合理、正确的。否认理论对实践的检验,实质上就是认为实践活动天然合理,这种观点必然导致实践活动的盲目性。所以我们不仅要用理论指导实践,而且还要用理论检验实践,这才是关于理论对实践的反作用和能动性的全面理解,否则会轻视理论,导致唯实践主义。此外,理论来源于实践并随着实践的发展而发展。"理论是灰色的,生活之树常青。"这样的说法的确不无道理。但不能因此认为:只要实践就可以自然而然地形成理论;从事什么样的实践活动,就自然地会形成什么样的理论;实践活动越多的人,掌握的理论就越多,理论水平就越高。这是典型的理论与实践关系问题上的自发论。实质上,如果一个人不掌握前人传下来的思想材料,不掌握相关理论的概念、观点和理论体系,没有一定的理论修养,即使实践再多,实践的时间再长,也不能提出任何新的概念和新的观点,更不能提出系统的新理论。恩格斯曾经说过:"即使只是在一个单独的历史事例上发展唯物主义观点,也是一项要求多年冷静钻研的科学工作,因为很明显,这里只说空话是无济于事的,只有靠大量的、批判地审查过的、充分地掌握了的历史资料,才能解决这样的任务。"[②]因此,我们的媒介批评,必须建立一套科学的理论批判体系,以更好地指导我们的批评实践。

---

① 栾轶玫.异化理论与媒介批判[J].国际新闻界,2003(3).

② 马克思,恩格斯.马克思恩格斯选集(2)[M].中共中央马克思恩格斯列宁斯大林著作编译局,编译.北京:人民教育出版社,1995:118.

节日广告在传播什么？基于春节广告的符号学研究

What Does Holiday Advertisement Show? Based on the Semiotic Study of Spring Festival Advertisement

◇ 史冬冬 刘 畅*
Shi Dongdong Liu Chang

摘要:传统节日逐渐成为广告话语的热点资源,进而形成一种特定的节日广告类型。节日广告在借助节日话题进行商品营销的同时,也在围绕传统节日发挥意义建构和文化表征的社会功能。春节广告,作为节日广告的典型代表,也是一种文化文本。本文通过符号学理论的视角,采用内容分析和文本分析的方法,探究春节广告这一特定文化文本如何对传统春节的符号进行再现与重组,对符号意义进行拆解和重构,即通过符号的表意系统与春节习俗、社会文化发生勾连。一方面广告把文化意义加诸物质性的产品上,重新创造出产品的意义;另一方面,作为一种文化文本和媒介行为,春节广告更是将商业文化与传统文化结合起来,慢慢成为节日仪式和文化中不可或缺的一部分,通过突显强化、改变转换等方式,建构以春节为代表的传统节日的现代文化内涵。

Abstract: Traditional festivals have gradually become a hot resource for advertising discourse, which in turn forms a specific holiday advertisement. While using the theme of the festival to conduct merchandise marketing, festival advertisement also make a social function of meaning construction and cultural representation around traditional festivals. The Spring Festival advertisement, as a typical representative of holiday advertisements, is also a cultural text. Based on the theoretical perspective of semiotics and the methods of content analysis and textual analysis, this paper explores how the specific cultural text of Spring Festival advertising reproduces and regroups the symbols of traditional Chinese New Year, and disassembles and reconstructs the meaning of symbols. On one hand, the advertising adds extra cultural significance to material products and re-creates their meaning; on the other hand, as a cultural text and media behavior, Spring Festival advertisement combines the com-

* 史冬冬,文学博士,厦门大学新闻传播学院副教授,厦门大学传播研究所研究员。
刘畅,厦门大学新闻传播学院硕士研究生。

mercial culture with the traditional culture and it gradually becomes an indispensable part of festival rituals and culture. By emphasizing the reinforcement and transformations, the modern cultural connotation of traditional festivals is constructed.

关键词:春节广告,符号,传统节日,文化表征

Keywords: Spring Festival advertisement, symbol, traditional festival, cultural representation

2012年春节,广告商百事可乐推出微电影广告《把乐带回家》,诉说过年团圆的愿望和朴实真挚的亲情。之后的每年,百事都会在春节期间围绕这一传统节日制作《把乐带回家》系列广告,借广告讲述春节故事。事实上近年来,越来越多的品牌通过"蹭热点"的方式,借助春节、端午、七夕、中秋、重阳等传统节日的话题热度和资源来量体定制广告,这渐成一种特殊的广告模式和广告现象。除却其良好的商业传播效果,根据拉斯韦尔针对传播提出的"三功能说"[①],从传递社会和文化遗产的角度,这种节日广告作为一种大众媒介的文化文本,在现代社会中发挥着传承和构建传统节日文化的重要功能。

传统节日文化的形成是一个历时性的过程,需要经过漫长的累积和扬弃,文化从这一代人流动到下一代人就是将其传承下去,而这一过程依赖文字、语言、影像等各种传播媒介。在现代社会中,传统节日文化中的元素符号,以及几千年来由此积淀而成的价值观念和意义习俗被广告所吸收,给商品和广告的表意实践提供了更多创意可能,人们观看广告的同时,了解并认同其中的价值观念,从而使广告在意识形态的整合、思想文化的传承方面发挥了重要作用。简言之,节日广告作为一种现代性的文化文本,与传统节日的文化内涵和社会意义之间存在着特殊的关联性,节日广告成为连接传统和现代的一座桥梁,因此成为传播学研究和大众文化研究领域的重要对象。

有鉴于此,本文选择节日广告中的典型代表春节广告为主要研究对象,在符号学的理论视域下,结合内容分析和文本分析,融合定量实证与意义阐释的研究方法,探究春节广告这一特定文化文本如何对传统春节的符号进行再现与重组,对符号意义进行拆解和重构,即通过广告符号的表意系统与传统春节习俗、社会文化发生勾连,一方面把文化意义加诸物质性的产品之上,重新创造出产品的象征意义;另一方面,作为一种文化文本和媒介行为,春节广告更是以商业营销的方式讲述传统文化,通过突显强化、改变转换等话语方式,建构传统节日的现代文化内涵,并逐渐成为现代社会中节日仪式和大众文化中不可或缺的一部分。

---

① LASSWELL H. The structure and functuion of communication in society[M]//BRYSON L.The communication of ideas:a series of addresses. New York: Harper, 1948: 37-51. Reprinted in Wilbur Schramm and Donald F. Roberts. The process and effects of mass communication[M]. Rev. Ed. Urbana: University of Illinois Press, 1971: 84-99.

一、节日广告及其研究

在媒介资源日益繁杂的今天，越来越多的广告主通过追逐社会热点来进行品牌传播，吸引受众的注意力。其中与日常生活息息相关、作为天然“媒介事件”的传统节日和习俗，更是成为广告主争抢的注意力资源。由此形成了一种可称之为节日广告的特殊广告类别，在广告的一般特征之外具有其自身的特点和规律。

节日广告其实是在节日来临之际借助节日文化的一场造势营销活动，国内研究者曾针对它的概念从不同角度做过描述。陈璐强调广告目标、受众心理和播出时期等内容，认为“节日广告是为实现特定的营销或传播目标，以受众在节日期间的特定心理为沟通纽带，贯穿节日始终的广告活动及广告作品”①，但他没有指出这类广告在广告主题内容方面所具有的特殊性。张健波则认为“节日广告其实就是指在各种节日期间（包括传统节日和其他由官方确定的庆典日、纪念日等）针对某一节日特有的习俗而发布的有针对性的各类广告”②，指出了节日广告特殊的播出时间和内容上针对节日习俗的特点。而宋赟认为“节日广告是广告主将民俗文化主题与其商品、劳务或观念相结合，在节日期间高额付费给传播媒介进行集中投放，向特定消费者进行促销的借势传播活动”③，点出了节日广告的本质是借势传播活动，然而“促销”一词限制了节日广告的目标，强调了它的商业目的而忽略了它潜在的社会文化功能。这些对节日广告的描述均有各自不同的侧重点，相较而言，张彤关于“节日广告”的论述更加均衡：“节日广告是广告投放商在公共的节日时间资源里，把节日文化与民俗符号安置在自己商品上，使其商品与节日民俗相结合，然后再通过不同的媒体媒介向特定的消费人群进行传播的活动。”④其中强调了文化和民俗符号与商品的联系和结合，明确指出了节日广告不同于其他类型广告的本质特征。综合上述对节日广告的描述界定，笔者归纳出它的三个主要特征。

首先，在时空呈现上，节日广告具有相对集中的时空特殊性，商家早在节日之前就通过线上与线下媒介，利用话题、热点宣传和造势，反复传播节日和商品的相关信息，营造一种节日欢庆及大众消费的氛围，刺激身处其中的消费者的心理欲望。虽然多数节日只有一天，但商家会在节日前后的一段时间内进行预热和持续传播。其次，从受众角度来看，在节日来临时期，欢庆活动部分以消费娱乐的方式呈现，大众高涨的消费热情使其成为节日广告重要的参与者。最后，在制作上，节日广告不一定要从产品、服务方面去创作发掘广告的主题和内容，而是主要基于节日本身所具有的风俗、仪式和文化来创作，如春节团圆，清明祭祖踏青，端午节吃粽子、赛龙舟，中秋吃月饼、赏月等

① 陈璐.节日文化的广告表征及建构——以2013—2014年央视公益性节日广告为例[J].新闻界，2015(12)：22-27，36.

② 张健波.浅析节日习俗中的广告传播活动[J].齐鲁艺苑，2008(4)：93-96.

③ 宋赟.节日广告全景探析[D].西安：西北大学，2008.

④ 张彤.传统节日现代特色的构建[D].武汉：湖北美术学院，2015.

活动习俗。一方面，节日广告往往将传统节日中的道具、行为、仪式作为符号，以此来指代、象征产品服务背后的观念文化；另一方面，传统节日文化中的情感内涵和思想底蕴给广告主带来大量的广告创作资源，使节日广告相较一般广告而言更加贴近大众的生活和心理，从而获得情感上的共鸣和满足。

在西方，最先把符号学理论引入广告和当代流行文化研究的是罗兰·巴特。[①] 此后符号学式的广告研究受到广泛关注，如朱迪思·威廉森（Judith Williamson）的《解码广告：意识形态与广告中的意义》（1978），吉兰·戴耶（Gillan Doye）的《广告分析》（1982），以及苏特·杰哈利（Suther Jahali）的《广告符码》（1987），这些研究多从文化批判的角度，运用符号学理论来分析广告符号，挖掘广告背后的意义，并试图从宏观层面和意识形态的角度阐释消费社会的各种关系。

国内学者运用符号学方法研究广告是在20世纪90年代末，代表性的专著如吴文虎的《广告的符号世界》（1997）、李屈思的《广告符号学》（2004），以索绪尔的结构主义符号学为理论方法，分析广告符号的"附生化"，做进一步的品牌符号分析。[②] 后来的研究者如范明指出广告作为一个符号系统，利用各种能指形式，如文字、图像等符号来实现广告诉求，研究剖析广告符号消费背后的运行机制，考察了广告神话的形成过程，并从宏观上论述符号消费建构社会和意识形态的途径。[③] 柳光波通过符号学的方法研究电视广告，认为消费主义神话的产生来源于电视广告符号的二级系统。[④] 也有研究以具体的广告文本为例，借用符号学手段来分析广告实务，如王悦彤关注传统文化符号在广告设计中的具体应用。[⑤] 然而，围绕符号学理论和方法进行广告表征研究的相对较少，一些学者从广告中的视觉符号、人物符号、非语言符号等角度对广告的表征方式进行探讨。刘婷和张舒予提出广告视觉表征的三种形式：名人代言模式、情感传递模式及性别修辞模式，并结合具体案例分别进行阐释。[⑥] 也有一些学者考察广告对社会现实的表征，内容涵盖消费文化、社会人群、男性气质、少数民族、日常生活等方面，研究对象主要涉及房地产广告、化妆品广告、旅游广告等类型。这些文献多结合具体案例对文本中的意义进行浅层评述，未能结合符号学具体分析意义生产的过程和机制，理论内涵相对薄弱，还存在可以继续深入推进的空间，例如以斯图亚特·霍尔的表征理论为基础，阐释广告中的各类符号对社会现实的表征和建构过程。

而具体到对节日广告的研究，国内首先主要从实务的角度展开，2004年第4期的《中国广告》杂志开辟了"节假日广告策划"专栏，收录了10篇广告公司经理、创意总监撰写的文章，主要涉及具体的节假日广告案例分析和此类广告创意策划的经验总结。此后陆续有研究论及节日广告的视觉表现和设计、主题策略、品牌建设、存在的问题等

---

① ROLAND B.Empire of sign[M]. HOWARD R，tran. New York：The Noonday Press，1982.

② 李思屈，等.广告符号学[M].成都：四川大学出版社，2004.

③ 范明.可口可乐广告的符号消费[D].北京：中国传媒大学，2008.

④ 柳光波.电视广告的符号叙事方法研究[D].长春：东北师范大学，2008.

⑤ 王悦彤.论传统文化符号与现代广告设计[D].开封：河南大学，2006.

⑥ 刘婷，张舒予.读图时代的广告视觉表征初探[J].东南传播，2008(12)：130-132.

内容。[①] 这些研究主要基于广告实务层面，从技术和策略的角度展开。另一方面，也不乏一些研究将具体的节日广告案例与社会、文化相结合，有代表性的如张彤通过案例分析探究节日广告与传统节日文化内涵融合的路径，[②]宋赟从文化学角度论述节日广告与文化的关系，[③]闫晶晶以春节广告为例，利用内容分析法研究广告中的符号呈现，并用传播仪式观的理论视角分析广告和社会的关系。[④] 而陈璐将研究视角转向央视的公益类节日广告，剖析其对传统节日文化的表征路径。[⑤] 这些研究虽然肯定了节日广告的文化价值，但是受限于具体的研究对象或研究规模，对广告文本的分析尚不够系统和深入，尤其缺乏从符号学的角度阐释节日广告中的符号再现和意义生产的内容，因此也就无法深入阐述节日广告具体的意义建构过程，及其与传统社会文化的逻辑关联，这也给后续研究，包括笔者的本文，留下了充分的研究空间。

二、研究对象与方法

本研究选取的具体对象是春节期间播出的以春节为背景或表现对象的商业视频广告。由于商业广告和公益广告在主题内容、目标群体以及由此带来的表现手法方面有较大区别，导致各自最终的研究结论也会有所区别，考虑到本研究的专业性、准确性以及研究篇幅所限，本文只选取商业广告作为研究对象。

本研究首先采用了内容分析方法。它作为一种描述性的定量研究方法，不仅能够客观全面地反映广告文本中包含的诸多符号元素，而且反映了广告文本借由这些符号所产生的丰富的表层意义，这是本研究后续分析意义生产过程和机制不可或缺的基础。在具体操作上，笔者选择国内知名视频网站“爱奇艺”作为样本搜集平台，因为该网站的视频资料来源同时覆盖优酷、腾讯、央视等其他主要视频网站，并可以根据视频类型和传播效果，更准确有效地提供本研究所需的样本。笔者首先通过“爱奇艺”平台的高级搜索功能，以“春节广告”“新年广告”为关键词，分别搜索 2007 年至 2017 年这 10 年间的视频广告，出于传播效果以及样本代表性的考虑，选择“最热”，便于更有效地搜索到所需样本，然后在高级筛选中选取“广告”，而来源、时长、发布时间和画质均选择“全部”，剔除公益广告后，共得到 115 个不重复的样本；然后，以“新年微电影”为关键词补充搜索，又得到 15 个样本。因而本次研究一共获得 130 个视频样本。不过，受到采集平台和搜索方式的限制，这种样本采集方式不可避免具有无法穷尽所有样本的局限性，但是对于我们研究的目的和题旨而言，并不会产生本质性偏差。

为了系统揭示这些视频春节广告的基本面貌，我们在认真观看和深入分析这些广

① 康立超.节庆期间 POP 广告研究[D].株洲：湖南工业大学，2009.

② 张彤.传统节日现代特色的构建[D].武汉：湖北美术学院，2015.

③ 宋赟.节日广告全景探析[D].西安：西北大学，2008.

④ 闫晶晶.传播仪式观视域下的节庆广告研究[D].太原：山西大学，2016.

⑤ 陈璐.节日文化的广告表征及建构——以 2013—2014 年央视公益性节日广告为例[J].新闻界，2015(12)：22-27，36.

告的基础上,借鉴相关研究的类目编排,围绕广告中的符号和意象主要设置了以下编码类目及编码选项(见表1)。

表1 编码类目与操作定义

编号	编码类目	编码选项与操作定义
1	文化元素和意象(多选)	1.春联 2.福 3.中国结 4.灯笼 5.烟花爆竹 6.剪纸 7.饺子 8.红色服饰 9.图腾(龙、生肖等) 10.毛笔 11.雪 12.行李 13.麻将 14.火锅 15.无
2	节日习俗(多选)	1.收、送红包(压岁钱) 2.吃团圆饭 3.回家 4.拜年 5.看春晚 6.倒计时 7.送礼 8.办年货 9.拍全家福 10.舞龙舞狮 11.特殊习俗(如打铁花)12.无
3	主角人物形象	1.普通人 2.明星 3.卡通 4.无人物
4	主要人物角色(多选)	1.父母 2.子女(若主角是子女的形象也算在内) 3.祖父母 4.亲戚 5.朋友或同事 6.恋人或夫妻(若已是父母则不选) 7.单个人物(代言人或叙述者) 8.陌生人 9.其他
5	主体色调	1.大红色 2.暖色调(橙色、黄色,除去红色) 3.冷色调(蓝、绿) 4.中性色调(黑、白、灰)
6	音乐氛围	1.欢快热闹 2.伤感 3.平静 4.跌宕起伏
7	广告话语(多选)	1.新年快乐(新年好、过年好) 2.恭喜发财(大吉大利、万事如意等祝福语) 3.嘘寒问暖(体现关心、关怀的话语) 4.新年新气象(换新衣、大扫除) 5.表达感谢 6.团聚 7.广告语(简短的口号性用语)8.陪伴 9.其他

在正式编码之前,本文两位作者对于所有变量的可操作化进行了充分讨论。为了进行信度测试,我们以系统抽样法从样本中抽取20个广告视频作为前测样本进行预编码,各自独立完成20个样本的编码。按要求前测样本量要达到样本总量的10%以上,而20个样本占总体130个广告的15.38%,达到了数量上的要求。随后对两人的各项编码结果进行仔细比对,经计算,采用百分比一致性指数的信度系数为0.85,这表明本研究编码员之间的信度水平是较高的,而对于两人有分歧的选项则采用随机抽取的方式记录,并汇总到最后的编码数据中。

三、研究发现

从符号学的角度,广告的叙事符号由语言符号和非语言符号两部分构成,被称为一种艺术符号,这种符号与其他符号不同,其表意缺乏清晰性。[①] 其中语言符号指文字和口语,具有清晰的表意能力和理性色彩,可产生深层的本质性意义;而非语言符号包括图像、声音、色彩等,内涵较为丰富,具有感性色彩。非语言符号中的图像和音响

① 齐蔚霞.广告叙事研究[D].西安:陕西师范大学,2012.

等是隐喻、象征的，外显出表层的意义，不仅建构了一个特定的表意空间，也充实了深层的意义内涵。具体到春节广告中，本文将非语言符号又细分成节日文化符号、人物符号、视听符号分别进行分析。

（一）节日文化符号

对中国人来说，春节是传统节日中最重要的节日，拥有丰富的习俗行为和文化内涵。因而广告在表现这个主题时，也往往会运用许多特殊的文化符号，包括文化元素和节日习俗。

根据图1可见，在春节广告中，出现次数最多的节日元素是“红色服饰”，有99个广告中出现，占全部广告的76.15%。红色衣服、围巾、帽子等服饰使画面的整体色彩更加喜庆，衬托出春节热闹的氛围。接下来出现次数较多的是象征着春节的独特文化元素：“灯笼”“福”“烟花爆竹”“春联”“中国结”，这一类节日文化符号有敬神、求福、辞旧迎新、喜庆等内涵，是春节文化延续过程中的重要载体，也是春节文化精神和内涵的符号化呈现。值得注意的是，象征着生生不息、平安吉祥的“中国结”是对传统节庆中编结习俗的继承和现代化发展，近年来才被广泛应用到春节的节庆中。“行李”作为回家和春运的象征，出现18次，占比达到13.85%，成为春节在现代社会的又一新型元素。包括生肖、龙在内的“图腾”元素作为民族崇拜物和民族标志，在春节广告中出现了17次，占比为13.08%，也是现实生活的春节中能够经常见到的节日意象和元素。有12个春节广告用“雪”来表现春节的季节和天气，营造出更加真实的节日氛围。有11个广告出现“剪纸”这种与春节密切相关的传统民间艺术形式，给广告增添了浓厚的中国传统文化气息。同时，吃也是春节的一大主题，而春节广告在表现春节的食物时，出现的元素是最具中国特色的“饺子”和“火锅”。此外，分别有2个春节广告表现中国传统书写工具“毛笔”和传统游戏“麻将”。由此可见，春节广告一方面沿用和再现了中国春节的传统文化元素和意象，另一方面也适当地加入了诸如“行李”“中国结”等现代春节的衍生元素。

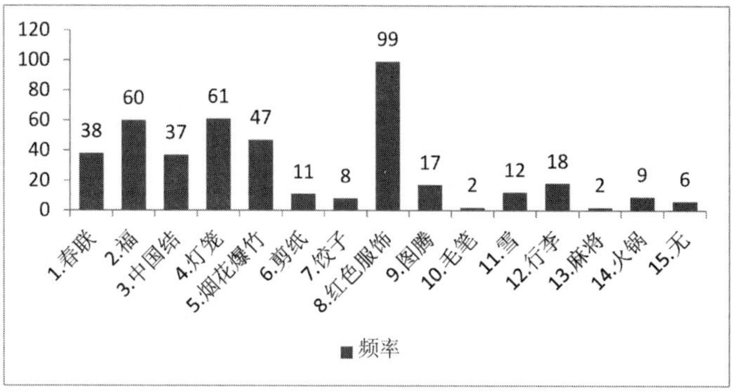

图1　文化元素和意象

根据图2可见,在节日习俗方面,“吃团圆饭”和“回家”这两个与团圆相关的习俗成为很多春节广告的选择,分别出现了40次和35次,占整体的30.77%和26.92%。同时有6个春节广告出现“拍全家福”的情节,在这一特定时刻用全家福记录家庭的所有成员,具有非同寻常的意义。与中国的“人情文化”相关的“送礼”“拜年”“收(送)红包”这三个习俗出现的频率分别为14.62%、13.85%和8.46%,这些可以看作对传统春节习俗的延续。此外,在一些春节广告中还出现了“舞龙舞狮”“倒计时”“看春晚”“打铁花”等具地方性或现代性的特殊习俗,同样可以看作春节在现代社会的新型演变或特意怀旧。还应注意到的是,有26.92%的春节广告没有表现相关的节日习俗,一方面可能是由于这些春节广告的商业诉求不在于此或表现不够;另一方面也是因为随着时代的变迁,春节的传统仪式感弱化,一些广告从更贴近现代人情感生活的角度去讲述春节故事。

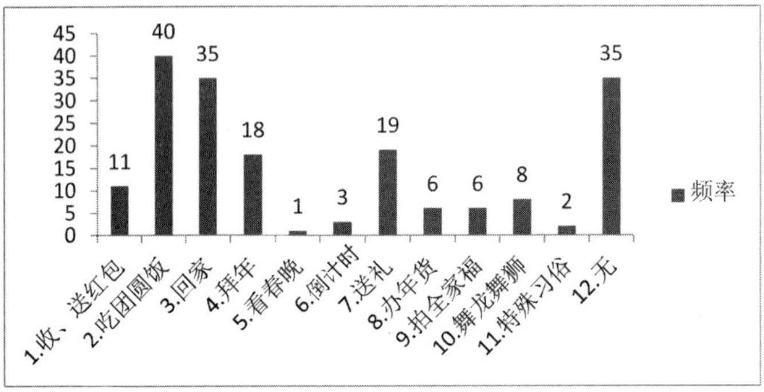

图2 节日习俗

(二)人物符号

人物符号在影视广告中指故事中的主要形象,是事件的实施者和行动者。必须指出的是,在广告构筑的叙事空间中,人物符号不仅限于“人”的形象,也不仅代表单个人物或群体,而是通过人物形象、阶层地位、价值观等的塑造,被赋予特定的意识形态。事实上大众在观看广告时,也在不知不觉间消费广告中的人物符号及其背后被赋予的价值意义。

根据图3,在春节广告的人物形象中,“普通人”占比达到60.77%,“明星”只有33.85%。广告使用明星代言,可以充分发挥粉丝经济,易于制造话题,同时也能保持产品或品牌在消费者心中的一贯形象和美誉度。而在广告中使用普通人则更有亲和力、更接地气,当大众看到与他们年龄、身份、背景接近的人讲述自己或身边的故事时,往往更易被打动并产生信任和认同。春节广告使用普通人的形象远远多于明星,这可能是由于春节对于每个普通人来说都已非常熟悉,让普通人讲述平凡动人的节日故事,更易贴近大多数人的心理需求和身份认同,反过来又强化了传统节日的大众性、群体性和社会性。

春节是属于群体的节日狂欢,只有10.77%的春节广告里仅涉及“单个人物”,其余

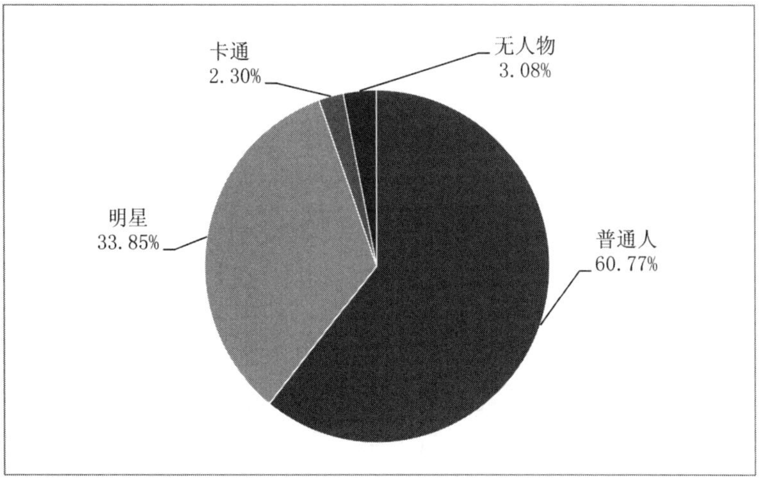

图 3　人物形象

则都是表现群体角色。从人物的社会角色来看(参见图 4),出现次数最多的是“父母”“子女”这种家庭的核心角色,分别占整体的 62.31%和 67.69%。自古以来,中国人的家庭观念都非常强,家族至上、天伦之乐、尊老爱幼这些思想观念对消费者的认同心理有巨大的刺激作用,因而中国人的消费心理和行为与家庭密切相关,他们在看到广告时,会考虑其他家庭成员的需要。特别是在春节这种强调团圆的传统节日期间,很多品牌主打亲情牌,诉诸感性,动之以情,利用消费者重人情、喜团圆的心理特点,表现父母子女、祖孙三代、夫妻两口等家庭成员组合,渲染广告产品给家庭增添的生活情趣和幸福感觉,用家庭温馨和谐的气氛来烘托亲情、团圆的主题,从而引发人们的共鸣。此外,也有 18.46%的广告出现“朋友或同事”的形象,表征春节追求社会人际整体和谐的意义内涵。

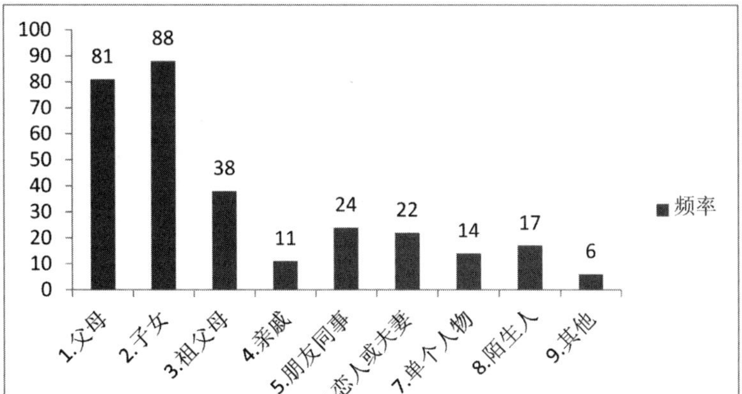

图 4　主要人物角色

(三)视听符号

以视觉上的色彩和听觉上的声音作为非语言符号,是影视广告离不开的两种叙事手法。

色彩可以唤起观众的情绪联想,使观众融入整个叙事情节之中,进而引发意义生产,并在情感上产生共鸣。简言之,色彩与情感之间有一种约定俗成的对应关系。根据图 5 显示,春节广告中有 24.62%的广告将“大红色”作为主体色调,红色代表着吉祥、喜气、激情、热烈,是一种朝气蓬勃的色彩,令人精神振奋。自古以来,在中国象征吉祥的红色就传递着喜庆气息,逢年过节和婚嫁喜事之时人们均张灯结彩,服装和各种装饰用品都使用大红色来营造喜庆的氛围,这不仅蕴含着人们对节日的祝贺,还流露出人们内心的喜悦。红色在这里成为一种节日的色彩隐喻,从视觉上传达浓厚的节日气息。除了红色外,还有将近一半的春节广告在画面中以橙色、黄色为色彩主体,这类“暖色调”广告占比达到 46.92%。节日往往是令人开心愉快的,暖色调不仅可以衬托广告中人物的心情,也在潜移默化中向观众传达了温暖美好的意义。有 21.54%的春节广告画面以黑、白、灰为主,这类“中性色调”所表达的情感相对客观中立。另外,也有 9 个春节广告使用“冷色调”,画面的色彩以蓝色、绿色为主,这类广告占比 6.92%,这几个广告的氛围较为伤感,而冷色调的画面色彩更是加强了广告所要表达的情感强度,这在一定程度上塑造了春节社会意义及其意味的复杂性。

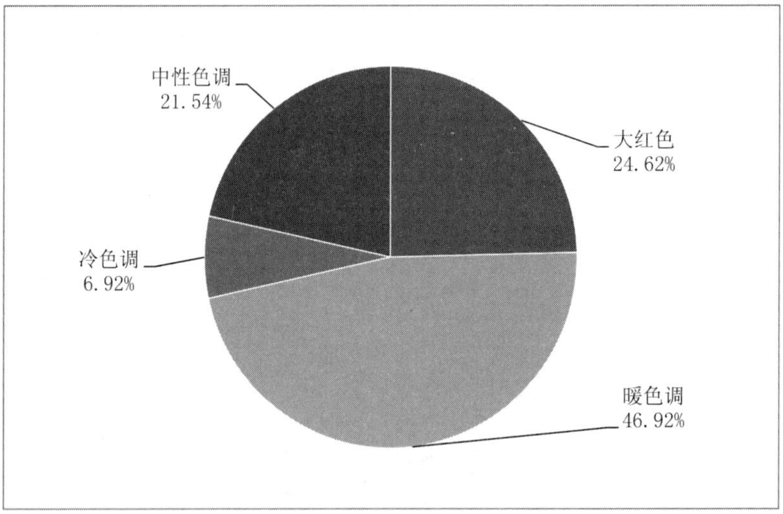

图 5　主体色调

音乐风格及情绪的变化可以传达影片的情感,渲染场景气氛,影响观众的感受。对于影视类广告来说,由于音乐可以跨越语言和文化的障碍,因此在提升传播效果方面更具优势。影视广告的配乐有其独特的叙事特点,对影视广告的画面、情节、主旨等叙事要素都起到了不可忽视的作用,如对叙事情节的推动、对心理情绪的烘托和暗示、对主题内涵的表达等。内容分析的结果显示(参见图6),48.06%的春节广告都采用了“欢快热闹”的音乐,营造出春节喜庆热闹的节日氛围。26.36%的广告音乐跌宕起伏、充满变化,参与并推动情节发展以及情绪的变化,在整个广告叙事中发挥着重要作用。同时,有19.38%的春节广告使用较为“平静”的音乐。此外,还有8个春节广告使用“伤感”的音乐,这与广告所要表现的春节故事和主题有关,也同“冷色调”的广告个数基本一致,由此可见影视广告在视觉和听觉语言使用上的一致性。

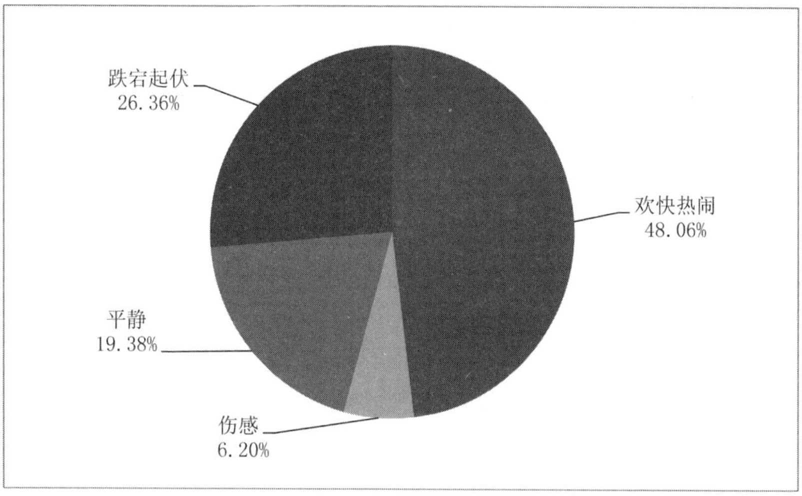

图6　音乐氛围

一些春节广告还会选择大众普遍熟悉的音乐作为配乐,如《恭喜恭喜》,六小龄童拍摄百事2016《把乐带回家之猴王世家》贺岁广告时还使用了《西游记》的片头曲。使用观众熟悉的音乐,能够迅速拉近观众与广告的距离,使其熟悉广告的背景、人物以及情节,从而帮助观众更好地理解广告所表达的内容。

(四)语言符号

人们在理解广告符号系统的意义时,要先将多样化的符号转换成语言符号,再去思考其中的深层含义。在这个过程中,有时很难将其他符号的内涵和语言符号准确地对接起来,这是由广告叙事文本的特殊性造成的。广告符号系统有时在形式层面会使用“有意味的形式”,而这种“有意味”的内涵很难用语言准确表述出来。同时,广告叙事文本必须能够清楚地表达广告主题,因而也要使这种“有意味”的内涵尽可能清晰明了,那么语言符号的价值和功能就得以体现。[①] 相对于非语言符号来说,语言符号具有“一种明晰的功能”,罗兰·巴特称之为语言的“锚固”[②]功能。也就是说,人们对非语言符号的理解容易受文化背景、教育水平、生活实践等方面的影响,而语言符号则可

① 齐蔚霞.广告叙事研究[D].西安:陕西师范大学,2012.

② 巴特.显义与晦义[M].天津:百花文艺出版社,2005.

以在广告叙事文本中将非语言符号所要表达的某些意义固定下来,避免其他意义的干扰。因此,广告中的语言对受众理解叙事的意义和主题有着至关重要的作用。对影视广告而言,以口语为主的广告话语承担了这部分功能。

由于广告自身要求必须清楚地表达广告主题,同时又能很快让观众记住,因而如图7所示,春节广告中出现最多的广告话语是简短的口号性广告语,占全部广告的53.85%,即一半以上的春节广告会以人物话语、画外音的形式将广告主题明确地表达出来。其次,"新年快乐""恭喜发财"这样的新年祝福用语分别出现了37次和30次,占比达到28.46%和23.08%,这是春节期间人们经常会使用的语言符号,"快乐""发财""健康"等话语代表着对彼此的节日祝福和对新一年美好生活的期待。"团聚"这个永恒的主题在29个广告的话语中有所体现,广告中的角色提到"回家""团圆""在一起"等词语,占比超过整体的1/5,为22.31%。而"嘘寒问暖""陪伴""表达感谢"这些话语则体现出温暖动人的节日亲情,占比分别为7.69%、6.92%、4.62%。可以说,这些不同的广告话语都是为更清楚准确地表达广告主题和节日内涵而服务的。

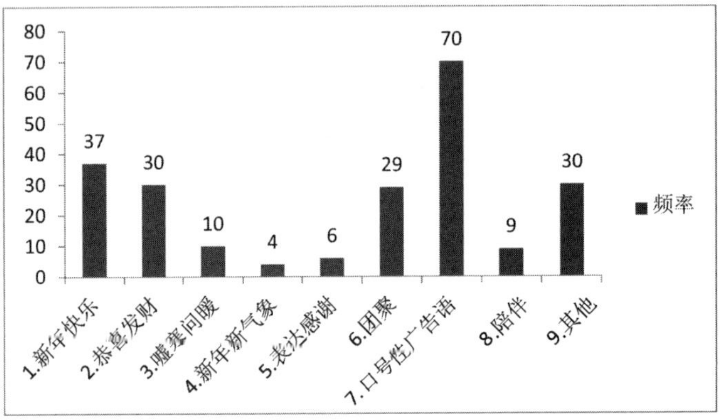

图7 广告话语

四、进一步的符号学解读:春节广告的双重意指

产生于农耕文明的春节,原本只是为了敬天祈福,但后来逐渐成为一代代人传承下来的情感追求和文化传统,通过节日中的仪式和符号让情感得以传递、信仰得以表达。如"灯笼"最早用于婚礼,代表喜庆吉祥,后因"灯"与"丁"同音,故而将写有姓氏的灯笼悬挂在屋檐下,意味着人丁兴旺 。"爆竹"最早用作照明和驱邪,燃放爆竹发出的光亮可以驱赶"山臊"这种怪兽。人们还用贴"福"字的习俗寄托对幸福生活的向往,因为"福"字有"福气""幸福"的含义,而将"福"字倒过来贴,表达的意思是"福气到了"。此外,节日中的食俗也有特殊寓意,在除夕夜新旧年交替之时吃"饺子",称"更岁交子",有"辞旧迎新"的寓意。春节期间的仪式和娱乐活动也是丰富多彩的,如守岁、贴春联、放鞭炮、拜年、走亲戚、舞龙舞狮等,这些习俗使春节成为最具汉民族特色的集体狂欢节。时至今日,灯笼、爆竹、春联、食物等已经不再只是节日中用于驱邪、祈福的普

通物件，而成为象征“喜庆”“繁荣”“兴旺”的符号。

在意义的表征系统中，代表概念、感情的符号是组建意义的细胞和血肉。施拉姆认为，作为传播的元素，符号是能够释出“意义”的元素。[①] 可以说，符号是意义形成的基石。索绪尔在《普通语言学教程》中把语言看作一种符号系统，其中包含着“能指”和“所指”的约定俗成关系。在此基础上继承和发展的罗兰·巴特则认为，符号学是负责话语中意义的部分，应是语言学的一部分，并将符号学的理论和分析思维运用到更广泛的文化研究中，如广告、文学、电影、服饰等文化领域，进而成为20世纪法国思想界的先锋人物。罗兰·巴特在《符号学原理》一书中根据结构语言学提出符号学理论的四对概念：语言和言语、能指和所指、组合段和系统、直指（直接意指或外延）和涵指（含蓄意指或内涵）。[②] 基于此，他没有局限于语言学领域的研究，而把研究重点转向意义的生成，分析了各种意指性现象，并剖析其背后的社会和文化渊源，“他的这种目光告诉无数的读者，社会的华丽外衣、社会新闻、照片、广告、日常生活等都是符号，他的目光使读者注意到了意义的问题”[③]。可以说，罗兰·巴特的符号学的核心问题是意义如何生成。巴特认为，表意系统包括能指、所指以及二者相结合的过程，即意指作用[④]，因此符号具有两个彼此相关又分离的层次：直接意指层和含蓄意指层。第一个层次也叫外延系统，由语言学上的能指和所指构成，是符号显而易见的表面形象或含义，多表现为各种实体的存在；第二个层次又称为内涵系统，由第一层符号系统加上一个附加的所指，主要依托社会文化背景或具体场景而形成特殊的隐含意义。含蓄意指层也即罗兰·巴特在《神话：大众文化诠释》中所提到的“神话化程序（mystification）”阶段，如图8[⑤] 所示：

<table>
<tr><td>1. 能指</td><td>2. 所指</td><td rowspan="2">Ⅱ. 所指</td></tr>
<tr><td colspan="2">3. 符号
Ⅰ. 能指</td></tr>
<tr><td colspan="3">Ⅲ. 符号</td></tr>
</table>

图8　符号系统的两个层次

当把春节广告看作一种意义文本时，可以从罗兰·巴特的双层表意结构去分析其中的符号及其意义生成。首先，符号在表意阶段的第一个层次，是由广告中道具、行为、人物、色彩、语言等表面符号的能指和所指共同构成的直接意指层，即广告所传达的表面信息。其次，广告文本传达的意义以及大众对于广告的认知和反馈，并不只是广告信息这一层面的指涉，而是在这一级系统的基础上加入第二层次的所指，在广告塑造的叙事情境中形成第二层次的内涵意义（含蓄意指层），从而构筑一种现代神话。在整个过程中，商品和意义的联系从符号的能指到所指，再到一定语境下形成的内涵，

① 施拉姆，波特.传播学概论：第二版[M].何道宽，译.北京：中国人民大学出版社，2010.

② 巴特.符号学原理[M].李幼蒸，译.北京：中国人民大学出版社，2008：2.

③ 卜尔韦.结构与符号：罗兰·巴尔特传[M].车槿山，译.北京：北京大学出版社，1997：267.

④ 巴特.符号学原理[M].李幼蒸，译.北京：中国人民大学出版社，2008：70.

⑤ 巴特.神话——大众文化诠释[M].许蔷蔷，许琦玲，译.上海：上海人民出版社，1999：173.

经历了两层符号系统的转化。可以说,广告中的一切形式都围绕着意义这个核心,通过赋予商品或消费者某些特定的象征意义,将一种虚构的消费神话传达给目标受众,因此,制作广告其实是“远距离地将读者引向一种预先选定的意义”①,选择与商品联系更紧密、更容易接受的形式把广告意义传达给受众,以达到更显著的文化表征和意指效果。

具体而言,我们在上文内容分析的基础上,加上研究过程中发现的具有显著性、特殊性、代表性的符号,选择包括非语言符号和语言符号在内的6个符号,进行深入详细的意义生成和转化分析。选择这6个符号的另一个考量是,它们背后的意义分别存在于不同维度,它们依次由个人情感到家庭仪式,再到社会文化和意识形态层面,表现出符号在意义建构过程中所发挥的重要作用。

(一)“麻将”:从传统游戏到久远回忆的隐喻

作为中国古人发明的一种游戏,麻将具有浓厚的中国特色,成为象征中国文化的独一无二的符号。人们在春节期间的聚会活动中,经常将打麻将作为家庭休闲和社会交际的娱乐活动之一,体现出较明显的文化和语境色彩。“麻将”作为一个符号,其能指是其发音“má jiàng”和一个个小长方块的外形,所指是由物质形式联想到抽象的概念,那么“麻将”就是一种拥有自身游戏规则的娱乐活动。虽然出于分析的目的将能指和所指分开解释,但在现实生活中,它们是紧密结合在一起被人们所认识的。本文研究的春节广告样本中,“麻将”这个符号出现过两次,却在第二层表意结构中被赋予了两种不同的意义和内涵。

“爱钱进”2017年春节微电影《雀神老爸》用第一人称的口吻讲述自己老爸的故事,从年轻时“雀神”的意气风发,到后来打麻将时的力不从心,让叙述者突然意识到父亲已经老去,自己对他的关爱却远远不够。影片中与“麻将”有关的文本符号有多种不同形式,比如“打麻将的照片”“收藏两个幺鸡的相框”“雀神大赛的奖杯”“打麻将的场景”等,将这些符号放在广告情境中时,第二层意义便显露出来。老爸英俊的外表和炉火纯青的麻将技艺吸引了身为“花里街街花”的老妈,老爸用两个“幺鸡”向老妈表白,认为这是“比翼双飞”。可以说,“麻将”不只是隐喻“雀神”老爸无限风光的青春年华,也是父母爱情的见证。很多年过去,老爸的记忆力减退,一次在牌桌上被人指出诈和,直到那时,叙述者才看到父亲的苍老。“麻将”的规则被破坏,从而赋予此符号“父亲已经衰老”的含义。简言之,“麻将”承载着父亲的年华、爱情还有叙述者对他的记忆和感情。

马来西亚分类广告网站“mudah.my”推出过一个春节广告《团圆》(*Reunion*),其中“麻将”也成为一个重要符号。两位年迈的故事主人公分别是有着不同文化背景的华人和当地人。分别多年的两人,通过挂在“mudah.my”网站上待交易的一副麻将又重新相遇,回想起儿时两人一起度过的欢乐时光,相拥而泣。回忆中,华人姑娘拿出麻

① 巴特.显义与晦义[M].怀宇,译.天津:百花文艺出版社,2005:29.

将中的“发”牌，教马来西亚的姑娘用毛笔在纸上写字。“麻将”在这个故事里并没有体现出它作为一种游戏的所指，而是随着情境成为中华文化和儿时友情及其回忆的载体，隐喻久别重逢的友情以及中马文化的交流融合。

回忆是语言和客观世界之间的逻辑、审美联系，必须通过符号去进行。与“麻将”相关的照片、奖杯、“发”牌等成为故事中人们记忆里的符号，连同此情此景的情绪和感受一起储存在人们的回忆中。由此，“麻将”不仅仅是一种游戏或物品，更是维系他们记忆的特殊符号。

（二）“行李”：从普通物品到情感的载体

由能指和所指构成的符号在不同语境或情境下与不同的附加所指结合，能够产生不同意义。“行李”作为符号的所指即通常情况下的概念本意，是指人们出行时将所带的衣物、生活用品等打包，以方便携带，这是一个源自春秋战国时期的古老词汇。当处在春节这个节日语境下时，“行李”不仅仅是生活必需品，人们回家时也许装着给家人带的礼物，远行时可能盛着父母的关爱，“行李”被赋予了人的思想和感情，成为人们表达情感的载体。符号的意义从具象的物质层面上升至文化层面，这便是第二层次的意指过程。

在当代中国的春节，春运和回家逐渐成为一大景观，春运旅途中必不可少的行李在其中扮演着重要角色。“支付宝”2012 年春节广告《箱子的 2012 公里》从箱子的视角拍摄，表现了三个不同的箱子从车站出发，换乘飞机、火车、汽车等不同的交通工具，经历小偷开锁、中途失落、暴雨冲刷等困难，最终平安回到家中，获得团聚。故事中箱子作为“含蓄意指层”中新的能指，由两个所指与之结合。一个内涵是每个箱子都代表着一个人，箱子所历经的千辛万苦，实际上都是箱子主人在回家路上遇到的艰辛。而当箱子回到家与其他箱子相遇时，其实是主人们获得团聚。影片最后的画面是一家人聚在餐桌上吃饭，镜头拉到前面的三个箱子，人和箱子的关系一目了然。第二个内涵通过箱子成功抵御盗窃和风雨，安全到家体现出来，三个人到家后将箱子中的红包、现金、鞋子等物品拿出来，意味着它们受到很好的守护。这层意义与广告目的相关，将产品特性与作为能指的“箱子”结合起来。到此，“箱子”既是人的象征符号，也成为“支付宝”守护财物安全的象征符号。

“行李”在“招商银行”掌上生活春节广告中又有着不同含义。对于父母来说，佳节匆匆过去，孩子们又要开始新一年的远行。该广告讲述了三个人在离家路上多出的那一件行李：自家的土鸡蛋、莲藕和泡菜。这三个符号是第一层意义上的能指，在此种情境下的所指是“路上的行李”。第二层级中，父母在孩子离家之时，把这件“行李”递过去，牵挂的话语、不舍的眼神里流露着他们内心的关爱，这些东西已不再是普通的鸡蛋、藕和泡菜，它们还包含着父母之爱。影片中路途上的颠簸、警察的拦阻、易碎的罐子这些难处，给“行李”增添了脆弱的特点，而三个人都将“行李”抱在怀中的动作成为他们珍惜这份关爱的隐喻。

(三)"陪伴":语言锚固孝的意涵

霍尔认为语言是意义生产和循环过程中最具优势的媒介。[①] 与非语言符号相比,语言符号具有罗兰·巴特称之为"锚固"的功能,图像的所指有更高的自由性,而文本相比于图像则具有一种抑制价值,[②]也即语言符号可以在叙事文本中将非语言符号所要表达的意义固定下来,避免其他意义的干扰。

语言符号除了本身相对明显直接的意义外,根据不同的情境也会产生引申义。"陪伴"一词最初的所指是与跟随在一起,具有在旁边做伴这一含义,而在春节广告话语中与亲情结合,被赋予了独特含义。"百度视频"2015 年新年广告《真正在一起只有 24 小时》在开头便提出问题:"过年回家,7 天,168 个小时,真正陪在父母身边的时间能有多少?"其中的"真正"和"陪"使广告主题一开始便明确下来,接着再将"陪伴"这个符号用时间来量化,表现其具体的意义。影片把女孩和父母的场景进行左右分屏处理,女孩这边的画面做出陪伴时长的正计时,而父母那边则是女孩 7 天假期 168 个小时的倒计时,二者形成对比。在这 7 天里,女孩睡懒觉、打电话、忙工作、聚会逛街,时间就这样悄悄逝去,又到离开父母之时,左侧的正计时却只有 24 小时。整个语境中,两边的屏幕将"陪伴"划分成"真实的陪伴"和"自以为的陪伴",当看到父母脸上"舍不得的表情"时,才意识到"真实的陪伴"的重要性。

广告到此并没有结束,画面回到车上,原来这只是女孩在百度看到的一个视频,此时还是假期的第一天,她还有机会去改变。湿润的眼眶,给父母打的电话,暗示着她已经意识到自己的任性,以及父母真正需要的是什么,而她也要用"陪伴"的实际行动感恩父母,在这里,"陪伴"最终成为她孝心的体现。

(四)"吃团圆饭":从节日习俗转变成家庭仪式

"吃团圆饭"是春节的一个重要习俗,主要是指除夕夜一家人一起吃年夜饭,不过在春节广告中呈现的多是一家人围坐在餐桌前吃饭的团圆场面,是一种众人围坐的家庭图景。如果把"吃团圆饭"看作一种习俗类的符号,同样可以把这个符号与更广泛的文化主题、概念和意义联系起来。

"一汽大众"2015 年春节广告《保重篇》讲述的是一个普通客运值班员因春节需要坚守工作岗位,不能回家,父母千里迢迢跑去和他团聚的故事,整个影片的情节发展紧紧围绕着"吃团圆饭"展开。开头儿子打来电话,从客厅外面跑来的母亲双手上还沾着面粉,可以推断出母亲当时正在准备饭菜。当儿子告知今年春节要值班、不能回家过年时,二老原本欣喜的表情瞬间僵硬,内心的失望可想而知。另一边,儿子结束一天的工作后,在空荡的房间里一个人默默煮着速冻水饺,情绪低沉。门铃声突然响起,竟是父母二人赶来一起过节,三个人的拥抱表达出团聚的喜悦。原来二老为了让儿子吃到

---

① 霍尔.表征——文化表象与意指实践[M].徐亮,陆兴华,译.北京:商务印书馆,2003:4.

② 巴特.显义与晦义[M].怀宇,译.天津:百花文艺出版社,2005:29.

妈妈包的饺子，特地带着精心准备的酸菜饺子馅儿过来包给儿子吃，同时母亲还不忘将一枚硬币包进去。为了一家三口聚在一起吃顿团圆的年夜饭，父母赶到儿子身边亲手做给他吃，这时回不回家已经不重要，因为有家人在的地方就是家，有人牵挂的地方就是家。“饺子”作为这则广告中团圆饭的具体实物，一共出现了两次，虽然是一个符号，却有着完全不同的内涵。第一次是儿子一个人煮的速冻水饺，与空荡的房间、低沉的情绪联系起来时，透露出冰冷孤独的意味。而第二次父母亲手包的饺子与“爸妈的笑容”“包住的硬币”相联系，变成儿子心心念念的味道，蕴含着父母对儿子深深的关爱和牵挂。

整个故事中，一家三口从开始的失望和无奈，到团圆时的欣喜，春节于他们而言最大的意义便是团聚，而“吃团圆饭”则被看作过年的一场仪式，只有跟家人一起吃这顿饺子，才把这一天同普通的日子区分开来，使之成为春节这个节日，所以父母跨越距离的阻隔也要和儿子一起完成这个仪式。由此，“吃团圆饭”不再只是家人聚起来吃饭的场面，也是父母为了完成过年的节日仪式所做的努力，背后隐含着父母与孩子之间浓浓的思念之情。

（五）“红色”：从视觉符号到中华文化的象征

“红色”作为一种视觉符号，所指是使其能够区别于其他色彩的概念特点。视觉符号受到文化语境长期的影响，往往已经与一定的情感产生被广泛认可的指代关系，而“红色”在中华文化中有吉祥、喜气、激情、热烈等含义。春节广告里大量出现红色的服饰、灯笼、布景等，在视觉上打造出隆重和喜庆的感觉，营造了节日氛围，也传达出人们内心的喜悦，“红色”成为一种节日信息的隐喻。

“兰蔻 Lancome”2014 年新年广告《剪纸》整体都采用大红色调，从一本红色封面的书开始，用剪纸形象展示法国和中国的建筑以及人物。画面几乎只有红、白两种颜色，在立体的剪纸、埃菲尔铁塔、绽放的烟花、孔明灯等其他符号所共同构成的视觉情境下，“红色”不仅代表着中国春节，也成为“中华文化”的象征，将法国地标建筑放置在红色色调和剪纸形式中，隐喻中法文化的结合。同样，“圣罗兰 YSL”2017 年中国新年广告也采用了大红色调，画面中出现的建筑符号故宫、东方明珠、卢浮宫、埃菲尔铁塔等都是大红色，代表国家或城市的建筑符号与代表春节的红色结合，亦是文化融合的象征。画面最后，产品变成红色中国结的形象，也传达出品牌在中国寻求本土化发展的内涵。两则广告十分相似，都是将“红色”作为春节的象征，红色进而成为孕育出春节的“中华文化”的象征。

（六）“陌生人”：人物符号背后隐藏的意识形态

罗兰·巴特认为神话是一种话语、传播体系和意义构造的方式。[①] 在他看来，符号的意义看似中立，其实背后却代表着代言人和一定的意识形态，符号因此成为具有

① 巴特.神话——大众文化诠释[M].许蔷蔷，许琦玲，译.上海：上海人民出版社，1999：167.

巨大渗透力的今日神话,而人物正是其中最容易被塑造成一个个神话的类型。

春节是以家庭为单位的节日,广告中常常用父母子女、朋友恋人这样原本已经熟识的角色作为人物符号,但有广告另辟蹊径,成功塑造了"陌生人"的形象,讲述关于"大爱"的动人故事。"陌生人"是一种群体性的人物符号,指的是原本并不相识的一群人。由于包括多个人在内,并且每个人的个性形象都不相同,因而该符号本身的所指就拥有较为复杂的意义。

"百事"贺岁微电影广告《把乐带回家 2013》叙述了很多陌生人坐一辆大巴车回家过年,路上遇到雪崩被困在野外,大家互相帮助、共渡难关的故事。故事中主要有 9 个人物,都是普通人,他们不同的形象通过语言、行为塑造出来:有领导能力的司机、憨厚老实的打工仔、一对已怀孕的夫妇、被告知不适合做医生的医学生、喜欢名牌的姑娘、朴素老实的姑娘和胸怀大志去外地做生意的两个人。从陌生人之间的冷淡到互相帮助、诉说心事的患难情谊,推动情节发展的线索正是人们相互之间关系的变化。由此,"陌生人"这个符号也在故事中慢慢增添了温暖、善意、分享、互助等含义。

其中比较重要的是司机和生意人的关系变化,两人从开始的争吵,到中间携手合作帮助大家,再到成功获救后结下兄弟情谊,人物性格和形象在事件发展过程中显现出来。由于彼此是陌生人,又处在遇到困难时的紧张情绪中,相互之间难免产生矛盾,而司机是为大家指引方向、领导大家采取措施渡过难关的人。被困后,他迅速组织一部分人跟他一起找路,一部分人安排撤离;找出路寻求救援时,他又鼓励大家虽然成功几率很小,但仍然要试一试。冷静机智的司机是把陌生人团结起来的核心领导者。而另一位生意人脾气急躁,被困后先是发火,后来虽然积极帮助大家撤离,却不忘趁机高价卖薯片赚钱。但他在这个过程中反思自己,开始真正去用行动帮助别人,免费给大家分发食物和饮料,从而得到其他人的认可。同样,故事中其他人的关系也悄然发生着转变,"陌生人"这个人物符号因此处在动态变化的过程中。

广告中的"陌生人"在困境中递给别人取暖的毯子、合力帮助孕妇产子、自愿骑车寻找出路等,大家相互扶持,每个人都在尽自己的绵薄之力帮助他人。他们原本是在回家过年的路上,却变成大家一起在野外过年,饮料瓶做成的灯笼、中国结等符号意味着他们把年过得有滋有味。一群原本毫无交集的陌生人在特殊的时空下,聚在一起成为新的大家庭,因为他们心中有爱,所以天下无处不为家。此时,"陌生人"便是人们心中"善意""大爱"的象征,背后蕴藏的是一种正能量的意识形态:只要每个人都对其他人付出善意,那么困难将迎刃而解,世界也会充满美好。

综上,在符号的意义表征过程中,多数人对单纯描述的直接意指层("麻将""行李""陌生人"等)的认知有着较为广泛的一致性。进入第二层次的含蓄意指层后,需要进行解码才能将这一层的能指与广泛的主题和意义联系起来,将它们与文化融合、守护、珍视、思念等各种情感和观念联结在一起。第二层的意义不再是有着明确解释、广泛认可的描述层,而是根据社会意识形态、价值体系、情感和信仰等领域展开阐释的各种意义,具有一定的差异性。由此,这些符号的意指作用从个人到国家、从心理情感到社会文化和意识形态,在不同维度和层面上发挥作用。正如罗兰·巴特所认为的,第二层次的所指更加普遍综合，是意识形态的一部分，这些所指与文化、社会、历史密切相关，因而文化的外部世界才能够渗入符号系统。①

五、春节广告的文化表征

春节广告通过对语言符号和非语言符号的选择与运用，结合春节的历史文化内涵和现实生活情境，实现了广告符号的深层所指，也即“神话化”的过程。这一过程一方面完成了广告本身的商业功能，围绕产品服务建构了一种消费主义意识形态；另一方面也围绕春节这一特定对象，围绕“崇礼”“团圆”“孝心”和“传承”等完成了春节的议题与议程设置，从而实现了春节广告作为一种意义建构与传播的文化表征过程。

（一）崇礼：社交习俗中的人情

中国人如今的思想和行为方式受两千年来儒家的思想道德准则和行为规范的深远影响。早在春秋战国时期，孔孟的儒家思想就将礼仪提升到治国安邦的高度，礼仪使社会结构关系长幼有序、邻里和睦、言行规范，起着调节和润滑人际关系的作用。这套崇礼规范发展到现代社会演变成复杂多样的人情文化，通过诸如逢年过节互送礼品、婚丧嫁娶随份子等手段来维护人情关系。每到新春佳节，亲朋之间的相互走动是延续已久的节日习俗，彼此见面时总要互道“新年快乐”“恭喜发财”“万事如意”这些祝福话语，还不忘送上代表心意的礼物，不仅图个喜庆吉祥的寓意，更是为了维系人际感情。可以说，春节期间人们拜年祝福的语言和送礼的习俗，都是中国“崇礼”文化的体现，同时也反映了中华民族温柔敦厚、重情重义的民族性格。

春节广告中对拜年的呈现，既包括祝福语的语言符号，也包括拜年手势动作的非语言符号。除了广告语之外，祝福语是出现最频繁的话语符号。大多数广告对拜年语言符号的表现直接源自现实，多是“新年好”或“新年快乐”，但也有一些广告在拜年话语中利用谐音等修辞加入自己的品牌信息，如“德芙”的“年年得福”、“百事”的“祝你百事可乐”，使品牌内涵和春节文化更好地结合起来。与拜年相辅相成的送礼行为也是广告中多次表现的节日习俗，这是因为送礼可以直接和购买产品的行为产生关联，将广告产品作为人们赠送的礼物，就能自然地完成节日与产品的结合。如德芙巧克力2013年春节广告《新年玩笑篇》，妹妹的男朋友来家里拜访，带的新年礼物正是一盒德芙巧克力。“彩虹糖”2014年春节广告《鸡给黄鼠狼拜年》则是反用“黄鼠狼给鸡拜年”的歇后语，虚构出鸡给黄鼠狼拜年的场景，当鸡把一盒彩虹糖递给黄鼠狼，并友好地说“新年好”时，原本手中拿着刀叉准备吃掉鸡的黄鼠狼，突然抱住鸡感动地称它为“鸡兄”，这略显夸张的情节从侧面表现出春节是增进人们感情交流的好时机，中国人对相互走动、送礼拜年的社交习俗非常看重。

然而，虚构的广告叙事与现实的春节习俗毕竟不同，广告中大量出现送礼这一习

---

① 巴特.符号学原理[M].李幼蒸，译.北京：中国人民大学出版社，2008：70.

俗，将商品包装成礼品，这在一定程度上给传统节日带来浓厚的商业气息，改变甚至消解了春节原本“崇礼”的文化内涵。广告背后暗藏的逻辑是购买某种商品就能维系社交习俗中的人情，而不是用心地经营人与人之间的感情关系，以消费主义意识形态弱化甚至取代了人际情感和礼仪内涵，从而改造出一个商业化的传统节日，这也是传统春节习俗在现代社会中被改造和重构的原因之一。

（二）团圆：家文化的认同

春节团圆的文化可以追溯到中国人对“圆”的审美和哲学思考，即来源于天圆地方的宇宙观。春节不仅是上一年“圆”的终点，又是下一年“圆”的起点，因而每个家庭要团聚在桌前一起吃团圆饭，除旧迎新。① 春节又是以“家”为核心的节日，而家的文化内涵至少包括三个方面：作为物理空间的房屋、作为成员关系的家庭、作为情感纽带的家。② 一年一度的团圆逐渐成为春节中一种仪式般的存在，使每个参与其中的个体慢慢体会到家的多元内涵。可以说，团圆在不断强化着中国人对家文化的感知和认同。

首先，广告对春节的呈现大部分源自真实生活，所以很多以团圆为主题的春节广告都突出了回家难与家团圆的矛盾对立，以此来体现“家”的文化内涵和心理意义。如“金山毒霸”2012 年春节广告《回家》讲述了主人公赵凯的父亲帮儿子买春节回家车票的艰难曲折过程。广告中多处体现出父亲买票的艰辛：火车站排队的长龙，漫长等待后得到没有车票的回复，在车站急切的语言和表情：“你想想办法啊，不管怎么样你帮我想想办法，我儿子两年没回来了，我只买一张票。”在网上买到假票，望着呼啸而过的火车强忍住的泪水。这些曲折艰辛的背后隐含的是父亲对儿子的思念以及对春节团圆的渴望。广告通过父亲两次买票失败后的情绪和反应，衬托出春节团圆的曲折和艰难，这与渴望团圆的心情形成强烈对比，成为推动故事发展的动力，而团圆的结局则体现出“家”的文化内涵之一，即无论多么困难都要回家团圆。

其次，回家难不只是距离上的阻隔，还可能是由于情感上的矛盾。如“德芙”2017 年春节广告《年年得福》、“徐福记”2017 年春节广告《铁树银花》和马来西亚大米公司“Bernas”2012 年新年广告《加饭》，都讲述了子女与父母之间的情感矛盾得到和解，最终在春节重新团圆的故事。《年年得福》中，主角关晓彤因青春期叛逆与母亲产生矛盾，甚至赌气离家出走几年未归。故事通过女儿和母亲每年一起写成的“福”字，将两人的矛盾与和解串联起来。这些“福”字是属于她们的一项春节家庭仪式，更是她和母亲一起度过那些年的缩影，背后隐藏着关于每年不同故事的记忆；几张还未完成的“福”字暗示着她们分开后缺失的时光；而最后墙壁上一张张被补充完整的“福”字，则代表着女儿回家和母亲化解矛盾，与母亲团圆。广告中春节成为矛盾家庭的黏合剂，漂泊在外的游子无论为何离家远行，当春节到来时看到万家团聚的景象，总会思念家乡，思念家人。春节团圆不仅是一种节日仪式，更象征着人们心中对“家”的认知和记

① 王东林.春节团圆的文化深处[J].群言，2017(1)：33-35.

② 毕恒达.从环境灾害过程中探索家的意义：民生别墅与林肯大郡的个案分析[J].应用心理研究，2000(8)：57-82.

忆，后者构成家文化的另一重要内容。

最后，还有一种“团圆”是虽然没有回家，但是有家人的地方就是家，在一起就是团圆。如“美汁源”2017年春节广告《家人在哪儿，哪儿就是家》、“麦当劳”2014年新年广告《机场篇》和“一汽大众”2015年春节广告《保重篇》都是父母到孩子工作的地方团聚。广告开始时表现了家人无法团聚的失望和路上的奔波，后来转变为团聚后的喜悦，通过前后对比和语言符号“家人在哪儿，哪儿就是家”“只要和家人在一起，哪里都有年味”等话语，“家”的含义不再只是家乡那个遥远实体，而是对家人的情感和牵绊，暗喻家人才是“家”的真义。

（三）孝：民族情感的体现

百善孝为先，中华传统文化中最根本的家庭文化价值观是“孝”。中国传统大家族中的亲情关系融合了血缘关系和社会关系，中国人的道德感便从这种亲情关系中升华，因此“孝”被看作道德感的源头。[①]“孝”对我们的思想观念和日常生活产生了上千年的影响。“孝”在传统节日文化中的体现，一是通过祭祀的方式表达对祖先的纪念和尊敬，如清明节、春节的祭祀活动；二是通过节日中与善待、尊敬父母长辈有关的习俗和仪式，如春节给长辈磕头拜年。从中国的社会现实层面来看，中国社会老龄化的速度之快、规模之大，在世界上是罕见的。[②] 面对这种国情和现状，善待老人、孝敬父母成为社会共同关心的议题。此外，越来越多中国家庭出现空巢老人、少子老人的现象，而一年一次的春节便成为子女陪伴、孝敬父母的重要时刻。基于此，“孝”文化在春节文化中逐渐处于重要的位置，春节广告也出现大量以“孝”为主题的叙事。

广告主要通过子女对父母态度的变化、关爱父母的语言和行动来突出“孝”的意义。如“伊利”2014年新年广告由李娜以第一人称讲述自己真实的故事：“如果有人问我，拼了这么多年有没有什么遗憾，我会说，就是不能常陪在她（母亲）身边。”广告语中暗含着对母亲的愧疚，然后她通过给妈妈热了一杯牛奶这一实际行动，表达了对母亲的关爱。这里热牛奶的具体符号与健康这一内涵联系起来，进而成为孝的内涵体现。“雀巢”2016年贺岁微电影之《新年穿越》中，一次奇幻的穿越之旅让演员沈腾回到过去，看到父亲对自己的爱和付出，终于明白陪伴和感恩父母的重要性。广告直接用语言“孝顺是爱，微小的，点点滴滴的，发自内心的关怀”，“微孝是用心陪伴”来诠释孝的概念，而最后回家、为父亲冲奶粉、给父亲打电话则是“孝”概念在现实生活中的具体表现。再如“OPPO”2015年新年广告《炫出挚爱，至美一拍》中，儿子的自拍、不耐烦的态度暗示着他的以自我为中心，而母亲夹菜的行为、手机上一张张儿子的照片则意味着母亲“时刻注意着儿子”“以儿子为中心”。在鲜明的对比下，儿子流下眼泪并与妈妈合影，体现出儿子对“孝”的醒悟。

在这些广告中，从忽略到理解再到关心，父母对子女深厚的爱意是促使子女发生

---

① 肖群忠.把根留住——孝与中华文化[N].光明日报，2013-07-22(15).

② 郑功成.中国老龄化速度之快、规模之大，世界前所未有[EB/OL].(2018-03-12)[2018-08-11].http://news.china.com/domesticgd/10000159/20180312/32179993_all.html.

心理行为转变的内在动力,因此产生的陪伴、关爱等语言行动作为一种显性的表征符号,与隐性的"孝"文化发生勾连。

(四)传承:家族文化的延续

所谓"国有国法,家有家规",家族规训是一个家族文化和思想的体现,也是真正能够融入家族血液里、代代传承的东西,因此成为中国传统文化的重要组成部分。春节是新旧交替、除旧迎新的传统节日,其中的祭祀敬祖等仪式则是家族传承文化、塑造情感的重要时刻。而对于现代社会以夫妻结构为主体的小家庭而言,家族延续下来的文化早已被冲淡,文化的传承也随之弱化,因而显得愈加珍贵。以传承为主题的春节广告就表现了家族文化和精神的传承,有代表性的如"百事可乐"2016 年微电影《把乐带回家之猴王世家》和"徐福记"2017 年贺岁微电影《铁树银花》。

《把乐带回家之猴王世家》由六小龄童亲自讲述自己家族四代演美猴王的故事,从曾祖父的"活猴章"到祖父的"赛活猴",再到父亲自成一派的"六龄童""南猴王",最后到六小龄童对家族"猴王"文化的延续和传承,可以说,"金箍棒交接了一代又一代",而"苦练七十二变,才能笑对八十一难,演习如此,人生也亦然"正是这代代相传的"猴王"精神。而家族文化的传承在《铁树银花》中却没有那么乐观和顺利。打铁花是一种传统民间焰火表演,出现于过去铁匠行业的开炉、春节、庆典等活动中,有"民间焰火之最""中原文化奇葩""中华第一铁花"之称。由于对表演者的技艺要求很高,目前在延续和传承方面存在困难,2008 年国务院和文化部确定它为"国家级非物质文化遗产"。广告中讲述的家族就拥有打铁花的技艺,但随着社会生活的现代转变,这项技艺面临着后继无人的境况,这也是父子产生矛盾的根源:父亲对打铁花的坚守和儿子对其他前程的追求,不仅是两代人难以化解的情感矛盾,更暗含着打铁花后继无人的社会现实,这是继承传统和现代化进程之间的二元对立。多年后的春节儿子带着妻儿回到家中和父亲相见,父亲的"我欠你个好前程"代表着他对儿子选择的理解,儿子的"是我欠你的"则暗含着对自己未能传承家族技艺的愧疚。广告最后,在春节这样的特殊时刻,父子共同完成打铁花的焰火仪式和震撼场面,意味着两人感情矛盾的化解,也暗指儿子在心理上对打铁花、对传统文化的接受与认同。不过同样耐人寻味的是广告故事没有呈现出的内容,即当春节过后,儿子依旧要回到城市的现代生活中,打铁花后继无人的困境依然存在,对传统的寻根并不意味着可以解决传统文化难以为继的问题,因为社会的现代化进程才是未来发展的方向。见微知著,广告中对传承的表现其实是对传统与现代这一矛盾的展现和思考,不妨看作是传统春节习俗在现代社会的另一种表征形式。

简言之,春节广告所建构的春节都紧紧围绕着"家"这一核心,描绘出一个个小家庭过年时的千姿百态;同时又不局限于小"家",而是上升到大"家"的层面,表现人与人之间的关怀友善,强调社会这个大家庭的意义,进而把春节作为整个中国文化的象征。此外,春节在广告中所呈现出的种种内涵不仅来源于传统节日的文化习俗,而且在一定程度上是对现代社会新生现实的反映,诸如打工一族、个人梦想、父母催婚、低头族、春晚等，这些新的主题和意义通过广告等媒介叙事不断被丰富、改造，传播着春节在现代社会的种种内涵，媒介传播、传递社会和文化遗产的社会功能由此体现出来。

结　语

随着时代的转型变迁，作为传统文化一部分的传统节日文化从形式到内涵都在不断发生某种现代性的嬗变，一方面是为了适应人们现代化的生活内容与方式，另一方面则是西方节日和消费主义文化的冲击使得传统节日的仪式感和内涵都被弱化。然而不变的是，这些区别于日常生活的节日始终是人们心中重要的精神慰藉和民族文化的象征。文化是共享的意义，媒介在共享过程中发挥着建构、诠释和传播的重要功能。广告等媒介形式不仅仅是文化意义的传播载体，同时也在反复强化、改造这些意义。在此基础上，我们试图通过符号学的理论视角，探究节日广告这一特定文化文本如何对传统节日的符号进行再现与重组，对符号意义进行拆解和重构，即一个节日表征的文化过程：节日广告通过符号的表意系统而与社会文化发生勾连，一方面广告把文化意义加诸物质性的产品上，重新创造出产品的意义；另一方面，作为一种文化文本和媒介行为，节日广告更是将商业文化与传统文化结合起来，慢慢成为节日仪式和文化中不可或缺的一部分，建构出传统节日文化的意涵。后者对于理解节日广告与传统节日乃至社会文化的关系而言至关重要，这也正是本文的立意所在。

与此相关的另一问题是，在以春节为代表的节日广告传承和建构、强化和革新传统节日文化内涵的同时，后者作为一种既有的社会文化结构，是如何影响节日广告的意义生成和文化表征的，也即能动性因素和结构性因素之间的辩证关系，这作为一个开放性和可持续性的论题，有待笔者在将来继续探讨。

中华文化海外传播研究

新世界主义视域下的汉语国际推广：以2.0时代的孔子学院发展为例*

The International Promotion of Chinese Using under the Perspective of Neo-Cosmopolitanism: Taking the Development of Confucius Institute of 2.0 Era for Example

林克勤　祁家璐**
Lin Keqin　Qi Jialu

摘要：语言是人类社会关系交织与互动的工具和思想桥梁，同时也是文化输出的先导，它对一个民族在国际社会中获得文化认同和形塑自我身份，都有着极大规制和深刻影响。当下，中国正向世界展示一种以“同心建构人类命运共同体”为核心主张的新世界主义理念。在新世界主义视域下，中国文化走出去的先决条件是大力推进汉语国际化，进而增强中国的国际话语权并提升文化软实力。我国语言推广机构孔子学院正以2.0时代的全新发展模式，从宏观布局到内涵提升迸发出强大的生命力，这对汉语国际推广和中国文化走出去发挥着巨大的推进作用。

Abstract: Language is a reacting tool and thought bridge which reflects social relations in modern society. It is also the precursor of cultural output. It has a great and profound influence on obtaining the cultural identity and self-identity of a nation in international community. Currently, China is raising a hierarchy of Neo-Cosmopolitanism which focus on “building a community with shared destiny for mankind together” to the world. From the perspective of Neo-Cosmopolitanism, the prerequisite of “spreading out” Chinese culture is to promote the internationalization of Chinese language, thereby enhance China ’ s international discursive power and

---

* 本文为国家社科基金一般规划项目“中国文化走出去的策略与路径创新研究”的阶段性成果，项目编号13BSH043。

** 林克勤，文科三级教授，文学博士。主要学术兼职：中国认知传播学会常务副会长、中西语言哲学研究会常务理事、华夏文化促进会华夏传播专业委员会学术顾问、国家社科基金评审专家、教育部人文社科项目评审专家、重庆市人民政府发展研究中心研究员、重庆市企业文化研究会副会长、中美后现代发展研究院特聘专家、日本札幌大学客座教授。

祁家璐，四川外国语大学新闻传播学院2018级硕士研究生。

strengthen cultural soft power. The Confucius Institute of China is now advancing into the era of 2.0. The Confucius Institute has burst into strong vitality from macroscopic layout to connotation improvement and has played an important role in promoting the internationalization of Chinese language and Chinese culture's "spreading out".

关键词:新世界主义,汉语国际化,孔子学院

Keywords: Neo-Cosmopolitanism, internationalization of Chinese language, Confucius Institute

面对国际政治局势复杂化、全球经济渐行性消退、世界传播格局多极化、恐怖主义难以根绝的时代态势,为解决人类问题,中国应时提出了以"以国家根本利益为考量,同心建构人类命运共同体"为核心主张的新世界主义理念。中国的新世界主义不同于乌托邦式的世界主义,它定位于中国现实国情和伟大朴实的中国梦,是对世界和人类文明现状及其发展趋势所持有的创新性的系统性认识、论述、主张及行动方案。[①] 中国近年来积极推动的"一带一路"倡议,以及"亚投行""丝路基金"等一系列的顶层战略设计,其所凸显出的利益共同体、命运共同体、责任共同体价值取向就是践行这种新世界主义观念的体现。但在中国综合实力和国际影响力持续增强、经济实力和国际地位显著提升的同时,"中国威胁论""中国崩溃论"等系列妖魔化中国形象的杂音仍在环绕,面对这样的复杂局面,必须改变民族主义的刚性应对策略,以道路自信、理论自信、制度自信、文化自信为坚强后盾,以 2.0 时代的汉语国际推广为抓手,在新世界主义视域下传播中国语言和文化,让中国文化走出去,涤清世界各国及其公众对中国的错误认知,重构新时代中国负责任、有担当的正面积极的大国形象。

一、新世界主义语境下的战略举措:民族语言的国际推广

语言是人类社会关系交织与互动的工具和思想桥梁,没有了语言的润滑剂和解读器功能,国际物质交往和精神交往都无法延续和开展。在全球化趋势已不可阻挡的时代背景下,一个民族的语言能否走向世界,成为国际通用语言,对其话语权的保有与提升、民族的身份认同和地位确证至关重要。国家的综合实力是其语言国际化的基本前提和必要条件,反过来,语言传播的广泛性和其影响的深刻性又增强了国家软实力,为国家的发展和进步插上了腾飞的双翼。

语言传播是文化走出去的先导,它对于一个国家的民族思想和精神遗产走向世界,丰富世界文化生态,一个民族在国际社会中获得文化认同和形塑自我身份,都有着极大的作用和重要的影响。因此,西方国家历来十分重视本国语言的国际传播与教化工作,不惜人力、物力、财力在世界范围内积极推广自己国家的民族语言,并建立了许

① 邵培仁,王昀.新世界主义视野下的中国传媒发展[J].编辑之友,2017(1):5-12.

多高效、完善的语言推广机构。如美国的卡耐基基金会、富布赖特基金会、福特基金会等在全球的很多国家都设立了教育文化交流项目；英国文化委员会在全球已开设 182 家分支机构并且拥有 1,100 万注册学员(指参加考试人数)；法国的法语联盟则在全球 133 个国家设立了 813 个分支机构；德国在 98 个国家设立了 159 个歌德学院分部；西班牙的塞万提斯学院覆盖全球 44 个国家并建立了 87 个分院；[①]2007 年才成立的韩国世宗学堂发展迅速，目前已在 54 个国家开办了 140 多所分院。[②]

因此，在这样一个群英并起、诸国争雄的文化激荡、竞争激烈的宏观背景下，大力推动汉语的国际化进程，让中国语言和文化走向世界，从而增强中国的国际话语权并提升文化软实力，是我国在新世界主义具体实践语境下必然采取的战略措施。

2004 年 11 月，中国在海外建立了第一个孔子学院——韩国首尔孔子学院，这标志着汉语国际推广“孔子学院”项目的正式启动。孔子学院项目的实施，最初的设想就是仿效法语联盟、歌德学院等西方国家的语言传播机构，组建具有中国特色的语言推广部门。有一点不同的是，西方国家的语言推广活动，无论是法语联盟还是歌德学院，都是由政府隐身调控、非政府机构组织建立的，其运营原则基本遵循非政府组织的制度框架。然而，由于各种原因，中国的非政府机构、民间组织等社会力量都还比较薄弱，不能在国际上强力发声，独当一面，无法独立承担汉语国际推广的任务。[③] 所以，我方孔子学院都是由政府牵头主导，虽然各大学合作方在具体教育教学上有一定权限，但国外孔子学院的运作基本上由教育部和国家对外汉语教学领导小组进行扁平化管理，有着政策、制度、资金、人力、资源相对集中和重点投放的战略优势，但这也给孔子学院披上了国家官方的宣教外衣，致使其域外的繁衍与壮大引起了所在国的诸多防范和心理戒备，为孔子学院的进一步发展增添了一些不确定的因素。

截至 2017 年 10 月底，孔子学院总部/国家汉办已在全球 142 个国家和地区创设了 516 所孔子学院和 1,076 个孔子课堂，全球现有中外专兼职教师 4.6 万人。[④] 在世界文明史上，孔子学院这种大规模的语言推广与文化交流形式是十分罕见的，这体现了中国文化强大的传播力和不断增强的国家软实力。同时，孔子学院的蓬勃发展之势也标志着中国高等教育真正融入国际化的历史新阶段的到来。[⑤]

二、孔子学院纷繁多元的办学模式及文化传播功能

从孔子学院的主办者和运营方来看，目前有如下几种办学运行模式：一是校与校

---

① 国家汉办.砥砺奋进的五年：数据看孔院(2012—2017)[EB/OL].(2017-10-14)[2018-05-16].https://mp.weixin.qq.com/s/wvyzPUWAa_Qt-NiWw30O5Q.

② 裴埈基，王昱祺.专访韩国世宗学堂财团理事长宋享根 [EB/OL].(2015-08-18)[2018-05-16].http://korea.people.com.cn/n/2015/0818/c205172-8937957.html.

③ 李德芬.全球化时代的公共外交[D].济南：山东大学，2009.

④ 国家汉办.砥砺奋进的五年：数据看孔院(2012—2017)[EB/OL].(2017-10-14)[2018-05-16].https://mp.weixin.qq.com/s/wvyzPUWAa_Qt-NiWw30O5Q.

⑤ LI J. Chinese university 3.0 in a global age：history, modernity and future[M]//CHOU P C I，SPANGLER J. Chinese education models in a global age：transforming practice into theory. Singapore：Springer，2015.

之间的合作模式,即国外高校和中国大学在教育教学方面进行全面合作。目前大多数孔子学院都采用此种办学模式。这种类型的孔子学院是国内高校开展国际教育文化交流活动的重要窗口,但其对国外大学体系的依赖也影响到孔子学院的可持续发展。二是中外高校与企业三方合作的办学模式。这种模式由跨国公司承担孔子学院的运营费用,为孔子学院缓解了一定的资金压力,并拥有相对稳定的生源,但多头管理也会带来责、权、利的分割等相关问题。当前这种模式的孔子学院数量很少,中兴公司参与办学的法国普瓦提埃大学孔子学院就是其中一所。三是外国基层政府与中国高校或中国政府部门和外国高校合作办学模式。如芝加哥孔子学院,由芝加哥市政府教育局与国家汉办、上海华东师范大学共同创设;美国西佛罗里达大学孔子学院由重庆市教委和西佛罗里达大学合作创办。四是国外民间社团和国内高校合作模式,主要是由国家汉办遴选一些汉语教学经验丰富或对中国文化有研究基础的国外团体与国内高校合作创建孔子学院。如美国华美协进社孔子学院就是以其原有的汉语教学实践及师资、场地、图书等资源为依托,以服务社区为主要目的的新型孔子学院,其服务内容是对不同层面的汉语爱好者有针对性地进行教育与兴趣培养。①

从孔子学院的服务类型来看,有学者把目前正在运行的海外孔子学院归纳为如下四种模式:一是教学主导型孔子学院。这类孔子学院把汉语和中国文化作为主要教学内容,其课程设置等教学安排能融入主办大学的运行系统之中,学院是大学机构的有机组成部分。如澳大利亚悉尼大学孔子学院、日本立命馆大学孔子学院等。二是社区服务型孔子学院。这类孔子学院大多提供汉语桥比赛、孔子新汉学计划、汉语国际水平考试、留学咨询及奖学金项目等教育服务,是中外高校的常规化交流平台,并逐渐成为提供本地化服务、帮助学生了解中国及中国文化、推广汉语教学等的中心枢纽。如澳大利亚纽卡斯尔大学孔子学院、日本札幌大学孔子学院等。三是学术研究型孔子学院,该类型的学院在发达国家居多。如早稻田大学孔子学院便定位于覆盖汉学、东方学及全球化等领域的世界性学术研究中心;日内瓦大学孔子学院则定位于中国和瑞士乃至欧洲文化交流与比较研究的学术平台,除了常规的教学与培训活动之外,它们还经常组织国外学者与中国学者的合作研究与交流活动。四是嵌入型孔子学院。如东京樱美林大学和爱知大学的孔子学院除定位于汉语推广和中国文化的传播机构之外,其汉语教学课程还被纳入正规的本科生培养计划,这种孔子学院已经转型为融入本地大学学生培养方案的正式二级组织,成为学校正式的教学单位。②

当然,无论是从哪个角度来划分孔子学院的办学模式,这些模式都不是一成不变的,它们之间有可能已经相互融合渗透,形成你中有我、我中有你的综合体,并根据其运营的社会环境不断调整、改变、演进,在汉语教学、中国文化推广、汉学研究及国际文化交流合作等方面,展现出了一定的适应能力和互助性质,正逐渐融入国际教育文化生态之中,不断凸显出中国的民族精神和文化的影响力。

---

① 周志刚,乔章凤.海外孔子学院合作办学模式探析[J].江苏高教,2008,141(5):32-35.

② 李军,田小红.中国大学国际化的一个全球试验——孔子学院十年之路的模式、经验与政策前瞻[J].中国高教研究,2015(4):13.

从传播主体的立场上讲，孔子学院以汉语教学为基本运行架构，以传播中国文化为战略目的。在多元文化的融合大背景下看，孔子学院的终极价值是促进中国文明与世界异国文明的平等互视、相互尊重、沟通理解，实现彼此的真实认知与互认的包容，这正好彰显了新世界主义助推人类多元文明和谐相生、美美与共的现实主张。有学者认为，孔子学院的文化传播功能体现在三个方面：一是沟通国际社会，促进精神交往。孔子学院有异于我国普通高校，并非一般意义层面上的大学，它是以国际间教育、文化、经济等方面的交流合作为主要内容的发散性沟通平台，扮演的是一个国与国之间，或者说不同文明之间的摆渡者和诠释者的角色。二是潜移默化熏陶他国民众，实施柔性的社会调控。孔子学院在推广汉语、传播中国文化时对他国社会施加了无形的引导，这种引导一般具象表现为利用人际传播网络、传统大众媒体和新兴智慧媒体等多元传播渠道对他国民众进行广泛的精神文化展示与影响，从而使其认知、态度、思想行为归入自己所引导的社会规范体系之内，实现文化外溢实践的价值诉求和民族意识的观点弥散。三是传承与弘扬优秀文化遗产。孔子学院作为中国古代文明和现代文明跨越时空的联系纽带和符号代表，担负着向全世界传播中华文化的重要使命，发挥着特殊的文化继承功能。如果没有孔子学院这样的文化传递和思想储存，没有中国文化精神体系的延续发展，那么整个人类文明不断衍化的历史进程将会受到影响。①

因此，孔子学院的意义，并不仅仅体现了中国文化走出去的国家顶层战略意图，从新世界主义所蕴含的更宏大的背景和更深远的视角来看，它也是世界多元文化相互交流、共同借鉴，从而形成包容涵化、保护继承、嬗变创新的人类文化生态和精神世界的需要。

三、国际舆论环境中的孔子学院海外形象

孔子学院自挂牌之日起已生存发展了十多年，孔子学院在海外推广汉语、传播中国文化的效果如何，是举办者和接受方都非常关注的问题。要对500多所孔子学院和1,000余所孔子学堂进行系统、深入的调查、分析、统计，显然工作量是比较大的，但如果借助质性研究的框架设计，对有代表性的孔子学院进行深度的考察与解析，则可以从一个角度管窥孔子学院的海外传播效果，为其下一步发展提供参考和建议。

有学者基于文明带的分析框架，选取了分别处于基督教文明、东正教文明、佛教文明、日本文明和伊斯兰文明中具有代表性的美国、俄罗斯、泰国、日本、黎巴嫩5个国家的16所孔子学院进行调查研究。在调查中课题组发现，与现实具象有关的中国传统文化元素的传播最有效。在5国受访者中，接触或体验过如中国茶、中餐、长城、兵马俑、太极拳、中医、中国功夫、中国书法等文化符号的分别占91.3%和

① 陈刚华.从文化传播角度看孔子学院的意义[J].学术论坛，2008，31(7)：162-167.

73.3%。这表明,中国的物质文化给受访者留下的印象最为深刻,尤其是饮食、文明遗产、古迹等体验性经验。中国人的社会习惯和生活方式等如太极拳、中医由于不同的文化背景和思维模式,其传播效果一般,要视受访者的生活趣味、行为趋向、心理期待等具体情况而定。精神层面的内容在传播上效果最差。据此,课题组认为,中国文化的对外传播需从直观到抽象,先让外国人感知中国文化的具体表征,而对行为习惯、生活方式的传播则需考虑文化环境及受众接受能力的偏好与制约,精神层面的交往互动要审慎缓行,采取不强求、多了解、重对话的柔性策略。另外,调查还发现,价值观的接受与背景相似度密切相关,同处华夏文化圈的国家在行为和思想方面更易相互理解与接受。例如,在社会交往中,"礼貌原则"指导下的话语价值取向得到全体受访者的高度认同,这是由于在这项衡量指标上,中国传统文化元素与其他异质文明体的文化元素具有共通性。而具有儒家文化传统特色的"孝道""谦虚""谨慎""中庸"等文化元素除泰国持赞成立场外,其他国家认同度都很低,这说明泰国佛教文化背景与中国传统思想比较接近,而其他国家价值观与中国传统价值观在这些元素上则有较大的差异和冲突。[①] 因此,面对世界各国口味不一的挑战,新世界主义主张具体问题具体分析,强调传播的特殊性和分层性,孔子学院在开展语言教育和文化推广时,对国际社会受众要量体裁衣,适度融入所在国文化和当地元素,用综合性价值观润物无声地诠释中国传统优秀文化。[②] 首要考虑衣、食、住、行等具象符号和行为表征,再在精神交流与思想对话方面寻找人类文化的共通内容,在身份认同和相似背景的基础上达到互视与包容,而且要高度重视实践行为环境的特殊性,根据不同指标调整传播策略。

域外民众及所在国政府对孔子学院的印象如何,是孔子学院往后发展和进一步建设的重要参考尺度。近年来,国外有关孔子学院的一些非议不时冒出来,有的质疑孔子学院的开设目的,有的无端指责孔子学院进行意识形态输出和文化渗透,等等。2012 年 5 月 17 日,美国国务院签发指令,规定在美孔子学院必须获得美国的认证资格才能开展教学,要求持 J-1 签证的孔子学院中方教师须在 6 月 30 日前离境。这一决定在国际上引起了轩然大波,受到中国政府和在美华人的强烈抗议。虽然这一事件最后由美方主动出面解释而逐渐平息,但其引起的连锁反应与影响却十分深远。2018 年 2 月 13 日,美国参议员卢比奥和联邦调查局局长克里斯多夫·雷在参议院又抛出"泛谍论",在关于世界威胁的听证会上无端指责在美中国教授和学生为中国政府收集情报,对美国国家利益造成威胁,其中尤其提到孔子学院的意识形态宣传作用,并以 2014 年芝加哥大学和宾夕法尼亚州立大学关闭孔子学院为立论证据。那么,孔子学院在海外是否遭遇了所在国政府与民众的强烈反对与抵制,其负面形象是否如传言中的那样呢?我们认为,要了解真实的孔子学院情况,不能只听一面之词,需从多方面审视、多角度考察其实际运行态势。而从形象学的

---

① 吴瑛.中国文化对外传播效果研究——对 5 国 16 所孔子学院的调查[J].浙江社会科学,2012(4):144-151.

② 邵培仁,沈珺.构建基于新世界主义的媒介尺度与传播张力[J].现代传播,2017,39(10):70-74.

立场看，以媒介形象为研究方法是一条可行的路径。

在现代社会中，媒介作为舆论的晴雨表、公众的思想表达和情感宣泄平台，对一国事物的形象建构和公众认知起着重要的映射作用。在这个思路的指导下，以美国及其他国家和地区的主流媒体指涉孔子学院的话题报道为分析对象，可以从中一窥孔子学院的海外形象，客观反映异国民众及政府对孔子学院的真实态度。有学者选取“孔子学院”为关键词，以第一所孔子学院问世到 2013 年底为时间段，在有关媒体上一共搜索出 101 篇相关报道。其中，《高等教育纪事周报》22 篇、《华尔街日报》7 篇、《华尔街日报》中文版 3 篇、《华盛顿邮报》13 篇、《基督教科学箴言报》1 篇、《纽约时报》15 篇、CNN 1 篇、《韦尔日报》1 篇、其他电子报 38 篇。从中发现，对孔子学院的评论主要围绕软实力、中文热、教育经费、学术自由、意识形态工具等核心术语展开。分析表明，外媒往往把孔子学院等同于中国软实力，认为二者是互为表里的关系。大多数媒体把孔子学院看作中国扩大海外影响的行为手段，但并没有对此持特别指责或尖锐批评的立场。对全球范围内学习中文热的报道也比较多，这是因为中国的崛起是当今时代的大事，世界对中国的关注引发了中文学习热潮，而孔子学院的遍地开花不过是对这种潮流的一种顺应，这是外部环境自然发展的态势而非战略主题有意设计的结果。但外媒对孔子学院的迅猛发展也有一些担忧，主要是以下两点，一是害怕孔子学院背后的强大国家背景威胁西方的学术自由；二是担心孔子学院具有特定的意识形态会对他国民众进行政治宣教。在第一个话题的评价上大多数境外媒体都能持比较客观理性的立场，从正反两方面都发表了看法。虽然有一些媒体发表了有关学术自由可能遭受钳制的报道，但也有一些媒体对此进行了客观申辩和正面澄清。总体上，在外媒对孔子学院的报道和评论中正面评价超过负面批评，并且负面的语篇论述空洞、缺乏实际依据。关于第二个话题，确有一些异议的声音，但这些指责仅仅停留在表征上，而没有深刻、翔实的内容。在外媒的报道中，有不少人能够理性地看待“意识形态”“宣传工具”这些符号表达，都认为不应该戴着有色眼镜看中国，有政治敏感的不只是中国，西方国家更甚。总之，在这 101 篇报道中传达负面意见的只有 24 篇，占总数的 23.78%，而且以挑剔著称的美国媒体的报道除 2 篇外都提供了平衡的意见。①

综合以上数据与分析，在国外媒体意识中，孔子学院是提升中国国家软实力的重要战略举措，它迎合了全球日益高涨的中文热；在中国政府的经费支持下，它提供了语言资源与教学条件，满足了中文教育需求。当然，外媒对孔子学院也有一些负面的发声，但这些批评与指责所占比例较小，且都是表征形态的罗列与重复，更像是一些民族主义者或文化保守主义者的情感发泄。由以上分析来看，在一些具代表性的外国主流媒体的视野下，孔子学院的海外形象是偏正面的、积极的和客观真实的。

---

① 叶英.从外媒报道看孔子学院的海外形象[J].四川大学学报(哲学社会科学版)，2015，198(3)：48-57.

四、2.0 时代孔子学院面临的内外部问题

作为推广汉语、传播中国文化以及促进中外文化融汇交流的公益性教育组织,孔子学院从无到有,从区域试点到遍及全球,已初步完成了宏观布局、设点播种的第一期任务。目前孔子学院的建设和发展显现了其内部的一些问题,如管理体系尚欠完善、合作关系的认知定位存在偏差、权威教材和有经验的师资缺口较大、信息化教育手段滞后等,这将对孔子学院未来的发展带来掣肘和迟滞影响。

在外部环境上,首先遇到的是英语文化霸权的压制与冲击,尤其是我国对外文化交流与传播中存在着严重的不平衡现象。虽然我国政府对文化传播给予重点支持与巨大投入,但也无法在短期内改变英语文化一家独大的非正常态势,只能尽力巩固和加强孔子学院这个文化信息平台,以期在国际社会中发出中国声音、讲述中国故事,为世界文化的多元生态构建贡献自己的一份心力。其次,孔子学院也面临着国际社会尤其是西方国家意识形态思维与行为模式的挑战。如有些国外人士受其固有的政治偏见和民族优越感的影响,以高高在上、不可一世的姿态俯视孔子学院,诬称孔子学院为中国文化渗透的"特洛伊木马"。实践证明,针对这种刻意的误读和妖魔化的挑战,民族主义的刚性回击效果并不好,可以采取柔性策略与刚性回击并重的方式应对,这就要求孔子学院更加审慎行事以避免与所在国发生直接文化冲突,在进行社会推广、参与公共活动、接触当地媒体与政府机构时,要注意改变官方传播策略与手段,立足于跨文化交流和言语行为方式的互动沟通,在帮助所在国民众了解、认同孔子学院宗旨的基础上,促进国际多元文化的涵化与融合。对于已经出现冲突和产生矛盾的区域和国家,国家汉办应牵头会商,积极主动应对,拿出有针对性的专门解决方案,尽快平息事态,消解对立,帮助孔子学院与所在国政府和社会进行良好的沟通。①

五、创新扩散机制下孔子学院未来发展的路径

孔子学院从无到有的发展在传播学理论上可归结为一个创新扩散的过程,从大规模的布局完成、积累一定的数量值到内涵的提升、针对性的加强、文化传播的深拓,从孔子学院发展阶段 1.0 到 2.0 的转型衍进、提档升级,可以勾勒出一个新生事物不断创新、突破陈规的典型轨迹。创新的形式是多样的,正如罗杰斯所言,创新并非都来自理论思维和研究开发,以实践问题为导向的新的解决方法也是产生创新的重要路径。②罗杰斯针对传播效果研究提出的创新扩散有如下三个要点:第一,创新由于其可视性效果容易被采用者接受,因而本身可以在实践中得到推广应用;第二,采用创新的主体

① 吴瑛.对孔子学院中国文化传播战略的反思[J].学术论坛,2009,32(7):141-145.

② 罗杰斯.创新的扩散:第四版[M].辛欣,等译.北京:中央编译出版社,2002:117-120.

可以是个体，也可以是团体；第三，无论创新属于哪一种类型，其核心本质都是不同于原形态的一种新颖的信息存在。① 在他的这个扩散系统中，创新并非形而上的臆想，而是行为构成的中枢要素，是针对实践者而言的。孔子学院创新的运用者既包括孔子学院学员，亲近中国文化的潜在学习者，孔子学院教学科研人员、志愿者，还包括中外大学、孔子学院总部及下属各专业委员会等管理机构，中外政府及其教育部门或社区组织等。②

在这个框架视域下，2.0 时代的孔子学院应该有哪些新的理念与举措以超越 1.0 时代，并解决目前遇到的新问题和适应新的国际社会的格局变化呢？我们认为，以下四个方面是孔子学院转型升级、内涵深拓、再中国化必须要认真考虑的问题和未来发展路径。

（一）淡化官方色彩，寻求文化拥趸

一些国外批评者认为，孔子学院总部隶属于中国政府，那么国外孔子学院也必然受到中国官方的掌控和制约。其实，作为国家语言文化传播机构，由政府直接或间接推动甚至赋予主导色彩已成为国际惯例，早已不言而喻，而孔子学院被另眼相看原因在于中国与西方国家在意识形态和政治制度方面存在巨大分歧，这在很大程度上扭曲了域外民众对孔子学院的认知。当然，这些问题的出现有其深刻、复杂的历史和现实原因，不排除文明冲突论、冷战思维论和权力政治学派的推波助澜，也受到文化本质主义的误导和影响，但认真内视自己、考问本我，多从运作主体、关系处理上找原因，保持理性、客观、审慎的立场和态度也很重要。

从中国国内视点来看，突出政府主导、官员重视是一种视角特别的观照和传统的政策倾斜，这意味着可以获得更多的政府资源和社会各界的支持，但站在国外民众与政府的立场来看，其效果恰恰相反，反而成了中国政府“直接操纵”孔子学院的口实。在现代性的自由主义精神情结培育下，西方民众和媒体对政治体制和意识形态多持有批判和怀疑的态度，对于外来文化代表的孔子学院和其官方色彩就更加敏感、挑剔。因此，在孔子学院的宣传上要淡化其政府背景，在孔子学院总部领导构成上要更加突出其民间背景，让孔子学院由官方机构逐渐向非政府组织转型，这对于消解西方社会的疑虑十分重要。另外，要改善我们多年不变、一以贯之的政治宣教和文化输出的手段与方式，讲究“巧用力”，促使国际社会产生兴趣、变被动为主动了解中国的核心价值与理念，培养一批喜欢、欣赏、认同中国文化的目标人群，进一步发挥合作伙伴的积极性和主动性，消解当地民众对孔子学院的官方控制忧虑。③

---

① 罗杰斯.创新的扩散：第四版[M].辛欣，等译.北京：中央编译出版社，2002：117-120.

② 周汶霏，宁继鸣.孔子学院的创新扩散机制分析[J].中国软科学，2015(1)：77-87.

③ 李开盛，戴长征.孔子学院在美国的舆论环境评估[J].世界经济与政治，2011(7)：76-93.

(二)加大学术研究力度,从了解中国、研究中国到中国研究

1.0 时代的孔子学院是对外文化传播和教育交流的窗口,定位于向外国人介绍中国传统文化和现时国情,让国际社会了解中国、认识中国,扮演的是情况介绍者和会通翻译者的角色。这个战略布局和运作模式也迎合了世界范围内的汉语学习热和中国文化研究热,引发了域外学者和民众对中国及其传统和当代文化的关注与探索。但是,这种对中国的聚焦与关注仍然是站在他者的立场,自上而下俯视中国、打量中国,并把中国当作西方文明参照物的话语模式,带有本能的东方主义思维情结或者旧瓶新酒式汉学东方主义的余烬与固有姿态。从西方知识分子以往研究中国的立场看,其关注的并非历史的真相和现实的变迁,而是由其以预设的文明审读非文明的话语方式主导的有关中国社会的形象建构和知识生产。在其自我臆想的理论视野中,中国正在被设定为依附于西方的,与西方同质的"理性、民主、法治、自由"的国度。中国文化要通过孔子学院等平台对世界产生影响,就要超越这种粗浅的常识介绍和低位的被看状态,化解西方从"铁幕""竹幕"等话语围墙外揣度中国的波诡云谲的国际格局,大力推进中国研究,真正确立中国学术文化的自信心和自主性,向西方宣示客观真实、积极进步的本质中国形象。

鉴于此,中国研究是立足自我立场对本我的全新审视和全面评价,是话语自觉和价值自决的过程,也是文化话语表征确立的过程。这意味着从被动言说到主动言说和话语输出的重大转型,这也是 2.0 时代孔子学院提档升级、加大学术研究力度的根本宗旨。2013 年"新孔子学院计划"的实施是这一核心思路的现实体现,也是中国学术走出去的一个重要措施。中国学术走出去应坚持中国主位的立场,积极回应国际社会对中国传统文化和当代实践的疑问与考量,切不可在国际舞台上集体失语,应该型构积极、正面、负责任的大国影廓,完善中国特色的话语生产体系,不断增强中国文化话语权。除了重视自我的走出去之外,培养海外中国研究群体也十分关键。要增进这个学术阶层对于镜像中国的直接接触,培养其聚焦中国研究的学术兴趣,引导他们超越以往国外传统汉学研究的东方主义模式,使他们成为中国故事的国际代言人,进而触发西方学界对当代中国话语的全面分析、阐释、引征。①

(三)改革组织结构,由孔子学院至孔子书院

书院制是中国古代的教育教学形式,它的一个突出特点即教育实践与生活行为融入了同一场域。书院制的精神实质体现在以下几个方面:一是以普适性人文道德关怀为价值核心;二是学以致用,心忧天下,以入世精神担当国家兴亡;三是淡泊名利,强调修身治学、陶冶情操;四是注重师长的思想引领和精神感染;五是倡导和谐的师生关系,主张师生如家人,生活学问共同实践。②

---

① 杨文艺. 全球竞争的文化转向与孔子学院的转型发展——孔子学院十周年回眸与展望[J].中国高教研究,2015(4):44-52.

② 张应强,方华梁.从生活空间到文化空间:现代大学书院制如何可能[J].高等教育研究,2016(3):56-61.

自21世纪以来，书院制已成为国内教育界探索如何办好现代大学、进行教育改革的一种尝试，其倡议者认为书院制是现代大学规模日益扩大而疏于教化功能的一种补充，它能够弥补现代大学只注重学科和专业范围内的人才培养而忽略人文素质广泛养成的缺陷，可以满足学生个性化成长的本质要求。现代大学的书院制改革已在社会上引起较大反响，目前已有超过70多所高校开始试行书院制与现代大学制度联姻的组织结构改革。这场教育教学革命是否成功，书院制能否在现代大学中生根开花，我们不敢妄下结论，但孔子学院2.0时代的内涵发展若引入书院制改革，倒是一个值得期许的创新尝试。

将孔子学院更名为孔子书院，并进行一系列组织形式和教育模式的改革，具有以下优势和创新点：首先，书院制是中国传统教育和文化活动的一张名片，以书院冠名，既彰显了中国特色，又淡化了官方色彩，摆脱了意识形态纠葛，有助于国际社会的精神交往中多元文化的平等互视、交流融合；其次，中国的书院制与西方牛津、剑桥的书院联邦制有价值、理念上的差异，也有结构和特色上的相似，以书院命名汉语推广和教育机构，更易于与西方教育文化制度形成有机联系和互补增益，不会引起国外民众和政府的敏感与提防，在世界文明生态中更容易赢得身份认同和推广发展；再次，书院制强调的是与天地和谐相融、追求个性发展的有机性质的教育和文化理念，这与后现代主义思潮中大教育家怀特海等人推崇的“有机教育”“有情教育”有相通之处，较易获得西方学界、教育界的认可。孔子书院不片面追求人数和规模，而看重以人格和德性为中心的教育文化生活质量，这样一种“小就是美”的组织格局恰好符合建设性后现代哲学所倡导的“以社区为中心”的社会改革思路。最后，书院制体现了价值关怀与知识追求相统一的精神。这种精神的推广和应用可以为现代大学的教育体系生产某种创新变革的思想资源。[①]

孔子书院的试点与推行，完全可以为西方现代大学模式的发展提供观照和参考，即打破追求实用与功利性的教育模式，克服专业越分越细带来的知识割裂，填补偏执于片面而深度不足的短板，从全面提升人的品质素养方面去促进国家、民族整体道德水平的提升，而这恰恰是现代教育所孜孜以求的终极目标。

（四）从走出去播种布局到融入异国文化生态，推动文化涵化

孔子学院的全球布局是中国文化走出去的一个符号表征，也是国家文化战略的具体实施方式，但走出去只是一种主观设计及实践行为，站得住、立得稳、融进去，形成丰富、多样、复态的世界文化格局，扩大人类精神层面的交流，才是文化涵化必然的发展趋势和未来指向。当然，一种文化要融入到异质文明的内部组织之中，与之产生互视、对话，发生嬗变，是一个漫长的过程。中国文化在异域要实现文化占位和影响固化还必须面对西方文化霸权及其全球化战略的压力和挑战，这也是中国文化走出去并实现

---

① 朱汉民.书院精神与书院制度的统一——古代书院对中国现代大学建设的启示[J].大学教育科学，2011(4)：3-5.

身份合法化和格局国际化的外部推动力。这种艰难的交融和共生发展并非一项简单的计划,应该是一个必然的方向和确定的未来愿景。

在全球化、第四次工业革命、文明冲突、文化霸权、权力政治、知识生产、后东方主义、人工智能、非传统安全以及软实力、文化话语等事实、概念和认知共同塑造着国际社会复杂关系格局的今天,2.0时代的孔子学院大发展不仅是构建中国国际话语体系的重要举措,更是世界重心东移的一个明确指涉,而依靠中国自身的文化影响力和传播力融入全球文化生态并引领新世界主义浪潮,则是中国国家软实力提升的必然进路。[①] 这种文化的深层融入和涵化效果能反映出中国作为崛起大国的包容性质、创新力度和维稳立场,是促进世界和谐、共同繁荣,凸显中国智慧解决世界问题的途径诉求和立场。

① 朱汉民.书院精神与书院制度的统一——古代书院对中国现代大学建设的启示[J].大学教育科学,2011(4):3-5.

海外华夏传播研究前沿

人类传播中的阴阳理论*

The Yin-yang Theory of Human Communication

◇〔美〕陈国明/文　王　婷/译**
Chen Guoming　Wang Ting Tran.

摘要：本文旨在发展基于中国阴阳哲理的人类传播理论。阴阳辩证互动的关系是该理论形成的基础。按照阴阳哲学，人类的传播可以概念化为一种互为因果的过程。其中，互动因素通过一个完整关系网中的持续的符号交流形成相互依赖而又相互渗透的关系。文章从分析中得出的一些理论性假设和原理，也许能为未来研究中潜在的经验观察提供理论依据。由此可见，虽然通用的模式也许能用于描述人类传播中的共有现象，阴阳理论却反映出中西方人们在传播方面的价值体系和道德取向有着潜在的差异。因此，尽管有可能发展一种基于阴阳哲理的通用模式，来从整体上考察人类互动行为，但在未来的研究中，阴阳哲理更可作为一种主位视角，来更有效地观察与理解中国人的行为。希望本文对于当前不断升温的社会科学方面的阴阳哲学研究有所贡献。

Abstract: This paper aims to develop a theory of human communication based on the Chinese Yin-yang philosophy. The dialectical interplay between Yin and Yang serves as the foundation for theory development. Based on Yin-yang philosophy, human communication is conceptualized as an inter-determining process, in which interactants develop an interdependent and interpenetrative relationship through the constant exchange of symbols in a holistic network. Theoretical assumptions and axioms from the analysis are generated for potential empirical observation in future research. It is concluded that while a universal model may be used to describe the shared phenomenon of human communication, the Yin-yang theory reflects potential differences in

---

* 本文作者特别感谢 Professor Jensen Chung 和 Professor Ivana Beveridge 对此文提出的宝贵意见。同时感谢 May Ho 协助制作图 3 与表 1。

** 陈国明，美国罗德岛大学传播学教授，中华传播学会创始人，国际跨文化传播研究学会主席。除了担任多家专业期刊的编辑委员外，还是《中国传媒研究》的联合编辑。

王婷，厦门大学新闻传播学院在读博士生，贵州师范大学国际教育学院讲师，硕士毕业于澳大利亚麦考瑞大学国际传播专业，致力于跨文化视域下的华夏文明传播研究。

value systems and moral orientations toward communication between Chinese and Westerners. Hence, the Yin-yang theory can be used to better understand Chinese behaviors from an emic perspective in future research, though a universal model may also be developed based on the Yin-yang philosophy to examine human interaction as a whole. It is hoped the paper can contribute to the increasing literature on the study of Yin-yang philosophy in social sciences.

关键词：变化，循环，矛盾，整体观，人类传播，相互联系，和谐，阴阳，中

Keywords：change, cyclic, contradiction, holism, human communication, interconnected, harmony, Yin-yang, Zhong

前　言

自20世纪90年代全球化趋势出现以来，在研究和应用领域，越来越多不同学派的学者们持续提出和讨论诸如文化互融（ambiculture）（Chen & Miller, 2010），二元互动(ambidexterity)（Simsek, Heavey, Veiga, & Souder, 2009），合作性竞争(co-opetition)（Brandenburger & Nalebuff, 2011），全球本土化（glocalization）（Thompson & Arsel, 2004），以及主客平衡（etic-emic balance）（Morris, Leung, Ames, & Lickel, 1999）等辩证性的理论概念。所有这些概念的提出都涉及哲学论述和战略文献中所提到的“悖论理论”（paradox theories）。这些理论试图解决人类在互动和活动中因内在矛盾产生的不安，并勾勒出这样一个观念：呈现两极对立的势力似乎是可以共存和妥协的。换言之，这两股矛盾势力是没有必要全面分裂甚至陷入“非此即彼”的境地的。这一论点与中国阴阳学说确有相似之处。

如图1所示，阴阳学说阐释了两种对立势力之间的辩证互动。图中左侧的白半球指阳之势力，右侧的黑半球指阴之势力。阴阳模型描绘了一个动态的相互依赖、相互渗透的过程，并试图经由这个过程达到一种整体平衡、矛盾力量一体化以及和谐互惠的周期性变化的状态(Chen, 2013)。

图1　阴阳模式

令人遗憾的是，悖论理论的研究被批评者认为缺乏概念一致性和经验证据(Li, 2012；X. Li, 2014；Paparchoni, Heracleous & Paroutis, 2014)。Smith 和 Lewis（2011）认为这个问题主要是人类社会的快速变化导致的。全球化趋势使得组织环境以及人与人的互动变得更有活力，更具辩证性和竞争性。针对这个问题，本文对阴阳哲理展开研究，尝试从社会科学的角度对阴阳两个概念进行理论化。文章首先阐述阴阳哲学的假设，然后再论述人类传播中阴阳理论的发展，最后得出结论。

希望本文能起到方向性的作用，使得阴阳学说在经验观察和理论应用上能更加可靠与有效。为了实现这一目标，本文的理论论述部分将以假设(assumption)形式作为

前提定义，随后以阐释理论原理（axiom）和定律（theorem）作为论点的根本。这里所指的原理在范围上是普遍适用的，也是对于不同概念间关系的描绘。定律是在原理之下的陈述，尽管也构建在普遍范围之内，但还包含着那些可被具体定义的和可被经验观察到的概念。研究问题（research question）或研究假设（research hypothesis）可以直接从定理中推演出来（Hawes，1975）。

一、阴阳理论的哲学假设

阴阳的概念植根于中国古代宇宙观，这种观点认为宇宙是无限的但也是有序的，是一种环形轨道运动（圜道论）；它以“变化”作为宇宙的基本原则（Chen，2008；Liu，1992；Wang，1983）。宇宙的变化就如四季之交替，日月之更迭，潮汐之涨落。虽然东西方文化都认为宇宙的本质是一个变化的过程，但中国的哲学家是用阴阳的概念来解释宇宙变化的本质的。从阴阳哲理可得出以下两个基本假设：

假设 1：宇宙是一个无限循环但却有序的运动过程。

假设 2：阴和阳是宇宙循环交替的本质。

从词源上看，阴指山的阴（暗）面，阳指山的阳（明）面。随着太阳的运动，阴/暗会逐渐转化为阳/明。因此，阴阳之间水乳交融般的相互依存、相互渗透的互动转换关系形成了宇宙无限循环的模式。阴、阳被进一步发展为代表宇宙的两个基本元素。它们对立而互补，构成宇宙之“气”（能量、生命力）。这两种元素的辩证互动于是成了宇宙永不止息运动的根本（Chung，2011）。

从象征功能上看，阴象征着至柔之力，经由黑暗、顺从、软弱、敏感、温柔等柔性特点得到体现；阳则代表着至刚之力，其特征是光明、控制、力量、创造力和刚毅。阴阳的动态互动决定了自然的本质和宇宙的法则。正如 Chen（2008）所提出的，阴之力是一种承受与包容的力量。静止时，它处于包容性的闭合状态；但在运动中，它是开放和广阔的。根据 Wilhelm （1990）的理论，阴力的运动以一种包容的方式进行，以动态广博为特征，代表着宇宙的量变。阳之力则生生不息、刚健有力。静止时，阳之力是一种刚健的实体，在永不止歇的运动中，它的表现是坚决、果断的。阳之力所产生的动态宏大性，代表着宇宙的质变。

源于《易经》“孤阳不生，独阴不长”的理念（Zhu，1974），宇宙万物的存在必须建立在阴和阳两股势力相互作用的基础之上。因此，阴之广袤包容与阳之勇往直前两股势力的合一，建立起了一个无尽变化与循环的模式，并体现在阴之收缩与阳之扩张的辩证张力运动之中。这两种对立的力量创造了辩证的整体性或统一性，这种整体性是由对立与合作、竞争与友谊之间不断拉锯来维持的。

阴阳交合动态统一的整体观，解释了阴阳两种势力之间既对立又相互依存的矛盾关系。除此以外，在阴阳相互作用和转化的过程中，宇宙中所有的矛盾和冲突都应该在这个动态循环的过程中得到解决。为了把永续性带入变化的过程与适当的制变中，中国的哲学家们认为，只有通过和谐的手段才能达到平衡的目的。换言之，中国人强调“当变化遵循宇宙法则时,则能达致预期目标”(Chen, 2008)。中国的哲学家进一步指出,“中”(中庸之道)是通过阴阳互动而达到和谐或平衡之境的要素。正如 Chen (2016a)指出的,“中”是经由阴阳调节的相互作用而达到的宇宙整体平衡状态。这被认为既是培养自我能力最有效的途径,也是人际沟通成功的钥匙。

对于中国人的阴阳循环之普适性的宇宙观,徐(2001)扼要地归纳出三个要点:(1)一阴一阳之谓道;(2)阴阳互相争胜负;(3)阴阳的整体和谐。这一阴阳哲学衍生出了一套中国人世界观的范式假设。这范式假设又成为中国人思维和行为的指导原则。中国人的阴阳循环交替宇宙观生成了四个主要的范式假设:(1)从本体论上讲,阴阳的整体观认为宇宙是一个大整体,其中万物的运动就像一条没有起点也没有终点的河流;(2)从认识论上讲,阴阳的相关互依性阐明了关联性乃是事物存在意义的来源,通过阴阳的互联性,宇宙中所有的事物都变得有意义,并且相互可以被感知;(3)从价值论上讲,阴阳和谐的必要性决定了和谐是人类社会的根本价值,是解开连接宇宙各部分之间结点的关键;(4)从方法论上讲,阴阳对称的“中”强调中庸是维护宇宙大和谐之道(Chen, 2009a;Cheng, 1987;Fang, 1981;Fung, 1983)。

基于上述阴阳哲学的范式观点,我们可以得出四个扼要的假设。也就是说,中国阴阳哲学要求:

假设 3:“整体性”是宇宙的终极本质。

假设 4:“互联性”是感知宇宙存在的方式。

假设 5:“和谐”是宇宙的基本价值。

假设 6:“中”是实现宇宙和谐之道。

这四种阴阳哲学的假设为下一节的人类传播概念的理论化奠定了基础。

二、人类传播的阴阳理论

人类的交流是经由符号交换以达到两个人之间相互理解的过程。许多人类传播的模式和理论都是由学者,特别是西方学者发展出来的。虽然传播活动是人类普遍存在的现象,但正如 Chen (2009a)所提到的,不同民族文化背景的人有不同的方式去感知传播的要素和实践传播的活动。本文提出的人类传播的阴阳理论,显示了中国文化传播的独特方式。它可以与西方学者现有的人类传播模式进行比较。例如,Chen 和 An (2009)认为,与西方不同,天人合一的本体论观点使中国文化倾向于期望个人融入群体的集体主义;对和谐的强调,使得中国人较重视间接和心领神会的沟通方式;对互联性的关注,则使中国人建立了一套注重互惠互利、划分等级的关系。

阴阳的互动互换推动了宇宙的循环变化,这也决定了人类传播的动态本质。也就是说,人与人之间的传播是一个无止尽、有序变化的过程,这是阴阳哲学辩证本质的显现。阴阳的辩证法则设定了人类传播的三个重要性质:(1)变化——人类传播是一个动态的、转换性的过程,它不断地从一个互动的阶段过渡到另一个互动的阶段;(2)矛盾——人类传播是两个互动体之间的向心力和离心力构成的一个对抗的过程;(3)整体——人类传播是一个整体的系统，它说明了在不断变化和矛盾所界定的互动过程中，所有要素都是相互联系和彼此依存的（Altman, 1987; Baxter & Montgomery, 1996; Li, 1994; Peng & Nisbett, 1999; Zhang, 2010）。

如图 2 所示，Chen 和 Starosta (2015) 利用阴阳概念建立了一个人类传播的模式。模式中心人物 A 和 B 分别代表阴和阳(即图 2 中的 A 和 B)。这两股势力是相互渗透的，它们通过相互对立与相互依存的辩证周期性运动而生生不息(即图中的 C1—C4 和 D1—D8)。此外，中国的哲学家认为，人类传播的成功乃建立在互动双方能够保持这个整体关联系统的平衡与和谐的能力上。因此，人类的传播可以被概念化为一个动态的相互决定的过程。在这个过程中，传播者的目标是通过在一个整体网络中不断进行符号创新与交换来发展相互依赖的关系(Chen, 2009a)。

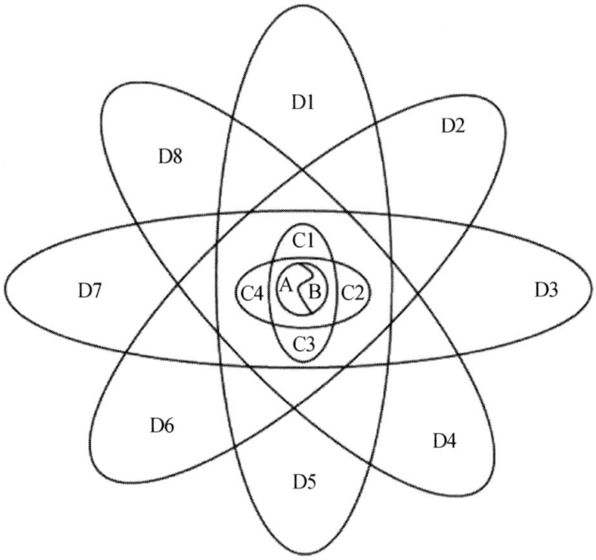

图 2　人类传播的阴阳模式 (Chen, 2009a:73)

基于辩证阴阳哲学的概念，Chen(2009a)进一步确定了人类传播中的三个具体特征：(1)人类传播是整体的；(2)人类传播是相互联系的；(3)人类传播是和谐的。以下分别阐述这三个特点。

(一)人类传播是一个整体系统

根据《易经》(Zhu, 1974)，一阴一阳之谓道。阴阳两股势力的相互转化形成了变化的循环系统。它反映了人类交流永不止息的本质，也显示了阴阳两股势力之间的张力(图 1 和图 2 中的 A 与 B)所形成的永不止息的循环运动是宇宙万物生生不息的源泉。阴阳之间永恒辩证的互相渗透，进一步孕育出了人类传播的统一性或整体性。虽然阴阳或 A 和 B 互动双方各自也是自我变化的实体，但阴阳哲学表明，只有通过两股势力之间永恒不断的互动和转换，宇宙或人类沟通的本质才有可能得到体现 (Chai &

Chai，1964)。

因此，人类传播是一个建立在阴阳互动基础上的整体系统。人类传播的整体性反映的动态互动或辩证张力不仅仅存在于系统内对立统一的两个互动主体之间，也存在于这两个互动主体构成的二元体和整体内其他外在环境之间(Baxter & Montgomery，1996)。这表明，为了完整地理解人类传播，我们不仅要审视A和B构成的二元体自身的交流网，还要审视这个二元体与整个系统里的其他个别元素组成的互联网。正如《中庸》(Zhu，1978)中所提出的，整体系统的统一性指的是“一理”，然后一理再散为万事，然后再由万事复合为一理。一理中的所有元素作为人类传播的基础都包含着阴阳两股势力。正如Chang所言，“在统一中存在着无限的彼此交融的多元化元素，但在每一种多样性中，我们也发现了多元统一的可能性”(1963:68)。它显示了部分与整体之间的相互依存关系。

互为因果关系的“一与全部”“部分与整体”或“多元与统一”也反映出阴阳整体观的生生之德(Fang，1981)，其中敏感性(sensitivity)和创造性(creativity)成为解释人类交流循环往复之意义的关键概念(Chen & Starosta，2004)。敏感性指“全部”归于“一”的运动过程，创造性指“一”衍生“全部”的运动过程。正如Chen和Starosta所认为的，敏感性是从多元收敛为统一的能力，而创造性则是从统一辐射为多元的能力。

阴阳哲学的整体观进一步指示了人类传播是一个形成彼此联系、相互依存、相互渗透和相互转化的过程。人类传播整体系统中的关系性质将于下文讨论。此外，人类传播中的辩证总体性，并非指由所有部分联结而成的一个完美或完全的网络系统。阴阳互动二元体内部的以及二元体与外部环境间的矛盾和持续的张力，表明了在人类传播整体系统中各元素的互动是一个永不止息的持续变换的过程。在这个过程中，积极的和消极的情绪和情感总是不断地呈现与消失。

Baxter和Montgomery(1996)指出，从辩证的角度来更好地理解人类传播整体性的本质，需要加入三个与矛盾相关的概念，即位层关系(location)、依存关系(interdependency)和情境关系(contextualization)。位层关系指人类传播的辩证张力处于二元关系的层次。它强调，要把图2中A、B间的关系或互动形成的张力作为分析单位，而不是把A和B作为个体元素来分析。因此，作为一个分析单位的辩证张力是建立在A和B之间阴阳两股势力同步或非同步互动的基础之上的。

依存关系反映了多重矛盾存在于人类传播整体系统中这个事实。除了图2中的A和B之外，还存在着随时间变化产生的无穷无尽的互联关系层，这些A和B组成的二元体代表着不同的次系统和整个超系统。因此，矛盾不仅指A和B的内部矛盾，也包含A和B二元体与系统中不同层面的其他二元体之间在无尽的时间长河中的矛盾关系。每个矛盾都代表着一个相互依存的关系。这些相互依存的矛盾关系共同构成了一个高度复杂的人类传播网络，通过观察这些矛盾关系点，人类传播的本质变得可以感知。

矛盾的情境关系指每个A和B组成的二元体特殊或主位(particularism/emic)的辩证性互动的本质。换句话说，虽然矛盾是人类传播的一种普遍现象，内部与外部矛盾的辩证互动仍取决于当时的情境，这些情境包括了人际、团体、组织和国家等不同的层面。

例如，Fang 和 Faure (2011) 与 Faure 和 Fang (2008)运用阴阳哲学中的相悖特质，阐释了在沟通和管理语境下中国文化独特的价值观。Beveridge 和 Kadura (2016)运用中国式悖论管理模式，通过民族志的方法考察中国在国际服务领域的运作情况。阴阳二元的文化互融模式(M.J. Chen, 2002;Chen & Miller, 2010)也被用来发展组织管理中的矛盾整合。此外，Chen (2001)提出了一种基于阴阳哲学的和谐理论来解释人际层面上的中国人交际行为。

辩证矛盾理论所提出的位层关系、依存关系和语境关系，与中国学者们为了论述阴阳动态矛盾而提出的"时"和"位"两个概念有相似之处。"时"和"位"是阴阳整体系统的结构和形式(Chen, 2001;Wang, 1970;Wu, 1976)。在《易经》中，阴阳的动态矛盾呈现在每一卦的具有等级和互联性的六爻之上，这六爻所形成的和谐辩证网络的稳定性，取决于对时、空两个要素的把握。换句话说，为了处理阴阳之间的动态矛盾，我们需要理解在某个特定语境(位)下的恰当的时机(时)，以及具备察觉细微变化(几)痕迹的能力(Chen, 2009a;Wilhelm, 1990)。

从上面的讨论可以得出三个假设和一个原理：

假设 7:人类传播是一个整体系统。

假设 8:人类传播的总体性是由两个主体之间不断的辩证互动所决定的(即阴和阳之间)。

假设 9:两个主体之间的辩证互动，建立在阴阳两股势力持续的矛盾张力之上。

原理 1:矛盾的位层关系、依存关系和情境关系有助于对人类传播整体性的理解。

(二)人类传播是一个互联网络

阴阳之间的转换和循环互动决定了人类传播的整体观，从而形成了互动主体之间的动态与联系性平衡的结构。这种阴阳互动的结构孕育出一个互联网系统，在其中，关系决定了系统里各个元素之间的联结性。阴阳网络的辩证性质使系统中的关系具有动态性、独特性和不可替代性，它和传统的辩证思想有两个主要的差异。

其一，阴阳哲学指出，关系的发展根植于"感应"的过程。"感应"是阴阳势力在人类传播的有机整体中产生的精神和伦理共振 (Xiao & Chen, 2009)。"感应"是互动主体之间相互反馈的能力，它通过符号交换将有机部分联结成一个和谐的整体。因此，为了在整体世界中找到自己的位置或成功地发展和谐的关系，互动双方必须有能力做出适当的行为和反馈。换句话说，阴阳辩证互动中的沟通能力(communication competence)是指一个人在感应过程中能够做出适当行动的能力。阴阳感应也强调能够感动对方心灵以给予正面回应(即"应")的力量，而这种力量是建立在传递者内心的编码过程(即"感")之上的。Xiao 和 Chen 更进一步指出，从"感应"的角度来看，沟通能力应该被视为一个道德问题。因此，道德能力成了衡量人类传播成功与否的主要标准。更具体地说，道德能力是建立阴阳整体联结系统的方法。

其二，因为阴阳的和谐关系只能通过道德能力来实现，等级性于是成了整体系统内关系网的特色。由阴阳互动形成的等级关系网在《易经》里有所说明。《易经》阐明了人类交流的发展表现在各具阴阳势力的六爻由下而上的循环运动中。也就是说,第一、三、五爻是阳爻,第二、四、六爻是阴爻。从变化的角度,六爻所象征的发展阶段可以表示为:(1)初爻——运行的基础阶段;(2)二爻——萌发成形阶段;(3)三爻——具体成干阶段;(4)四爻——枝叶成长阶段;(5)五爻——开花繁荣阶段;(6)六爻——结果转变阶段,这意味着事物已发展到盛极而衰的阶段,开始进入另一个新的循环过程(Chen,2008)。

为了观察与评估阴阳辩证结构的六爻的关系发展过程,《易经》提出了三个相互依存的概念作为标准:"位"(positioning)、"应"(corresponding)、"比"(neighboring)(Xu, 2001)。首先,"位"是指是否在适当的时间处在一个适当的位置。一卦的六爻也称为"六位"。从结构上看,第一、三、五爻的属性为阳,第二、四、六爻为阴。如果这些爻位的属性不匹配就会导致不利的后果,反之亦然。虽然观察每爻的定位是否恰当并不困难,但只有将这六爻作为循环系统进行分析,才能得到更有效的结果。对爻位的分析涉及"位"与"应""比"之间的关系。

其次,"应"是指初爻与四爻、二爻与五爻,以及三爻与六爻之间的对应关系。这是指一卦内的内卦(包括一至三爻)与外卦(包括四至六爻)各爻之间的应对情况。基于结构的本质,一与四、二与五,以及三与六爻的配对称为"正应"。不过,这些静态的对应关系因为阴阳永不止息的变化,常常变得非常复杂。也就是说,理论上各爻位置的阴阳结构属性与阴阳在功能上的刚柔属性必须彼此对应(Xu, 2001;Zhong, 1992)。例如,如果本是阳刚的初爻为阴柔所据,那么与本是阴柔的第四爻就成了阴阴相应。阴阳刚柔的属性改变,意味着互动双方对应关系的改变。理想的对应关系是刚柔或柔刚的配对。这就是所谓的"正应",是前面提及的互惠互利,彼此相互吸引的"感应"的基础。反之,阴柔与阴柔,或阳刚与阳刚形成彼此排斥的敌对关系,是人类传播过程恶性竞争或冲突产生的主因(Chen, 2008)。

最后,"比"指内卦各爻之间的相邻关系(即初爻与二爻、二爻与三爻之间)与外卦各爻之间(即四爻与五爻、五爻与六爻之间)的相邻关系。除了各爻阴阳或刚柔对应的属性之外,邻比还有由上而下和由下而上两种关系(Xu, 2001)。由上而下的关系称为"乘",由下而上的关系称为"承"。以刚"乘"柔(阳上阴下)或以柔"承"刚(阴下阳上),与之对应的关系为"顺",反之为"逆"。从占卜角度来说,前者为"吉",后者为"凶"(Hong, 2014;Li, 1987;Wen, 1993)。传统中国哲学认为这种六爻或六位之间阴阳关系的辩证互动是稳定社会系统的基础。图3展示了基于六爻的等级关系网络。

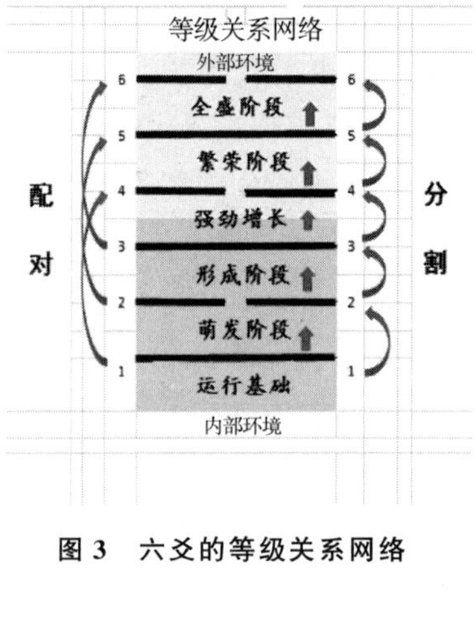

图3 六爻的等级关系网络

阴阳关系的等级结构进一步发展为儒家的"五伦",规范了两千多年来中国君臣、父子、夫妻、兄弟、朋友之间的不平等但互补的关系(Chen & Chung, 1994)。更确切地说,阴阳关系的等级结构被儒家用来建构了一套独特的中国人际关系模式。这种模式强调特殊性、长期性、团队性、形式性和个人间的关系(Chen，2001，2011)。因此，阴阳关系模式是用来观察和理解中国人交往沟通的一个有效手段。以上讨论可以得出以下假设和原理：

假设10：人类传播是一个互联网络系统。

假设11：互联网络系统是由所属的互联元素组成的。

假设12："感应"是关系发展的基础。

假设13：由"感应"衍生的道德能力是阴阳沟通能力的基础。

假设14：等级结构描绘了阴阳关系的特征。

假设15：阴阳关系的等级结构强调特殊性、长期性、团队性、形式性和个人性的互联关系。

原理2：道德能力的增长强化了成功建立彼此关系的机会。

原理3：与中国人交往时，建立一种特殊(长期、团队、形式或个人)关系的能力越强，其道德能力就越强。

(三)人类传播是一个和谐过程

阴阳哲学要求在辩证循环过程中的所有矛盾都能得到解决，以保持关系处于和谐平衡状态的永续性。从这个意义上说，辩证矛盾中所产生的张力并不代表冲突。与西方辩证法迥异，阴阳辩证法强调以一种建设性的方法来处理矛盾的张力(Wang，1957;Yu，2005)。阴阳哲学不主张使用对抗性方法来处理矛盾关系，而是通过一种较间接、含蓄或适应对方的互动方式，来凸显和谐的重要(Chen，2016b)。

正如Chen(2001)所指出的，中国人对和谐的重视造成了中西方传播的三个主要差异。首先，中国人把和谐视为传播的目的而不仅仅是手段。其次，人类传播是一种以适应互动对方为导向，谋取相互依存、相互合作的交流过程。最后，以和谐为目的说明了人类传播包含了伦理的诉求，要求互动双方表现出真诚与关怀之心。因此，如前所述，和谐是中国人在人类传播过程中追求的根本价值和终极目标。和谐是"以伙伴关系和相互依靠为目标，以一系列道德规范为准绳，以对互动对方真诚的关心为途径的相互适应、相互容纳的过程"(Chen，2018)。成功地调节了互动的循环与转换过程之后，和谐被视为人类传播的一种自然的结果。因此，能否取得和谐是评审中国式沟通能力的一个重要指标。

Chen(2001)进一步归纳了九个可用来建立和谐人类传播的阴阳哲学概念。从内在上讲，个体必须能够内化三个原则：仁(人本主义)、义(公正)、礼(礼仪)；从外在上讲，个体必须能够运用三个要素：时(时间因素)、位(空间因素)、几(动之微)；从策略上讲，个体必须具备三种行为技能：关系(双方联系)、面子(彼此尊重)、权利(资源掌握)。基于这九个观念，Chen提出了4个命题、23个原理和23个定律来阐释中国人交流的和谐理论(见附录)。

由以上的讨论可进一步归纳出两个假设和一个原理：

假设16：人类传播是一个和谐的过程。

假设 17:人类传播的目的在于达到关系和谐的状态。

原理 4:在中国人的传播活动中,达到和谐的能力越强,意味着交际能力的水准越高。

图 4 "中"的阴阳模式(Wang,1982:143)

最后要回答的一个重要问题是:如何才能实现和谐或达到阴阳哲学所提出的人类传播的平衡状态?答案是"中道"。"中"规范阴阳两股势力的平衡互动。它是人类活动的中心,或者说人类传播活动的中心(Cao,1986;Chen,2006;Xiao,2003)。如图 4 阴阳模式所示,"中"就是阴阳两股势力平衡互动后所达到的大和谐状态。它是阴阳辩证互动和转换的执中点。根据 Wilhelm (1979)的说法,"中"整合了对抗和互助。也就是说,在人类交流活动的过程中,阴阳两股势力起到了理顺双方互动的各个环节的作用。"中"是"宇宙两股对立势力相互作用的轴心,或者是打通由气的运行导致的一切阻滞的钥匙"(Chen,2016a)。因此,"中道"或"守中"(涵养中道)是达到宇宙整体和谐循环状态的最佳途径。Chen (2016a)认为这也是培养中国式传播能力的理想途径。

一直以来,不同学科的学者已试图发展不同的中道模式来处理辩证矛盾之间的张力,以期达到阴阳平衡的状态。例如,Jing 和 Van de Ven (2014)利用阴阳模式研究成都公交集团的组织变化;Chung (2011)提出了一个用来研究全球化社会中的公共关系阴阳互动的"气"的模式;M. J. Chen (2002) 以及 Chen 和 Miller (2010) 提出了一种在管理过程中促进阴阳矛盾整合的文化融合方法;M. J. Chen (2008) 进一步运用"中道"的概念重新界定了竞争—合作关系;Li (2012, 2014) 提出了基于阴阳平衡的综合管理框架;Fang (2012) 从阴阳哲学的角度提出了中国人传播活动的特点;Chen (2013) 以及 Chen 和 An (2009) 则建立了一个全球管理和领导的中道模式。

所有这些在人类传播的背景下对阴阳哲学所进行的理论化尝试,为高度哲理化和抽象的阴阳概念转化为具有科学性和经验上可观察的变量提供了极大的可能性,并可以直接应用到行为层次的分析研究中。例如,Chen (2013)、Chen 和 An (2009)所建立的中道模式就能展示阴阳理论应用于实证研究的可能性。该模式具有三个维度,每个维度都包含阴阳管理的两个要素:(1)自我修养——包括敏感性和创造力;(2)语境深度——包括多元文化心态和环境描绘;(3)行为灵巧——包括互动的灵活性和与时、位、几的协调。该模式较为成功地提供了与中国人交往的有效方针。模式中的概念不仅可以发展出原理和定律,而且可以直接导出可检验的假设。

上述关于"中道"的讨论提供了以下的假设和原理:

假设 18:"中道"是通往阴阳整体循环和谐状态的理想途径。

原理 5:应用"中道"的能力越强,与中国人沟通的能力就越强。

原理 6:自我修养(语境深度、行为灵巧性)的水平越高,与中国人沟通的能力就越强。

表 1 列出了本文提出的所有假设和原理。

表 1　本文所有假设与原理(由 May Ho 整理)

<table>
<tr><th rowspan="2">阴阳理论的哲学假设</th><th colspan="3">人类传播活动中阴阳理论</th></tr>
<tr><th>特点</th><th>假设</th><th>原理</th></tr>
<tr><td>假设 1：宇宙是一个无限循环但却有序的运动过程</td><td></td><td></td><td></td></tr>
<tr><td>假设 2：阴和阳是宇宙循环交替的本质</td><td></td><td></td><td></td></tr>
<tr><td rowspan="3">假设 3："整体性"是宇宙的终极本质</td><td rowspan="3">人类传播是一个整体系统</td><td>假设 7：人类传播是一个整体系统</td><td rowspan="3">原理 1：矛盾的位层关系、依存关系和情境关系有助于对人类传播整体性的理解</td></tr>
<tr><td>假设 8：人类传播的总体性是由两个主体之间不断的辩证互动所决定的(即阴和阳之间)</td></tr>
<tr><td>假设 9：两个主体之间的辩证互动，建立在阴阳两股势力持续的矛盾张力之上</td></tr>
<tr><td rowspan="6">假设 4："互联性"是感知宇宙存在的方式</td><td rowspan="6">人类传播是一个互联网络系统</td><td>假设 10：人类传播是一个互联网络系统</td><td rowspan="4">原理 2：道德能力的增长强化了成功建立彼此关系的机会</td></tr>
<tr><td>假设 11：互联网络系统是由所属的互联元素组成的</td></tr>
<tr><td>假设 12："感应"是关系发展的基础</td></tr>
<tr><td>假设 13：由"感应"衍生的道德能力是阴阳沟通能力的基础</td></tr>
<tr><td>假设 14：等级结构描绘了阴阳关系的特征</td><td rowspan="2">原理 3：与中国人交往时，建立一种特殊(长期、团队、形式或个人)关系的能力越强，其道德能力就越强</td></tr>
<tr><td>假设 15：阴阳关系的等级结构强调特殊性、长期性、团队性、形式性和个人性的互联关系</td></tr>
</table>

续表

<table>
<tr><th rowspan="2">阴阳理论的哲学假设</th><th colspan="3">人类传播活动中阴阳理论</th></tr>
<tr><th>特点</th><th>假设</th><th>原理</th></tr>
<tr><td rowspan="2">假设 5:“和谐”是宇宙的基本价值</td><td rowspan="4">人类传播是一个和谐的过程</td><td>假设 16:人类传播是一个和谐的过程</td><td rowspan="2">原理 4:在中国人的传播活动中,达到和谐的能力越强,意味着交际能力的水准越高</td></tr>
<tr><td>假设 17:人类传播的目的在于达到关系和谐的状态</td></tr>
<tr><td rowspan="2">假设 6:“中”是实现宇宙和谐之道</td><td rowspan="2">假设 18:“中道”是通往阴阳整体循环和谐状态的理想途径</td><td>原理 5:应用“中道”的能力越强,与中国人沟通的能力就越强</td></tr>
<tr><td>原理 6:自我修养(语境深度、行为灵巧性)的水平越高,与中国人沟通的能力就越强</td></tr>
</table>

结　论

本文试图通过构建人类传播的阴阳理论,来弥合抽象的概念或哲学论述与实证观察之间的裂缝。本文根据对阴阳哲学的分析提出了理论假设和原理。这种尝试有助于从理论角度和应用层面来理解阴阳的概念。虽然如此,本文并无贬低传统上从哲学角度解读阴阳概念的观点;相反,笔者希望通过提出一些阴阳理论在科学研究中可能的应用来提高阴阳理论研究的实用价值。以下讨论本研究的一些局限和启示。

首先,虽然阴阳哲学是一种在中国特别具有启发与影响的思想,但它毕竟只代表了一种本土性的思想。X. Li (2014) 指出,在中国对阴阳的研究到目前一直还受困于模糊不清的概念定义和缺乏严谨性的研究方法。这意味着,作为一种主位性思想,阴阳概念的研究已开始受到学者的质疑与挑战。阴阳概念研究缺乏严谨论证的支持,常让学者怀疑阴阳哲学概念是否能有效地用来解释中国人的行为。

其次,阴阳哲学作为一种本土思想,在解释不同文化背景下人们的传播行为时,可能并不一定优于其他的辩证哲学,如希腊辩证法、印度的否定辩证法、黑格尔的辩证法、玻尔的互补原则等(Wong, 2006)。虽然“变”是各种辩证哲学所共有的一个核心概念,但在实际生活中处理这种变化的方式往往是不同的。例如,中国阴阳辩证法将和谐视为宇宙的手段和目的,包括人类传播,但在西方,对抗似乎是解决问题的一个更好的手段。因此,在试图将一种辩证哲学普遍化以解释不同文化背景下的人类行为时,学者们应该避免掉入以管窥天的陷阱。

再次,尽管每一种辩证法都有其本土性或主位性的属性,但学者在处理任何辩证法时必须避免落入二分法的困境(Chen, 2009b)。二分法或非此即彼的思路不仅阻碍了学术研究的发展，更严重的是，它会给跨文化交流带来负面的影响。除了“变”是大多数辩证哲学的共同特征外，两种矛盾力量之间的“平衡”也是这些辩证法所追求的目标。因此，经由“整合”的过程来达到两种力量之间的平衡状态，例如文化互融、二元互动、全球本土化，或者 Naroll (1971)的“theorics”模式，以及主客整合，应该是在全球化的人类社会中值得推广的理想方法。此外，整合或平衡不应仅仅局限于两种力量之间。因为当今全球社群需要一种多元文化的共存生活模式，整合和平衡的观念与做法应该被用于处理各种不同哲学方法之间的紧张关系 (Chen, 2005, 2015)。

最后，本文仅从阴阳的研究中导出理论建构的假设(assumption)和原理(theorem)。如前所述，为了直接观察基于阴阳交互的传播/通行为，必须从原理和定律(axiom)中进一步推演出可直接观察的研究性假设(hypothesis)陈述。目前已经有越来越多的研究华人传播行为的学者从这个角度提供了研究的资源。例如，除了蕴含中国人传播行为的可观察变量的原理 3 之外，Chen (2002)在中国人冲突管理方面的研究中特别提出了阴阳哲学影响下的五个概念，以此来理解中国人在互动过程中如何经营冲突。这五个概念包括自制、互惠、婉拒、顾面子和特殊关系。这些概念可被清楚地加以定义，作为直接观察中国人交际行为的变量。

附 录

源自九个观念的原理和定律

仁 Jen (humanism)
原理 2:在中国人传播活动中，“仁”的程度越高，越容易实现和谐。 原理 3:在中国人传播活动中，人性化的程度越高，越容易维持“仁”。 定律 1:一个人的互惠之心越强，在中国人传播活动中的能力就越强。 定律 2:一个人的同理心越强，在中国人传播活动中的能力就越强。
义 Yi (righteousness)
原理 4:在中国人传播活动中，“义”的水平越高，实现和谐的可能性越大。 原理 5:在中国人传播活动中，得体性的水平越高，维持“义”的可能性越大。 定律 3:一个人的灵活性越强，在中国人传播活动中的能力就越强。 定律 4:一个人的适应性越强，在中国人传播活动中的能力就越强。
礼 Li (rite)
原理 6:在中国人传播活动中，“礼”的行为的增加会带来和谐性的增强。 原理 7:在中国人传播活动中，正式性程度越高，维持“礼”的可能性就越大。 定律 5:一个人使用敬语的能力越强，在中国人传播活动中的能力就越强。 定律 6:一个人应对等级社会关系的能力越强，在中国人传播活动中的能力就越强。 定律 7:一个人越有礼貌，在中国人传播活动中的能力就越强。 定律 8:一个人控制情绪的能力越强，在中国人传播活动中的能力就越强。 定律 9:一个人的侵略性越弱，在中国人传播活动中的能力就越强。

续表

时 Shih (temporal contingencies)
原理 8:在中国人传播活动中,对"时"之认识水平越高,越能增进和谐。 原理 9:在中国人传播活动中,对"时"各因素的认识程度越高,越能保持"时"的作用。 定律 10:一个人越清楚行动的合适时机,在中国人传播活动中的能力就越强。
位 Wei (spatial contingencies)
原理 10:在中国人传播活动中,对"位"之认识水平越高,越能增进和谐。 原理 11:在中国人传播活动中,对空间各个因素的认识程度越高,越能保持"位"的作用。 定律 11:一个人越清楚传播的环境,在中国人传播活动中的能力就越强。 定律 12:一个人越清楚社交背景,在中国人传播活动中的能力就越强。
几 Ji(the first imperceptible beginning of movement)
原理 12:在中国人传播活动中,对"几"之认识水平越高,越能增进和谐。 原理 13:在中国人传播活动中,对互动发展轨迹越是清楚,越能保持"几"的作用。 定律 13:一个人越清楚互动发展轨迹,在中国人传播活动中的能力就越强。 定律 14:一个人的敏觉力越强,在中国人传播活动中的能力就越强。 定律 15:一个人越真诚,在中国人传播活动中的能力就越强。
关系 Guanxi (inter-relation)
原理 14:在中国人传播活动中,"关系"的提升可以增进和谐。 原理 15:在中国人传播活动中,特定关系的建立越牢固,越能维持"关系"的作用。 定律 16:一个人越能与他人建立相互关系,在中国人传播活动中的能力就越强。 定律 17:一个人越能分辨内外的成员,在中国人传播活动中的能力就越强。 定律 18:一个人的"群体感" 越强,在中国人传播活动中的能力就越强。
面子 Mientz (face)
原理 16:在中国人传播活动中,对"面子"的重视可以促进"关系"的发展。 原理 17:在中国人传播活动中,对"面子"的重视可以促进"和谐"的发展。 原理 18:在中国人传播活动中,越尊重对方越能维护"面子"。 原理 19:在中国人传播活动中,越重视人情越能维护"面子"。 定律 19:一个人越能给对方面子,在中国人传播活动中的能力就越强。 定律 20:一个人越能施惠对方,在中国人传播活动中的能力就越强。 定律 21:一个人"回报对方"的意愿越强,在中国人传播活动中的能力就越强。
权力 Quanli(power)
原理 20:在中国人传播活动中,权力的适当运用可以促进"和谐"的发展。 原理 21:在中国人传播活动中,"关系"的强化可以促进"权力"的发展。 原理 22:在中国人传播活动中,"资历"越高,越能促进"权力"的发展。 原理 23:在中国人传播活动中,"权威"越大,"权力"就越大。 定律 22:一个人的资历越深,在中国人传播活动中的能力就越强。 定律 23:一个人的权威越大,在中国人传播活动中的能力就越强。

摘自:CHEN G M.An introduction to key concepts in understanding the Chinese: harmony as the foundation of Chinese communication[J].China media research,2011,7(4):1-12.

参考文献

ALTMAN I.Centrpetal and centrifugal trends in psychology[J].American psychologist, 1987, 42(12).

BAXTER L A, MONTGOMERY B M.Relating: dialogues and dialectics[M].New York: The Guilford, 1996.

BEVERIDGE I, KADURA J. Paradox management approach to service: empirical study of western service dynamics in China[J].China media research, 2016, 12(4).

BRANDENBREGER A M, NALEBUFF B J.Co-opetition[M].New York: Doubleday, 2011.

CAO M. Zhongdao and Chinese culture[M]//CAO M, et al(Eds.).On I Ching learning. Taipei: Li Ming, 1986.

CHAI C, CHAI W. Introduction[M]//LEGGE J(Trans.).I Ching: book of change. New York: Bantam Books, 1964.

CHANG C-Y.Creativity and Taoism: a study of Chinese philosophy, art, and poetry[M]. New York: Harper & Row, 1963.

CHEN G M.Towards transcultural understanding: a harmony theory of Chinese communication [M]//MILHOUSE V H, ASANTE M K, NWOSU P O(Eds.). Transculture: interdisciplinary perspectives on cross-cultural relations. Thousand Oaks, CA: Sage, 2001.

CHEN G M.The impact of harmony on Chinese conflict management[M]//CHEN G M, MA R (Eds.).Chinese conflict management and resolution. Westport, CT: Ablex, 2002.

CHEN G M.Asian communication studies: what and where to now[J].The review of communication, 2006, 6(4).

CHEN G M.A model of global communication competence[J].China media research, 2005(1).

CHEN G M.Bian (change): a perpetual discourse of I Ching[J]. Intercultural communication studies, 2008, 17(4).

CHEN G M.Toward an I Ching model of communication[J].China media research, 2009, 5(3).

CHEN G M.Beyond the dichotomy of communication studies[J].Journal of Asian communication, 2009, 19(4).

CHEN G M. An introduction to key concepts in understanding the Chinese: harmony as the foundation of Chinese communication[J].China media research, 2011, 7(4).

CHEN G M.A zhongdao model of management in global context[J].Intercultural communication studies, 2013, 22(1).

CHEN G M.Theorizing global community as cultural home in the new century[J].International journal of intercultural relations, 2015, 46.

CHEN G M. Zhong (Centrality), self-competence, and social/communication competence: a Chinese perspective[J]. Intercultural communication studies, 2016, 25(1).

CHEN G M.Harmony theory (Chinese)[M]//JENSEN K B, CRAIG R T(Eds.).The international encyclopedia of communication theory and philosophy. West Sussex, UK: Wiley-Blackwell, 2016.

CHEN G M.Chinese communication modes[M]//KIM Y Y(Ed.).International encyclopedia of intercultural communication.Hoboken, NJ: Wiley-Blackwell, 2018.

CHEN G M, AN R.A Chinese model of intercultural leadership competence[M]//DEARDORFF D K(Ed.).The SAGE handbook of intercultural competence. Thousand Oaks, CA: Sage, 2009.

CHEN G M, CHUNG J.The impact of confucianism on organizational communication[J].Communication quarterly, 1994, 42.

CHEN G M,STAROSTA W J.Communication among cultural diversities:a dialogue[J].International and intercultural communication annual,2004,27.

CHEN G M,STAROSTA W J.Foundations of intercultural communication[M].Lanham, MD: University Press of America,2005.

CHEN M J. Transcending paradox: the Chinese "middle-way" perspective[J]. Asian pacific journal of management,2002(19).

CHEN M J. Reconceptualizing the competition-cooperation relationship: a transparadox perspective[J].Journal of management inquiry, 2008,17(4).

CHEN M J,MILLER D.West meets east:toward an ambicultural approach to management[J]. The academy of management perspective,2010,24(4).

CHENG C-Y.Chinese philosophy and contemporary human communication theory[M]//KINCAID D L (Ed.). Communication theory: eastern and western perspectives. New York: Academic,1987.

CHUNG J.Chi (qi) process:the interplay of opposites in selected communication contexts[J]. China media research,2011,7(4).

CHUNG J.Chi-based strategies for public relations in a globalizing world[M]// BARDHAN N, WEAVER C K(Eds.).Public relations in global context. New York: Routledge,2011.

FANG T. Yin yang: a new perspective on culture[J]. Management and organization review, 2012,8(1).

FANG T,FAURE G O.Chinese communication characteristics:a yin yang perspective[J].International journal of intercultural relations,2011,35.

FANG T M.Chinese philosophy:its spirit and its development[M].Taipei: Linking,1981.

FAURE G O,FANG T.Changing Chinese values:keeping up with paradoxes[J].International business review,2008,17(2).

FUNG Y L. A history of Chinese philosophy[M]. Princeton, NJ: Princeton University Press,1983.

HAWES L C.Pragmatics of analoguing:theory and model construction in communication[M]. Reading, MA: Addison-Wesley,1975.

HONG D.Notes on I Ching[M]. Shanghai: Dongfang,2014.

JING R,BEN V D.A Yin-Yang model of organizational change:the case of Chengdu Bus Group [J].Management and organization review, 2014,10(1).

LI I K.I Ching jieshi[An interpretation of I Ching][M]. Taipei: Shi Jie,1987.

LI L.Zhou I'm thinking and logic[M]. Hefei: Anhui People Publisher,1994.

LI P P.Toward an integrative framework of indigenous research:the geocetric implications of Yin-Yang balance[J].Asia pacific journal of management,2012,29(4).

LI P P.The unique value of Yin-Yang balancing:a critical response[J].Management and organization review,2014,10(2).

LI X.Can yin-yang guide Chinese indigenous management research? [J].Management and organization review, 2014,10(1).

LIU C L.Chinese wisdom and systematic thinking[M]. Taipei: Shangwu,1992.

MORRIS M W, LEUNG K, AMES D, LICKEL B.Views from inside and outside: integrating emic and etic insights about culture and justice judgment[J]. Academy of management review, 1999,24.

NAROLL R.Conceptualizing the problem, as seen by an anthropologist[R].The American political science association annual meeting.Chicago, Illinois,1971.

PAPARCHONI A,HERACLEOUS L,PAROUTIS S.Organizational ambidexterity through the lens of paradox theory:building a novel research agenda[J].The journal of applied behavioral science, 2014,51(1).

PENG K,NISBETT R E.Culture, dialectics, and reasoning about contradiction[J].American psychologist,1999,54(9).

SIMSEK Z,HEAVEY C,VEIGA J F,SOUDER D.A typology for aligning organizational ambidexterity's conceptualization, antecedents, and outcomes[J].Journal of management studies,2009, 46(5).

SMITH W K,LEWIS M W.Toward a theory of paradox:a dynamic equilibrium model of organizing[J].Academy of management review,2011,36(2).

THOMPSON C J,ARSEL Z.The starbucks brandscape and consumers'(anticorporate) experiences of glocalization[J].Journal of consumer research,2004,31(3).

WANG H S.Tai Chi Tu[M]. Taipei: Min Zhu Xian Zheng,1957.

WANG H S.An annotation of I Ching[M]. Taipei: Xin Shi Ming,1970.

WANG H S.A new view on the mind law[M].Taipei: Longhua,1982.

WANG H S.A study of movement[M].Taipei: Long Hua,1983.

WEN Z Y.The philosophy of I Ching and modern life[M]. Beijing: China Bookstore,1993.

WILHELM R(Trans.).The I Ching[M]. Princeton, NJ: Princeton University Press,1990.

WILHELM R.Lectures on the I Ching:constancy and change[M]. Princeton, NJ: Princeton University Press,1979.

WONG W C.Understanding dialectical thinking from a cultural-historical perspective[J].Philosophical psychology,2006,19(2).

WU Y. The concept of change in I Ching[J].ChuonKuo Yi Chou,1976,754.

XIAO X.Zhong(Centrality):an everlasting subject of Chinese discourse[J]. Intercultural communication studies,2003,12(4).

XIAO X S,CHEN G M.Communication competence and moral competence:a confucian perspective[J].Journal of multicultural discourses,2009,4(1).

XU Z R. An interpretation of yin yang and trigrams in the book of changes[M]. Taipei: LiRen,2001.

YU D K.The modern view of I Ching[M]. Guilin: Guangxi Normal University Press,2005.

ZHANG C F.On I Ching and dialectics[M]. Hangzhou: Zhejiang University Press,2010.

ZHONG Q L.Sixteen lectures on I Ching[M]. Beijing: Zhongguo Huaqiao,1992.

ZHU X.A collected interpretation of I Ching[M]. Taipei: Wen Hua Tu Shu,1974.

ZHU X.A collected interpretation of Si Shu[M]. Taipei: Ruicheng,1978.

华夏传播研究学者

返本开新：我眼中的邵培仁教授与华夏传播研究

To Create a New Road by Returning to the Origin: Professor Shao Peiren and Huaxia Communication Research in My Eyes

◈ 姚锦云*
Yao Jinyun

笔者按：厦门大学既是中国传播学本土化的滥觞之地，也是华夏传播研究的创业起点。六年前笔者受导师邵培仁教授的指引，得以进入华夏传播研究领域。师徒四年间合作发表 CSSCI 论文 12 篇（约 22 万字），其中一篇的观点曾被《编辑之友》列为“2013 新闻传播十大观点”之首，另一篇论文则成为《新闻与传播研究》杂志的封面首推和当期首篇文章。笔者因此获得了首届“启真杯”浙江大学学生十大学术新成果提名奖和浙江大学“争创优秀博士学位论文”资助（下简称“优博资助”）。我们在积累的基础上，不仅申请并获批浙江省哲学社会科学项目“华夏传播理论研究”，还申请并获批国家社科基金后期资助项目“华夏传播观念研究”。即将合著出版的《华夏传播理论》（30 万字，浙江大学出版社），可以看作融合了邵老师二十多年思考和笔者六年探索的成果。笔者与厦门大学传播研究所和谢清果教授的结缘则是在复旦大学暑期班上，作为传播研究所所长的谢清果教授此后邀请笔者担任厦门大学“中华文化与传播大讲坛”第一期主讲，内容为《日用而不知：〈周易〉与华莱坞功夫电影的观念原型》，实属巧合。当然，此后笔者也担任了厦门大学传播研究所主办的学术集刊《华夏传播研究》《中华文化与传播研究》的编委和《华莱坞电影与中华文化》的栏目主编。2018 年，谢清果教授又牵头创办了全国性的学术组织“华夏传播研究会”，他当选为会长，笔者和同门师兄潘祥辉都成为创会副会长。可以说，华夏传播研究者作为一个团队再次出现于传播学术界，并有了自己的学术阵地，离不开谢清果教授的积极奔走和努力，这是笔者所见证的。由于这段因缘际会，作为华夏传播研究新手的笔者不揣谫陋，谨撰此文表达对导师邵培仁教授的感激之情，同时也表示对厦门大学传播研究所成立 25 周年以及谢清果教授新硕果的庆贺。

---

* 暨南大学新闻与传播学院讲师，浙江大学新闻传播学博士。主要从事华夏传播和华莱坞电影研究。

一

做学术要站在巨人的肩膀上,而离我们最近的巨人就是自己的导师,他是我们走向其他巨人的枢纽。从博士入学到写完博士论文,这是一个修炼的过程;跟着导师邵培仁教授的四年,也是我的心智不断成熟的过程。我足足听了邵老师三年半的课(除了最后那个“白热化”的学期),也算创了纪录。① 尽管是同一门课,他每年的内容都不太一样,即使是一样的内容,第二次听、第三次听时所受的启发也不一样。当然我也发现,在一起吃饭或饭后散步时,邵老师经常妙语连珠,甚至比正襟危坐在教室上课时所说的更能发人深省。因此,四年来,只要是邵老师的“饭局”,我几乎没有落下过,当然也因为这些饭局往往在下课后。不过每次都是邵老师自掏腰包。

我特别珍视邵老师在“茶余饭后”所传递的“智慧”:“要有学术的敏感性”,催促我必须做一个勤奋的人,需要随时思考什么问题有价值、什么问题可以成为学术问题。“思路很重要”,随着阅读的深入,我已经越来越理解理论框架的重要性,没有最好的理论,只有更好的理论!“赏文看文眼”,这使得我经常审视自己的论文有没有新意。“心中要有一个假想的论敌”,这让我不敢随便“自说自话”,首先得自己“鸡蛋里挑骨头”。“跟不上,不如不跟”,这让我彻底明白自己的局限性,不是什么东西都能做的。导师说:“不怕慢,就怕站。”这一方面意味着,我目前的水平,只能写出这样的论文,“眼高手低”很正常,一开始甚至可以写“放胆文”;另一方面也意味着,学术研究不可能一蹴而就,是一个渐进的过程,更是一个长期乃至终身的过程。有人送导师两个字“慎独”,邵老师与我共勉:在没有人监督的情况下,同样要做到独善其身!这是最难的,却是中国古代读书人的至高境界。这些“智慧”既是我以往学习的动力,又是我将来前进的灯塔,甚至是我遇到困难时的精神力量。他还主张,要像爱自己的孩子一样爱自己的学生,像管朋友的孩子一样管自己的学生。

最值得一提的是邵老师的读书法:“边读边写,带着问题去写作,以写作带动阅读。”我承认自己以前不会读书,往往是从头开始读,读了前面忘后面,读了后面忘前面。而邵老师主张“边读边写”,我一开始不太理解,一则觉得不可能,二则觉得太“功利”。后来才慢慢体会到,这是导师创立的高效读书法,可以称之为“以问题为核心的读写合一法”。此法意味着,读书必须要有问题意识——想解决什么问题?前人是怎么回答的?回答得怎么样?我能回答什么?能不能作出新的回答,或者提出新的问

① 当然,除了导师和本院的课,我还有旁听其他专业课程的习惯,正如余潇枫教授所说,“要充分利用浙大的资源”。读博四年我做了一只快乐的“听课猫”:旁听了公共管理学院余潇枫教授的“非传统安全管理”、高力克教授的“海外中国政治思想史名著研究”,美学所徐岱教授的“文学批评”,哲学系董平教授的“庄子”和“礼记”、彭国祥教授的“儒家功夫论”、孔令宏教授的“道家道教哲学”、何善蒙教授的“周易”、张家成副教授的“中国佛教哲学”,历史系陈新教授的“历史哲学”,古籍所束景南教授的“佛教文化与道教文化”“朱子学与儒家文化”,文化遗产研究院曹锦炎教授的“甲骨文”,心理系沈模卫教授的“心理统计与实验设计”、马剑虹教授的“心理学研究方法论”、陈硕副教授的“高级心理测量”。尽管有些囫囵吞枣,但毕竟开阔了眼界,让我清楚地认识了自己。

题？因为学术研究的重要目的就是提供一种对人和世界的解释，语言、思想和理论皆如此——它们都是被“建构”的，目的是为了理解。而为了理解的建构活动，几千年来在“六经注我”与“我注六经”中不断反复。因此，入门学术的最好办法，就是进行思想史和学术史的梳理（这也是文献综述如此重要的原因），它能让人明白整个学科思想发展的脉络流变和人类求知历程的演化路线。这些必须依靠读书来完成，而且所有的阅读都必须围绕核心问题展开。这样不仅节省了自己的时间，而且通过顺藤摸瓜、移步换景的方式，逐渐跟上诸多思想家关于该问题的思考。只要能静下心来，假以时日，围绕一个问题的思想图谱总能被你勾画出来。这样就给自己找到了一个坚实的立足点和明确的定位。这种幸福感和精神的愉悦，是人世间最持久、最珍贵的。因此，我看书的方式就是“顺藤摸瓜”：看一本书，发现它反复引用另一本书，我又去看那本被引的书，接着又看被引书中再引的书。这种方法虽然有其弊端（例如容易局限于孤立的领域），但对短时间内迅速熟悉一个领域很有帮助，而且遍览相关研究文献本来就是研究相关领域的前提，更重要的是可以借助别人的思想去思考问题（黄少华老师语）。

当然，光读不写也不行，读书必须“知行合一”，即“以写作带动阅读”。“读”与“写”虽然关系密切，实则是两个不同的过程。“读”时的思维可以天南海北、天马行空，但“写”的思维却必须讲求逻辑，前后一致地将知识串联起来。简单地说，“读”的内容属于“别人”，“写”的内容才属于“自己”。任何外来的知识如果不在思维中加工一遍，都不能“内化”为自己的知识构成。读博的第一年我记了 25 万字的读书笔记，绝大部分是名言警句，但却发现能够“转化”成论文的只有两三万字，而且写论文总有力不从心、“七拼八凑”的感觉。有一次听哲学系董平教授讲王阳明，当我听到“知行合一”时豁然开朗：“读”不就是“知”，“写”不就是“行”吗？“边读边写”就是“知行合一”，不“行”就不能真“知”，不“写”也同样不是真“读”。后来还读到了黄宗智的读书法：“不要摘抄，要用自己的话，因为那样才会消化，使它变成自己的东西。”因此第二年我改变了策略：尽量用自己的语言表达作者的意思，并尝试用自己的思维框架来驾驭材料。这样，所有的“写”就成了“知识加工”，心灵获得了充分的自由。我后来的大部分论文，就是用这样的方法写出来的。

邵老师不仅传递智慧，更激发了我的灵感与激情。他经常说，灵感一定要抓住，哪怕是深夜睡觉时。跟着邵老师写的一篇篇论文，其中的重要观点，几乎都是在灵感基础上形成的。后来发现，专发 SSCI 论文的宋顺峰教授也强调灵感的重要性。“研究需要灵感，但灵感常常容易来也容易去，应该将自己的灵感记录下来，做一番初步研究，能深入的就不要半途而废。”为了“创造”灵感，我多是在上午看书，甚至会凌晨起来看书，因为“一日之计在于晨”。我给自己定了一个“看书原则”：(1)看书要抓住上午；(2)有灵感就写下来；(3)写不下去就看书；(4)没灵感就换书看；(5)思路打断就看书。我经常会出现这样的情况：岳母已经做好中饭，但我刚好“文思泉涌”，这个时候只得写完再吃，否则等吃完，脑子就像塞了棉花，思路全不见了！王明亮博士对这种体验也有共鸣。当然，最郁闷的是灵感出现在冬天的深夜，是起还是不起？郭忠实教授对此也很感慨，他在复旦暑期班讲课时说，他苦于自己的灵感经常出现于半梦半醒之际，感觉把整个宇宙都解释了,但第二天醒来全忘了!真是“梦中神授心有得,觉来信手笔已忘”!我宁可灵感出现在凌晨,三四点起床狂写三个小时,比正常一天的写作“量”都要多,即使当天啥事不干都可以,因为“任务”提前完成了。感觉最好的一次体验是在寒假:按照我们那里的风俗,大年初四晚上12点开始要“接财神”,那时鞭炮齐发,百犬乱吠,会一直持续到2点。但在寒冷的夜晚,这一切反而成为我的“背景音乐”,头脑中的“电光石火”随着窗外的“狂轰滥炸”和惊扰的动物叫声,一起涌上word文档。如果“灵感”来的不是时候,就可能很“囧”。一次去苏州大学参加研讨会,快离开时受到邵老师和张健教授聊天的启发,我赶紧将所得灵感写到本子上,却忘了自己的手机,直到送我们的车开出好长一段路才想起。结果载着邵老师和同门的车调头送我回去拿手机,还好最后赶上了高铁!邵老师不但没责备我,还反过来表扬我,说锦云这样好,无论什么时候都带着一个本子记。

实际上,邵老师谈读书,总是与做人、做学问联系在一起,而且经常妙语连珠,发人深省。他说,知识分子应该是物质的中农、精神的富翁。书是学者的名片,书是智慧的天使,书是时间的积淀,书是空间的拓展。读书是著书的基础,著书是读书的结晶。著书是幸,读书乃福。读书宜广,著书宜专……传播即存在。传播是人性的外化,是精神的折射。以文会友,以书交友。与人为善,待人以诚。待人宜厚,对己宜薄。以善心待人,凭良心做事。见字如面,传如其人。邵老师谈读书、做人、做学问,都集中体现在他所著的《传媒的魅力:邵培仁谈传播的未来》(首都经贸大学出版社,2014年)一书中。

图1 邵培仁教授所著的《传媒的魅力:邵培仁谈传播的未来》

邵老师对我的改变可以用八个字来概括：洗心革面，脱胎换骨。听起来似乎有些夸张，但邵老师确实不仅指引着我的学术方向，还形塑着我的生活之路。记得考上博士之后第一次“面见”导师，他对我说了三句话：第一，不要回原单位了；第二，没有钱，我资助你；第三，好好学，你以后就是教授！这三句话铿锵有力，套用凯瑞的说法，既是我现实的表征，又为我将来的现实提供了表征。正是这三句话给了我三样东西——兴趣、信心和希望。在导师的资助下，读博四年，我没有为生计发过愁，甚至在找工作的时候，邵老师也把能够想到的出路全都为我考虑了一遍。人生有此好导师足矣！他是名副其实的“中国好导师”。在邵老师的“护佑”下，我安心看书、写作、参加各种学术研讨会和研修班，发表了一系列各个级别的论文，拿到了大大小小的诸多奖项。以至于浙江大学宣传部对我非常感兴趣，以为发现了一个宣传“典型”——因为我从高中到硕士都极为普通，现在则显示出“逆袭”的意味，不仅“故事性”十足，而且非常具有“正能量”！① 吴飞曾说邵老师能够“化腐朽为神奇”，对我而言，更像是从“朽木不可雕”变成了“孺子可教”。我发现汪国真的《感恩》最能表达我的感激之情：“让我怎样感谢你？当我走向你的时候，我原想收获一缕春风，你却给了我整个春天。”

二

厦门大学既是中国传播学本土化的滥觞之地，也是华夏传播研究的创业起点。《从零开始》(1994)就始于厦门大学②，后来《华夏传播论》(1997)出版③，“华夏传播研究丛书”(2001)一套三册问世④，诸多前辈的探索为今天的研究奠定了坚实基础，其所经历的曲折和承受的批评更是令人前进的动力。用今天的眼光看，当时的成果的确有诸多不足，但笔者以为，后来者虽需反省却不必苛责前人，因为那只是囿于时代的“不能”而非“不为”。当年的华夏传播研究者无论是在史学功底还是文献研读能力上都具备高水准，只是当时传播学传入中国不久，研究刚刚起步，华夏传播研究者既无法超越整个“诠释社群”的水平，又要面对“中国传统思想的创造性转化”或“西方理论的本土化”这样的艰深命题，当然困难重重。对今天的华夏传播研究者来说，超越前人是“应

---

① 我先后写了两篇小文章，分别是《野百合怎样才有春天》(发表于《浙江大学报》2016 年 3 月 18 日第 3 版)和《我在浙大找回了自己》(发表于《中国科学报》2016 年 5 月 19 日第 8 版)。

② 1993 年 5 月在厦门大学召开了“首届海峡两岸中国传统文化中传的探索座谈会”，余也鲁和徐佳士两位教授是会议主办者和主席，内地和港澳台地区文学、历史、哲学、语言、民俗、人类学、经济学、新闻学、传播学学者 22 人向会议提交了论文，最后以《从零开始》为题结集并于 1994 年 7 月出版。

③ 孙旭培教授在 1993 年厦门大学举办研讨会期间，向余也鲁先生提出了编写《华夏传播论》的设想，“广泛论及中国古代文化中的传的现象”，并得到了余先生的欣然赞成。孙旭培.行进在华夏传播研究的路上——记我与余也鲁教授的相识相交[J].中华文化与传播研究，2013(1)：9-13.

④ 郑学檬主编的“华夏传播研究丛书”，共三册。分别是：郑学檬.传在史中：中国传统社会传播史料选辑[M].北京：文化艺术出版社，2001；李国正.汉字解析与信息传播[M].北京：文化艺术出版社，2001；黄鸣奋.说服君主：中国古代的讽谏传播[M].北京：文化艺术出版社，2001.

有之义”,因为我们占尽天时地利,“既坐拥群书之利”,又有“期刊网搜索、阅读论文之便”,①更有海外交流机会与英文研读能力。

正是当年的研究者甘做“人梯”和“靶子”,才能有我们今天的“学术渐进”。而如今执掌厦门大学传播研究所的谢清果教授依然具有这种“传经架渡桥”的精神,他不仅创办了《中华文化与传播研究》与《华夏传播研究》两本专业性的学术集刊,还积极奔走筹划组织成立全国性的学术组织“华夏传播研究会”,并编撰《华夏传播研究核心论著编目》,这些实为传灯照路的功德之举。当然,谢清果教授也带领他的博士生团队积极开展华夏传播研究,例如从“问题意识”和“内在理路”的意义上说,他们的成果《华夏文明与传播学本土化研究》超越了当年的“华夏传播研究丛书”。一方面,《华夏文明与传播学本土化研究》从华夏传播的内在理路中提炼出了至少五大传播问题,并进行了创造性的诠释;另一方面,《华夏文明与传播学本土化研究》避免了偏狭的现代传播学框架,扩展了传播问题的视域,对话现代传播理论。②

三

华夏传播是一个充满希望的研究领域,其历史与传统文化的取向具备“返本开新”的可能。因为不存在“无根的现实”,一切现实经验都渗入了历史经验,理解现实的最好办法是回顾过去。按照米尔斯的说法,任何社会科学都可以看作历史学科。③ 因为社会科学的研究对象——人的行为和行动依赖于自身所建构的“意义之网”。“意义之网”使得前人的经验通过语言和思想在后人的经验中延续,因而一切现实经验都渗入了历史经验。这些“意义之网”也是社会科学家借以分析的“释义系统”,社会科学家要建构理论,就必须理解这些“意义之网”。而以往人们对“释义系统”的解释,也将成为理论建构的历史资源。④ 尽管近期依然有学者不同意华夏传播研究的概念,例如认为

① 江勇振.舍我其谁:胡适(第一部):璞玉成璧,1891—1917[M].北京:新星出版社,2011:6.

② 姚锦云.用“问题意识”观照“内在理路”——评谢清果《华夏文明与传播学本土化研究》[M].华夏传播研究(第一辑).北京:中国传媒大学出版社,2018:265-275.

③ 米尔斯.社会学的想象力[M].李康,译.北京:北京师范大学出版社,2017:207.

④ 邵培仁,姚锦云.为历史辩护:华夏传播研究的知识逻辑[J].社会科学战线,2016:3.

庄子“没有传播思想”，但我们认为这样的观点是站不住脚的。①

如果从“第一本华夏传播研究专著”《无形的网络》②算起，从华夏传播研究到华夏传播理论的本土化之路已有三十年。华夏传播理论的“本土化之路”有很大进展，体现为两种路径，一是从传播结构考察中国历史，二是将观念胚胎发展为传播理论。

前一种路径是吴予敏开启的，其《无形的网络》具有米尔斯“社会学想象力”的神韵，采取“生命、社会、历史”的观察视角，在“社会组织与传播行为”“官制演变与信息传达”“社会舆论和社会控制”的论证上，体现了很强的说服力和解释力。《无形的网络》最大的理论贡献，或许是其提出的六种传播结构，分别指向现实世界和理想世界。三种现实传播结构是：同心圆型的“生命（生活）—传播结构”、枝干型的“社会—传播结构”、偏心圆型的“历史—传播结构”。③ 此后，研究者对作为传播结构的“无形的网络”理解得越来越深入，一大批结构视角的研究涌现（胡河宁，2010；王醒，2008；刘大明，2012；黄春平，2010、2011；杨军，2011；巫称喜，2009；潘祥辉，2015、2017 等）。

在后一种路径上，研究者不仅完成了对“从胚胎到理论”路径的知识论论证（邵培仁，姚锦云，2016），还共同梳理出“风草论”（黄星民，2000；惠萍，2008；仝冠军，2012；邵培仁，姚锦云，2013；邵培仁，姚锦云，2014b；杨小玲，2014；谢清果，陈昱成，2015；邵培仁，姚锦云，2016b；谢清果，2016 等）、“和”（陈国明，2008；陈国明，2010；

---

① 尹连根教授在《审慎对〈庄子〉进行传播学层面的“本土化”》一文中提出了这样一个观点：“庄子固然有传播活动或者说传播行为，但并没有所谓的传播思想可言。”不仅如此，尹文还指出了邵、姚文（《传播受体论》）的三大问题，一曰“生造”与“混淆”概念（例如“生造”了“接受主体性”的概念）；二曰“强以己意，不惜误读和扭曲文本本身”“有‘六经注我’之嫌”；三曰“解释恐怕失之于随意和轻率”。[尹连根.审慎对《庄子》进行传播学层面的“本土化”——与邵培仁、姚锦云两位老师商榷[J].国际新闻界，2017(5).]尹文的商榷方式实际上是“一棍子打死”，在修辞上一批到底，以至于忽视了最基本的逻辑问题，甚至没有发现自身论证上的自相矛盾。笔者从知识论的角度对尹连根教授的商榷论文进行了初步回应：邵、姚文与尹文的分歧在于两个核心论题：一是庄子思想与传播有没有关系（或庄子有没有传播思想）；二是庄子思想中有没有“接受主体性”（“接受主体性”是不是邵、姚文生造的概念）。首先，尹文提出的全称否定命题“庄子没有传播思想”无法成立，只要找到这个命题的一个反例，该命题即被证伪，实际上反例比比皆是。但尹文要证明该命题却极其困难，从理论上说，不仅需要穷尽所有能够得到的庄子思想的文本而遍览之，逐一排除各文本与传播的关系，还要对有关庄子传播思想的研究逐一加以反驳和否证，但这些尹文实际上没做。更大的问题在于，从尹文的行文中却又能够推出“庄子有传播思想”的相反命题，尹文的论证出现了自相矛盾现象，这就与其主张的“审慎”背道而驰了。其次，尹文所谈的“传播”实际上是“传播学”，将“传播学”等同于“传播”，认为只有对传播学有直接理论贡献或直接关联的思想，才是传播思想。这样有以“学科边界”代替“问题意识”之嫌。实际上，尹文虽强调陈力丹本土化应“审慎”的观点，却不知陈力丹写过《论孔子的传播思想》一文，而且其所评《无形的网络》的作者吴予敏，恰恰提出过一个与尹文完全相反的观点，即“不是学科边界的划定问题”，也“不能先抱了现代传播学概念的成见”，这都是相关且重要的对立观点，但尹文在商榷中没有评析或对话，显得不够“审慎”。最后，从知识论的角度来说，提出“接受主体性”不是“生造”，而是“概念化”。概念化的目的是通过抽象的方式来串联、解释各种现象或材料。概念既可以用已有的词（能指）来表示所指，也可另造新词（释义项）来表示所指。概念化需要经过一个吉登斯所说的“双重解释”过程，即首先要理解常人借以利用的思想资源，然后超越常人的理解，揭示更为深层的联系。总之，尹文提倡“审慎”，却无意中走向了“审慎”的反面，这恰恰是需要我们“审慎”对待的。姚锦云.从问题意识到概念化：《传播受体论》的知识论——对尹连根教授商榷文的回应[C].2017 中国传播学论坛论文集，2017：419-428.

② 黄星民.华夏传播研究刍议[J].新闻与传播研究，2002(4)：80-86.

③ 吴予敏.无形的网络：从传播学的角度看中国的传统文化[M].北京：国际文化出版公司，1988：210-221.

贾文山,2010a;贾文山,2010b;黑森,Rui Shi,2010;霍姆斯,2010;雅各布森,2010;艾特肯,谢德列茨基,2010;邵培仁,姚锦云,2013;邵培仁,姚锦云,2015;邵培仁,姚锦云,2016a;邵培仁,姚锦云,2016d;芮必峰,石庆生,2017 等)以及"阴—阳""感—应""时—位""和—合""交—通""心—受""中—正""名—实""言—行""易—简"等观念和命题胚胎,[①]并开始了概念化、命题化乃至理论化的工作。

邵培仁教授和笔者试图建构三种华夏传播理论观:"传播的接受观"(a reception view of communication)、"传播的交往观"(an interaction view of communication)与"传播的辩证观"(a dialectic view of communication)理论。[②] 例如"传播的接受观",其首要问题不是传播不等于"传",而是"传—受之链"。"受"与"传"都是传播过程的重要部分,但相对于现代西方传播学"传"的传统,中国人更侧重于"受"的传播观念。一方面,"传播的接受观"是对中国古代传播现实的表征。例如在文人雅士中流行"观""味""知"的传播观,[③]庄子、慧能与王阳明等儒释道思想家也倾向于接受中的主体性,可以称之为"接受主体性"(receiving subjectivity)。[④] 另一方面,"传播的接受观"能为新的传播现实提供表征,具有一定的解释力。例如很多传播事件会出现始料未及的后果,或许原因多出在"受"的方面,而非仅仅是"传"的方面。"传播的接受观"不仅意味着视角的转换,更意味着立场的转移,使得华夏传播研究转向作为个体的、具体的、能动的受者,而非作为群体的、抽象的、被动的受众。这样的视角有助于呈现一个鲜活的中国古代世界,同时也有助于加深对当下传播问题的理解。[⑤]

当然,作为理论建构的试探,这些研究尚在成长中,充其量只是理论的雏形。正如李金铨所说:"我们离理论华厦还有漫长的道路要走,但至少应该开始添砖加瓦。"[⑥]笔者也依然喜欢用朱熹的这首诗来自勉:"古镜重磨要古方,眼明偏与日争光。明明直照吾家路,莫指并州作故乡。"

① 邵培仁,姚锦云.传播理论的胚胎:华夏传播十大观念[J].浙江学刊,2016(1):203-215.

② 邵培仁,姚锦云.本土之路三十年:华夏传播理论的建构实践(1988—2018)[J].中国传媒报告,2018(3):4-18.

③ 邵培仁.当代传播学视野中的中国传统信息接受观[J].中国传媒报告,2004(6):74-82.

④ 邵培仁,姚锦云.传播受体论:庄子、慧能与王阳明的"接受主体性"[J].新闻与传播研究,2014(10):5-23.

⑤ 姚锦云,邵培仁.华夏传播理论建构试探:从"传播的传递观"到"传播的接受观"[J].浙江社会科学,2018(8):120-128.

⑥ 李金铨.在地经验,全球视野:国际传播研究的文化性[J].开放时代,2014(2):133-150.

年度报告

华夏传播研究:构建中国特色传播话语体系的坚定初心

◈ 谢清果　林　凯*
Xie Qingguo　Lin Kai

摘要:中国文化博大精深,具有特色的价值观念和思想内涵,从传播学视角对其进行研究是我国学者对传播学本土化的一种实践。2017年的华夏传播研究是这种实践取得较大成效的一年,从在中华文化中提炼传播思想到对特色区域文化的挖掘、对外传播路径和策略的探讨以及新媒体与传统文化结合,拓展华夏传播研究领域,确立华夏传播研究的理论内涵和特征,搭建研究框架,提出构建传播学"中华学派"的可能性和合法性。这是传播学本土化的进程,也是构建中国特色传播话语体系的尝试。

Abstract: Extensive and profound Chinese culture has distinctive values and ideological connotations, and its research from the perspective of communication studies is a practice of Chinese scholars on the localization of communication studies. 2017 is a year in which the practice of Huaxia Communication Research has achieved great success. From the dissemination of ideas in Chinese culture to the excavation of distinctive regional cultures, the exploration of the path and strategy of external communications and the combination of new media and traditional culture, to expand Huaxia Communication Research, establish the theoretical connotation and characteristics of Huaxia Communication Research, set up a research framework and put forward the possibility and legitimacy of constructing "Chinese School". This is the localization of communication science, as well as an attempt to build a discourse system with Chinese characteristics.

关键词:中国特色,话语体系,华夏传播研究,2017

Keywords: specialty of China, discourse system, Huaxia Communication Research,2017

---

* 谢清果,厦门大学新闻传播学院教授,博士生导师,传播研究所所长,两岸关系和平发展协同创新中心教授。林凯,厦门大学新闻传播学院2017级博士研究生。

引 言

进入21世纪以来,华夏传播研究大有兴盛之势。哲学社会科学间的跨学科融合,自然科学研究方法的针对性应用,中华传统文化中的传播介质、观念、理论被提取、整合和建构,华夏传播研究不断走向深入,有力地丰富了中国特色传播话语体系建构。时至今日(2017年),华夏传播研究取得了丰硕的成果,让我们看到了华夏文明中绚丽多彩的传播景观。

话语是指涉或建构某种实践或特定话题之知识的方式。它为人们谈论特定话题,进行社会实践,形成特定社会制度提供一定的方式和知识形式,并以此来引导人们。① 应该说,话语是人类社会长久的实践活动中所形成的较为固定的观念、制度等的呈现,而且具有相应的引导和解释的能力。福柯认为,话语不是简单地指个人的语言表达方式,更强调隐藏在人们观念之下的深层意蕴,支配着不同主体的言语表达、思维方式、价值取向和行为准则,甚至体现意识形态的语义。② 在福柯看来,话语总是和知识、权力等关键概念扭结在一起,应更多地考察话语背后的意识形态和权力的形成及运用。当然,话语权的表达也是一种经济和政治实力的体现,而当前提出构建中国特色话语权问题,是我国特色社会主义事业取得重大发展和进步的一种需要,也是扩大中国发展道路国际影响力的必然要求;同时,也是打破西方话语强势与垄断、结束中国被动状态的战略举措。③ 从这个意义上讲,福柯的话语理论能够给我们构建中国特色话语体系提供一定的策略性启发。本文则从学术研究的视角出发,由中华传统文化中的观念和传播现象入手,探寻中华文化特色的话语内容,力争构建中国特色传播话语体系。对一个民族和一个国家来说,话语体系展示的是这个国家或民族特有的语言符号、思想观念、价值体系、制度特色等国家民族特色文化。我们看到,中华民族的话语蕴藏在华夏文明的传播过程中,而且这些话语体系具有多民族、多种类的共通共融的特征。也就是说,虽然不同民族有不同的话语类型,但其中所蕴含的中华民族基本的价值观念是共通和稳定的。这是华夏文明传播的基础,也是构建中国特色传播话语体系的合法性来源。

当前中国话语研究逐渐从微观的话语内部走向宏观的话语秩序、话语文化和话语文明,从个体或群体话语走向国家话语,从国家形象话语建构走向国家软实力建设,从单一话语文化走向国家文化研究。④ 这些话语研究范式的转向也体现了当前中国学术话语热点研究领域,反映了当前国家传播话语体系的转向,特别是向哲学社会科学话语体系建构领域的拓展。⑤ 2016年5月,习近平总书记在哲学社会科学工作座谈会

---

① 周宪.福柯话语理论批判[J].文艺理论研究,2013(1):122.

② 杨鲜兰.构建当代中国话语体系的难点与对策[J].马克思主义研究,2015(2):60.

③ 杨鲜兰.构建当代中国话语体系的难点与对策[J].马克思主义研究,2015(2):61.

④ 陈汝东.论话语研究的现状与趋势[J].浙江大学学报(人文社会科学版),2008(6):137.

⑤ 陈汝东.论国家话语体系的建构[J].江淮论坛,2015(2):6.

上的讲话中指出，构建中国特色哲学社会科学，要体现继承性、民族性，只有构建具有自身特质的学科体系、学术体系、话语体系，我国哲学社会科学才能形成自己的特色和优势。① 学者李金铨曾表示，鉴于西方长期掌握学术霸权，我们需要发挥文化的特殊性，去消解他们(也是我们)“西方就是世界”的世界观。② 也就是说，我们需要从我国优秀的传统文化中汲取有益的成分，将之整合传播，形成富有中国特色的话语体系。中华优秀传统文化核心思想的形成和发展大体经历了先秦诸子百家争鸣、两汉经学兴盛、魏晋南北朝玄学流行、隋唐儒释道并重、宋明理学发展等几个历史时期，产生的文化精髓是中国特色社会主义话语体系的根脉。③ 所以说，中国特色传播话语体系建构或者说华人传播研究视野应该建立在丰富的中华传统文化，或者“共同民族文化”的基本假设的基础上。④ 这样才有构建体系的基础和根基。

1988 年，吴予敏教授出版了专著《无形的网络：从传播学的角度看中国的传统文化》，内地学者开始意识到中国传统文化中的“传”的问题。进入 20 世纪 90 年代后，国内学界的本土化研究意识日渐彰显，至 1993 年“首届海峡两岸中国传统文化中传的探索座谈会”召开，1994 年《从零开始——首届海峡两岸中国传统文化中传的探索座谈会讨论文集》出版，传播研究本土化开始兴起，我们不能紧跟洋人、亦步亦趋，必须走出自己的路已成天下共识。⑤ 王怡红教授也曾谈到，中国传播史有自己的线索，有特殊的现象，这些并不能用西方的理论框架或术语解释，必须构建特色传播话语体系，进行传播学本土化研究——华夏传播研究是强调民族特性，是我们追求学术独创性和理性思考的结果，同时又是传播学深入研究的必然发展，也只有进行华夏传播研究，才能传播我们自身的形象和声音。⑥ 余也鲁认为：“我们除了可以在中国的泥土上学习与实验这些（西方传播）理论外，以中国人的智慧，应该可以从中国的历史中找寻到许多传的理论与实际，用来充实、光大今天传学的领域。”因为，“传的艺术已深潜于中国文化中，流漾在中国人的血液里，只差做系统性的与科学性的发掘与整合。现在该是开始的时候了”⑦。

在中国走向世界的今天，华夏传播研究逐渐兴起，这是传播学本土化的一种实践，更是构建中国特色传播话语体系的一种努力，还是丰富世界的传播研究、形成具有中国特色的传学理论⑧、充实华人传播想象⑨、增强国家文化软实力、提升国际形象的重要学术工程。因此，开展华夏传播研究是中国学者的责任和担当。传播学传入中国的

---

① 新华社.习近平主持召开哲学社会科学工作座谈会[EB/OL].(2016-05-17)[2018-04-05].http://news.xinhuanet.com/politics/2016-05/17/c_1118882832.htm.

② 李金铨.华人的传播学术视野在哪里？[J].对外大传播，2004(1)：28.

③ 安文华.传承优秀文化，构建中国特色社会主义话语体系[J].甘肃社会科学，2015(2)：216.

④ 戴元光.传媒·传播·传播学：新闻传播学的价值重构[M].上海：上海交通大学出版社，2005：77.

⑤ 李彬.反思：传播研究本土化的困惑[J].现代传播，1995(12)：7.

⑥ 王怡红.对话：走出传播研究本土化的空谷[J].现代传播，1995(12)：11.

⑦ 宣伟伯.传学概论——传媒·信息与人(最新修订本)[M].余也鲁，译.香港：海天书楼，1983：译者代序.

⑧ 余也鲁，郑学檬.从零开始——首届海峡两岸中国传统文化中传的探索座谈会论文集[M].厦门：厦门大学出版社，1994：292.

⑨ 冯应谦，黄懿慧.华人传播想象[M].香港：香港中文大学香港亚太研究所，2012：序言.

四十年,也是华夏传播研究不断推进的四十年。这里,我们以 2017 年为例,来管窥学人在新时期推进华夏传播研究的新作为。

一、华夏传播研究理论体系建构的坚定意识和积极行动

一直以来,西方传播学理论尤其是美国经验学派占据着新闻传播学理论研究的制高点,传播学作为一个舶来品,其学科范式在很大程度上具有鲜明的西方烙印,特别是美国烙印。他们的理论话语构成了传播学科知识地图上的主流话语。① 面对这种现状,甚至有学者认为,假如华人传播学术圈把美国这套主流的东西搬回自己的文化脉络,不假思索改造,只顾一迳奋勇再生产,那么注定要陷入"边缘的边缘的边缘"的命运。② 这是一种警醒,要求我们跳出西方传播理论话语的窠臼而另寻出路。随着中国国际地位提高,中国对外传播能力的加强以及学科的开放和多元化,华夏传播研究对中华传统文化进行深入的传播学本土化研究成为一种意识的觉醒和理论建构行动上的自觉,虽然至今我们依然无法提出任何一种独立、权威、受到学界公认的"中华传播理论",甚至对于我们当前的研究应向何处去,学界尚无广泛认同。但是,整理具有中华文化特色的统摄性理论,搭建独树一帜的中华传播学问,使之真正成为对中华传播事件与传播方式的思考聚焦、理论投射与文化溯源,与西方传播学界建立独立、平等的对话与交流,无疑为华人传播研究之崛起须当致力的共同方向。③ 这是华夏传播研究宏观的发展方向,是构建中国特色传播话语体系的应有之义,其将有利于引导传播学本土化的创新性发展。

(一)历史视野:华夏传播研究的媒介省思

通览 2017 年华夏传播研究方向刊发的论文和著作,其研究对象包括作品(典籍、诗词、歌谣、小说)、法律条令以及政治传播活动等。尤其对作品的考察,是将其作为一种媒介,探讨它们的传播过程和传播思想。实际上,在古代由于中国政治环境特殊以及个体强调内省和参悟,个体思想的表达往往蕴藏在一些作品典籍中,以比较隐晦的方式传播。考察这些传播活动在一定程度上能够揭示中国古代的传播话语形态和历史传播环境的变迁。

从传播学的角度挖掘作品中的智慧则能给我们提供新的视角和启发,谢清果教授的《生活中的老子——〈道德经〉与人际沟通》④系统性地将老子的智慧与人际交流和传播结合起来,对人的内在修为和外在的处世之道都做了深刻的剖析,具有很强的现实指导意义,也从一个侧面说明华夏传播理论和观念来源于实践并能有效指导实践。

---

① 姜红.新媒介形态下新闻传播学话语体系的转型[J].南京社会科学,2017(1):17.

② 戴元光.传媒·传播·传播学:新闻传播学的价值重构[M].上海:上海交通大学出版社,2005:74.

③ 徐来,黄煜."向何处去?""倚何处立?"与"以何为本?":新媒体时代中华新闻传播学(刊)的发展前景与格局[J].传播与社会学刊,2017(41):258-259.

④ 谢清果.生活中的老子——《道德经》与人际沟通[M].北京:九州出版社,2017.

心学作为儒家思想的延续和发展，在宋明时期有着重要的发展，最终成为一个对后世有着重要影响的思想体系，其思想和著作传播也是一些学者考察的重点。于雯霞的《文辩哲思 三位一体——杨简心学体系及传播的示例论证》一文深入分析了杨简的心学体系和思想，以辩证的视角——心与理、心与正、心与意论证杨简如何树立起“心”的本体论，同时也详细介绍了他的著作《月赋》及其为心学传播作出的重大贡献。① 而张菁洲则从较为宏观的传播视角考察了《传习录》在明代的传播特点，包括传播的群体、传播的媒介，并认为《传习录》的传播在阳明心学地位的确立、思想的传播中发挥了重要作用。② 另外，一些学者从文献出版的视角来考察历史文献，如从版本、刊行方式和传播路径来考察宋元明清时期《列女传》的传播效果。③ 此外，也有对作品的媒介多样性传播进行考察的研究，如苏轼《赤壁赋》在宋代的自媒体和“多媒体”传播形态及传播效果研究。④ 从石刻、纸绢和版刻三种屈原图像媒介传播形式，考察艺苑点评、题画诗文和仿写临摹三种屈原图像的基本接受方式，⑤实际上，这也是从绘画史与传播相结合的角度对屈原图像的发展和传播效应进行考察。而通过新闻媒体《申报》上的新闻、广告、评论和文学知识等多种内容形式考证《牡丹亭》的传播，⑥则给我们提供了新的视角，使我们能够更加准确地把握当时社会的传播和接受语境以及文本传播的话语形态。《〈弟子规〉的历史溯源与传播过程》一文全面梳理了《弟子规》的传播和接受过程，从《弟子规》的一隅之地，窥得中国的社会思潮在 30 年间出现的天翻地覆的剧烈变化。⑦ 这是研究古代典籍传播过程所带给我们的启发，是我们总结华夏传播理论、概括传播话语框架的基础。

此外，学者也考察了古代的一些传播活动，譬如通过对北宋的抄写传播、⑧“行卷式”传播⑨进行考察，揭示北宋时期文人的文集传播特点和专制社会压制文集传播的背景，为我们描绘了宋代文学领域的传播现象。刘大明的专著《宋代新闻传播与政治文化史稿》从新闻史和传播史的角度研究了宋代邸报的新闻和谣言传播活动，并从政治史的角度探讨了宋代文人谈兵论战的时代背景、具体策略以及兵学文化繁荣等系列议题。此外，通过对个案的描述分析，读者能够认识宋代新闻传播的具体运作逻辑和构成方式，从而提高解析当今社会问题的能力。⑩ 而王仙子则考察了《渝报》与西南地区近代新闻传播事业的开展情况，认为《渝报》具有自己独特的运思路径，即“复古即维新”论。在西学东渐以及华夏文化面临严峻危机的情形下，这一运思的实质表现为儒

---

① 于雯霞.文辩哲思 三位一体——杨简心学体系及传播的示例论证[J].宁波大学学报(人文科学版)，2017(6)：8.
② 张菁洲.《传习录》在明代的传播特点研究[J].辽宁工业大学学报(社会科学版)，2017(3)：85.
③ 靳力.论《列女传》的刻印和传播[J].山东女子学院学报，2017(5)：69.
④ 王兆鹏.宋代《赤壁赋》的“多媒体”传播[J].文学遗产，2017(6)：4.
⑤ 周建忠，何继恒.屈原图像在中国古代的传播与接受[J].中州学刊，2017(4)：138.
⑥ 尹丽丽.《申报》所载《牡丹亭》的晚清传播[J].文化遗产，2017(4)：33.
⑦ 王立刚.《弟子规》的历史溯源与传播过程[J].教育学术月刊，2017(5)：104.
⑧ 潘明福.北宋时期文集的抄写传播[J].赣南师范大学学报，2017(4)：78.
⑨ 潘明福.北宋时期文人文集的“行卷式”传播[J].江汉论坛，2017(6)：67.
⑩ 刘大明.宋代新闻传播与政治文化史稿[M].北京：中国传媒大学出版社，2017.

学的自我转化。①

中国古代歌谣、小说和法律等是中国文化繁荣的集中反映,研究中国古代歌谣也是华夏传播研究的一个重要领域。对于这种文化结晶的传播学考察,不仅研究它们的传播载体,而且更多考察其社会功能,尤其是其在政治方面的影响。何丽的论文《汉乐府古辞在唐代的传播之研究》②以及孔敏出版的专著《唐代小说在明清时期的传播研究》③对汉乐府古辞和小说在不同朝代的传播发展概况以及中国古代文学发展脉络有较清晰的梳理,也展示了它们的社会影响力。也有学者从媒介的角度来探讨唐宋诗歌的传播,譬如艺术、生活、印刷三种媒介类型及其差异化的媒介传播效果对唐宋诗歌的发展产生的影响。④ 张利亚的博士论文《唐五代敦煌诗歌写本及其传播、接受》从写本学的角度对写本时代诗歌的传播方式进行了深入的研究,探究诗歌写本的传抄、接受等情况,以新颖的视角展示古代写本的新传播方式。⑤

实际上,中国古代歌谣与政治舆论具有密切的联系,歌谣的传播具有明显的政治舆论功能。潘祥辉的《"歌以咏政":作为舆论机制的先秦歌谣及其政治传播功能》一文详细探讨了先秦歌谣的类型,以及先秦歌谣在政治表达、宣传教化、政治监督、舆论动员以及权力博弈中所发挥的重要作用,这也使得它们在人类早期的文化与政治史上独具特色。中国先秦歌谣不仅开创了"歌以咏志"的传统,也开创了"歌以咏政"的传统,这既包括"美刺"的传统,也包括对"歌舆"进行争夺和控制的传统。⑥ 歌谣的政治功能为我们挖掘中国传统文化中的传播观念和信息传播功能提供了启示,从这里也可以看出中国传统文化博大精深,具有丰富的传播资源和细腻的传播理念。吴大顺的《汉魏六朝的徒歌传播述论》⑦也对古代歌谣的创作、传播和社会功能进行了研究。

当下,政治传播备受学术界关注,其中不乏对中国古代政治传播的深入研究和探讨,以期为当下社会提供传播和政治治理经验。徐燕斌的《中国古代的政治传播与社会控制述略——基于媒介史的视角》以中国多数王朝的多种媒介如诰、悬书等为研究对象,阐述时间偏向和空间偏向媒介的政治功能,通过古代媒介来探讨古代社会秩序的维持和王权的有效运转。⑧ 而古代律令作为统治者管理社会的法律,其传播过程也是学者研究的内容之一,如朱腾的《秦汉时代律令的传播》对律令在官方和民间的传播做了分析,认为对律令传播的重视并非秦汉朝廷的创造,而是对先秦时代的法律规范重构运动之结果的继承和改进。⑨ 当然也有学者另辟蹊径,选择对清代京杭运河的旗

---

① 王仙子.《渝报》与西南地区近代新闻传播事业的展开——兼论"复古即维新"问题[J].新闻与传播研究,2017(12):92.

② 何丽.汉乐府古辞在唐代的传播之研究[J].南京艺术学院学报,2017(3):20.

③ 孔敏.唐代小说在明清时期的传播研究[M].北京:商务印书馆,2017.

④ 徐红漫.媒介变化与唐宋诗歌的公众传播[J].南京师范大学学报(社会科学版),2017(3):127.

⑤ 张利亚. 唐五代敦煌诗歌写本及其传播、接受[D].兰州:兰州大学,2017.

⑥ 潘祥辉."歌以咏政":作为舆论机制的先秦歌谣及其政治传播功能[J].新闻与传播研究,2017(6):68.

⑦ 吴大顺.汉魏六朝的涂歌传播述论[J].百色学院学报,2017(3):41.

⑧ 徐燕斌.中国古代的政治传播与社会控制述略——基于媒介史的视角[J].现代传播,2017(10):51.

⑨ 朱腾.秦汉时代律令的传播[J].法学评论,2017(4):182.

丁群体进行研究，考察、研究他们的信息传播情况。旗丁群体是民间信息传播的重要载体，为信息“人际”传播提供了条件，甚至间接成为政府控制与反控制的对象。[①] 这也从一个侧面反映了古代传播载体和传播活动的多样化，折射出特殊的社会历史语境。而潘祥辉在研究了晚清政治革新和启蒙后认为，面向大众的“送字下乡”是政治和知识精英的一种共识，参与扫盲的主体的规模和影响在不断扩大。作者认为，从传播社会学的角度看，“扫盲”本身是一种社会教化的渠道，“送字下乡”所铺就的识字网络也为通过文字而进行的社会宣传和政治传播铺平了道路。普通民众第一次在政治社会生活中被视为主体力量。[②] 从传播社会学的角度探讨中国传播现象能更清晰地展示其中社会力量的博弈、传播目的及其社会功能和影响。此外，也有学者结合政治和文化传播对蕴含中国传统文化的国礼进行研究[③]，体现了中国文化特色。

还有研究是从传播学的视角探讨中国最具特色的孝、礼文化的内涵，[④]从而展示中国丰富的传播思想和传播价值。另外，芮必峰等从“致中和”的角度切入，分析“致中和”思想的内涵，揭示其之于“传播”和“传播学”的意义，总结归纳了中国古代先贤实现“致中和”传播价值的四项基本原则，尝试在当代背景下与西方“传播学”以及传播思想“对话”。[⑤] 挖掘中国传统文化中的传播价值，是华夏传播研究主体意识觉醒，建构中国特色传播理论的自觉。总的来说，中华传统文化中的典籍、诗词、歌谣、小说、法律等介质以及抽象层面的孝礼、“致中和”等观念都集中反映了中国特有的文化内涵，挖掘其中蕴含的传播思想对构建中国特色传播理论、深入推进华夏传播研究、构建有中国特色传播话语体系有重要的意义。

（二）理论自觉：华夏传播研究的理论体系建构

从上文可以看出，许多学者从微观的层面寻找和总结华夏传播理论，也有学者从宏观的角度，以宏大叙事的手法构筑华夏传播研究理论体系。其中，厦门大学传播学研究所谢清果教授在这方面作出了重要的贡献。谢清果、祁菲菲在《华夏传播理论的内涵、特征及其未来展望》一文中概括了华夏传播理论的内涵和特质，认为华夏传播理论具有“心传天下”的特质，以仁兼济天下为旨归，具有区别于西方理性主义的实证研究的人文精神特征。[⑥] 这是对华夏文明中传播思想特质的准确概括，凸显了华夏传播理论的特征。而后，谢清果在此基础上不断提炼和统摄华夏传播研究理论和框架，发表了《传播学“中华学派”建构路径的前瞻性思考》。文章充分研究这一领域前沿热点的成就，并归纳出其显著特征，进而从反思“传播学本土化研究”问题入手，探讨“华夏

---

① 沈胜群.清代京杭运河沿线民间信息传播与扩散——以漕运旗丁为载体的考察[J].聊城大学学报(社会科学版),2017(1):1.

② 潘祥辉.“送字下乡”:晚清及民国时期扫盲运动的传播社会学考察[J].浙江学刊,2017(5):145.

③ 徐键.当代中国“国礼”中的政治传播及文化输出研究[J].现代传播 2017(7):167.

④ 张兵娟,苏安宁.中国孝礼文化的传播与社会价值——以央视“寻找最美孝心少年”为例[J].新闻爱好者,2017(11):33;张兵娟.传播学视野下的中国礼文化与认同建构研究[J].新闻爱好者,2017(2):31.

⑤ 芮必峰,石庆生.致中和:中国文化中的主流传播价值观[J].现代传播,2017(2):27.

⑥ 谢清果,祁菲菲.华夏传播理论的内涵、特征及其未来展望[J].今传媒,2017(1):4.

传播研究”的合法性,再基于40年来华夏传播研究的历史变迁与近年来发展的丰硕成果,从核心概念辨析、中国新闻传播史研究、民族文化传播学建构、华夏传播学的想象力培育、华夏传播理论体系构建等维度,全方位、前瞻性地展示出传播学“中华学派”建构的基本态势与发展路径,以期推动华夏传播研究向建构“华夏传播学”的方向挺进,最终为“中华传播学”的形成奠定历史与文化的基石。① 可以说,这篇文章明确了华夏传播研究的路径和方向,划定了华夏传播研究的核心概念和范畴,构筑了华夏传播研究体系,进一步奠定了华夏传播研究的合法性及“中华传播学”的基石,是一次较为全面的华夏传播研究学术话语的阐述与总结。另外,谢清果和张丹在《话语权建构视角下的华夏传播研究报告(2016)》一文中,展示了2016年华夏传播研究的成果,提出了华夏传播研究的话语权建构的主体意识,为探索传播理论中国化提供了更为明晰的方向。②

除此之外,谢清果在《华夏文明与传播学本土化研究》的基础上又推出了《华夏传播学引论》③一书,该书从传播学基本框架入手,介绍中国古代传播模式,从华夏文明智慧中提炼出区别于西方的传播理论,搭建华夏传播学的基本框架;同时从中国特色语境出发,寻求与西方理论话语对话,在中西文化和思维碰撞中展现华夏传播智慧。由谢清果、钟海连主编的《中华文化与传播研究》(第一辑)作为华夏传播研究的重要平台和刊物出版,在此集刊中,设有“中国文化对外传播研究”“乡村传播与文化空间”“盐文化研究与传播”“贤文化管理与组织传播”等重要栏目,这些栏目所收录的文章都关涉华夏传播研究,有效地开拓了华夏传播研究的视野,而且与企业合办栏目,能够实现双方优势互补,精诚合作,促使双方共同为实现中华民族的伟大复兴而鼓与呼!④

此外,胡正荣也呼吁要提升中国传统文化的当代传播力,认为我们需要在保证器物文化传播数量的基础上,着力提升制度文化和精神文化的传播数量。无论是对内传播,还是对外传播,都需要推进现代人对中国传统文化从“认知”到“认同”的进程,从而实现深度的有效传播。⑤ 这是对当前华夏文明传播的有效性和正当性的思考,提示我们应该注重华夏文明的“认同”化传播,这也是我们构建中国特色传播话语体系的题中应有之义。

总的来说,华夏传播研究学者已经有了对理论挖掘和整理的自觉意识,也在学理层面论证了华夏传播研究的概念、范畴、研究进路,确立了华夏传播研究的合法性,搭建了华夏传播研究的理论体系,这对我国构建哲学社会科学话语体系,尤其是特色传播话语体系具有重要的意义。诚然,当代中国哲学社会科学话语体系更应该是植根于中国文化生活基础、代表当代中国发展实践方向、具有中国风格与中国气派、特色鲜明且具有世界影响力的话语体系。⑥

---

① 谢清果.传播学“中华学派”建构路径的前瞻性思考[J].新疆师范大学学报(哲学社会科学版),2017(6):63.

② 谢清果,张丹.话语权建构视角下的华夏传播研究报告(2016)[J].中国传媒报告,2017(4):89.

③ 谢清果.华夏传播学引论[M].厦门:厦门大学出版社,2017.

④ 谢清果,钟海连.中华文化与传播研究·第一辑[M].北京:九州出版社,2017.

⑤ 胡正荣.中国传统文化在当代传播中的困境[J].人民论坛,2017(26):134.

⑥ 蔡先金.中国传统话语体系的秉性、境遇与创造性转化[J].东论论丛,2015(7):37.

二、区域文化的传播研究:华夏传播研究的学术增长点

华夏传播研究不仅着眼于儒释道等在中国影响深远的思想观念的传播,而且也关注地区特色文化传播。区域文化研究逐渐成为华夏传播研究的一个新的学术增长点。

(一)区域文化:构建华夏文明传播的坚实基石

中华民族是由56个民族组成的,每个民族都有自己悠久的历史和独特的文明,并形成了独具特色的民族文化,这些有着相同习俗和生活习惯的民族或人口集聚在一起形成了区域文化,这为华夏文明传播增添了丰富的文化资源,奠定了华夏文明传播的坚实基石。中华民族的区域文化是对外传播的重要窗口,区域文化代表该地区有特色的价值观念和思想特性,相关研究不仅表明了华夏传播研究内容的多样性,而且也体现了华夏传播研究范畴的完整性。唯如此,华夏传播理论内涵和话语体系才能更加丰富和完整,展现中华文化的多姿多彩。文化是一个多侧面、多层次的复杂有机体,如果单从一个角度、一个侧面来观察研究,尽管在某一方面说对了,总体上也未必能全面深刻地揭示文化的全部内容和实质。我们需要多角度、多层次地研究,需要研究民俗传播、文化起源发展(文化进化)、文化结构、文化功能,以及文化模式、文化生态等。总之,我们要批判地吸收各种学术流派的研究成果,而不是抱残守缺。[①] 应该说,这是对待文化研究的态度,更是华夏传播研究应该具备的一种认识,因为华夏传播研究面对的是多样化的民族文化和话语表达。应该看到的是,虽然华夏传播研究中囊括了各个区域的文化,但中华民族的核心价值观和思想理念是一致的、稳定的和可传承的,区域文化中的传播现象和思想统一于中华民族的核心价值体系中,是组成因子和文化多样性的点缀。正如美国知名人类学家莱斯利·怀特所说:文化是一个连续统一体,是一系列事件的流程,它穿越历史,从一个时代纵向地传递到另一个时代,并且横向地从一个种族或地域播化到另一个种族或地域。[②]

(二)区域文化与民族文化的融合:华夏传播研究的独特优势

区域文化的研究往往涉及民族的语言、艺术、习俗等多个层面的复杂传播样态,并呈现与民族文化的融合态势,因此,这方面的研究往往会选择跨学科的方法进行,以更全面的视角展示区域-民族文化,彰显华夏传播研究的独特优势。这方面具有代表性的著作有云南师范大学李丽芳、邱昊、谢晓霞编著的《民族文化传播研究》。该著作关注了建筑、服饰、语言、艺术、宗教、手工艺等少数民族文化传播介质,意在探讨这些介质作为一种特殊的符号来表征少数民族文化的意义,以及如何在少数民族的生产生活中进行意义的传播和建构。[③] 书中还运用了符号学、艺术学、宗教学等交叉学科理论

① 仲富兰.民俗传播学[M].上海:上海文化出版社,2007:133.

② 怀特.文化的科学[M].沈原,黄克克,黄玲伊,译.黄世积,校.济南:山东人民出版社,1988:2.

③ 李丽芳,邱昊,谢晓霞.民族文化传播研究[M].北京:人民出版社,2017.

方法来研究少数民族文化的传播,体现了少数民族文化的丰富性。另一本著作是中国传媒大学谢丹的《连接:民族文化传播的网络与结构研究》。这本著作选择我国云南省丽江地区的纳西族东巴文化作为民族文化传播的案例对象,从传播学、民族学、社会学的交叉领域出发,探讨"社会传播网络与民族文化传播的关系",尝试将西方社会网络理论和网络科学与传统的文化传播融合在一起,探寻在飞速发展的现代社会中,弥补文化传播的发展裂痕的方法。① 以学科交叉融合的视角探寻社会传播网络与民族文化的关系,能够揭示民族文化在社会中的深层表达,发出应有的民族之声。

在期刊论文方面,有学者对西方佛教文化传播方式的嬗变进行考察,探析西安佛教文化社会角色的定位变迁,把握西方佛教文化产业发展的规律。② 也有文章从传播媒介的角度研究宜春禅宗文化传播③,或者是采用文献资料和实地调查法研究发源于山东淄博的蹴鞠文化④。同时,硕士学位论文中也有涉及地方文化的研究,譬如《徽州祭祖中的宗族社会文化传播研究》⑤《开封胡同文化传播研究》⑥《福建省畲族传统体育文化传承的传播学研究》⑦等。这些论文都从不同的角度展示了区域文化的传播特点。区域文化的多元化传播话语是华夏传播研究的一个面向,更是一个新的学术增长点,构建中国特色传播话语体系理应更加开放地展示区域文化的声音和话语。

三、中华文化对外传播研究:华夏传播研究的时代召唤

中华文化对外传播研究也是对华夏文明的域外传播的话语、方式、规律等的探究,它展示了中华民族文明的面貌。在当前中国由大国迈向强国的进程中,华夏文明的域外传播研究,对提升我国的国际话语权、构建特色传播话语体系显得尤为必要和紧迫。

(一)走出国门:中华文化的对外传播

中国有许多优秀的文化资源可以进行优化、创新传播,这是中国文化走出国门、建构中国形象和话语的一条有效路径。在当前全球化发展和国家间跨文化交流的背景下,中华文化的对外传播研究有兴起之势。从微观层面上看,这方面的研究更多的是从中国传统文化精粹入手,探讨它们对外的传播与影响。如从传播要素和模式的角度来探讨《三国演义》在日本等海外国家的传播特点,这为古典文学作品的海外传播提供

① 谢丹.连接:民族文化传播的网络与结构研究[M].北京:中国广播影视出版社,2017.
② 杜超凡,李红岩.西安佛教文化传播方式的嬗变[J].新闻知识,2017(9):32.
③ 韩鹏飞.传播媒介视域下的宜春禅宗文化传播[J].宜春学院学报,2017(8):10.
④ 宋晓楠,杜淑琳,孙健.传统蹴鞠文化传播的策略及意义[J].当代体育科技,2017(7):215.
⑤ 郭云涛.徽州祭祖中的宗族社会文化传播研究[D].合肥:安徽大学,2017.
⑥ 陈萌莉.开封胡同文化传播研究[D].郑州:郑州大学,2017.
⑦ 顾军.福建省畲族传统体育文化传承的传播学研究[D].厦门:集美大学,2017.

了经验与启示；[①]或者借助拉斯韦尔的“5W模式”对中国戏曲海外传播进行探析，提出了研究中国戏曲走出去的崭新视角。[②] 而武术作为中国文化精粹的一部分，其传播现象也引起了学者的关注和研究。如对武术海外传播的语言和手段进行探讨[③]，或者采用文献研究法探讨其在美国的传播。[④] 在中日文化交流上，中国道教在日本的传播及其对日本文化的影响也有学者关注。[⑤] 值得一提的是，韩国留学生金洙京和泰国留学生李吉娜在山东大学分别完成的博士论文《“剪灯二话”在韩国的传播与接受》[⑥]和《〈水浒传〉在泰国的翻译与传播研究》[⑦]，探讨了中国文学作品在韩国和泰国的传播，以海外留学生的身份讲述中国文化的对外传播，能更加有效和有针对性地传播中国文化，增强国外受众对中国文化的认同。而在著作上，则有张德瑞、孔雪梅主编的《汉语文化国际传播实践与推进策略研究》[⑧]，陈颖的《美国华人社区汉语传播研究》[⑨]等，这些研究考察了汉语在国外的传播和认同等问题，为我们推进汉语海外传播提供了经验启示。这些研究深入挖掘中国文化资源，着眼于海外传播场域，对中华文化的海外传播研究不断进行尝试。

从国家层面上看，以“一带一路”倡议以及国家“走出去”战略为大背景，学者们也从宏观层面对中华文化走出去的战略和对策进行了思考。[⑩] 实际上，在文化走出去主题上，学者研究的视角一方面立足中国文化，或探究文化自信和传统文化对外传播的关系，[⑪]或研究中华文化对外传播能力，强调主体之间的调试和共享；[⑫]另一方面，从海外的视角审视中国文化，即研究话语海外传播和中华民族文化认同的建构问题，[⑬]或研究中国的民族文化传播与认同问题。[⑭] 内外视角的考察开辟了话语建构的多维空间，当然，研究中华文化价值传播机制也是一种策略和思路。[⑮] 应该注意到，这些研究中都对中华文化走出去战略的重要意义以及中华文化对外传播过程中遇到的或已经存在的问题进行了论证和探讨，进而提出文化走出去、增强文化自信、提升中国话语权的战略举措。

---

① 陈甜.古典文学的海外传播及启示——以《三国演义》为例[J].社会科学家，2017(9)：145.

② 张安华.当代中国戏曲对外传播的策略探析[J].戏剧文学，2017(5)：122.

③ 卢安，姜传银.中国武术国际传播的语言原则与手段[J].现代传播，2017(5)：159.

④ 吴文峰，薛红卫，张晓丹，等.中国武术在美国传播现状解读[J].体育文化导刊，2017(3)：16.

⑤ 梁桂熟，杨乔君.论道教在日本的传播与影响——以日本道教遗迹为线索[J].江南大学学报(人文社会科学版)，2017(4)：13.

⑥ 金洙京.“剪灯二话”在韩国的传播与接受[D].济南：山东大学，2017.

⑦ 李吉娜.《水浒传》在泰国的翻译与传播研究[D].济南：山东大学，2017.

⑧ 张德瑞，孔雪梅.汉语文化国际传播实践与推进策略研究[M].广州：暨南大学出版社，2017.

⑨ 陈颖.美国华人社区汉语传播研究[M].武汉：武汉大学出版社，2017.

⑩ 谢伦灿，杨勇.“一带一路”背景下中国文化走出去对策研究[J].现代传播，2017(12)：110.

⑪ 王莹.文化自信与中华优秀传统文化的对外传播[J].广东社会科学，2017(5)：75.

⑫ 李建军.关于提升中华文化对外传播能力的思考[J].暨南学报(哲学社会科学版)，2017(7)：119.

⑬ 丁和根.海外华语传播与中华民族文化认同的构建——兼论华文媒体的特殊作用与发展进路[J].新闻界，2017(9)：73.

⑭ 覃杰，张海兵.“一带一路”视阈下中国的民族文化传播与认同[J].新闻研究导刊，2017(5)：6.

⑮ 程林顺.“一带一路”倡议下中华文化价值传播机制研究[J].广西社会主义学院学报，2017(4)：80.

诚然,中国拥有丰富的文化资源,在对外传播过程中不仅需要从微观层面上对深厚文化进行考究,也需要在宏观层面搭建传播框架以指引方向、纠正问题,更需要国家在政策和战略层面上统一谋划,只有这样,推进华夏传播研究、构建中国特色传播话语体系才有稳健的基础。

(二)文化自信:中华文化对外传播话语体系的构建

在国家提出"一带一路"倡议、增强国家文化软实力的背景下,国内学者以更加开阔的视野和更高的站位,探索华夏文明在海外的传播。这是文化自信的体现,是中国特色传播话语的表达。对外传播话语体系的构建彰显的是文化自信,这需要我们对自身文化进行创造性的整合和提升,使之具有较强的传播能力,其中也包括对华夏文明的创新性研究。而在当前,在西方话语仍然在国际话语权上具有一定优势或主导的时候,我们在理论建设和话语建构上应该采取开放、包容的态度,用国际化的视野和全球性的话语策略阐释中国文化和价值,[①]切实让中华优秀传统文化在世界发展舞台上发挥更加积极的作用,增强中国话语在道义上的国际感召力,让对中华优秀传统文化的阐释更加有力。[②] 也就是说,对外传播话语体系的构建,应该借鉴西方成功的经验,充分考虑国际话语体系的现实,以开放的姿态吸纳优秀文化,融入国际文化传播大格局,彰显中国特色传播话语的张力和特色。

四、新媒体语境下中华文化传播研究、华夏传播研究的历史机遇

近年来,互联网、通讯技术等快速发展并被广泛运用,基于这些技术的新媒体成为文化传播的重要载体,这也成为学者研究文化传播的新视角,为华夏传播研究提供了新的历史机遇。

(一)新旧结合:新媒体语境下的华夏传播研究

在当前新媒体语境下,弘扬传统文化,提升话语权,增强文化软实力,借助新媒体进行传播是一种必然,而如何将传统而古老的文化精髓和新媒体进行融合传播则是当下学者探讨的一个课题。周建新、肖玉琴在《"微传播"中的客家文化呈现:基于微博的样本》中采用内容分析的方法,以微博中客家文化传播为对象考察大众媒介在构建客家文化共同体、形塑客家族群意象过程中的作用。[③] 赵海霞、赵育林对秦腔的传播载体进行了研究,考察了秦腔传播载体的演变,认为当下的新媒体使秦腔的传播方式更趋多元化,同时也为秦腔的流传和发展提供了更为广阔的空间,有益于秦腔这一非物质文化遗产的保护和传承。[④] 吉峰则在现代传媒语境下考察儒学的娱乐化传播,分别

---

① 张传民.文化自觉、理论自觉与中国话语体系的建构[J].山东社会科学,2012(10):186.

② 王宁霞.建设中华优秀传统文化对外传播话语体系之思[J].发展,2017(8):82.

③ 周建新,肖玉琴."微传播"中的客家文化呈现:基于微博的样本[J].现代传播,2017(4):159.

④ 赵海霞,赵育林.弘扬传统文化 奏响大秦之音——秦腔的传播载体研究[J].新闻知识,2017(5):34.

从文化价值言说、传播方式言说和传播效果言说三个方面进行分析。[1] 实际上，儒学的娱乐化是在现代传播媒体环境中生成的一种现象，是另一种传播形态，通过对其的考察能对传统文化传播方式进行了反思。而陈彧在《碎片化与重构：微传播语境中的中国传统文化》中以较为抽象和严谨的理论逻辑对当前微传播的媒介环境中传统文化传播所面临的机遇和挑战进行了反思，较为深刻地揭示了当前传统文化在微传播过程中与传播主体之间的内在关联。虽然微传播的特性是碎片化，但微传播空间中的传统文化碎片会遵循一定的引力实现重聚，而分享主义、传播仪式、交往实践则是重建我们与文化有机关联的三种途径。[2] 这些研究立足当前新媒体语境，探究新媒体环境下的传统文化传播规律和特征，这也是文化传播中新媒体话语的一种体现。

（二）与时俱进：华夏传播研究的新媒体话语

在当前新媒体浸透文化研究的背景下，关注华夏传播研究中的技术特征或技术传播特色是一种趋势和必然，这也反映了新闻传播学话语的一种转换和探索，[3]即更加注重文化的创新及其在生活中的实践运用，这也将成为学者推进华夏传播研究的一个面向和进路。诚然，利用多种媒体传播文化、树立国家形象、提升话语权，能够助推华夏传播研究，为学者们提供更多维度的研究视角，这更是赓续华夏文明的一种手段。当然，笔者认为，在新媒体语境下，对华夏传播研究的考察应该更加注重当下传统文化的接受和认同，以及社会环境因素对传统文化传播的影响等问题，这样才能够明晰华夏传播研究可能遭遇的困境，并根据社会变迁和文化传播路径的转变而调整研究策略，以适应时代的变迁。由此，华夏传播应该考虑当下传播语境，保持华夏传播研究的学术敏锐度，从而保证华夏传播研究能够不断扩展和深化研究领域，这也是其理论与话语体系在建构上的一种进步，从而为中国特色话语传播增色。

结　语

文化的深厚、时代的更迭，为华夏传播研究提供了取之不竭的宝贵研究素材，它们具有人类传播行为的普遍共性，更有巍巍东方文化浸染出的浓厚的本土性特点。对这些颇具文化特色的话语、行为与事件进行本土化、系统化研究并提炼规律，使建立独立、权威的"中华传播学"充满了无限希望与可能。[4] 2017 年华夏传播研究取得了丰硕的成果，学者们深挖华夏文明中的宝贵资源，强化了理论自觉，积极建构华夏传播研究的理论体系，同时也致力于面向世界传扬中华文明，构建富有中国特色的传播话语体系。深入系统地研究构建中国特色传播话语体系的策略和方法，不仅对提高我国的国

---

① 吉峰.现代传媒语境下儒学的娱乐化传播研究[J].河北师范大学学报（哲学社会科学版），2017(3)：123.

② 陈彧.碎片化与重构：微传播语境中的中国传统文化[J].当代传播，2017(4)：65.

③ 姜红.新媒介形态下新闻传播学话语体系的转型[J].南京社会科学，2017(1)：18-19.

④ 徐来，黄煜，"向何处去？""倚何处立？"与"以何为本？"：新媒体时代中华新闻传播学（刊）的发展前景与格局[J].传播与社会学刊，2017(41)：257.

际传播能力、提高中国文化的全球传播效率具有积极意义，而且也对增强国家软实力，助推大国迈向强国具有重要的战略意义。[①] 宣伟伯在《传学概论——传媒，信息与人》一书的增订本序言中说道："我们这些在西方的文化背景中学习科学研究方法与理论的人，看见中国长春的文化和她悠久的传的艺术传统，总免不了会肃然起敬。我们常想，中国人那种深邃的智慧与洞达，要是有一天能用来帮助西方人多了解自己的工艺智识，加深我们在实验方面的体会，该是多么好的事。许多人已注意到现代中国人在传的学问上认识的深刻与精到，不但反映了悠长的历史传统，且常能推陈出新。"[②]一个外国学者尚有如此的期待，我们华夏传播研究的学者甚至广大民众更应该坚定初心，以推进华夏文明传播、构建中国特色传播话语体系为责任担当，为世界贡献中国智慧。可喜的是，2017 年国家教育部、全国哲学社科规划办等部门对"先秦儒家传播思想与春秋战国的政治沟通"[③]和"'一带一路'背景下中国价值观的国际传播研究"[④]等项目进行立项，这说明国家加大了对华夏传播研究的关注度，更加系统性地支持华夏传播研究。这将为后续的华夏传播深入、系统的研究奠定基础。

---

① 陈汝东.论国家话语体系的建构[J].江淮论坛，2015(2)：9.

② 宣伟伯.传学概论——传媒，信息与人：最新增订本[M].余也鲁，译.香港：中国展望出版社，1985：新订本序.

③ 教育部社科司.教育部社科司关于 2017 年度教育部人文社会科学研究一般项目评审结果的公示[EB/OL].(2017-06-23)[2018-04-15].http://www.moe.edu.cn/s78/A13/A13_gggs/A13_sjhj/201706/t20170628_308183.html.

④ 全国哲学社会科学规划办公室.2017 年度国家社科基金重大项目立项名单公示[EB/OL].(2017-11-07)[2018-04-15].http://www.npopss-cn.gov.cn/n1/2017/1107/c219469-29632360.html.

学术动态

在历史与现实的观照中探讨中华文化传播问题

——“传统文化与传播学术研讨会”会议综述

◈王　婷*

2018年5月18—19日，由西南政法大学法治新闻研究中心和厦门大学传播研究所联合主办，西南政法大学法治新闻研究中心承办的“传统文化与传播学术研讨会”在重庆市维也纳国际酒店三楼多功能会议室举行。本届研讨会的主题是“传统文化与传播的问题、话语与理论建设”，来自复旦大学、厦门大学、暨南大学、西南政法大学、华东师范大学、扬州大学、宏德文化基金会等近二十所科研院校和文化团体的三十余名学者参加了本次研讨会。学者们围绕主题，各抒己见，就中华文明传播的世界意义、华夏传播的微观视域、“一带一路”与华夏文明传播、儒释道文化传播等问题展开深入的专题研讨。同时，研讨会设置了“主题发言”和“点评人发言”两个环节，在发言与点评之间，各位学者间，点对点交流，直击主题，激荡出了思想的火花。本届研讨会论文集共收录参会论文22篇。

首先，西南政法大学新闻传播学院副院长李韧教授致会议开幕词，李院长通过一席生动活泼的重庆历史文化讲解，让在座嘉宾对重庆产生了各种美好丰富的遐想，这无疑是本次以传播学为讨论主题的会议中一次活灵活现的成果传播实践。

然后，厦门大学新闻传播学院教授、博士生导师、传播研究所所长、华夏文明传播研究中心主任谢清果教授致辞。谢教授以李院长的发言为铺垫，认为重庆文化的包容性亦如中国传统文化之包容，博大精深。特别是改革开放的40年间，传播学在中国的40年间，具有中国特色的、中国文化的传播学发展得更是如火如荼。1993年创办的厦门大学传播研究所如今又将迎来新的集刊《华夏传播研究》，此刊以中国新闻传播思想理论创新为主题，参照《新闻与传播研究》的标准确定办刊方向。每届常规研讨会也将以工作坊的形式举办。谢教授还介绍了第一届华夏传播研讨会已于2017年在厦门大学举办，本次的重庆研讨会是第二届。将来，以厦门大学传播研究所为依托的华夏传

* 厦门大学新闻传播学院在读博士生，贵州师范大学国际教育学院讲师，硕士毕业于澳大利亚麦考瑞大学国际传播专业，致力于跨文化视域下的华夏文明传播研究。

播研究将会联合海外华人,合作研究中华文明传播等研究课题,力争将华夏传播研究会打造成一个“中华文化立场、全球传播视野”的学术共同体。同时,谢教授再次感谢了会议组织方以及各位远道而来的学者嘉宾,并坦言尽管华夏传播研究已取得不小成就,但未来的发展还需各位同行通过共商、共建、共享的方式,对办刊、办会等予以大力支持。

致辞完毕后,谢清果教授向各位来宾隆重推荐了著名青年学者潘祥辉教授的新书——《华夏传播新探》,该书由浙江大学传播研究所所长邵培仁教授和中国社会科学院的孙旭培作序推荐。谢教授评价这部作品立意新颖、内容丰富,是跨文化研究、中西比较文化研究的上乘之作,可称作学习华夏文明传播的经典入门作品。更可贵的是,该书价格亲民,让昂贵的书价不再是阻隔中国文化传播的障碍。希望未来在华夏文明传播的发展中,能有更多这样视野开阔、内容创新的作品。

接下来,上午场的大会主题发言正式开始,由江苏宏德文化出版基金会副秘书长钟连海副编审担任学者发言环节的主持人。钟老师常年研究中国文化和中国哲学,并且有非常丰富的国企工作经历。他还担任南京大学出版社的编辑工作,从事海内外佛教文化的研究。他简单介绍了江苏宏德文化出版基金会的创办宗旨,该基金会是推动中华文明传播的一股强劲力量。之后宣布发言人报告和点评互动正式开始。

在上午场的报告中,第一位发言人潘祥辉教授做了题为《尚“中”之国:古代中国“尚中”观念的传播考古学研究》的发言。潘教授认为,中国文明与中国的国家起源有着鲜明的本土特征,其中一个突出特点就是对“中”的崇拜。“中”就是“贵”,以“中”为贵;“中”是测量宇宙的工具,具象的“中”能转换成抽象的“中”,特别是儒家传承的“允执厥中”也强调了“中”的重要性。所以“中”是沟通天地的媒介,从原始的工具到抽象的崇拜,即符号。这种作为具象媒介的“中”,强化了中国人最初的世界观和宇宙观,并逐步发展演变为以“中”为大,以“中”为尊和以“中”为美的政治观、哲学观和美学观。上古中国的这种“尚中”观念被后世政治与知识精英通过官制、建筑、典籍、礼仪、习俗等传播形态不断强化,逐步成为古代中国一种主流的、牢不可破的政治意识形态观念。谢清果教授作为该发言的点评人点评道:该文章题目宏大,注释翔实,成果众多,是传播观念下的中国文化的典型。他补充说,“中”就是一个传播观念,是中国独特的传播观念,或者交流观念;“中”也是天人交流的观念;对“中”概念的认识把握,作为一个元符号的传播,对华夏传播有很好的路径启示。谢教授点评后,扬州大学文学院的贾学鸿教授也做了点评补充。她认为中国文化的特点是自上而下,西方文化的特点是自下而上,因此在探讨传播观念时,因语境不同,对意义的理解不同,是会有结果的不同的。因此如果利用传播考古学,用更客观的证据来理解文化本身,将会拉近中西理解的距离。

接下来发言的是厦门大学的谢清果教授,他的报告题为《中华文明传播思想的世界意义》。谢教授发言指出,中华文明作为一种独特的文明样态,集中体现在其对“中国”与“文明”的独特理解上。“中国”之意在以中立国,礼乐持中;“文明”之意在人文教化与政治昌明。相较西方霸道的文明主义扩张,中华文化追求仁道的新文明主义传播，从而建构出富有活力与共同价值的全球文明沟通模式，即交流—互鉴—共存的循环系统。以包容的心态交流，以开放的原则互鉴，以共生的方式共存。因此，中华文明以和谐传播为本质，从理论上和实践上都具有“文明和谐”的世界意义。报告主要从三个方面展开论述：(1)中华文明的“和谐传播”旨趣是具有走向世界的民族文化标志；(2)对话、中和、共生的交往理念：中华新文明主义的深刻内涵与理论特征；(3)文明传播论：中华文明全球沟通模式的提出。

潘祥辉教授作为点评人，点评该论题大气，立意高、起点高，是一篇关于中国新时代文化下对中华传播观念具有包容精神的特别写照的文章。文章引文丰富，注释翔实，对华夏传播学的理论建设、路径指导有相当的积极意义。

西北师范大学李红副教授在以《空间之势：一种视觉修辞的分析范畴》为题的发言中认为，视觉修辞是一种分析范畴，空间之势的方法论则是建立在“道生之，德蓄之，物形之，势成之”的四层逻辑之上的，并最终落实到修辞效果的实现上。张兵娟教授对此做了点评。

郑州大学新闻与传播学院的张兵娟教授的发言题目为《器物文明视角下国宝的影像叙事与文化认同建构——以纪录片〈如果国宝会说话〉为例》。她认为器物既是一种文明也是一种媒介，国宝虽为一件件静止的器物，但无时无刻不在传达历史文化信息。她的点评人是潘祥辉教授。

之后，第五、第六位发言人分别做了报告，其中一位是厦门大学叶虎教授，他的题目是《“一带一路”背景下东南亚汉语言文化传播：优势、问题与对策》，讨论了在“一带一路”背景下东南亚汉语言文化传播所具备的优势以及存在的主要问题。另一位发言人是江苏宏德文化出版基金会钟海连副主编，他的题目是《王阳明致良知传播思想简论》，主要就王阳明致良知传播思想，讨论了道德传播和价值传播这一中国传统思想文化传播的核心问题。这两位发言人的点评人分别是长江师范学院外国语学院的杨玉英教授和浙江万里学院文化与传播学院的张实龙教授。

下午，会议进入第二阶段，有11位发言人做了主题发言，他们分别是长江师范学院杨玉英教授、天津外国语大学蔡觉敏副教授、浙江万里学院张实龙教授、扬州大学贾学鸿教授、西南政法大学王仙子老师、广州大学王晓通副主任、广州大学贾兵老师、厦门大学博士研究生韩锡鹏、衡阳师范大学赵立敏副教授、贵州师范大学王婷老师以及西安工业大学硕士研究生杜超凡。

上半场，有6位学者发言。杨玉英教授的题目是《“一带一路”背景下中国经典的海外传播——以〈道德经〉和〈孙子兵法〉在英语世界的传播与接受研究为例》。杨教授发言结束后，还向在座嘉宾展示了一位外国学者在研究中国文化后用毛笔写出的书法作品，既有汉字的形象，又有文字的意象，非常生动有趣。

之后是蔡觉敏教授发言，题目是以跨文化交流为研究对象的《大众传播视野下的美国之“tao”》。“蔡教授从大众传播的角度考察‘tao’(道)之于美国文化的影响，这个角度十分新颖独到。”她的点评人贾学鸿教授如是说道，“前人的研究多在微观层面讨论‘道’对于西方世界的影响，但是蔡教授从宏观的大众传播角度出发，是目前研究道文化在西方的一个崭新的路径。”

浙江万里学院的张实龙教授的发言题目是《王阳明“良知传播学”论纲》。张教授是束景南先生的高徒之一,致力于王学研究多年,在阳明学上着力颇深。这次的报告是他正在研究的教育部哲学社会科学规划课题“王阳明传播思想研究”的成果之一。发言虽只是提纲但基本勾勒出了阳明学——良知在传播学中的路径影响和理论依据。他的点评人是从事王学研究多年的钟海连,钟老师的点评画龙点睛地把张实龙报告中的闪光点再次突出,那就是“致良知”。虽然两位老师一位着眼于“良知”,一位强调“致良知”,但殊途同归,两者都是研究中国传统文化在传播学中国化发展中的重要切入点。

扬州大学的贾学鸿教授给大家带来题目为《长春真人丝绸之路上的道教思想传播》的发言。贾教授是古汉语研究和道家文化研究领域的专家学者。贾教授认为长春真人丘处机前往中亚所作的西游诗,带有明显的“畅庄”倾向。丘处机西行诗以赠答、做法事、题壁等方式沿途传播,受众来自多个阶层。贾学鸿教授从长春真人西游路径角度探讨其对所游历地方的历史和文化的影响,学术水平高,内容也十分吸引读者,是从另一个角度对丝绸之路文化的探讨。

接下来西南政法大学的王仙子老师和广州大学的王晓通副主任都以儒家文化内涵为基础,讨论了儒学在今天的发展。仙子老师从“信”看当今人际传播中的儒家精神内涵,晓通老师则在新媒体的环境下考察“兴观群怨”之“群”,认为“群”就是今天新媒体发展的分众概念。两位老师的见解都颇有新意,启发读者。

下半场,又有5位学者分别做了报告,他们是广州大学的贾兵老师(《先秦诸子政治传播观念的思想根源——一体化和人格化的思维机制》)、厦门大学的博士研究生韩锡鹏(《战国晚期黄老道家传播思想研究》)、衡阳师范学院的赵立敏副教授(《从佛教传播构建文明交流互鉴话语》)、贵州师范大学的王婷老师(《绝学的承继:经典传习与思想传播——王阳明心学思想的华夏传播学视域研究》)和西安工业大学的硕士研究生杜超凡(《长安佛教文化传播研究综述》)。每一场发言后,点评人都做了精彩的点评,并给出了宝贵意见。

在第二阶段活动结束后,本次“传统文化与传播学术研讨会”圆满闭幕,钟海连老师作总结陈词。下一届华夏传播研讨会于2018年9月在江苏常州举行。智山慧海传薪火,华夏传播永不息。

首届“华夏文明传播与企业家精神培育”研讨会侧记

◈ 杜恺健*

2018年9月15日至9月16日，由厦门大学传播研究所、中盐金坛盐化有限责任公司、江苏宏德文化出版基金联合主办的首届“华夏文明传播与企业家精神培育”研讨会在江苏省金坛市召开。15日上午，开幕式在中盐金坛盐化有限责任公司的良知堂隆重举行，来自全国各地多所高校、媒体的近百位专家学者与会。会上，举行了《中国文化与管理》和《华夏传播研究》两本新刊以及《中华文化与传播研究》第三辑的新书发布会。同时，中盐金坛盐化有限责任公司与厦门大学传播研究所共建的“华夏文明传播研究中心”也正式揭牌。15日下午至16日上午，会议分别围绕“中华文明企业构建与企业家精神培育研究工作坊”和“华夏文明传播研究工作坊”进行。华夏文明传播研究工作坊聚焦“华夏文明传播”这一主体，围绕华夏文明传播的历史思维、传统与现代交织的华夏传播、中华文化传播的独特观念等议题进行学术研究并开展了交流讨论。

在9月15日上午开幕式的大会主题报告中，厦门大学原常务副校长、厦门大学人文学院教授郑学檬率先发言，他的论文题目是《〈窑头坯歌〉：内源性传播和外源性传播的互动效应》。郑教授从《窑头坯歌》的主旨入手，将其传播分为了“内在意蕴”和“技术知识性传播”，认为这二者分别对应的是道家的“内源性传播”和“外源性传播”，即内丹、外丹修炼法的一种互动效应。依此，郑教授引申出了传播之中的内外问题，如中国与外国、技术与内心、直观与意会等。最后，郑教授认为传播之中的问题尤其是传播效果的研究实际上更偏向“外源性传播”，如果能更多地借鉴《窑头坯歌》所倡导的内源性精神，则可以克服它自身的多种弊端。

第二位发言的是四川外国语大学文化比较研究中心林克勤教授，他给大家带来的主题报告是《文化遗产视角下的华夏文化传播》。林教授首先通过符号的定义来界定“文化遗产”：所谓的“文化遗产”就是一种历代文明留存的指称符号，即文化信息的载体，也是特定时期的思想文化代表系统。文化遗产是一定观念、思想、技术、知识的反

* 厦门大学新闻传播学院2015级博士研究生。

映和固化,是一种宝贵的、活态的文化资源。林教授认为中国古代文明是大陆文明和海洋文明的融合体,使用“空间文明”一词更能超越海洋文明和大陆文明的表述,进一步凸显东西方文明的交互体作用,而中国政府所提出的“一带一路”倡议就是在新世界主义下建构空间文明体系的一项实验性举措。

第三位演讲者是上海市曙光学者、上海对外经贸大学工商管理学院谢佩洪教授,他的主题是《文化双融视角之下的中国企业国际化战略整合机制》。他用案例研究的方式,从文化双融的视角研究在当前局势之下中国企业如何国际化的问题。

第四位演讲者是中盐金坛公司副总经理钟海连博士,他探讨了阳明心学对企业家心态建设的作用。钟博士认为,“阳明心学”的思想资源极大地丰富了中国传统心性之学的思想理论体系,并能为当代企业家心态建设提供更多的帮助。

在经过四场大会主题发言之后,华夏文明传播研究工作坊在下午转为分论坛模式。首场分论坛是“华夏文明传播的历史思维”,首先上台发言的是暨南大学新闻传播学院的姚锦云老师。作为新生代华夏传播研究的旗帜性人物,姚锦云老师带来的是他对深圳大学吴予敏教授的《无形的网络》一书的再解读。姚锦云提出,三十年前出版的《无形的网络》已成为华夏传播研究领域的经典著作,其亮点并不是“引经据典”式的解读,而是运用了“生命、社会、历史”的三重视角,具有米尔斯“社会学想象力”的神韵。具体来说,该书在对“社会组织与传播行为”“官制演变与信息传达”“社会舆论和社会控制”的论证上,体现了很强的说服力和解释力。《无形的网络》实际上是用传播结构来观察中国文化,这种支配个体生活却又难以捉摸的传播结构,就如同“无形的网络”。正如作者吴予敏所言,他当时只是想把传播作为一种方法来认识中国文化。由于该书采取结构主义的视角,因而对儒、道、法、墨等各家传播观念的论述不多,不过依然试图在历史脉络与社会结构中把握他们的思想。该书最大的理论贡献,或许是其提出的六种传播结构,分别指向现实世界和理想世界。尤其是其理想图式“网络型的社会传播结构”,可以承接“通天下之志”(《周易·系辞上》)的古风。尽管作者也承认理想和现实的差距,但其现代价值并不只是描绘当下的现实世界,更是建构了理想的可能世界,后者正是人之为人的根本所在。

紧随其后发表主题演讲的是厦门大学传播研究所所长谢清果教授,他的题目是《作为传播观念的“中国”》。谢教授从近年来“中国”日益上升为学界的关键词谈起,他认为“中国”作为传播观念可以表述为“共生交往观”。“中国”作为一种传播观念,它既贯通上下、内外,又包含了中心与边缘的问题,它确实是一种独特的传播观、时空观。这种传播观具体体现为以人为中心,以“修齐治平”为目的,但它又以内省、守中思维为特色。“中国”代表世界进程中对公平正义的守望,总之,“中国”是一种负责任、有担当的宏大传播叙事与符号象征。

福建农林大学的李海文老师为我们带来了题为《作为媒介的瓷器:论瓷器的华夏传播观》的发言,他从瓷器的发展、瓷器的传播功能入手,对瓷器作为一种传播媒介进行了论述。《人民日报》海外版主编齐欣认为这个题目很有意思,作者将瓷器想象成了中国的名片,并从“万物皆媒介”的角度来研究瓷器。只要瓷器是一种介质,它就有研究的价值，就和中盐金坛公司的盐一样，都是具有文化意义的。这也是我们做这样的研究和效果研究最大的不同。

经过几场演讲之后，会议的气氛逐渐热烈起来。西南政法大学的副教授刘大明则给大家带来了他对宋代谣谚传播的研究，他认为谣谚是一种令人尴尬的信息，担负着舆论工具的使命。特别是在宋代，这种非主流的信息传播形式时常左右政局的变化，形成丰富多彩的时代场景。与此同时，宋廷也采取了相应的措施，形成了一套比较完善的辟谣体制。青岛大学的耿志宏教授认为刘大明的研究对当下具有非常重要的启发意义，并认为传统中国的谣言实际上对当下的中国政治也产生了不小的影响。

本场分论坛的最后一篇演讲是来自厦门大学新闻传播学院博士研究生林凯所做的关于礼乐传播的研究，他的题目是《礼乐协同：华夏文明传播的范式及其功能展演》。林凯认为，礼和乐作为华夏文明传播的两种符号形式，具有多样性和差异性。但二者又在协同运作中准确而有效地传递"中庸""仁义"等中华传统文化的核心思想。礼乐作为符号，能够作为情感传播的一环，规范和引导中华传统文化核心思想的灌输和内化，实现对人的教化，塑造更具有德行的人格。礼乐传播可以说彰显了华夏文明的可沟通性和开放包容的气质。

还没有等到茶歇结束，第二场的会议报告又如火如荼地继续展开了。深圳大学的王琛教授带来了与上场分论坛完全不同的研究主题，她的论文题目是《社交媒体时代中国城市社区网络公关的次生口语文化》，王琛教授通过网络民族志考察和比较的方法，探讨了以社区微信群为典型的次生口语文化的特征与表现。王琛教授对城市社区群空间集体仪式和跟帖接龙的"表演性"与从众性进行了观察和分析，她认为，社交媒体所催生的次生口语文化是同时激发群体主义和个体主义的两极性文化的重要因素，它同时也促进了虚拟空间的剧场化与集体仪式的结构化。

青岛大学陈谦教授的题目是《通过"招牌纸"管窥近代广州商业与社会——威廉·亨特〈天朝拾遗录〉阅读札记》，陈教授介绍说，这本《天朝拾遗录》以前又叫作《旧中国杂记》，文献中的"招牌纸"实际上跟现在的广告文案没什么区别。"招牌纸"展现的是当时老百姓的生活，书中提到的精品午时茶的"招牌纸"和现在的王老吉广告差不多。炼金店的"招牌纸"注重打假，甚至有的"招牌纸"也是假的。这本书提及"招牌纸"的信息有十余处，非常有意思。对"招牌纸"的研究有助于丰富广告史的资料。最后陈教授总结说，虽然中国的现代广告受西方影响很大，但是千万不要忽视中国自己的商业文化。中国传统社会商业发达地区的类似广告信息传播的活动活跃是非常正常的事情，并非等到门户开放、洋货涌入及现代传媒引入后，中国广告才正式发展。

论坛第三场，为大家打响开头炮的是青岛大学的杜广中老师，他与耿志宏老师合作的论文题目为《先秦时期政治说服主体的自觉性研究》。杜广中老师认为政治传播就是说服，先秦时期的政治说服活动非常频繁，孔子、孟子等都进行过大量的政治说服活动，这些政治说服活动就是政治传播。杜广中认为，政治传播的自觉性取决于传播者的自觉性，这主要是由时局的内外因导致的，在思想大爆炸的年代，理性崛起，这是内部研究。外部研究指的是客观因素。政体的松散、没有绝对的权力支配学者，导致了外部环境的宽松。这一时期主要以口头说服为主,这也有其历史必然性,杜广中希望以上的分析能对现在的政治传播有所启发。

接下来,广州大学的贾兵老师讨论了先秦诸子政治传播的思想根源。贾兵老师将文章分为两个部分,第一部分考察上古初民的思维,他梳理总结了原始人类思维的初始动力和共同点,总结了古代人类思维的两个特征,即“泛人格化”和“模拟思维”。在第二部分中贾兵老师则主要讨论了中国古代的思维特征,他认为中国古代的思维特征有很多种,但这些特征都共同指向了一个方向,即共生/一体化。

让我们把关注点从先秦转移到宋代,厦门大学新闻传播学院博士生杜恺健演讲的题目是《从为政在人到反身以诚——论〈中庸〉的政治传播思想》。他认为,中庸所代表的中国古代政治传播的观念非常具有中国特色,并适用于中国政治文明的传统观念。《中庸》作为一种政治化的媒介,已经深深嵌入于中国传统社会中。《中庸》构建了一个政治传播体系,这是一种理想型政治传播体系,是一种社会认同的建构,同时也是一种改造日常生活的政治实践。

接下来上台发言的是中国传媒大学副教授白文刚老师,他讨论的是中国古代的言论环境。白文刚教授认为言论环境是应该讨论的,“五四”运动以后,很多思想是有偏见的,特别是突出了一些历史上专制性的内容,比如焚书坑儒。今天讲华夏文明,如果都是专制文明,那有什么可讲的呢?所以我们应该再次客观审视古代文明,不能充满模糊与偏见,我们应该对自己的历史有新的看法。白文刚老师通过梳理历史文献,认为中国古代有一定的言论空间,但也必须认识到,由于缺乏言论自由观念和直接的权力制约,中国古代的言论环境难以持续宽松,这是其历史的局限所在。

短暂休息之后,南京大学新闻传播学院的潘祥辉教授给我们带来了一篇颇具分量的研究论文,他的研究对象是马云,题目是《“马云爸爸”:一种中国式网络称谓的传播社会学解读》。潘祥辉教授认为当代人们之所以叫马云“爸爸”,是有传统文化原因的。中国传统文化强调社会血缘关系,注重人际沟通中的“交流用语”。叫马云“爸爸”不是因为他有钱,而是因为中国人有亲属称谓的合理性。就好比中国人都会称呼不具有血缘关系的男性为叔叔,这是一个社会性称呼泛化的过程。称马云为“爸爸”,也是经由亲疏、年纪等因素而逐渐泛化、筛选的结果。另外从技术权利的角度来看,这种对马云的亲属性称谓背后体现的是对马云的“数字崇拜”,而这也源于马云给社会大众带来的技术赋权。因此作为一种流行文化,这个中国式称谓融合了传统文化、网络文化与当下中国真实的社会心理等因素。

接着,厦门大学新闻传播学院叶虎教授讨论了中国文化对外传播的问题,对东盟孔子学院的中国文化传播进行了探析。叶虎教授从东盟孔子学院的发展情况开始讨论,并以“孔子学院”官方报道为例,对东盟孔子学院中华文化传播现状进行了分析,在此基础上,从内容、报道基调和讲好故事三个层面对中华文化传播进行了反思。

同样是讨论域外传播,浙江外国语学院的樊宝英教授则从翻译角度讨论了中国传统文化对外传播的方式。他以比尔·波特为例讨论了中国传统文化的域外传播方式,樊宝英教授认为,比尔·波特对外传播的方式体现了中国传统文化智慧的立体性,又身体力行地拉近了传统文化与外国接受者的心理距离，从而提高了中国传统文化的域外传播能力。

吕力老师讨论的主题是“儒学当代全球传播、化约儒学与儒教社会科学”。吕力老师提出，化约儒学应该以心学为基础，省去烦琐理论的同时，使之能够让人理解。他认为化约儒学的核心是善自良心、乐善忠恕、达善天下、生生不息。通过实证的方法来讨论和解释儒教现象以及儒教所影响的科学就可以成为儒教社会科学，而这一科学可以涵盖儒家的传播学。

翌日清晨，学者们并没有因为前一日长时间的研讨而感到疲惫，他们早早就来到了会场继续学术讨论。首先上台的是西北师范大学的李红老师，他的论文题目是《论势：视觉修辞的一种活力观》。李红老师认为，在与西方视觉修辞表意传统对话时，中国文化中的“势”也可以纳入视觉修辞的范畴。视觉修辞之势在效能上体现为接触与触动，在内涵上体现为某种不平衡的涵摄力。通过对视觉修辞之势的讨论，可以发现修辞之势的方法论可以被置于修辞批评的传统之中，并且体现出中国文化内省的批判逻辑。

中国海洋大学的孟华教授则探讨了汉字的意向性。他认为，汉字一手抓着汉语，一手抓着图像，追求语图融汇的同时又消解了二者的差异感。汉字的意向性已经成为华夏文化符号谱系中的元语言，为世界符号-传播学提供了一个迥异于西方的符号学范式。

下一位演讲的是厦门大学新闻传播学院的博士生王婷，她从中华寓言出发，讨论古人的传播智慧。王婷认为寓言传播具备了诸如人际传播、大众传播、跨文化传播等多种传播功能，她以《韩非子》为例，分析了其中蕴含的一些古人通过语言表达出来的传播智慧。

同样是讨论古代传统文化，浙江传媒学院副教授洪长晖带来了论文《传统文化以人为圆心的诸关系考察：基于传播的视角》。洪长晖教授认为，中华文化有其自身的传统，这种传统以人为圆心，通过向外扩展延伸的关系获得呈现和凝聚。这之中主要包括人与自身、人与他人以及人与自然的关系，并且有着一以贯之的观念，如仁爱、良知等。在中华文化发展的数千年中，我们可以由此看到这种圈层关系的复杂与交错。

接下来，来自扬州大学文学院的贾学鸿教授讨论了严遵的《老子指归》对《庄子》的传播。贾学鸿教授通过由“庄子曰”领起的段落解释了严遵是在传播《老子》的过程中传播《庄子》，传播的内容是《庄子》的道德仁义观、生命哲学理论、道论等。严遵是以讲课和著书立说的方式传播《庄子》，以庄子学派的行为和文章风格传播《庄子》，实现了传播者和传播对象在风格上的统一。

最后，来自武夷学院的叶国盛老师讨论了《武夷茶的对外传播》。叶国盛老师通过对武夷茶的传播路径的分析，讨论了西方人对武夷茶和茶叶文明从启蒙到接受并根植于生活与观念之中的过程，其中包括武夷茶的制作方法变革为西传奠定了基础，以及对武夷茶对外传播路径的介绍等。

至此，为期一日半的华夏文明传播研究工作坊即将落下帷幕。在会议闭幕式上，华夏文化促进会驻会主席廖彬宇代表华夏文化促进会向华夏传播研究会会长谢清果授牌,华夏传播研究会正式成立了!闭幕式上,谢清果教授介绍了工作坊的优秀论文评选过程,并宣布李红的《论势:视觉修辞的一种活力观》、贾学鸿的《严遵〈老子指归〉对〈庄子〉的传播》、杜恺健的《从为政在人到反身以诚——论〈中庸〉的政治传播思想》、张丹的《中国古代王权合法性建构——一种舆论学视角的考察》四篇论文被评选为本次工作坊优秀论文。至此,本次会议圆满闭幕!

华夏传播研究:中国传播学研究的特色领域

——贺《华夏传播研究》正式创刊

◈ 张　丹*

时光荏苒,华夏传播研究走过了带有自己印记的四十年,这其中有过高潮、曲折、低谷,但总有几个特殊的年份在华夏传播研究的发展史中闪耀着别样的光芒。1978年,在华人传播学先驱、香港中文大学余也鲁先生的推动下,中国传播学研讨会在香港召开,这标志着传播学正式登陆华人世界。1982年,余也鲁先生的老师、美国传播学鼻祖施拉姆访华,在华南师范大学作了为期7天的教育传播学学术报告,开启了"传播学进入中国内地的破冰之旅"。1988年,内地第一本华夏传播研究专著,即深圳大学吴予敏先生的《无形的网络》一书出版。1993年亦是很重要的一个年份,是年5月,厦门大学召开了"首届海峡两岸中国传统文化中传的探索座谈会",这是在内地召开的第一场华夏传播学术会议。会后,余也鲁、徐佳士、郑学檬、孙旭培等22位与会者提交的论文也以《从零开始》为题结集出版。1997年是另一个特殊的年份,由孙旭培主编,关绍箕、陈培爱、戴元光、王怡红共同参与撰稿的《华夏传播论:中国传统文化中的传播》出版,这标志着以"探索中国文化中传的问题"为宗旨的学术领域正式以"华夏传播"为名出现在传播学的大家庭中。

20多年后的2018年,笔者深信,这会成为华夏传播研究的另一个具有特殊意义的年份。它"特殊",是因为在这一年,一个真正为华夏传播学研究者提供交流、共享、共进机会的学术平台创立,这就是真正属于华夏传播研究者的学术大本营——《华夏传播研究》。个人以为,《华夏传播研究》的创刊意义重大。

前些日子,笔者有幸拜访了厦门大学新闻传播学院教授、华夏传播研究筚路蓝缕时期的功勋前辈黄星民教授。在与黄老的交谈中,听闻了25年前的"一件小事",这让笔者感触颇深。1993年在厦门大学召开的首届华夏传播学术会议上,黄星民教授与时任社科院新闻与传播研究所所长的孙旭培先生就会后论文集的命名产生了分歧,孙老的意见是应当叫"从零开始",不难理解,这旨在强调中国学者立志做好华夏传播研

* 厦门大学新闻传播学院2016级博士生,研究方向:华夏传播学。

究,“而今迈步从头越”的决心,而黄老的意思是倘若此时(1993年)叫“从零开始”,那么在此之前一些学者做的华夏传播研究与探索该如何界定?是否有抹杀相当一部分人的贡献之嫌?因此,称其为“零”,实为不妥。笔者以为,两位前辈书名之争,看似殊途,实则同归一处,都指向了华夏传播研究早期发展中存在的一个重要问题:1978年至1993年的15年中,缺乏一个统一的“团体标识”和一个共聚群体智慧的平台,使得在同一领域耕耘的许多学者彼此陌生,交流甚少,因而他们的研究更像星星之火一样散落各处,很难被学界认定为某一“群体”的集体共识。这或许就是孙旭培先生号召“从零开始”,通过会议论文集的形式,向学界发出华夏传播研究者群体声音的原因吧!

遗憾的是,25年前就存在的问题,直到2018年前都没有真正解决。毋庸讳言,华夏传播研究虽取得了长足的进展,但在这个仍以西方传播理论研究为宗的传播学科内,华夏传播研究仍非主流,群体的声音还不足够强势,而这其中重要的原因就是我们学术共同体平台的缺乏。没有这个清晰的发声平台,团体的力量就会被忽视,研究更会被学界冠以“散兵游勇”,而25年前“从零开始”式的呐喊,就有可能不断地出现在华夏传播研究未来的发展中。近年来,尤其是十八大以后,在国家与社会号召复兴中华文化的热潮下,越来越多的青年学者加入了中国传统文化传播研究的行列中,一批文思敏捷、锐意进取的青年才俊涌现,他们的文章需要通过一个专业的平台展示出来,而《华夏传播研究》就是这个极佳的平台。可以说,《华夏传播研究》是应时、应势、应需而出,实为必然!

现在,《华夏传播研究》集刊第一辑已经由中国传媒大学出版社出版,这真是“千呼万唤始出来”!该期是创刊号,书中包含两个部分:一是海内外知名学者郑学檬、孙旭培、陈培爱、赵振祥、戴元光、李彬、吴予敏、陈国明、邵培仁、黄鸣奋题赠的创刊贺词。贺词中不仅有对刊物出版的贺喜之语,也有前辈学者对刊物与后辈学者的谆谆告诫与美好期盼,比如深圳大学吴予敏教授希望本刊能“鼓天下之动者存乎辞”,华裔学者陈国明教授希望本刊能“贡献多元文化的理论与实践视角”,浙江大学邵培仁教授希望“华夏传播研究不应执拗于内,而应内外兼容,不要执意于古,而要古今贯通”。二是由毛峰、芮必峰、韩丛耀、许正林、姚锦云等人撰写的12篇论文,研究涉及“中华文化传播史”“文化传播的全球化与本土化”“文化传播理论”和“中华文化海外传播研究”等主题,这些文章皆堪称上乘之作。北京师范大学毛峰教授近年提出的“文明传播”概念,是华夏传播研究的一大亮点与热点,本书刊发的《诞生与绵延的奥秘——中国文明的传播内核与传播特质》是对这一理论的深度阐释,不可不读。安徽大学的芮必峰教授与郭云涛共同撰写的《徽州祭祖中的宗族社会文化传播研究》以祭祖中的传播现象为考察对象,试图以地域研究视角,管窥华夏传播体系的建构问题,以点带面,立意新颖。厦门大学黄鸣奋教授的文章关注古代格言中的传播现象,而李海文和谢清果两位老师的文章则关注中国姓名文化中的传播观念。两篇文章旁征博引,行文扎实,关键在于都从一个“小而实”的点入手,扩展开来,谈出了新意,内容有趣,可读性也极高。南京大学的韩丛耀教授是图像传播的知名学者,他主编的百卷本《中华图像文化史》和十卷本《中国影像史》在学界广受赞誉。本书刊载的《文化传播视野下的图像与图像学研究》一文是韩教授对其研究理论较为系统的综合性论述，是视觉传播与图像传播学者不容错过的佳作。河南大学赵建国教授与池笑琳撰写的《身体传播论纲——华夏与全球的视角》是另一篇不得不重点推介的佳文。有研究者提出，“传播是生命的存在方式”，传播学要回归身体这个原点，要“还原传播的具身性、具身化”。近年来，身体传播逐渐被学界关注，但这些研究多是从西方的身体哲学、心理学等领域汲取营养，跨越到传播学上来讨论身体，而我们华夏传播研究则应另辟蹊径，更关注中国古代的身体传播观，比如，可以从先秦诸子的言论中发现我们的“身体传播观”。事实上，东西方关于身体的观念，无论是旨向还是旨趣都有很大的不同，可以想象，未来的华夏传播研究中也定会有此类相关文章面世。最后还要提及一篇书评——暨南大学青年教师姚锦云博士评议本刊主编谢清果教授新作《华夏文明与传播学本土化研究》的文章。谢教授现任厦门大学传播研究所所长、华夏传播研究会会长，他对华夏传播研究的贡献众所周知，自不必赘言。姚博士师从邵培仁先生，专攻华夏传播研究和中国传播思想史，近年来著述颇丰，为学界瞩目，堪称新一代年轻学者中的佼佼者与楷模。他的这篇书评，亦在一定水准之上。可以说，《华夏传播研究（第一辑）》，为我们提供了一份学术饕餮盛宴！

通读完此刊，笔者深感，如果能有一本体现华夏传播研究几代学者的努力与期望的刊物，那就是这本《华夏传播研究》集刊了；如果能有一个平台释放华夏传播研究的活力，推动华夏传播研究的发展，那定是这本《华夏传播研究》集刊了！作为一名华夏传播研究的后生，笔者对此刊的未来充满了期待。

中国传统文化的传播学研究新视野

——评《华夏传播新探——一种跨文化比较视角》

何雨蕾[①]

传播学作为一门独立的学科诞生于19世纪40年代的美国，并于20世纪初传入中国。中国的传播研究起步虽晚，但中国人对传播的关注度和参与水平却不低。传播学界的不少学者都致力于推动传播学的本土化进程，华夏传播研究也由此成为传播学本土化的重要研究领域。南京大学新闻传播学院潘祥辉教授所著的《华夏传播新探——一种跨文化比较视角》便是近来华夏传播研究领域较为重要的研究成果之一。

第一，以跨文化、跨学科的比较视角解读华夏传播。以往的华夏传播研究多局限于对古代中国的传播现象、传播理论进行分析阐述，而缺乏对这些现象及理论在时间和空间维度上的比较。但在该书中，作者以其宽广的学术视野，将中西方的传播现象、传播理论放置在同一议题下比较分析，通过观察两者间的异同，较为全面深入地把握某一传播现象或传播理论的本质及其内在特征。同时，作者在研究某一传播媒介时，并未停留在对其概念的剖析与阐释上，而是综合考量了各方面的因素，观察传播媒介在历史上的演进与流变，从而明晰这一传播媒介在各个时间段所呈现出的表征及其传播作用。

此外，作者本人拥有深厚的文化功底，因而在论述观点时，能旁征博引，使用大量的文献资料作为强有力的理论支撑和理论依据。在这些被援引的资料中，源自中国文学、哲学与史学的资料占了相当大的比重，也正是文、史、哲等学科知识的引入，使得该书将华夏文明与传播学研究更加紧密贴切地结合在一起。此外，作者还将训诂学的方法运用到华夏传播研究中来，对研究对象做严谨周密的考据。用作者本人的话来说，这是一种“传播考古学”研究，如该书在第一章中便系统论述了“圣”字字形与语义的嬗变以及“圣人”所指称的具体对象的更迭。

第二，聚焦微观、日常的传播媒介与传播现象，大胆进行理论创新。华夏有绵延五千年的历史文明，我们的祖先在漫长的社会实践历程中逐渐发现各种传播现象，摸索

① 厦门大学新闻传播学院2018级硕士研究生，研究方向：中华文化传播研究。

出各种传播规律，它们有的以成文的方式被记载在史书典籍中，有的以制度化的传播体系的方式在各朝各代运行，而更多的则融入寻常百姓的日常生活中，以生活习惯的方式被代代传承下来。以往的史学家、传播学者多将研究目光聚焦在有明确史籍记载的传播现象及各朝各代的传播系统上，鲜少关注先民日常生活中的传播行为，但该书的研究对象不仅涵盖了前两者，还善于在百姓的日常生活中找到新的研究切入点。如该书第三章提到的“对天发誓”。发誓是古往今来都普遍存在的传播现象，是我们生活中经常会采取的与他人沟通交流的方式，但恰恰是这个人们习以为常的传播现象最容易被忽略。作者敏锐地察觉到“对天发誓”这一看似寻常的传播现象背后所具有的研究价值，并且抓住这一现象进行了精彩的分析论述。“对天发誓”离人们的生活很近，议题本身就极具话题关注度，这使得该书在保障理论价值的同时又兼具趣味性和可读性。

青铜器在我国史学、考古学等领域都占据着十分重要的地位，有不少学者注意到青铜器在我国社会早期所起到的传播作用，但是他们更多地把研究重点放在青铜器内部所镌刻的铭文上，而不是青铜器本身。作者别开生面地论述了青铜器器物本身作为传播媒介在华夏传播的历史中所担负的使命和作用，研究视角新颖独特。此外，他还创造性地提出了中国传播史上的“青铜时代”这一命题，对华夏传播的理论探索做出了全新的尝试。

第三，以古观今，从中国古代传播现象中找寻对现代传播的启示。辩证唯物主义认为，事物的发展是呈螺旋式上升的，人类的传播活动亦遵循这一发展规律，在曲折中不断前进。中国古代传播活动中存在不少问题，对于已经被识别的问题，人们在进行现代传播活动时就可以有针对性地规避同类问题，而对于未被识别的问题，人们往往会重复过去所犯下的错误。在该书中，作者通过层层分析揭示出中国古代传播活动的不足之处，为现代传播做出警示。如书中提到的中国秦汉王朝的官僚科层制，其政治传播表现出“上下失衡，纵横失序”的特征，冗杂的官僚队伍设置增加了信息流动的难度，信息在传递的过程中容易出现损耗、扭曲以及失真。为了克服这种“传播失灵”现象，朝廷设置了巡视制度与监察制度，并委任地方官员进行监督，但它能取得的效果极其有限。作者认为，官僚科层体系越是庞杂，信息在传递过程中的扭曲和损耗程度就越大，越需要建立反信息扭曲机构，从而使官僚科层体系又经历一轮新扩张，增加了信息流通的难度，造成恶性循环。除非发展出独立的、多元的信息采集制度，否则“帝国悖论”便是不可消除的。

如果把此书放在华夏传播研究的学术进程中来看，我们就更能意识到它是传播学中国化进程中具有标志性意义的成果。众所周知，1978 年，香港与台北两地在余也鲁与徐佳士的推动下举办了华夏传播研究方面的座谈会。1988 年，吴予敏先生的《无形的网络》开创了中国内地华夏传播研究的先河。1997 年，在厦门大学传播研究所的主持和推动下，由孙旭培先生主编的《华夏传播论》从整体上概论性地呈现出华夏传播研究的基本框架。2002 年，黄星民先生发表的《华夏传播研究刍议》则标志着这一领域学术自觉与问题意识的正式形成。2016 年至 2018 年，谢清果先生为厦门大学本科、硕士、博士开设的“华夏传播概论”“中国传播理论”“研究前沿——华夏传播研究”等课程而编著的《华夏传播学读本》《华夏文明与传播学本土化研究》《华夏传播学引论》《华夏传播学的想象力》系列学术性教材和教辅,则意味着华夏传播研究正在从纯学术研究转向教学科研齐头并进的新阶段。正是在这样的新阶段中,潘祥辉先生的新作从学理深度上进一步彰显了该领域的学术含金量,也从一个侧面表明华夏传播研究完全可以与西方传播理论对话,更可以基于中华优秀传统文化而生发出中国自己的传播话语体系与传播理论体系。

2018 年注定是华夏传播研究领域不平凡的一年,除了潘祥辉先生的这部新作外,谢清果教授带领研究团队出版了《中庸的传播思想》《光荣与梦想:中国传播学本土化研究四十年(1978—2018)》《华夏文明与舆论学本土化研究》等著作,而且谢教授在原先已创办的《中华文化与传播研究》(九州出版社)集刊基础上,又新创办了专业性与学术性俱佳的《华夏传播研究》(中国传媒大学出版社)。更让人欣喜的是,华夏传播研究领域终于有了自己的专业组织——华夏传播研究会。该会于 2018 年 9 月 16 日在江苏金坛召开的“首届华夏文明传播与企业家精神培育”研讨会上正式成立,挂靠华夏文化促进会。

因此,我们如果从华夏传播研究四十年的发展历程来看,《华夏传播新探——一种跨文化比较视角》无疑是一部信息含量极其丰富,兼具学理性和趣味性的学术著作,十分值得一读。

图书在版编目(CIP)数据

华夏传播研究.第二辑 / 谢清果主编. --北京 ：中国传媒大学出版社，2019.10
(传媒集刊)
ISBN 978-7-5657-2554-8

Ⅰ.①华… Ⅱ.①谢… Ⅲ.①新闻学—传播学—中国—文集 Ⅳ.①G219.2-53

中国版本图书馆 CIP 数据核字(2019)第 190119 号

华夏传播研究(第二辑)

HUAXIA CHUANBO YANJIU(DI-ERJI)

主　　编　谢清果
策划编辑　王雁来
责任编辑　王雁来
特约编辑　张　蕊　沈梦绮
装帧设计　拓美设计
责任印制　李志鹏

出版发行　中国传媒大学出版社
社　　址　北京市朝阳区定福庄东街 1 号　　邮编:100024
电　　话　010-65450532 或 65450528　　传真:010-65779405
网　　址　http://cucp.cuc.edu.cn
经　　销　全国新华书店

印　　刷　北京玺诚印务有限公司
开　　本　787mm×1092mm　1/16
印　　张　16.25
字　　数　347 千字
版　　次　2019 年 10 月第 1 版
印　　次　2019 年 10 月第 1 次印刷

书　　号　ISBN 978-7-5657-2554-8/G・2554　　**定　价**　78.00 元

《华夏传播研究》征稿函

中国拥有五千年的文明，拥有丰富的传播实践、传播思想，拥有巨大的学术研究空间。前辈学者余也鲁、徐佳士、郑学檬、孙旭培等首倡“华夏传播”，随后黄星民教授在《华夏传播研究刍议》一文中将“华夏传播研究”界定为“是对中国传统社会中的传播活动和传播观念的发掘、整理、研究和扬弃”。华夏传播研究的终极指向是构建系统化的华夏传播学理论。该理论立足于中国历史与现实，能够阐释中华文明传播现象，解决中国社会传播问题，运用中华术语建构起来的具有中国风格、中国气派的理论体系。其使命在于整理中国传统的传播理念、传播理论、传播制度，这不仅是理解当下中国诸社会现象的重要依据，也是反思中国传统、构建未来和谐社会所需要的传播资源，还是丰富世界传播理论的必由之路。总之，华夏传播学作为华夏传播研究领域的理论成就，为促进作为传播学“中华学派”理论表征的“中华传播学”的最终形成奠定了基础。

华夏传播研究具有推动与深化中国传播学研究，回应传播学基本问题的理论特质，未来必将成为研究热点。当前，在中国注重国家形象传播，追求提升自身文化话语权与软实力的大好形势下，传播学主体性凸显的学术界在华夏传播研究方面的热情正在不断被激发，一批青年学者涌现，一批有分量的成果出现，使这一领域大有兴起新高潮之势。21 世纪的第二个十年以来，华夏传播研究获得迅猛发展。

传承与发展中华优秀传统文化是时代的使命，也是学者的责任。为不断发扬光大华夏传播研究事业，我们在广大热爱中华文化、关注中华文化研究与传播的众多学者和社会贤达的大力支持下，将以“厦门大学传播研究所”这一校级机构为组织者，以两岸关系和平发展协同创新中心为联合主办单位，以新闻传播学院为依托，以广大中华文化研究学者和新闻传播学研究学者为强大的后盾，搭建文史哲与新闻传播对话交流的平台，以嘉惠学林。为此，厦门大学传播研究所在学院领导、前辈学者和众多同仁的关心与支持下，决定再创办一本具有鲜明领域特色和专业性、严肃性的学术辑刊——《华夏传播研究》。我们希望以此刊为平台，继续集聚海内外有志于传播华夏文明、展现中华博大精深的沟通智慧的各方人士，分享研究成果，提供学术动态，推进中华文化的社会传播与国际传播，同时兼及新闻学与传播学各领域的新成果，以便更深入地发掘中华文化中的传播智慧，提炼中华传播观念，锻造中华传播理论，推动传播学“中华学派”的早日形成。

稿件方向：

(1)基础理论，研究中华文化的传播思想、传播制度与传播方法等；

(2)历史发展，研究中华文明不同时代的传播观念与传播技术等方面的变迁，探索

中华传统文化对于弥合大陆和台湾民众心灵距离、增强文化共有空间的重要意义;

(3)民俗传播,探讨中华大地上民间社会生活中依然鲜活传承的民俗传播形态及其文化传承方式,也包括大陆和台湾民俗交融研究,特别是妈祖文化、闽南文化、客家文化、族谱文化的交流与传承等;

(4)传播观照,包括从健康传播、公共传播、政治传播、科技传播、跨文化传播、情感传播、新媒体传播等各领域来探讨中华文化的传播问题;

(5)古今融通,注重中外传播智慧的比较研究和中国传播观念的古今传承;

(6)经典发微,注重挖掘中华文化经典作品中的传播智慧;

(7)传播实践,着重推介那些致力于国学当代运用的新观点和新做法,积极探讨中华文化海外传播的路径,传扬中华文化传承与发展的实践经验,当然也包括大陆和台湾如何协作共同传承好、发展好中华优秀传统文化的问题;

(8)学术动态,通过译介、摘编、撰写著作提要等方式来介绍海内外学者华夏传播研究的新成果,同时也刊发相关的学术会议综述和重要研究著作的书评。

来稿规范:

论文题目、内容提要、英文摘要、关键词、作者简介、通讯地址(含邮箱和手机号码)、参考文献等内容均应书写清楚,论文字数以控制在 20 000—30 000 字以内为宜,优秀稿件可以不受此限制。引文务必核对原书。格式为自动生成的脚注,以①②为标记,每页重新编号。若有“参考文献”,可放于文末,以[1][2]为序号,格式同引文。引文中已有的,不再罗列。具体注解格式请参照《中国社会科学》。

截稿时间:

本刊为半年刊,上半年截稿时间为当年 5 月 1 日;下半年截稿时间为当年 10 月 1 日。欢迎各位同仁提前联系,探讨相关选题,以保证推出高质量的学术论文,进而推进传播学中国化的进程,以无愧于这个中华传统文化勃兴的时代。

稿件一经刊用,酌付稿酬,并赠送样刊两本。

赐稿方式:

来稿请通过电子邮件发送 word 文稿。

本刊编辑部联系地址:福建省厦门市思明区思明南路 422 号厦门大学传播研究所(新闻传播学院内);

邮政编码:361005;

联系人:若水先生;

赐稿邮箱:hxcs2018a@163.com。

厦门大学传播研究所
《华夏传播研究》编辑部
2018 年 5 月 1 日